Media Leaders Forum
(6th Series)

传媒领袖
大讲堂（第六辑）

谢耘耕　徐浩然　周东佼　主编

社会科学文献出版社
SOCIAL SCIENCES ACADEMIC PRESS (CHINA)

上海交通大学远东书院书系编委会

"中国传媒领袖大讲堂" 委员会

顺应时代发展需要 培育新型传媒人才

——第六届"中国传媒领袖大讲堂"综述

随着中国硬实力的持续增强，国际社会对中国发展的关注度越来越高，了解中国的愿望更加迫切；与此同时，我国同国际社会的联系日益密切，增强我国国际话语权的要求也与日俱增。于是传播成为彰显国家软实力的一种重要手段，媒体传播能力（媒体规模、实力和国际影响力）也成为衡量一个国家软实力的重要指标，对一个国家国际话语权的大小具有极其重要的影响。目前由于我国具有国际影响力的跨国传媒集团的匮乏、在世界范围内全天候采集新闻能力的欠缺以及新闻信息产品海外有效落地的不足，我国媒体的国际影响力还比较有限，我国的国际话语权还比较欠缺，我国的国际舆论主导力还比较薄弱。值得注意的是，在对传播的针对性、吸引力和感染力要求均相当高的现代传媒环境中，无论是对国际传播内容进行专业评估、对国外目标受众进行跟踪研究，还是对国际传播效果进行清晰研判、对国际传播信息进行及时反馈，都需要高素质、复合型的专业传媒人才来运作实施。所以，加强国际传播能力建设，打造具有国际影响力的媒体，争取国际事务发言权，赢得国际舆论主动权，归根结底有赖于新型传媒人才铺路护航。

事实上，不仅跳出西方媒体议程设置框架、摆脱西方价值观的影响制约、打破西方话语权的垄断格局等国际形势发展需要根本上依赖新型传媒人才，顺应传媒格局新变化、增强媒体传播能力、提升媒体传播水平等国内形势发展需要同样离不开新型传媒人才。需要特别指出的是，当前西方具有国际影响力的传媒集团，如时代华纳、新闻集团等，均呈现出跨媒体、跨地域的发展特征，相比之下，我国媒体大多基于电视、广播、报刊、互联网等某一媒介，发展状态比较单一，而且基本限于国内发展，传播范围相对狭小。所以，在移动互联网时代，媒体融合发展需要既懂新闻产品，又懂技术的人才。换言之，传媒人才必须依照互联网思维来行事，必须熟悉市场化经营管理的流程和特点，必须掌握现代媒体运作技术（诸如网络传播、移动客户端、数据挖掘、可视化呈现等）。

综上可知，顺应时代发展需要，与时俱进地完善传播和管理工作，提升我国传媒的国际竞争力和影响力，彻底改变我国传媒的整体面貌，最重要的事务之一就是广泛整合优质传媒资源，竭力培育大批懂得现代传媒特点和规律的高素质、复合型传媒人才。然而，目前我国新闻传播学研究生教育质量普遍不高，不仅存在学术训练与实际应用相脱节的问题，也存在国际性视野、高层次课程匮缺的问题。产生这些问题的原因多种多样，其中之一是地缘因素差异，许多内陆高校在优质教育资源的享有方面同北上广深一线城市高校还存在极大的差距。除此之外，不同等级新闻传媒院校（985院校、211院校、普通高校）在优质教育资源的享有上同样存在巨大的差异。

研究生"暑期学校"是国内外一流大学普遍采用的一种开放型、研究型教学模式，具有良好的综合效应。上海交通大学人文艺术研究院远东书院和上海交通大学研究生院共同主办的"中国传媒领袖大讲堂"，便是面向海内外传媒学子的公益性"暑期学校"，创办于2010年，每年举办一届。2015年7月19日至27日，第六届"中国传媒领袖大讲堂"在上海交通大学成功举办。在总结和汲取前五届筹办经验的基础上，我们继续进行新闻传播专业人才培育模式的探索，竭力在开设优质课程、拓展国际视野、培养实践能力等方面贡献力量，尽力帮助那些偏远地区或者非重点新闻传媒院校的学子有机会接触、享有海内外高品质的传媒教育资源，并力争使本届"中国传媒领袖大讲堂"更上一层楼，成为全国传媒学子与全球传媒名家对话交流的高端学术盛宴。

其一，革新新闻传播人才培育模式，引导传媒学子明确发展方向。

在今天这样一个信息化时代，传媒业发展日新月异，迫使传媒学子必须紧跟时代发展步伐，不断汲取新知识，掌握新技能。为了革新新闻传播专业人才固有的培育模式，我们在筹办"中国传媒领袖大讲堂"时，一直注重在传媒业界和学界之间搭建桥梁，促进传媒资源、传媒能量的交互传递，促使传媒业界和学界消除隔阂，实现互通互惠。莅临第六届"中国传媒领袖大讲堂"的嘉宾，既有政府官员、学界泰斗，也有传媒领袖、企业精英。中华全国新闻工作者协会党组书记翟惠生，从个人的体会和经验出发，语重心长地告诫传媒学子，必须掌握互联网思维，打通"天气""中气""地气"，深化文化认知，"讲好中国故事"，做个"明白人"；中国人民大学新闻学院副院长、舆论研究所所长喻国明教授，精辟地阐述了"互联网＋"时代传媒发展的进路和运营的关键在于实现内容产品品质的升级换代，即将内容产品从两要素模式（内容要素、形式要素）升级到四要素模式（内容要素、形式要素、关系要素、场景要素）；上海社会科学院副院长何建华先生，在阐明智库概念以及智库特点的基础上，精到地解析了智库影响决策、影响公众、影响精英等诸项功能以及传播在智库功能实现中的重要作用，并鼓励传媒学子抓住中国特色新型智库建设的发展机遇，努力成为"智库人"。这些传媒领军人物、知名专家学者，不仅带来了前沿传媒资讯和最新研究动向，帮助传媒学子具体把握新闻传媒业发展需求，有方向有重点地形塑自身，同时还与广大传媒学子进行面对面的互动交流，广泛了解新闻教育现状，真挚分享他们的从业经验、人生感悟，帮助传媒学子开阔眼界，增长才干。

其二，充分利用"海外人才资源库"，帮助传媒学子开阔视野眼界。

眼界决定思路，思路决定出路。为了使我们国家的形象和声音得到有力的彰显和有效的传递，20世纪90年代以来，新闻传播专业教育和研究备受重视，一批批优秀传媒学子被选派到海外知名高校学习、交流。经过海外新闻教育的长期培养和熏陶，那些当年被选派到海外的优秀学生已相继成为新闻传媒界卓有建树的领军人物，目前他们中有很多人在海外一流高校、知名媒体工作。这些专家学者无疑是宝贵的"海外人才资源库"，对我国新闻传播学快速提升至国际一流水准大有助益。第六届"中国传媒领袖大讲堂"在承继此前产学研结合、学界业界融通等办学特色的基础上，更加注重国际化，充分利用好"海外人才资源库"，广泛借鉴和大胆汲取海外优质资源，将诸多国际一流名校的教授、研究员等重量级嘉宾"请进来"。例如，新加坡南洋理工大学郝晓鸣教授，基于个人的认识和经历，生动地阐述了对外宣传和国家形象问题的重要性；加拿大国家特聘教授赵月枝女士，在比照中西不同研究路径的基础上，深入地解析了城乡关系视野和乡土中国立场在传播与社会权力关系研究中的价值意义；美国纽约州立大学洪浚浩教授，从学术理论角度切入，提纲挈领地分析了新媒体对社会发展产生的广泛影响；美国俄亥俄州 Bowling Green 州立大学传播学院教授、美国《新闻与大众传播》主编哈筱盈女士，基于用调查作为研究方法的 479 篇文章，详细地分析了 2001～2010 年国际顶级大众传播期刊文献调查方法使用以及调查误差情况。此外，台湾中国文化大学新闻系主任、新闻研究所所长、社会科学院院长郑贞铭先生，借助其在人生不同阶段所经历的事情、所受到的教育、所获得的智慧，昭示传媒学子如何寻找大师的智慧、如何寻找人生的智慧。概而言之，这些嘉宾在广阔的研究视阈中，不但为传媒学子解析了新闻传播规律、媒体发展规律，而且传授了前沿的理念思路、方法规范。

其三，成功举办三大主题论坛，激励传媒学子勇于探索创新。

为了帮助传媒学子全面了解现代传媒发展状况，切实增强科研创新能力，第六届"中国传媒领袖大讲堂"在嘉宾演讲之外，还特意举办了三大主题论坛：一是"新媒体与社会发展"主题系列论坛。该系列论坛包括"新媒体与社会发展全球论坛"和"新媒体与社会发展研究生论坛"。前一论坛旨在搭建一个汇聚海内外优质传媒资源的高端交流平台，推动新闻传播学者的"国际视野"和"中国经验"的有机结合、新闻传播学和其他社会科学以及自然科学的有机结合、新闻传播学者知识传输和思想交锋的有机结合，帮助传媒学子拓展研究范畴，了解新媒体给人类社会以及现代传媒发展带来的重大影响。后一论坛重在激励传媒学子大胆进行各式各样有关新媒体的研究探索。举办这一系列论坛的初衷是，考虑到在当今这样一个信息迅速传播和频繁交互的全媒体时代，中国媒体从业者、研究者既需要埋头苦干、深耕细作，也需要积极利用各种新兴媒介技术，将软硬结合起来，建设若干具有国际影响力的跨国传媒集团，发展壮大我国传媒力量。因为互联网媒体以及社交媒体等复合型媒体所具有的新的技术力量，一方面对社会结构、社会体系、运作模式等产生了无法回避的重大影响；另一方面，以互联网为核心技术的新媒体又具有跨越时空、天然落地的特点，能够汇拢散布的话语，集聚细小的力量，可以助力中国突破西方信息壁垒、重构国际传播格局。二是"中国传媒品牌高峰论坛"。目前中国传媒品牌的创建、研究以及评估还处于起步阶段，但在市场经济环境下传媒业间的竞争已然是品牌的较量。该论坛让传媒学子了解到传媒品牌知名度、公信力和影响力的重要性。三是"新闻传播学期刊主编论坛"。《新闻与传播研究》《现代传播》《新闻记者》《当代传播》《编辑之友》《新闻大学》等期刊的主编，从不同的角度引导刚步入研究殿堂的传媒学子了解学术研究应当遵从的法则规范。

　　回首"中国传媒领袖大讲堂"克服重重困难、一路走来的艰辛与不易，我感慨万端，又倍感欣慰。"中国传媒领袖大讲堂"秉持"延揽八方传媒精英、惠泽天下传媒学子"的理念，旨在提高我国新闻传播学教育水平，培育新型传媒人才，从 2010 年至今连续成功举办了六届，已经成长为一个高品质的开放型、研究型平台：200 多位传媒大家从世界各地来到"中国传媒领袖大讲堂"，传道授业、解惑析疑；2000 多位传媒学子从全国各地汇集到"中国传媒领袖大讲堂"，开阔视野、提升境界。然而，非常遗憾的是，"中国传媒领袖大讲堂"学期短暂，学员名额有限，很难惠及中国广大传媒学子。有鉴于此，为了让"中国传媒领袖大讲堂"的声音能够持续播布，让那些未能亲临现场的传媒学子也能收获教益，在每届"中国传媒领袖大讲堂"结束之后，我们都将各位嘉宾的演讲整理成册，出版发行。《传媒领袖大讲堂》（第六辑）便是第六届"中国传媒领袖大讲堂"众多嘉宾精彩演讲的辑录稿。综观这些嘉宾的演讲，纵横捭阖，特色纷呈，既有"微观解读"，也有"宏观扫描"；既传授学理认知，也传递感性体悟；既关涉时代语境，也探讨专业追求。所以，我相信这本传媒名家演讲汇编，不仅可以为传媒学子提供高品质的精神盛宴，也可以为传媒业内人士沟通交流提供极大的便利。

"中国传媒领袖大讲堂"项目负责人

上海交通大学媒体与设计学院副院长

谢耘耕

2015 年 12 月 14 日

目　录

第一部分　嘉宾演讲

大讲堂 MEDIA

传媒领袖大讲堂

第一部分　嘉宾演讲

新闻宣传·舆论引导

互联网思维关键在驾驭

时　　间：2015 年 7 月 19 日
地　　点：上海交通大学闵行校区陈瑞球楼 100 号
主讲人：翟惠生

翟惠生

　　翟惠生，中华全国新闻工作者协会党组书记，专职常务副主席，书记处书记，第十一届、十二届全国政协委员，党的十七大、十八大代表和新闻中心主任，高级记者。曾获第六届"韬奋奖"，个人采写的新闻作品有 60 余件获中国新闻奖等国家级和部委级奖励，曾任《光明日报》科学部记者、国内政治部主任、副总编辑。在多年的工作中先后从事科技、经济、政治领域的新闻报道，在新闻的大局意识与基层意识的结合上进行了有效的探索。

主持人：今天我们十分荣幸地邀请到我们的老朋友，也是历届中国传媒大讲堂的有力支持者，中华全国新闻工作者协会党组书记、专职常务副主席、书记处书记翟惠生老师为我们带来精彩的演讲，大家欢迎！

翟惠生：很高兴来到这儿，我觉得有这么一个跟年轻人说话的地方，不仅应该说，而且有些话也确实应该跟大家稍微多说一点。前边致辞的人，有的是说了主人翁的话，表示欢迎；有的是说了激励的话，给你们画了一个美好的蓝图；也有的是给你们戴了一个光环，因为你们进了上海交通大学，最起码人生当中可以聊一聊这一段自豪的经历。但你们怎么让这个光环有可持续性？给你们画的蓝图，大家通过什么来实现？我是想从这个角度跟大家聊一聊。我说点切身体会，毕竟对于你们来说，我是过来人。

郑板桥最有名的就是"难得糊涂"。对于他的"糊涂"，有的人讲：想开点吧，难得糊涂。我不这么认为，我认为他一定是由聪明而转"糊涂"，这是大智慧。我想，在座的年轻人你们离当一个"糊涂人"还很远，等你们到了七八十岁的时候就可以当"糊涂人"了，而现在一定要做一个"明白人"，你们必须要朝着"明白人"这个目标，去扎扎实实迈开自己青春的脚步和中年的脚步。因为我们的一生，不是永远好也不是永远坏，这是最基本的道理。我们怎么样才能够使自己更有持续性，使自己那些好的东西能够延续下去呢？所以，我想，我们现在只有学做一个"明白人"，才能把你的好更多地延续下去。

何为"明白"？我觉得在你们当今所处的时代和未来的一段时代，"明白人"有这么几条标准。第一条，必须具有网络思维。因为现在是互联网移动媒体时代，这个时代对世界的冲击太大了。过去皇上问刘墉，你看大清的江山能延续到什么时候？刘墉说，什么时候灯头朝下，什么时候大清的江山才能完。没想到爱迪生发明了电灯，灯头全朝下，不再朝上了。所以说，列强用坚船利炮打开了中国国门是表面的，实质上清朝的覆灭除了朝廷的腐败以外，也是跟不上社会潮流的发展，不会运用科技革命的成果，这是最关键的，所以必然灭亡。

2013年，杨振宁和莫言在北京大学对话。杨振宁问莫言，如果爱迪生活到今天，他最想不到的是什么？莫言略加思索说，手机。杨振宁说，对了！我学物理的，我都没有想到手机特别是智能手机的出现，改变了世界，改变了社会，改变了人类！我这里所说的互联网思维，不是说你用了手机天天上网就叫有互联网思维了，一个是技术问题，一个是思维问题，这是两回事。我们要搞清楚"＋互联网"和"互联网＋"，一个加号在前，一个加号在后，本质完全不一样。"＋互联网"是不得已而用之，因为有，所以我要用它，而"互联网＋"是我用互联网的思维考虑今天和未来，换句话说即我是驾驭者。

你们都是学新闻传播的，将来真正想到媒体工作的未必有多少，现在学生都喜欢往企业跑。企业需要传播，需要品牌策划，这也正是你们新闻传播的题中应有之义，年轻人到那儿也有施展本领之处。企业的大门朝你们敞开着，但我觉得无论你在哪儿工作，都必须要认清什么叫媒介融合，媒体融合究竟是为了什么。媒介融合其实就是传统和现代的融合，但仍有人觉得媒体或者企业建个网站就叫媒介融合了。如果只是建个网站，就会陷入许多问题里，比如资金怎么来？运营、软件、硬件开发的人才从哪儿来？这还不是全部，还得有体制。现在，很多传统媒体人都跳槽到商业网站去了，不仅是因为挣得多，商业网站体制灵活也是因素之一。我认为最关键的是你把什么放到互联网上去，内容永远为王。

我觉得互联网思维就是两条。第一，能在互联网说话，而且说的话有权威。第二，不在网上说错话或者少说错话。虽然要同时具备这两条很难，但这是媒体融合的关键。习近平总书记讲了句话你们要牢记：共产党过不了互联网这一关就过不了长期执政这一关。这很高明，因为他认识到了科技革命的成果。"过关"指的就是驾驭，即为我所用。现在，国家成立网管办，正是要用法律手段清理整顿一些负面的东西，未来我们才能更好地利用它。可是我们各级官员中有很多的同志思想还跟不上，仅是为了生存去建一个网站。互联网思维就是驾驭的概念，你们都这么年轻，难道都不想驾驭互联网吗？难道只是让互联网成为你的工具，或者你成为互联网的奴才？同学们，不管你们念什么专业，互联网思维一定要有，就是要驾驭新的科技成果，不是只使用它，或者被它所淹没或毒害。特别是将来要从事传媒业的人，无论在企业还是在媒体，懂得驾驭互联网才是最大的"明白人"。

所谓传播，就是使一个有人有事有观点的信息最大化地放大。传播和传达是两回事，传达是指领导怎么说你就怎么讲，一字一句一标点都不能错，而若是传播就是要改变成受众能接受的方式传播出去。互联网能够无限放大，比如《人民日报》费这么大劲发行量才突破 300 万份，但是人民网的点击量能过亿，相差巨大。如今习近平总书记去参加活动，很多都是网络视频率先发出来，而不是像过去传统报道那样由新华社先发稿，央视紧跟。比如，习近平总书记到庆丰包子铺吃包子就是由网络率先发出来的，这实际上说明总书记在带头做"互联网＋"，我觉得没有认识到这一点的人都是肤浅的。在"互联网＋"这个问题上总书记是最好的带头人，他不是光喊概念，而是脚踏实地从每一件事做起，因为领导带头至关重要，不能光会提要求，而是得率先垂范。以上是"明白人"第一个需要明白的。

第二个明白，就是要学会讲故事。其实跟第一个问题紧密相连，正如我刚刚所说，有互联网思维就是在互联网上说话要有分量，有受众，而且还不出错。内容就是故事，我们人人都有故事，人人都是听故事的人，也是讲故事的人，故事很重要。我们现在离会讲故事还有很大差距，我还用总书记的判断来证明这个差距。"讲好故事"是习近平同志提出来的，在座有谁能说出他是在哪儿提的，怎么提的吗？虽说你们都是学新闻传播的，我估计一个都回答不出来。你只有知道他讲这句话的时间、场合、地点，才能理解这句话背后的含义。我告诉大家一句名言：新闻宣传不论在哪儿都是政治性很强的业务工作，也是业务性很强的政治工作。一个不明白政治的新闻传播人就是一个糊涂虫，外国的大记者也都是在政治上十分之清醒，政治观点十分之明确的，新闻传播者必须关心政治。

2014 年，中国共产党四中全会刚开完，习近平做了两次重要讲话，第二次全体会议前半段总结怎么依法治国，后半段说道："下半段，我讲当前需要注意的几个问题。"总书记说的当前需要注意的问题，一是在表明态度，二是表明现在存在的问题。

存在的问题就是：第一，党的建设。总书记讲，我们不是不要 GDP，但是不唯 GDP，有人却只愿意抓 GDP，而不愿意抓党建，认为抓 GDP 有显绩而抓党建没有显绩。中国共产党是领导我们事业的核心力量，如果党散了、垮了，就什么都没有用了。

第二，反腐败。总书记已表明态度——开弓没有回头箭，这是一场不能输的战斗。却还有人犯糊涂认为反不下去，反一阵风就过去了。

第三，政治纪律、政治规矩。政治纪律还有同志知道，政治规矩好多人都不知道，尤其是你们这些年轻人。纪律是有文的，规矩有的有文，有的没文。总书记讲过，惯例就叫规矩。比如说党员的个人事项申报，有些媒体还反过来反促我们党必须公布这个、公布那个，其实我们不用促，因为我们自己都规定得很细，什么都得申报，不报的话在党组织面前就不是透明体。有些年轻同志认为那是个人隐私。那可不对！不入党则可，入了党当了干部就必须得报了，这是我们党的惯例。过去革命的时候，大家在延安住在一起，谁家有多少东西，媳妇和孩子怎么样，这些都是透明的。

现在条件好了，各自都有了新的发展，但是在党的面前做透明体这一条没有变，这是规矩。可问题是30年都没有强调现在又强调了，很多人不习惯，但是我们是领导别人的执政党，必须得严格要求自己。王岐山同志就说，宪法是国家根本大法，这是对所有公民而言的，一旦入了党既得遵守宪法还得遵守党章，且党规严于国法，意味着你的自由度就比公民小了。如果说你宁肯牺牲自由度也要入党，那叫真追求；若要说是为了戴个光环将来好找工作，那最好还是想明白了再进来。党员结婚离婚都必须报告，在过去连搞对象都得跟组织报告，也许你们觉得很奇怪，但是必须从严治党！所以总书记也说，我们现在党员有好几千万人已经够多了，我们不需要多，需要质量。

第四，讲好中国故事。当时我坐在底下听总书记说，当记者出身的我就爱琢磨这个。我觉得"讲好中国故事"能跟党建、反腐、政治规矩并列提出来，实在太厉害了。这说明"讲好中国故事"确实很重要，而且现在讲得都不好。所以总书记会说，共产党能把事儿办好，难道还讲不好中国故事吗？在这一点上，我认为中国内地的记者和境外的记者还是有很大差别。在各种新闻发布会、记者招待会上，中国记者一提问我一听就听得出来，总是摆出一副姿态来讲一个大概念或一个大道理，然后拿数据、论点去支撑。但境外记者不是，他们是上来先说一个事儿或一个情节，虽然人家没说观点，实际上观点比中国记者明确多了，但情节先把人吸引住了。

我们现在就属于奔着问题去，"奔着问题"就是要善于发现问题，善于提出问题，善于思考问题，善于研究问题，善于回应问题，善于解决问题。作为新闻传播专业的学生，解决问题靠不着你们，这是技术部门的事。但最起码"发现""提出""思考""研究""回应"这五个必须做到，做不到就不能叫新闻传播工作者。今天跟你们讲这些话还太早，你们可能不太理解，但是我想既然刚才都给你们画了那么美好的未来的蓝图，你就得一步一步去做。听了我这番话，你今天不理解没关系，回去琢磨三天理解了那也成，过了五年理解了说明我也没白讲，过了十年理解了都是好事儿，不一定非得现在理解。

我认为在讲好中国故事上，我们现在存在三个问题。第一，会歌德，不会讲德。歌德是主观先行、概念先行、大道理先行，板着面孔怀着一副教育人的心态去说话，认为自己高明去教育别人。教育只能在有围墙的学校里边实行，学生不得不听，因为他得考试。围墙一拆，到了社会上就没有教育了，就变成了教化。"教化"就是讲道理，就是跟别人说人家能听得明白的、能够接受的东西。总书记就说西方最会这一套，上乘的宣传是让你看不见、感觉不到的，最好的报道是能够牵着人的鼻子走，却还能让人以为是自己在选择道路。美国大片到处都在宣传不可战胜、天下无敌的美国英雄，甚至现在都满天飞了。美国大片拍的技术的确不错，可是有哪个演员的某一个眼神能给你留下印象呢？它没有情节，没有内容，没有跟观众的那种眼神交流。好电影的标准不是媒体报道的票房过亿，即使票房达四五个亿都是表面现象。卖多少钱是制片人的事，是电影院线的公司的事，电影好坏不能以这个为论。一张电影票几十块甚至上百块钱，中国人口这么多，一亿人进电影院票房就好几个亿，上亿很容易。以票房为标准这是误导，这就是媒体没文化的表现！

话说回来，"讲德"是什么？讲德就是奔着问题去，为了回应问题而把问题说得明明白白。受众的所思、所想、所需、所求中感到疑惑的地方，通过媒体的传播能够有所得，进而解决问题，但现在太少有人做到了。比如说现在很少有让人看了还想看的"解渴"的经济报道。再比如说楼市，国家宏观调控确实在调整，但国务院提的"灵活，精准，适度，及时"这几个标准，媒体很少报道。一年半以前，媒体报道降房价，因为老百姓买不起房，媒体把房价下降当好事儿报道。从2014年开始，报道开始上涨，媒体说是为了拉动内需，又当好事儿报道，让老百姓闹不明白。我们降房价是为了什么？我们调控让房价稳定又是为了什么？媒体没有去分析这其中的道理，很多媒体还一直抱怨是网络时代没人再看报纸，根本就是因为媒体自身没有网络思维，说的话不"解渴"。媒体没有教化，所以起不到作用，影响力就无从谈起。再如现在的社会是没车不成，有车也有问题。而媒体上多是在报道汽车销量如何火爆，汽车生产企业

2015 年下线了多少辆，只以产量为标准表现汽车市场多么繁荣。如今这儿限号、那儿限号，却成了社会矛盾。政府为什么要限号？媒体应该看到当前我们的雾霾这么严重，一部分原因就是汽车尾气污染。

不会讲是第一个问题，第二个问题是追俗者太多、通俗者太少，或者就只会追俗不会通俗。追俗就是跟着别人跑，跟风炒作、忽悠、渲染、无病呻吟。我说的追俗的这个俗，指的不是二人转这类民俗艺术的俗，我说的这个俗，是大俗。如果是一个人在那儿忽悠，那就是忽悠，但如果我们搞新闻传播的在那儿忽悠，那就叫惑众。因为你手中的笔和镜头会把一个事件给无限地放大。而通俗就是真正以受众为中心的工作导向，总书记讲"以人民为中心的工作导向"，我把"人民"改成"受众"或者"用户"。高手就是能把自己想说的话、想讲的事以受众特别容易接受的方式给传输出去，是要想人家之所想。想要做到通俗，我建议同学们应该上接天气，中接中气，下接地气。天气、中气、地气，三气相通，这才能打通了。"天气"就是领导的意图和指示。不论你在哪儿工作，你的垂直领导就是你的"天气"，必须得深刻理解领导的意图，对于我们来说就是要理解中央的意图，那是方向，那是遵循，那是根本，任何时候都要有这个标准，任何朝代也都要有这个标准，这是尊重领导，跟举报领导是两回事，他若有问题再另当别论。"中气"就是我们一定要听业内的专家学者和精英人士的一些观点和思想，他们有着专业的思考和理解。"地气"是你的受众。所以我们要把领导话语体系、学者专家话语体系和群众话语体系三者融合，最后以群众话语体系来表述领导话语体系和学者话语体系的结合，这就是最大的通俗。

第三个问题是包装得太多，化妆得太少，形式大于内容。没那么多好的内容才需要包装，化妆则是内容为王，讲求内容，讲究实质，并通过艺术手法让它更美地呈现给受众。我所理解的企业品牌就是这样，首先东西好，然后化化妆，这就叫品牌，东西不好那就叫包装。现代人都认表面美的东西，要是不化妆、不美，东西拿出去人家也不要，所以概念上可以化化妆，内容上也可以化化妆。我觉得我们的品牌战略就是化妆战略，但首先内容要好，不能"戏不够，灯光舞美凑"。所以对包装与化妆的问题不容小觑，实质就是总书记所讲的"文化要深化"。化妆就是文化深化的过程，包装是文化浮躁和肤浅的表现。我问了很多人：现在文化艺术存在的最大问题是什么？大家不约而同地说两个字：浮躁。我们中国的文化，走出去也好，教化大众也好，不是靠耍个狮子、练套武术、包个饺子就能解决问题的。深化就是要通过文学作品把我们文化最核心的东西跟大家最通俗地讲明白。新闻也是作品之一，而且是短平快的作品，当然还有各类的文艺作品，包括电影、电视剧、戏剧、舞台剧、小说、诗歌等。我们文科学生要清醒地认识到现在文化太肤浅了，搞文化产业绝不是房地产贴文化标签。房地产商圈块地说是文化产业园区，实际上是房地产业转型了，根本没有文化内涵，纯属文化忽悠。文化忽悠是会毁一代两代人的，要想再扭回来就太难了。

文化的深化叫化妆，这个我们一定要好好学。在此我给大家提条建议：学文科的、学新闻传播的，一定要有深厚的历史功底。因为每一件事都是有着它的历史根源的，不是轻易就会发生的。举个例子，总书记让我们宣传中国道路、中国旗帜、中国特色社会主义道路，以及为什么共产党是领导核心。一般记者不会宣传，就只会登总书记原话或者登中央的文，老百姓都不愿意看。总书记还说过，因为我们总统制、君主立宪制与议会制、多党制都试过了，结果都失败了。我想这个写出来，不光我爱听你们肯定也爱听。北京拆得乱七八糟的，但是孙中山逝世纪念地还照原样摆着，我觉得记者可以去采访采访，照张照片和老照片对比一下，底下写上"中国第一任临时大总统"，然后再讲讲后边发生的历史故事不是挺好的吗？电视台很多比较火的节目中，就有档案节目和讲述节目，昨天晚上凤凰卫视播的蒋经国的从政之路就特别吸引人。现在发生的事情叫新闻，史海钩沉更是新闻，只有有历史感的新闻才有厚重感，才经得住历史和时间的检验。我们现在的新闻报道拿出来，有几篇能经得住历史和时间的检验呢？这正是因为媒体都在"包装"不会"化妆"，没有文化的深化。比如24个字的社会主义核心价值观，分为国家层面、社会层面、个人层面，其核心是什么,根基是什么?我们光讲,却不知道含义。那是因为我们没有凝魂聚气的东西,所以才提出社会主义核心价值观,并凝缩成24个字方便记忆。

要讲文化深化,其实就是讲社会主义核心价值观的文化根源究竟在哪。我认为就是仁、义、礼、智、信、忠、孝、节、悌。忠就是爱国!爱自己的国家、爱我们的政权,这是大忠!孝,小孝指的是对父母的孝,大孝指的是对国家的忠。节是你的气节,做人做事要有骨气。悌是兄弟之间的友善。悌字是一个竖心加一个弟,说的就是友善,我们现在不正是讲究和谐嘛。这是忠孝节悌,而关于仁义礼智信,儒家讲"诚外无物"——除了诚实以外没有别的东西,而现在的社会偏偏最没有的就是诚!有土豪买"艺术品"收藏,只可惜没文化搞不了收藏,不是钱能解决问题的。我看过很多江浙一带的私人博物馆,老板们建了一个院又一个院,到头来全是假的。所以亿万富翁造就了几个千万富翁,千万富翁都是河北的农民,专门倒腾这些假货。比如说字画收藏,简直泛滥成灾。王岐山同志就说,有人楷书不会写就奔行草去了。现在一加大反腐力度,整个书画市场都垮了,因为都是经营当代书画,可当代很少有真正的书画家。随便拿一张老画,暂且不说宋画、明清画,就是拿一张近现代的真迹,一看心就静下来了,这才是文化!真正的文化只能被少数人所拥有,不是大众,但它是为大众服务的,不可能说人人都是书法家、书画家。我认为能够得上文化品位的画家有黄永玉、范曾、何家英,在世的屈指可数。总书记出国给法国总统奥特朗送国礼,就是请范先生画的维克多·雨果像和火烧圆明园两张画,因为雨果是谴责这种毁坏文化的兽行的。范先生画的雨果,两只眼睛是愤怒而且深邃的,这最能表现西方人雨果谴责西方的这些不文明行为,所以以此为国礼。去韩国,请范先生画赵云送给朴槿惠。因为朴槿惠原来年轻时候的梦中情人是赵云,她特别崇拜三国的赵云。我们输出的这些都是中国的文化,它有底蕴。同志们知道中国文化的最高级是什么境界吗?是大写意,即越简单越好。初学者、初喜欢者都喜欢清式家具,因为清式家具雕花精细,而收藏界的老前辈,刚刚去世的王世襄说"十件清也不抵一件明"。因为明代的家具简洁流畅线条美。

我举一个简单的例子，南京有个正大拍卖在 2015 年春天拍了一场家具，其中有一个乾隆紫檀宝座卖了 3000 万元，南京所有的媒体都报道了，说这是溥仪出宫带出来的，还放了一张溥仪坐着二人抬的轿子出宫的照片，还说这椅子上有故宫的标签。我打了一个电话到故宫，问我们故宫的签什么时候开始使用的？他说 1928~1950 年使用的这种签。溥仪 1924 年出的宫，当时溥仪已经出宫 4 年了，还愣说是溥仪带出来的。而且溥仪出宫是因为冯玉祥手下的师长鹿钟麟逼宫，限溥仪 3 个钟头离开故宫，金银细软都带不了还能带椅子吗？可是媒体文化报道大张旗鼓地胡吹，这就是文化肤浅、浮躁的表现。当然记者也不是成心，只是因为不懂、没有文化，可是一问全是硕士博士毕业。一篇通讯最后能让人记住的不是华丽的辞藻和精美的语言，是情节。一个没文化的老太太都会讲故事，可有些学生反而不会说。所以文化是必须要深化的，就是"化妆"。

以上三条是我们"讲故事"中的三个问题，弄明白了你可能就是一个"明白人"或者"半明白人"。最后，"明白人"的最终标准就是要当"适者"。什么是"适者"？舌头代表说话，话是要经过脑袋思考说出来的，一个人只有想得明白，才能写得明白、说得明白，凡是说不明白写不明白的，就是没想明白。"舌"代表你的想法和表达方面要做适者，"辶"代表你的脚步和路的选择方面要做适者。适者要适应我们的时代，适应我们的未来，时代是当下，未来是今后，未来就是你们的。古人云：适者生存。适者后面跟的是生存，适者才能在当今世界有立足之地。从这个意义上来说，适者的背后是智者，最后还是要当智者。智者是本质，适者是表面，我希望大家能够成为一个优秀的智者、优秀的适者，就能够在当今和未来实现你自己的价值。我今天就讲这么多，对与不对你们自己去判别。以后就只有一条标准：实业、实践检验！

主持人：谢谢翟主席非常生动的演讲，他的演讲从自己的个人体会和经验出发，让我们大家享受到一场丰厚的文化盛宴。下面还有一点时间让大家与翟老师互动一下。

听众：翟老师您好，我想问一下为什么现在中央要大力开展文艺评奖清理整顿工作？

翟惠生：因为文艺评奖是最烂的。习近平总书记讲过好作品的 6 字标准：留得下、传得开。而现在的这些获奖作品没有几个是留得下传得开的。新闻评奖方面，全国只承认：作品奖——中国新闻奖，记者奖——长江奖，编辑奖——韬奋奖。长江奖、韬奋奖是一块儿评的，两年一评，一次评 20 个，10 个长江奖，10 个韬奋奖。中国新闻奖是作品方面的奖，一年一评，这个奖项就是要以讲好中国故事的作品为导向，就是刚才我说过的：不歌德，讲德；不追俗，通俗；不包装，化妆。而且由于现在都是公开评奖，网上一公示就会有人举报，某个字错了、某句话说得不通、某件事不是这么回事儿。错一个字就不能评一、二等奖，因为得奖作品必须是能进教科书的，范文是不能有错字的。同学们可不要学现在媒体上所报道的这些肤浅的东西，现在电视台的字幕净是错字，包括中央电视台。比如"截至"的"至"必须是到达的这个"至"，如果是停止的"止"，就必须写成"截止到"。再比如"投资几个亿或几十万"这个表达根本就是错的，因为后边没有单位"元"。2013 年，评了 70 多个一、二等奖，被社会上某新闻研究所的所长挑出 60 多个错，多被动啊！我们还设了一个审核委员会，专挑政治性的毛病、技术上的毛病和文字上的毛病。

关于政治性的错误，比如说 2015 年评的 2014 年的作品，2014 年反腐败中好多官都落马了，新闻作品中要是还有那个官的名字或者镜头就不能参与评选，这样的政治敏感性要有。关于技术毛病，比如一个电视广播类的节目，通过后期制作使得播的跟报的不一样，这就叫作假，我们必须要查原始播出带，播的时候什么样就是什么样。包括中央电视台也出现过这样的错误，有一年报胡锦涛视察，拍了 16 分钟，但我们要求电视通讯不能超过 4 分钟，结果是剪辑成 4 分钟了，但这个就算作假！电视台可以按"超长通讯"来对待，但是不能剪辑。关于语文毛病，就是我刚才说的这些错别字、没有单位等。有些是干一线记者必须要知道的东西，比如"像不像"的"像"是哪个"像"，小学一年级都知道必须要有单立人；

"他们"的"他"，现在都统一用单立人的"他"了。还有一些媒体简直是庸俗不堪，一家最著名的号称以政治观点鲜明著称的都市类报纸报道王菲和李亚鹏离婚，说夜里晚上 11：20 分乌鲁木齐飞往北京的飞机在首都机场落机，然后二三百记者拥堵机场到达口去等王菲，20 分钟以后王菲从里面出来，躲避记者的镜头上了一辆宝马车，于是记者就跟着她的车，在路上甚至还有媒体逼停了王菲所乘坐的车。媒体敢逼停一个公民所乘坐的车这是违法行为，居然还敢往报纸上写。

网络媒体如何坚守马克思主义新闻观

时　间：2015 年 7 月 24 日

地　点：上海交通大学闵行校区陈瑞球楼 100 号

主讲人：童兵

童兵

　　童兵，复旦大学新闻学院教授、博士生导师、新闻传播学博士后流动站站长、新闻学院学术委员会主任，香港树仁学院当代中国研究中心顾问，美中传媒交流研究中心理事。1991年 1 月被国务院学位委员会和国家教委表彰为"做出突出贡献的中国博士学位获得者"。2000 年 10 月被聘为教育部人文社会科学重点研究基地中国人民大学新闻与社会发展研究中心主任。2003 年 6 月被国务院学位委员会聘为第五届学科评议组成员，担任新闻传播学学科评议组召集人。2003 年 8 月获国务院学位委员会指导全国百篇优秀博士论文奖。

主持人：各位同学大家好，今天我们很荣幸地请到童兵老师来为我们的传媒学子带来精彩演讲。童兵老师是复旦大学新闻学院教授、博士生导师、新闻传播学博士后流动站站长、新闻学院学术委员会主任。童老师在1991年1月被国务院学位委员会和国家教委表彰为"做出突出贡献的中国博士学位获得者"。2000年10月被聘为教育部人文社会科学重点研究基地中国人民大学新闻与社会发展研究中心主任。2003年6月被国务院学位委员会聘为第五届学科评议组成员，担任新闻传播学学科评议组召集人。2003年8月获国务院学位委员会指导全国百篇优秀博士论文奖。让我们以热烈的掌声欢迎我们敬爱的童兵老师！

童兵：各位老师，各位同学，上午好！今天我演讲的题目是网络媒体如何坚守马克思主义新闻观。

大家要知道，整个中华人民共和国，无论是政治、经济发展，还是党的建设以及我们新闻传播学的发展，都是在变动当中前进的。我们复旦大学新闻学院调查中心刚刚设计了一份问卷，目的就是要了解全国人民的社会心态。这个问题的确是比较重要的，国际上也很重视。这一问题决定着我们中国往哪发展，其中也包括我们的新闻往哪发展。

传统媒体肯定是要坚持马克思主义新闻观，这已经讲了很多年了。大约两周前，《光明日报》发表了安徽省委常委宣传部长的一篇文章，内容就是要学习马克思主义新闻观。但是新闻业界、学界、政界对此的评论观点不大一致。我看了以后也有很多想法。关于传统媒体要坚持马克思主义新闻观的研究已经进行了很多年，我主要是从另外一个角度，即新媒体、网络媒体在对待马克思主义新闻观上应该持有什么样的姿态，应该确立什么样的立场，对此来发表一些我的看法、观点，供大家思考。

讲这个问题之前有三个基本概念，一个是什么叫新闻学，一个是什么叫马克思主义新闻学，一个是什么叫新闻观。然后是三个问题，第一个问题是网络媒体必须坚持马克思主义新闻观，并阐明理由；第二个问题是网络媒体怎样坚持马克思主义新闻观，我主要讲五点意见；第三个问题是网络媒体践行马克思主义新闻观应该坚持必要的规范，主要讲六个规范。所以概括一下，我这场讲座基本上可以归纳为"一五六"。

我们先来看第一个问题，马克思主义新闻观是社会主义国家一切媒体，包括传统媒体和新媒体必须坚持的基本立场、践行的政治规范。我们在讨论这个问题之前，先简单地回顾一下中国网络媒体、互联网在全世界的位置和我们实际占有的位置。第一个方面，中国是互联网的应用大国，我们互联网发展的很多方面都在世界上处于领先位置。第二个方面，中国在互联网发展方面还不是强国，我们的发展还很弱。表面上看这两点似乎很矛盾，但是我们必须承认这一对矛盾。我们是互联网的应用大国，我们国家互联网应用委员会每半年会发布一次中国互联网发展状况统计报告，最近发布的数据显示，中国网民人数已经达到 6.49 亿，处于世界第一。这和英国、美国、日本等国家的情况不太一样，英国、美国、日本等国家很多人现在是不使用计算机的，但中国的一些家庭会有好几台计算机，用户也很多。我们拥有各种各样的网站，数量超过 400 万个，数量上也绝对是世界第一。但是，我们的网站访问量并不多，仅相当于美国网站的一半左右。美国网站的数量没有中国网站多，但是美国网站访问量高，很繁忙。而我们这 400 多万个网站绝大多数是商业网站，访问量并不高。目前，中国手机用户超过 12 亿，中国一共有不到 14 亿的人口，但是持有手机的人数已达 12 亿，基本上是人手一部，有的人甚至有好几部。用手机来接收和发布信息的移动网络用户已超过 8 亿，也就是说，在 12 亿手机用户中，有 2/3 都使用手机上网功能。因此，在互联网应用方面我们是世界大国，至少在数量上绝对是世界第一。

这是问题的一个方面，而在真正主要的方面我们并不是强国，与互联网强国这一目标之间的距离还很大。比如说我们国家的互联网普及率只有45.8%，网民人数只有 6.49 亿，占全部人口的一半还不到。上市的互联网 IT 企业的市值、拥有的实际资本与美国相比，差距很大，没有几个发展特别好的 IT 企业可以和美国的 IT 企业相抗衡。另外，我们建设的网站，其中有很多是政府网站，包括政党建设的网站、军队建设的网站等，有很多。所以，我们是互联网大国，主要是应用型大国，但并不是互联网强国。未来还有很长的一段路程需要我们去走，这是从硬件方面来说。从软件方面来说，所有的网络媒体都要加强马克思主义新闻观的学习，要掌握马克思主义新闻观。为什么？社会主义国家的媒体要遵行基本的立场、基本的政治规范，马克思主义新闻观恰恰为我们指明了一些基本规律、基本方针、基本规范，我们应予以重视。

第二个方面，我们关于苏联国家的解体、苏联政权的丧失已经反思了有 20 年的时间。反思的结果告诉我们，放弃马克思主义新闻观的指导地位，新闻政策、新闻改革一定会失败。所以，媒体可以改革，也应该改革，但是基本的马克思主义新闻观是坚决不能放弃的。我们不能说戈尔巴乔夫的改革完全不成功，我们现在的很多改革也在讲要加大透明度、公开化。我们党在做自我检查的时候也在说，我们的新闻公开度不够，透明度不够。所以，并不是说戈尔巴乔夫的改革完全不对。他在1988 年的一篇文章里面讲，改革不是个别人或者一批人心血来潮的结果，改革是迫切需要的，是社会主义国家发展的深刻进程中产生的观点。这一观点无疑是对的。但紧接着他说，历史是公正分析的对象，许多好像不可动摇的理论现在需要加以怀疑并重新认识。而他怀疑和重新认识的那些内容恰恰是需要坚持的重要东西。所以，该坚持的还是要坚持，哪些问题需要报道，哪些问题不需要报道，马克思主义新闻观中有很多这样的规定。

第三个方面，斯诺登的教训。斯诺登躲起来已经有四年了。棱镜计划是他在 2007 年揭露的，是美国安全局绝密的电子监听计划，被监听的企业有谷歌、苹果、微软等大企业。美国通过这些大企业了解了很多网络空间的机密信息，当然就包括中国。棱镜计划是斯诺登最早披露的，接着他又披露了其他一些计划，包括美国安全局潜入到雅虎、谷歌等数据中心去挖掘数据。我们现在讲云数据、大数据，但是这些数据并不是都可以无障碍地予以公开，其中包括很多机密数据。在此之后，斯诺登又揭露了美国的无遮掩计划，讲到美国和加拿大、新西兰、澳大利亚、英国共同开发一个项目，专门来监听各个国家，包括其友好国家。最近揭露的计划是专门监听德国、意大利、中国等 35 个国家领导人的电话和通讯。从这些事件也可以看出，目前还是有一些国家对中国的发展不怀好意。美国现在有 5 艘航母，我们中国如果能在 5 至 10 年中建造出 10 艘航母，美国人就会特别不舒服。我们现在在紧锣密鼓地制造航母，而且造的不是一艘，而是好几艘。媒体该报道哪些内容，不该报道哪些内容，得有相关的政策、法律予以管制。

第四个方面，就是颜色革命。颜色革命从最早出现至今已经有 15 年了，西方非常明确地把互联网，包括纸媒，作为他们非暴力政权更迭的武器和手段。颜色革命离中国已经很近了，例如，2014 年台湾大学生占领台湾"立法院"，香港大学生"占中事件"。2000 年，美国最先发起颜色革命，叫天鹅绒革命，或者叫红色革命，持续进行了 3 年。此后，格鲁吉亚发生了玫瑰革命。2004 年，乌克兰发起橙色革命。2005 年，伊拉克发生的颜色革命，叫紫色革命。2005 年，黎巴嫩发生了雪松革命，该国的国树是翠绿色的雪松。还是在 2005 年，吉尔吉斯斯坦、哈萨克斯坦发生了郁金香革命，那个地方种了很多郁金香，也叫柠檬革命，颜色是柠檬色。到了 2007 年，缅甸发生了袈裟革命，是一些宗教徒、僧侣、和尚上街游行。2010 年，发生了北非革命，又叫茉莉花革命。这几年颜色革命一直没有中断过。我们学新闻的一定要保持高度的新闻敏感性，这是特别重要的。

以上这些现象告诫我们，一定要把马克思主义新闻观学好。一方面要牢固掌握互联网技术，这是我们的生存之道，是我们学到的本领，以后的发展很大程度上需要依靠技术的支持。但同时要把中国的大门看好，因为在技术上不如美国、日本，我们可以去赶，只是需要一些时间，但是最重要的是要看住我们自己的头脑，用马克思主义新闻观把自己武装起来。这一点非常重要，这是第一个问题。

第二个问题是怎样来学习和坚守马克思主义新闻观，我就这一问题提几点建议。

第一点要从事物的普遍性来考察当前国家交往和社会交往的必然性，同时又要高度关注国家交往和社会交往的复杂性。我们学新闻的人都知道，新闻传播非常必要，从人类诞生的那一天开始，几乎同时伴随着新闻交往的行为，原因在于人和人之间的交流沟通是必然的，是必不可少的。比如说，从我的角度来看，我得到的最重要的新闻是朋友传给我的。我们要和各方面的人去打交道，所以这个世界应该是开放的、透明的，这是我们对新闻的基本要求。马克思主义新闻观在这方面有很多的论述，马克思主义从一开始就强调了新闻的客观性，新闻的真实性，但是不否定新闻有一定倾向性，每一个报道者都有自己的报道立场，对不同的事物有不同的评价等。所以，这个交往的合法性要求所有国家的宪法都规定有言论出版自由，中国《宪法》的第35条就是对此的相关规定。我们不断呼吁，中国要尽早出台新闻法、广播电视法、新闻记者法等，这是问题的一个方面。另外一个方面，要同时呼吁通过法律的渠道来保障国家安全，这是非常重要的信息安全。通过前面举的一些例子可以看出，中国的信息是非常不安全的。因为重要的互联网技术主要在美国人手里掌控，像斯诺登披露的计划可能只是冰山一角。中国的国家安全还是面临着很多的问题，一不小心，我们的信息就有可能被他人利用。所以我们要牢固掌握马克思主义新闻观，重要的一点是既要求开放，又要求适当地保密，二者之间要把握好这个分寸。这是第一点。

第二点是从存在决定意识的规律来认识新闻传播的本质，要保障四个基本权利的实现，就是知情权、表达权、参与权和监督权，无论是官方还是民间，要不断地提高实现这四个基本权利的自觉性，但同时又要加强责任感，保护网络信息传播安全，这在对外交往中尤其重要。

第三点要把握对立与统一的规则，这是我们新闻传播必须要遵守的机制，要把握好公开、透明的尺度。新闻工作者每天在汪洋大海的事实当中去挑选某一部分事实为我所用，为公民所用，这个挑选就是度的把握，这实际上很重要。比如说，我们总是说我们国家的经济发展不好，我们的发展的确存在很多的问题，并且同我们每个人息息相关，牵扯到各行各业等，但是能不能把存在的这些经济发展问题全部放在媒体上进行详细的分析？也不行，因为它牵扯到社会的方方面面，包括外贸、消费等，所有这些都牵扯到一个度的把握。所以，马克思主义新闻观就要求我们要把握好这个度。

第四点就是经济基础和上层建筑的关系，既要使上层建筑的发展同经济基础的发展方向基本一致，又要坚持上层建筑意识形态的独立性、自主性、能动性，坚持党管媒体的体制。我们要时刻注意，过头了不行，没到位也不行。

最后一点，依靠人民群众，我们要想办好媒体必须要依靠群众，这一点也要引起我们的重视。以上我很简单地把这一问题梳理了一遍，就怎么样坚守马克思主义新闻观，我们就可以从上述五个方面进行思考。

第三个问题，为了很好地践行马克思主义新闻观，媒体应该建立一些规范。我认为，大概要坚持以下六个方面的规范。

第一个规范是真实报道，真实报道对于网络媒体来说似乎是最严重的一个问题。因为网络新闻的来源太多元化了，对网络新闻的把关很困难。关于网络新闻的真实报道问题也是中宣部考虑最多的问题，是群众意见最大的问题。所以，网络新闻真正要坚持马克思主义新闻观，第一条原则就是要老老实实做到真实报道。不仅在微观上要追求报道的真实性，也就是每一个具体报道的人物、事件，报道的时间、地点、经过都要有理有据。在宏观层面上，也必须坚持报道的真实性，不能有丝毫的差错，做到这一点很难。中国媒体很难做到，美国媒体也很难做到。但是媒体要具备公信力，就必须要做到真实报道，这是第一个规范。

第二个规范就是党性原则，网络媒体要从党性原则入手自觉地维护法律规范，特别是在非官方的网站建构新的体系时，这一点就更难。因为中国的传统媒体都是官方媒体，从法律上来讲，现在还没有民间的私人媒体。但网络媒体不一样，网络媒体大概80%都是民营的，都是私有的，要真正让它按照党性原则创办、运营很难。最近在这些问题上都有一些讨论，理论建设上还很模糊。在新闻传播中有个问题，就是党和法的关系，还有规律和党的关系。习近平总书记"8·19讲话"中即提出了两个规律，一个是新闻传播规律，另一个是网络传播规律。这是第一次提到了网络传播规律。

第三个规范叫组织规范，叫全民办网。我们报纸讲求全民办，电视讲求全民办，网站也讲求全民办，尤其是官方网站。可能一些民营、私人创办的网站，经过相关部门审批通过就可以办，但是官方网站只有官方来办是不够的，要重视民众。但是在这一点上我们似乎还存在一些问题，大家可以去看《环球时报》的官方网站，看人民网、新华网上创办的一些栏目，是不是都反映了人民群众的意愿、凝聚了人民群众的力量、有众多人民群众参与呢？事实上，在全民办网方面，我们的媒体做得还很不够。我认为，一些传媒同人民群众对立的时候，显然媒体办网的方向、办网的立场是有问题的，网站的工作人员的自觉性还不够。所以，互联网也要依靠全民的力量来创办。

第四个规范就是义务规范和舆论导向。在舆论导向里面要注意三个舆论场：官方舆论场、民间舆论场和海外舆论场。这里存在的问题还是比较多的，尤其是对海外舆论场我们没有太多关注。看不到，听不到，不等于海外舆论场就不存在。所以，要很好地把官方舆论场、民间舆论场和海外舆论场这三个舆论场统一起来，去寻求它们的最大公约数，这一点很重要。

第五个规范就是道德规范，媒体要坚持一定的新闻操守。前几天中宣部开会就在讨论我们的一个国家社科课题，其中有一个子课题是研究西方新闻专业主义。我们认为，新闻专业主义不仅仅是一种立场，一种品行，一种新闻职业的规范等，还是一种新闻操守，记者应该怎么做、不应该怎么做这很重要。但是，你一方面在讲马克思主义新闻观，另一方面自己的职业道德低下，那么，你讲马克思主义新闻观有用吗？所以，媒体的职业操守很重要。

最后一个规范是如何经营。必须坚持以人为本，我们现在在这方面比过去有进步，但是还不够。以人为本最早是由马克思提出来的，马克思、恩格斯在《共产党宣言》中有一段就讲，每个人的自由发展是一切人的自由发展的条件。我们提到的"以人为本"是在十七大上由胡锦涛同志提出来的，距离今天也就不到十年的时间。但是，当前，我们的新闻传播工作很难真正做到以人为本，就像以前所讲的，想人民群众之所想，急人民群众之所急等，如果我们能够真正都做到，马克思主义新闻观也就落到了实处。

我把今天讲的内容大致做一个小结：第一个要点，充分认识坚守马克思主义新闻观的重要性和必要性，这部分主要从五个方面来讲，其中，侧重于三个方面的内容，包括要反思苏联的解体，要坚守新闻传播的底线；要反思斯诺登事件，警惕"隔墙有耳"；要反思颜色革命的兴起，提高自身意识和警觉性。第二个要点，就是网络媒体怎样来坚守马克思主义新闻观，主要从新闻传播的五个方面来展开。第三个要点，就是要坚守马克思主义新闻观，要践行网络新闻媒体的六个行为规范，其中，最后一点讲到的就是要坚持以人为本。以上就是我今天要讲的全部内容，谢谢大家！

主持人：非常感谢童兵老师给我们带来精彩的演讲，使我们受益匪浅。下面是提问环节，大家把握好这次宝贵的与童老师交流的机会。

听众：老师您好！我想问老师一个关于舆论研究的问题。现在我们社交媒体发展非常广泛，包括微博、微信等多种传播渠道。我们现在也形成了一种趋势，比如一起事件发生后，媒体会蜂拥而至地去报道同一类事件，比如说教师猥亵少女事件出现一例后，全国许多媒体都相继报道其他地方发生的此类事件。再比如，女大学生失踪事件等。这样的报道趋势会形成社会恐慌，但是媒体很大程度上是为了吸引公众关注，吸引眼球，提高媒体收视率、收听率、阅读率等。我想问一下老师，我们在报道过程中怎么才能在恪守个人道德节操和媒体业绩之间寻找一个平衡点？谢谢老师！

童兵： 我对你的问题不一定能把握得很好，先试着回答一下。我觉得媒体的报道有时候有炒作的情况也很难免。你站在媒体的立场上去考虑，它对兴奋点的认知和我们对兴奋点的要求是不一样的，它认为这个事件是一个新闻点，很值得炒作，可能其他媒体还没有来得及报道，它就率先进行报道、炒作了。这反映了什么问题呢？一个问题就是我们的媒体人对消费者，也就是对媒体受众不是很了解，特别是网站建设、运营者，人手少，时间紧，到底世界怎么样，到底今天有哪些值得传播的信息，哪些信息没有传播价值，网站编辑（心中）可能并不是很有数。还有一个问题就是在座的你们、我们水平不够，新闻其实错过了很多有价值的东西没有去报道，让其他的一些学科报道了。比如有些作家，他的小说成了热点，其实应该是先成为新闻热点的，但作家先抓着了。你去想想看那些作家隔几天就有东西，而我们记者没有，我们水平不够，在这层新闻教育需要检讨。在分众化的情况下，当前的新闻教育如何去改革，记者怎么抓新闻，怎么抓热点等，都需要深入思考。刚才这位同学说的这个情况，不仅是中国媒体，全世界媒体都有类似的情况。比如说邓文迪和默多克离婚了，全世界媒体都在炒作这件事，比中国炒得还热闹，包括邓文迪拿到那些财产以后会怎么样、下一任老公会是谁等都被国外媒体拿来炒作，因为这些新闻有看点。

听众： 童老师您好！我想问一个关于新闻法的问题，2015 年 3 月份有消息报道我们的新闻法可能提上了日程，但是有很多人担心这部法到底是保护新闻自由还是会加强对舆论的限制。20 世纪 80 年代，大家对此还没有一个共识，当时新闻法草案出来后就夭折了。我想请问老师像今天网络媒体这么发达，环境更加复杂，各种声音更加多元化的情况下，中国还有没有可能发布新闻法呢？您对这一问题是怎么看的？

童兵： 这个问题我建议大家读一下《炎黄春秋》上面孙旭培老师的一篇文章，孙旭培老师差不多从20世纪80年代初就开始关注我们国家的新闻立法问题，有30多年的时间。最近一个阶段关于新闻立法的讨论是从柳斌杰于2014年11月在清华大学的一个讲话开始的，2015年7月人大开会的时候他第二次提出传播要立法。他提立法和我在这里提立法的指导思想是不同的。柳斌杰原来是新闻出版总署的署长，分管新闻，他这两次讲新闻立法的理由是说现在的网络新闻太缺乏相关制度的管制和约束，很多网站随意转载甚至改写报纸等媒体发布的新闻，这种情况是不允许存在的，需要制定法律予以管理。他的这两次谈新闻立法就是在这么一个背景下提出的。但是，我们对这一问题不是这么看的。我们从20世纪80年代开始跟着胡绩伟等参与新闻立法，是基于公民应该有基本的言论出版自由权这样的角度去参与、提出的。也就是说，中国有没有新闻法最终决定中国的公民有多大的新闻自由的权利。马克思说，自由是以法律的形式存在的，这个国家要有新闻自由就一定要有新闻法。当然这是160多年前的一篇文章里面提到的，以后很多国家立法和司法的道路是不一样的。比如美国，严格意义上来说，美国就没有新闻传播法，因为它的宪法第一修正案就规定议会无权去制定限制新闻自由的法律。但是就在这样的背景下，1996年，美国还是出台了新闻通讯法。从那时开始，本来一个人最多可以办5个电视台，以后就不受限制了。所以，我们要用新闻立法的形式来确立和保障不断地扩大公民的新闻自由和言论出版自由，从这个角度来说，我们和某些官员要求新闻立法的出发点是不一样的，但柳斌杰作为一个官员能够几次三番地提出新闻立法也是难能可贵的。

但是今天新闻立法有两种姿态、立场，一个要求现在就立法，另一个要求条件成熟的时候才立法，我们就是属于后面一种的。我积极地要求新闻立法，但是我觉得2015年或2016年把新闻立法提上正式日程条件不成熟。从某种程度上说，很多媒体人就认为，现在没法更好，自说自话还有空间，还可以打擦边球、打马虎眼，有了立法可能更麻烦。因此，在新闻立法上，基本的立场有两点，第一要积极，第二要谨慎，绝不要给某些人提供镣铐，利用这个绳子把新闻捆起来是不好的。

讲好中国故事，传播好中国声音

时　　间：2015 年 7 月 23 日

地　　点：上海交通大学闵行校区光彪楼多功能厅

主讲人：郝晓鸣

郝晓鸣

郝晓鸣，新加坡南洋理工大学黄金辉传播与信息学院教授，毕业于中国首都师范大学、中国社会科学院研究生院和美国密苏里大学新闻学院，曾任新华社记者，1993 年以来在新加坡南洋理工大学黄金辉传播与信息学院任教，先后担任讲师、高级讲师、副教授、教授、系主任、副院长等职务。曾任国际中华传播学会会长，现任 SSCI《亚洲传播学报》主编，《新闻学研究》《新闻与大众传播教育》《中国互联网传播研究》《亚太传媒教育工作者》《传播学与社会》等学报编委或顾问。主要研究方向包括新闻理论、媒介效应、国际传播、新传媒技术对社会的影响等。

郝晓鸣： 今天，我主要从个人的认识和经历出发，来讲对外宣传和国家形象的问题。国家形象是一个很大的问题，每个人都希望自己国家有一个很好的形象。决定一个人行为的不是现实，而是他对现实的认识。也就是说，一个国家真正是什么样的不重要，他者认为你的国家是什么样的才决定了他们对待你的态度、行为等。所以，国家形象是一个非常重要的问题。国家形象的好坏影响了世界对你的（国家）态度。

我是对外宣传出身，深知对外宣传对国家形象起着非常重要的作用。在中国，追溯对外宣传历史，起源于共产党的对外宣传工作。作为一个政党，受到各种大势力的压制，能够生存并壮大自己的力量，一定离不开宣传。毛主席讲过一句话，"长征是播种机，长征是宣传队"。当时在各种势力压迫之下，共产党很难把自己的主张宣传出去，而报纸上讲的都是"共匪"，大家见了共产党害怕。早期共产党很理解宣传的重要性，创办的第一本杂志主要是宣传反对当时的各种势力。媒体不让宣传共产党，共产党就自己办了一个刊物。以后出现了很多苏区的报纸，像新华社的前身，都是为了解决国内敌对势力而生。但是这些工作只是对内宣传，共产党对外宣传所面临的困难和阻力非常大，后来在抗战时期成立了延安广播电台。

研究共产党的历史就会发现，在长期斗争中，共产党对外宣传一直比较弱。真正让国内、国外了解共产党主张的人物，是美国人埃德加·斯诺。斯诺写了一本书《西行漫记》，将他的采访报道综合起来。这本书不但在国际上有着非常大的影响，而且影响了中国年轻一代的知识分子。很多知识分子看了这本书的中文文本后，还没毕业就奔赴延安，当中有很多精英式的人物，包括燕京大学的一些人，他们的英文很好。有了这些英文人才之后，延安广播电台觉得只从事对内宣传还不够。所以，1941年，电台开始做英文节目，目的很明确，就是要把我们的声音传给全世界，让他们听到共产党的主张。这是非常伟大的工作，虽然发出的声音是有限的，但它是共产党对外宣传的重要途径。

新中国成立之后，共产党一直非常重视对外宣传。刚刚解放的时候，中央人民政府就成立了新闻总署，新闻总署下面设立了国际新闻局，网罗了一大批英文很好的人，这些人一般都是20世纪三四十年代初期毕业的，在国际新闻局做事，后来成为对外宣传的主要领导。当年的知识分子大都很有正义感，把一生献给党和国家的对外宣传工作。但是当时从事的对外宣传的效果如何？意义有多大？这是我们需要探讨的问题。

解放之后，又有大批人从事对外宣传工作。这项工作不是简单由一个部门组成的，具体来讲，中央层面是新华社，新华社里设立了对外宣传部，后来叫作对外新闻编辑部，简称对外部。除了对外部，国际部对于国际新闻的报道也属于对外宣传。除了对国内发声音之外，新华社的国际部和对外部同时用中文、英文、日文、德文、西班牙文、阿拉伯文和法文，一共7种语言向全世界报道有关中国的新闻信息。国际广播电台也使用几十种语言向世界播报中国新闻，其中最著名的是英文台。除了这些，还有一个外文局，它下面主管了几份非常重要的杂志，如《北京周报》《中国建设》《中国画报》《中国妇女》《中国体育》等刊物，目的就是让外国人了解中国。

这批解放之后加入对外宣传的新闻工作者，也把整个青春年华贡献给国家的对外宣传事业。但他们的思维方式和早期的共产党是一样的。从世界上来看，西方国家对中国的报道带有一定的偏见，因为共产主义、社会主义和西方对社会的整个理解是不一样的。所以当时对外宣传的主要任务是回击西方，并不是以一个全面的新闻报道方式来报道中国，而是专门报道中国好的地方，补充西方报道的缺陷，形成一种平衡。

但当时没有多少媒体真正转发新华社的稿子，新华社的报道主要依靠四大通讯社，通过外电的转播才能实现落地。在当时的情况下，新华社很苦恼，花了这么多时间去播报中国的新闻内容，结果没能实现落地，无法达到理想的传播效果。在"文革"之后，新华社领导进行了反思。但他们并不认为是报道方针有问题，而将矛头主要指向记者、编辑不会以西方的传播方式讲中国的故事，即缺乏一批英文好且能用西方的方式报道新闻的人才。

"文革"之后，新华社的领导做了一个重大决定，从1978年开始在中国社会科学院研究生院新闻所招一批专门用英文进行新闻报道的学生。我是所里招的第二批人，自称是"黄埔二期"。以英文水平作为招生的主要评估标准，所里招了一批很优秀的学生。研究生三年期间，整个课程全部由一位美国人讲授。我的老师跟我同岁，是一个非常聪明的犹太人，对语言的掌握程度很高，我们当时的学习环境和氛围都很好。经过严格的培训，我们当中有15个人去了新华社，并且都拥有很强的新闻报道能力。然而，这不代表我们去新华社就会干得很顺利。头两年还是比较困难，因为采访经验的积累以及遇到的问题是在课堂上学不到的。做记者要非常认真，否则太容易出错，在新华社写错一个字，发表出去都是大事。

我们到底为新华社做了哪些贡献呢？我们写故事的能力确实要比老一代强一些。我带比我小的研究生去西藏采访，当时有人说西藏宗教不自由，压制西藏人民信教。我们就做了一个很简单的抽样调查，找了50名背包游客（我们认为这些人是真正接触到西藏的），绝大多数人都说藏族人是有宗教信仰自由的。我们把这些内容写成新闻报道发表出去，还引起美联社的不满。应该说，我们做的工作还是带动了新华社的改革，但作用也比较有限。新闻工作者光是会讲故事还不够，西方有自己认识问题的方式和方法，很难随着我们对外宣传方式的改变而改变。

20 世纪 80 年代初，我到澳大利亚做了 6 个月的实习记者，在这半年里，我认真阅读当地的报纸，非常渴望能找到一条关于中国的消息，但最终只看到了两条。后来我发现，当地人对世界的了解很少，他们有人甚至觉得澳大利亚是世界上最大的国家。有记者采访我的时候，我就专门聊了这个问题，这个记者用整整半个版面刊登了对我的采访。第二天澳大利亚空军情报学院中文部主任就来找我辩论，说澳大利亚人也了解世界，他自己去过中国台湾、香港，对中国的事情非常关心。但在整个 20 世纪 80 年代，能像他这样了解世界的人毕竟是少数。

前几年我们专门做了一项研究，调查亚洲的英文报纸关于中国的报道。研究发现，1979 年到 1989 年期间，正面报道占比接近 60%；1990 年到 1999 年期间，正面报道比例少于 26%；2000 年到 2009 年期间，比较趋于平衡一点，负面报道占比 45%，正面报道占比 40%。不同年代世界对中国的看法也在发生着变化，但并不是越早就越不好。为什么 1979 年到 1989 年期间对中国的印象最好？因为当时"文革"结束之后，中国进行了改革，整个世界看着中国在进步。总的来说，党报媒体关于中国的正面报道比例大于负面报道，台湾媒体关于大陆的负面报道比例大于正面报道。另外，我们的研究也发现，亚洲媒体和西方媒体关于中国的正负报道相差不大，但西方媒体的负面报道比例更为高一些。

就国家来看，美国是如何看待中国的呢？美国政府怎么看中国是一回事，美国人民怎么看中国又是另一回事。可能最早的时候，美国人知道的是朝鲜战争。大多数美国人对中国的了解局限于中国的长城，吃过几道中餐，见过几个中国字，觉得这就是中国。后来随着中国产品销售到海外，美国人对中国有了更多的了解，买的东西都是中国制造。现在还有中国大妈在美国旧金山跳广场舞，也引起了美国媒体的关注和报道。在美国西海岸，美国当地民众对中国的影响感受得更为直观，包括中国人在当地直接掏现款买房，中国人的一栋大豪宅用篱笆围起来等。

我们从美国跳到非洲，我的一个朋友就是专门培训、教授非洲国家的

新闻工作者和新闻学者。他让这些来自非洲的新闻工作者和学者去搜集近
5 至 10 年自己国家的媒体关于中国的报道，进行内容分析。从 20 世纪 60
年代开始，中国对非洲进行援助，给非洲人民留下了非常良好的印象，非
洲国家与中国建立了良好的关系。但在近 10 年间，非洲媒体关于中国的
报道中，负面报道占的比例非常多，主要集中在两个方面：一方面是质疑
中国对非洲的援助目的，到底是支援非洲还是侵占非洲的资源？另一方
面，更多的中国私营企业和个人到非洲进行开发，不顾当地的自然环境，
甚至是欺骗当地人，这些行为给非洲人民留下了非常差的印象。这些都是
危险信号，说明中国要塑造良好的国家形象，不能只是针对美国等西方国
家，要顾全在全世界所展示的形象。

　　谈到媒体的对外宣传，关键在于西方媒体的统治地位不可转变。因为
汉语尽管一直在进行对外推广，但是英文、法文仍然是世界上使用国家最
多的语言。这就意味着，中国真正深入到西方国家民众心中是不容易的，
我们和西方人的观念也很不一样。有段时间很多人谈文化产业和软实力，
中央政府曾拨出 70 亿元发展文化产业，比如，在美国时代广场播放中国
宣传片等，但所收到的效果有限。华人依然是中国电视、报纸的忠实受众
群体。我在美国上学的时候，每一期《中国日报》海外版都会看，但是
不能指望美国人都看。孔子学院也是中国软实力发展的一部分，刚开始创
建的时候还引起了关注和反响，但是总的来说效果并不是很理想。我们必
须意识到，西方媒体占据统治地位是无法改变的事实，而思考如何利用西
方媒体所占据的优势，这是我们所能够做到的。

　　现在回到一个根本问题，我们如何使西方世界了解中国？如何能够让
西方媒体按照我们的意愿去报道中国的事情？这就是习近平总书记提出的
"讲好中国故事，传播好中国声音"。

　　当年中国驻南斯拉夫大使馆被炸，美国媒体做得很不光彩，而西方的
一些报纸甚至声称此事是误炸。例如，《纽约时报》报道称没有证据显示
美国军队是有意轰炸。时任驻美大使的李肇星代表中国政府发言，言辞非
常强烈，指出中国政府声明的每个字都是事实，这绝不是一件普通的事

情，是令人发指的暴行，在世界外交史上都很罕见。这一暴行本身引发了一场示威，这是中国人非常理性和合法的行为。然而，美国人无法理解这种愤怒。我国另外一位外交部部长杨洁篪面临的是南海撞机事件。杨洁篪打了个比方，比如，家里的房子和汽车是我的私人财产。最近我发现总是有人开着汽车在公路上到处乱转，拿着高倍望远镜拍我家。我觉得很奇怪，我儿子也觉得很奇怪，就开着车出去看一下。结果，我儿子的汽车和你的汽车撞了，我儿子死了，你的车也撞坏了，所以我认为，家人有权问到底发生了什么。至少你应该说声对不起吧。杨洁篪外长讲得非常巧妙，美国人能够理解这其中涉及的私有财产、隐私等问题。

我想说的是，新闻工作者的传播效果远远弱于中国领导人在一些国际场合所说的话和做出的决定。国家领导人所说的话是举足轻重的，会受到各国媒体、记者的关注和报道。所以，中国领导人首先要学会讲话，学会讲中国的故事。但话说回来，国家形象也好，对外宣传也好，其实都是一种传播，但这并不能从根本上解决问题。一个国家的国际形象最终还是要看国家硬实力和其所作所为。比如汶川地震引起了世界的关注，当时美国政府得出一个结论说中国政府很伟大，中国政府可以动用很多军队去解决问题，但是在美国是无法实现的。有人说，中国政府的权力很大，但正因为中国政府的权力很大，才可以集中全国的财力和物力去应对一些危机事件。比如，中国股市动荡，很多中产阶级把几十年的积蓄都赔在股市里，这时中国政府就调动国家力量去救市。当中国变成了一个强国，其他国家就不得不予以关注。现在很多中国大妈会去西方一些名牌店抢购。西方人第一个反应是中国人有钱，第二个反应是有钱也不能这么花呀！一个国家的形象与国家政府以及每一个公民的所作所为都是分不开的，真正的国家形象的树立靠的是中国的硬实力以及我们每个人的言行举止。谢谢大家！

主持人：好的，谢谢郝晓鸣老师的精彩演讲。下面是提问环节。

听众：老师，您好！其实中国从毛主席时代开始，就一直在讲文化输出、百花齐放、百家争鸣。习近平总书记执政之后，也非常重视中国文化输出，但现在追求的实际上是一种中华民族的文化回归。您觉得现在提出文化回归的目的和功效是什么？在这种文化回归的背景下，中国做得怎么样？这步棋下得对还是不对？

郝晓鸣：你讲的是两个不同的问题，一个是向外输出文化的个人表现问题，另外一个是文化的回归问题，即找回自己国家文化的根并不断追求、发展。我更想回答后面一个问题，这个问题也更加重要。20 世纪五六十年代应该是很有理想的一代，对世界的感觉是非常美好的。尽管新中国成立之后，我们的国家经历了很多磨难，但是毕竟整个国家还是处于上升、进步的阶段。我小学的时候还是学习毛主席思想的标兵，经常拿着毛主席语录读，也非常信仰马克思主义。18 岁的时候我加入了中国共产党，当时认为党非常重要，给我们提了很多精神上的要求。当年我去美国读书的时候，我太太在工厂做工。谁是共产党员都看得清清楚楚，因为共产党员总是以身作则，吃苦在前，享受在后。改革开放以后经历了一些事情，过去的精神信仰逐渐消失了、没有了。那么，我们这个国家和民族最后到底应该坚信什么呢？所以，习近平总书记现在提出要寻找中国文化的根，去追求中华民族的传统美德，增强国家的凝聚力，这是当前我们国家和民族的需要，但是难度也很大。之前我跟一家大公司的董事长聊天，说到现在的年轻人感觉总是一代不如一代，可是真的到汶川地震的时候，公司的年轻人纷纷踊跃捐款，为灾区同胞伸出援助之手，表现出强烈的同情心。所以，寻找中国文化的根，追求中华民族的传统美德有很大希望，我希望现在的"90 后""00 后"能够有信心改变现状。

听众：您认为当前中国在进行国家形象塑造和对外宣传的过程中，最大的困难是什么？我们应该怎样应对？

郝晓鸣：第一，我们不要太过在意别人怎么说，只要把自己的事情做好。自己的事情做得不好，再怎么拍宣传片宣传，也起不到太大的作用。第二，国家领导人的言语行为非常重要，其作用和影响远远大于新闻工作者的报道，在对外宣传中更应注意。当然，我讲的只是这两点，还不是很全面。

听众：老师好，我现在认为《华盛顿邮报》之类的西方媒体的一些报道都会戴着有色眼镜去看待，态度可能并不能保持客观、中立。您是怎么看待这一问题的？

郝晓鸣： 西方媒体对中国的报道偏见是不可否认的，但是如果说西方媒体是有意在妖魔化中国，可能说得又有些过了。实际上，西方媒体对中国和美国的看法并没有太大的分别。西方媒体习惯用批判的方式来看待世界，它们的任务就是找出世界存在的问题，而不是给领导人宣传、鼓掌。这种报道方式可能有时在分析美国时没有问题，而分析中国时显现出一些问题。所以，学生或是学者千万不能带有偏见地研究问题。

听众： 老师您好，您今天的演讲非常精彩，我对您讲的主题也非常感兴趣。您讲到国家对外宣传的问题时，提到西方媒体是否对中国戴着有色眼镜的问题。那么无论我们做出怎样的努力，似乎都无法改变西方对我们的偏见。

郝晓鸣： 首先，西方人和中国人看问题是有一定差异的。西方人看中国，看的是我们信仰什么。在理念上，对于什么是真理，什么是正义，有着很大的认知差别。所以，媒体就会有意识地去报道这些内容。但是我相信一点，不管是在美国还是在中国，世界人民认为好的目标应该是一样的：生活变好，人们每天都是笑脸相迎，互相尊重，每个人都觉得自己有表达自己的权利。现在来讲，如果有一天哪个国家比另外一个国家做得更好，大家心里还是高兴的。不至于说中国变好了，美国人就会说坏话，起码美国人民还是比较宽容的。作为新闻工作者带着批判的眼光来看问题是没错的。他们不理解的是，即便新闻报道美国不好，美国人民也可以从其他角度去了解自己的国家，但如果是从完全负面的角度去报道另一个国家，他们可能没有渠道去了解，就会相信报道里的说法，认为这是一个黑暗的、邪恶的国家。但是乐观来看，我们也不用介意美国的报纸怎么报道。我们只要把自己做好，让美国人亲自来看。

听众： 前不久，韩国大型纪录片《超级中国》很火，这部纪录片播出后在韩国和中国都产生了很大的影响。请问您对韩国制作的这部纪录片以及中国自己制作的一些宣传片的看法是什么？您认为什么样的宣传片才能够反映出一个国家的形象？

郝晓鸣： 我没有看过你说的那个纪录片，但我看过中国拍摄的一些宣传片，我觉得拍得很好，现在的拍摄已经不像过去那么刻板，融入了一些理想化的内容，比较能够鼓舞人心，西方人看了应该也会觉得很不错。但是，我还是觉得中国的宣传片应该让西方人去拍。早年的中国，比如抗战时期，一个美国人拍摄了一部关于抗战时期中国人的片子，在美国播出后人们都觉得中国人很了不起，勤劳勇敢，同时有很强的忍耐力。我们可以邀请国外媒体来拍摄中国人民的日常生活，不是刻意地只去找好的一面去宣传，而是去客观呈现中国的发展和中国人民的真实生活，并且不只局限于主流媒体，普通民间团体、非政府组织等都可以参与拍摄。

新兴媒体·传播变局

大数据背景下媒体生产和传播面临的转型与发展[*]

时　间：2015 年 7 月 27 日

地　点：上海交通大学闵行校区陈瑞球楼 100 号

主讲人：谢耘耕

谢耘耕

　　谢耘耕，文学博士，现为上海交通大学媒体与设计学院副院长、上海市哲学社会科学创新基地——新媒体与社会研究中心主任，上海市人民政府决策咨询研究基地谢耘耕工作室首席专家。教授、博士生导师、国家社科基金决策咨询点首席专家，中央宣传部舆情直报点首席专家，国家社科基金重大项目、重点项目首席专家。

　　复旦大学新闻传播学博士后（2002～2004 年），复旦大学管理学院博士后（2007～2009 年）。曾先后在湖北人民广播电台、上海东方卫视工作，有二十年的新闻采编和媒体经营管理经验。所负责的上海交通大学舆情研究实验室是国家互联网信息办公室在高校建立的唯一的互联网舆情研究基地。

---

　　*　演讲内容为谢耘耕教授和上海交通大学人文艺术研究院刘怡助理研究员的共同研究成果。

主持人： 各位同学大家好，今天将要为我们带来精彩演讲的是谢耘耕教授。谢教授现为上海交通大学媒体与设计学院副院长、上海市哲学社会科学创新基地——新媒体与社会研究中心主任，上海市人民政府决策咨询研究基地谢耘耕工作室首席专家，国家社科基金决策咨询点首席专家，中央宣传部舆情直报点首席专家，国家社科基金重大项目、重点项目首席专家。让我们以热烈的掌声欢迎谢教授！

谢耘耕： 各位老师、各位同学，大家上午好。今天我的演讲主题是《大数据背景下媒体生产和传播面临的转型与发展》。2011 年 6 月，麦肯锡全球研究所对美国行业信息量进行测量，发布了《大数据：下一个创新、竞争和生产力的前沿》报告，报告指出，美国传媒业位居第三位，拥有 715PB 的数据量，仅次于离散式制造业 966PB 的数据量和美国政府 848PB 的数据量。传媒业是围绕信息生产和传播的产业，从内容创作、受众选择到传播效果测量，都需要丰富的信息提供支撑。"大数据"本身指向海量数据信息，以及对于海量数据的高端、专业化处理，使产生的数据具有海量、迅速等特点。互联网时代的媒体生产和传播，正试图积极运用新技术、融合新思维，进行颠覆性的重建。

随着社交网络的逐渐成熟，移动带宽迅速提升，云计算、物联网应用更加丰富。更多的传感设备、移动终端接入网络，由此产生的数据及增长速度将比历史上的任何时期都要多、都要快。除了互联网以及移动互联网涌动着大量数据以外，包括传统媒体和新媒体在内的生产和传播过程本身也蕴藏大量数据。近年来，报纸、杂志、IPTV、有线数字电视、电视盒子、互联网等新旧媒体传播形态在不断拓展媒体的边界，也赋予媒体挖掘更多数据的能力。传统的收听率、收视率以及网络点击率、到达率监测、抽样调查，传媒业的数据呈指数增长。大数据时代，信息源更加多元化，个性化用户群体对媒体内容生产和传播提出了新的需求。随着以数据为基础的竞争力的提升，对于媒体的创新需求增加，媒体面临着机遇和挑战。今天我主要从以下三个方面与各位同学进行交流：第一，大数据时代下媒体的机遇和挑战；第二，大数据成为媒体应对竞争挑战的新工具；第三，大数据时代媒介组织结构的变革。

第一个问题，大数据时代下，媒体面临着诸多机遇和挑战，主要表现在以下三个方面。

首先，信息源多元化。大数据时代，新闻生产中的信息源突破了原有的传统模式，产生了多元的信息来源。从业人员作为单一的新闻生产主体，转变为从业人员、用户共同提供信源，生产者和用户之间的界限不断模糊。胡正荣教授指出，从传统意义上来讲，我们获取新闻，在过去是报纸、杂志、广播、电视，现在获取新闻的主要载体是微信、微博，或者是手机报、其他社交网站，这对于国内以新闻见长的传统媒体来说是一个巨大的冲击。互联网支持的社会化媒体推动了普通人的信息生产能力，从社区论坛、博客、播客到微博、微信，丰富的社会化媒体形式提供了用户生产内容的软件，便捷和低廉的移动终端则提供了足够的硬件设备。所以，媒体生产内容的原动力需要从更广泛的社会用户等群体中汲取有价值的信息与智慧，避免局限于从业者自身的单一力量，从而提升产品的格局、丰富创作内容、吸引更多受众。

其次，个性化用户群体对媒体的内容生产提出新需求。在新媒体高度发展的时代，尤其在社会化媒体出现以后，基于共同爱好、相同特征的消费者群体在很大程度上降低了聚集的难度，更加容易相聚、沟通和深度交流，从而形成个性化的分众市场。由此，能否发现并满足分众化的需求，成为大数据时代媒体所面临的挑战之一。对于媒体从业者而言，用户诉求不仅是内容生产、制作和运营的依据，也成为媒体从业者采取行动的推动力和环境压力。比如，传统的媒体新闻，受众仅从中了解和知晓新近发生的事情。但是个性化的数据新闻，变革新闻叙事模式，构筑与用户之间的对话空间，加强互动，带动消费者对社会问题进行深层审视和探究，使受众知晓事实，从而推动用户参与新闻生产和创作，采取可视化的方式了解感兴趣的话题和现象。这种互动也为媒体新闻从业者增加了丰富的信息和社会资源，也能够提高作品质量，更好地满足受众需求。

最后，对于媒体创新的需求，随着以数据为基础的竞争力提升而增加。互联网不仅是创新的空间，也提供了借鉴和仿效的平台。当海量信息呈指数增长，节目产品内容和形式被仿照和借鉴的可能性增加，同时仿效者的能力也迅速增长。所以当海量数据和信息提高了竞争门槛，创新成为媒体安身立命的方式之一。对于海量信息的筛选、整合和挖掘，媒体能够更加准确地了解用户的需求，定位自身角色，判断市场发展动向，使数据成为一种科学、有效预测的工具。

第二个问题，大数据成为媒体应对竞争挑战的新工具。当前，对用户的数据采集、筛选、整合、统计、分析挖掘技术迅速发展，多维度的社会生产和实践逐渐融入大数据技术。大数据已经成为媒体应对行业竞争和打破发展"瓶颈"的新工具。

第一，大数据丰富新闻信息源，拓展节目表现形式。

在采集新闻方面，大数据的海量信息和数据，有助于为媒体新闻的内容生产提供资源丰富的信息源。媒体从业者能够采取大数据挖掘的方法，筛选和整合传统媒体和新媒体的海量数据，发现更多的新闻线索。尤其在社会化媒体中，每一个用户都是可能产生新闻线索的信息源，作为受众的消费者群体规模巨大，极多的小力量聚集和整合，即可能超越专业媒体工作者的大量工作和努力。云计算将纷繁复杂的大量数据进行筛选、提纯、整合，提取出有价值的数据，或者发现原来看似毫无关联的数据之间的关系，打通多领域、多类型的局部数据，进行交叉分析，发现蕴藏的巨大新闻价值，创作出高质量的新闻作品。

一些媒体，通过大数据技术收集在微信、微博上的热点信息，用于帮助记者和编辑了解用户需求，再运用大数据技术加工制作成数据新闻，提供给用户。比如媒体开通自己的官方公众账号，可以利用发起投票的形式让受众投票决定接下来的节目，围绕哪些主题来进行，主创人员根据最后的投票结果来决定节目最终呈现的形式。然后内容制作完成后，再在官方公众账号上与粉丝提前互动，让粉丝了解即将推出的节目。在网络媒体百度贴吧中汇集了众多领域的大规模粉丝，其中的"娱乐明星吧"根据用户关注度对明星人气进行了排名。由此，百度贴吧中的排名即成为具有价值的新闻线索，一些国内以娱乐为主题的电视节目就可以根据贴吧的明星人气排名选择邀请嘉宾制作节目。这样一方面可以利用明星的粉丝效应，提前捕获一批电视受众，可以通过贴吧提前宣传；另一方面可以在贴吧与粉丝交流，听取粉丝的意见从而指导节目制作。

目前，媒体运用大数据的来源主要来自：第一，媒体自身的点击率、收视率和收听率；第二，通过采集多元化媒体中的使用信息，比如通过互联网点击率、搜索关键词、浏览时间、社会化媒体中用户之间的交流、互动信息，以及用户地理信息、受众人口学信息等，推动媒体获得信息线索，从而进行科学预判，设置受众关注的议题。此外，物联网以及商业领域中的数据、大规模社会调查数据，可预测社会发展趋势，为新闻采编提供更多的信息源和数据支撑。

在新闻报道和内容制作方面，大数据技术的应用影响日益增加。目前，计算机写作、人机合作已经成为媒体新闻报道中的创作手段。2012年，美国知名 IT 杂志《连线》记者史蒂芬·列维发表评论认为，计算机能够通过程序控制编写新闻报道已经成为现实，甚至可能成为职业记者的潜在竞争对手。计算机新闻写作早期由美国 Narrative Science 公司研发，这种技术能够实现半分钟编写一篇新闻稿。

计算机编写稿件通常需要做到：第一，通过收集海量具有价值的信息和数据作为新闻线索。这也是 Narrative Science 公司将技术应用于经济和体育领域的原因之一，经济和体育行业中涉及比较多的数据，并具有波动性，新数据更新速度较快，所以这些数据资源有助于使用大数据技术编写新闻稿。第二，搜集、整合新闻主题的社会背景以及事件进展，按照一定的时空逻辑程序或者模板进行新闻数据布局和编排，从而迅速生产稿件，提升新闻的时效性。2014 年 3 月 18 日，美国加州发生 4.4 级地震，3 分钟后《洛杉矶时报》网站使用计算机写作引擎技术发布了消息。

目前在新闻实践中，单一的机器写作仍然存在一定的难度，包括作品的个性化、深度思考等难以完成。但是人机协作则为新闻报道创作提供了巨大的便利。这种写作也被称为"计算机辅助报道"，其主要的运作模式体现在媒体从业者采取云计算等大数据挖掘技术对于海量新闻背景数据进行收集、筛选、整合与预测分析，记者在此基础上对于材料进行深度组合、厘清逻辑关系、加工和润饰文字，由此在很大程度上降低新闻报道创作的难度，同时提高媒体作品的独特性。

在新闻呈现和表达方面，新闻形式在大数据时代也迅速发展和演进，"可视化""读图"是数据新闻呈现的巨大变革。文字、图片通常难以呈现社会事件的深层逻辑以及发展动向，所以表达的局限性推动新闻内容的表达形式倾向于逻辑的可视化，将更多的图表、视频进行新型表达形式融合。

英国《卫报》在关于 2011 年伦敦骚乱的新闻报道中，运用谷歌 Fusion Tables 的大数据计算，以不同的颜色标识出事件发生地的严重程度，并通过与地域的经济发展程度进行交叉分析，以图表和颜色将分析结果显示出来。同时将骚乱的原因也通过可视化的表达方式呈现出来，比如对于骚乱中谣言传播的研究，报社数据新闻团队和研究所共同对 260 万条 Twitter 数据进行统计分析和挖掘，进行可视化表达，显示出谣言在其中的作用与规律。

在关于用户调查的新闻作品中，原有的处理方式是以抽样为基础进行调查；而运用大数据方法，可以在大数据中进行处理，提高效率和科学性。美国在线视频网站 Netflix 通过运用大数据技术对 3300 万受众信息和数据进行统计、分析和处理，以分析结果作为创作根据，拍摄作品《纸牌屋》一举成功。

近年来我国媒体在新闻报道的呈现中运用大数据的频率明显增加。以电视媒体为例，从在综合频道尝试数据新闻到在专业类节目和频道普遍采用，大数据被运用到新闻报道表达方式中已经成为一种常态。比如央视综合、经济、新闻等频道，其中的典型节目有《新闻联播》《新闻直播间》《第一时间》《新闻 30 分》等，覆盖经济、政治、文化、社会保障等关注度较高的话题。如《晚间新闻》从 2014 年 "据说春运" 到 2015 年的 "据说过年"，使用 "百度迁徙" 报道春运等社会民生问题，以及 "据说两会"，呈现出数据新闻实践的迅速发展。

第二，通过大数据发现受众需求点，调整节目编排，开发新的产品类型。

大数据可以提高受众 "能见度"，分析受众需求交叉点，开发新的节目类型。大数据时代，媒体受众调查和效果评析方法发生了巨大的变化，原有的收视率、收听率、问卷等方式已经被实时云计算技术所取得，以全方位、全样本的调查和信息处理获取受众信息，在解决传统调查样本量小、反馈滞后等问题的同时，也带来了新挑战，当数据在快速被生产的过程中，数据仓库存储的爆炸式增长对信息整合提出较高要求。但是媒体必须做到细分受众以实现生产内容和受众的匹配。

一方面，大数据使得媒体对用户需求的了解更加准确。在数据被广泛运用的过程中，通过用户主动反馈信息，媒体可以更加准确了解用户的需求，从而根据用户的意见生产出符合其专门需求的产品内容，从而提高受众满意度。比如一些媒体节目或者频道在微信中进行的新闻推送，都是定制新闻内容的实践，使得用户能见度实现明晰化。爱奇艺通过百度搜索的大数据信息，获取到百度搜索中对于 100 种家常菜的每天搜索频率高达16 万次，甚至超过一些热播剧或者电影，但是符合这种搜索需求的有效信息量较小。爱奇艺据此生产出《美食美课》，制作了 100 集每集两分钟左右的视频，讲解家常菜做法。对于受众反馈的信息整理，显示出没有经过推广的 iPad 移动终端带来的流量在全部流量中占比 20%。这一数据说明《美食美课》已经被部分受众所接受，并用以在厨房现场学习。

另一方面，通过大数据技术，可以整合、交叉分析受众需求信息，创新内容生产。云计算的优势之一是发现信息之间的逻辑性和相关性，将原本表面上没有相关的数据信息整合、交叉分析、重新组合，从而发现新联系。根据新联系指导节目创作和内容生产。利用大数据信息进行节目制作的著名案例《纸牌屋》，源于 Netflix 公司对受众使用习惯进行数据挖掘，交叉分析受众习惯的数据，发现 1990 年版《纸牌屋》的粉丝也是著名演技派凯文·史派西的粉丝，同时又是导演大卫·芬奇的粉丝。据此数据，Netflix 整合剧本、演员和导演的三个用户需求点，拍摄新版《纸牌屋》，此剧不仅获得高收视率，也获得了巨大的经济利益。

另外，通过有效的多维度预测，还可以调整媒体节目编排。大数据运用比传统数据信息处理拥有的优势之一，体现于能够实现对于未来趋势的有效预测。如对于一档产品的接收率，能够通过对用户搜索数据、关键词、内容点击量、社会化媒体中的信息频率、用户情绪等数据进行计算和分析，从而预测未来的接收效果，并及时进行编排调整。

事实上，媒体的传统分析也可以引入大数据技术进行提升。比如对受众在观看电视节目期间何时调换节目，浏览网页的时间和点击选择偏好，可以利用受众行为数据信息进行计算分析，发现是否由于某一种节目特征或者插播广告、弹跳广告窗口等行为引发受众兴趣转移。从而通过数据分析，调整节目内容编排或节目时间等。准确推送媒体节目内容，也是数据预测功能在调整节目编排中的应用之一。通过对受众的人口学等属性、接收习惯，以及受众社会关系、节目属性、内容等进行信息整合，根据受众倾向，推送所需节目。比如利用智能 EPG 向受众推荐个性化内容。

第三，通过大数据实现精准定位，提高广告接受率，获取良好传播效果。

大数据环境中，用户使用媒体等媒介行为的数据信息都被后台记录，计算和分析这些数据能够精确了解用户的欲求。媒体可以将符合用户欲求点的广告定向推送给用户。另外，媒体通过云计算等数据挖掘技术，将用户进行细分，可以根据广告主的要求，对广告投放对象进行精准定位，实现广告效果最优化。

受众定位包括基于受众心理层面的广告定位，以地理位置为根据的定位等。大数据环境中，物联网和互联网合成一体，用户的社会生活与数据紧密相关。媒体受众的大多数社会行为能够被计算分析出用户心理，同时随时随地产生地理信息，被物联网记录和分析。基于这些数据，广告主能够在最大程度上选择合适的时间，将合适的广告投放给合适的用户，收到良好的传播效果。比如，奥巴马竞选总统期间，打破传统的在《60分钟》等收视率高的新闻节目中投放广告的方式，为了实现对特定地区的中年女性选民的良好传播，奥巴马竞选团队根据大数据信息，将竞选广告置于中年女选民这一目标用户群爱看的电视剧之间的时间段，实现了有效传播。此外，竞选团队还利用大数据技术对选民所关注的网络社区进行竞争，奥巴马曾经到中间派所关注的 Reddit 等社会化新闻网站与网民交流，回答问题，有效赢取了目标受众的支持。

最后跟大家探讨一下，大数据时代媒介组织结构的变革，主要有三点。

第一点，要建构互动的信息平台，注重数据积累。

新闻媒介要进入大数据时代，面临的首要问题是数据从哪里来？单向度的传播难以获得数据，因此，要建立一种机制，传者和受众充分互动，由互动产生更多具有价值的数据信息。数据是大数据时代的重中之重，没有数据，一切都是无源之水。

媒体在运营中需要抓住新媒体时代的发展机会。比如微信公众账号、官方微博、官方贴吧、进驻各新闻客户端、开发独立 APP，这些能用到的新媒体互动形式，媒体从业者应该主动尝试和进一步探索。从不同平台全面推进，一方面使产品内容分发打开更多渠道，另一方面也帮助媒体积累起更多的数据资源，以辅助内容产品的研发、立项、运营，乃至精准化营销与商业拓展，大大强化媒体的核心竞争力。

就媒体而言，数据积累应该包括受众个人信息、内容偏好、收入情况等。个人信息方面，在数字电视、微信等媒体中，数据本身就会被记录。内容偏好度，可以通过新媒体渠道的点击浏览量来呈现。至于收入情况，通过有奖问答、投票、互动讨论等提高用户参与度的活动，也可以获得。有了这些内容使用数据、消费行为数据、人口统计数据，接下来要做的只是对这些数据进行分析。在美国，已经有媒体成立数据支持部门，对数据库中的数据（既包括媒体本身，也包括广泛的互联网平台）进行挖掘，为内容创作人员提供新闻线索以及话题热点导引。至于互联网上的分发渠道，尤其显得重要，有实力的传媒机构都会配置专门的编辑人员，负责与用户沟通，了解他们的内容喜好。

第二点，媒介组织要勇于破除自身边界。

互联网和移动互联网的普及是一场深刻的革命，重要体现之一就是各种传播形态的融合，这要求媒介组织勇于破除自身边界。简而言之，报纸不应该只是报纸，它有可能是一个实时滚动的数字信息传递点。杂志不应该只是杂志，它有可能是一个打通垂直领域且线上线下结合的社交平台。电视不应该只是电视，它有可能是一个基于互联网的视频品牌。在此基础上，媒体的产业链构成也会发生变化，原来的媒体只是简单的内容生产输出机构，现在要变为集数据生产传输、数据产品服务为一身的新型全媒体传播组织。

媒介组织要拥抱变化，与其他数据平台合作，合作开发媒介数据资源。2012年，浙报传媒集团收购了浩方网络平台，看中的是后者2000多万用户的数据价值。湖南卫视从2008年推出自有视频平台芒果TV，通过多年发展，已经形成包括芒果TV（互联网电视、PC、Phone、Pad）、湖南IPTV以及移动增值业务等全终端业务。2015年春节联欢晚会，则是媒体与互联网公司的一次完美合作。春晚的传统品牌效应，加上微信红包这种基于手机端的新型互动形态，迸发出巨大的威力。根据微信官方提供的数据，除夕当日微信红包收发总量达到10.1亿次，20点到零点48分，春晚微信摇一摇互动总量达到 110 亿次，互动峰值出现在 22 点 34 分，达到每分钟 8.1 亿次。在那一刻，上亿人共同参与本身就是一场巨大的传播事件。

对央视而言，经由与腾讯的合作，不但精确掌握用户各项数据，还获得了极大的经济收益。红包资金由赞助商提供，进入红包供应商目录的，自然是央视的战略合作伙伴。此外，发放红包这一活动本身，也是对央视品牌的一次强化。除了腾讯这样的大互联网公司帮助提供大量数据，有数据分析能力的专业机构也是新闻媒介的合作伙伴。后者虽然不拥有大数据，但是在数据处理方面有优势，这就能够为媒介组织的领导者、内容制造者提供决策依据。

第三点，必须重视大数据人才。

媒体的大数据化最终需要专业人员来推动，专业人员的素质决定着媒体未来的传播水准。之所以冠以大数据之名，就是有别于传统的新闻采访和媒体内容制作，发挥强大的数据挖掘技巧，分析数据背后隐藏的事实，用一种浅显易懂的形式呈现出来。

首先，从枯燥的数据中挖掘出新闻是一项技术含量很高的工作。大数据时代，新闻工作者更多依赖数据库报道新闻，但往往在海量数据中，只有极少数适合进行新闻报道。这就要求从业者有敏锐的眼光、综合的知识面、高效的执行力。

其次，数据需要以直观方式呈现。假设挖掘出来的数据反映了重大命题，但呈现方式索然无味，传播效果大打折扣，也是一件很可惜的事情。适应大数据时代的人才，要善于利用图表、动画、音频等形式阐述数字背后的新闻，甚至用数据讲故事。

最后，新闻的专业性需要优秀的大数据人才坚守。从业者既要有新闻敏感性，还要能够判断数据来源是否权威，数据分析手法是否合理，数据是否具有典型性。媒体需要搭建新的人才培养机制，培养自己的产品经理、数据分析师、交互设计师等。

总体而言，大数据时代对于媒体是挑战，也是机遇。在一定程度上，大数据是社会、经济、科技发展的必然要求和未来趋势。我国社会处于转型时期，市场经济体制有待于进一步完善，数据信息市场的成熟和规范也需要进一步推动和提升。媒体的转型和发展，需要结合自身特色和优势，在符合社会发展规律、传播规律的道路上前行。至今，中国媒体已经在大数据领域进行了创新实践，但必须注意到，媒体与大数据的契合仍然存在许多问题，有待于进一步探索和实践。

媒介转型是一场革命："互联网+"时代传媒发展的进路与运营关键

时　间：2015 年 7 月 24 日

地　点：上海交通大学闵行校区陈瑞球楼 100 号

主讲人：喻国明

喻国明

　　喻国明，中国人民大学新闻学院教授，博士生导师，中国人民大学新闻学院副院长、中国人民大学舆论研究所所长，兼任中国传媒经济与管理学会会长、中国传播学会副会长、中国电视艺术家协会高校委员会副会长、中国青少年研究中心常务理事、国家新闻出版总署咨询专家组成员、国家台湾事务办公室专家组成员、《中国传媒发展指数》（蓝皮书）主编、《中国社会舆情年度报告》（蓝皮书）主编等。

喻国明：各位同学，上午好，很高兴来到上海交通大学中国传媒领袖大讲堂。

2015 年是中国接入国际互联网第 21 年，大家对于互联网带给我们生活的改变以及对这个社会的影响都有深刻的体会，但实际上我们对于互联网的认识和把握在相当长时间是肤浅的，是表面化的。我认为我们对于互联网的认识和把握一个历史性的进步就发生在最近这一两年，就是从过去的"＋互联网"模式转变为今天的"互联网＋"模式。"＋互联网"模式其实是把互联网仅仅看成一个渠道，是一种传播平台，是一种传播技术。那么，在这样一种模式下，我们是在我们既有的价值逻辑、运作逻辑、营销逻辑、管理逻辑的基础上把互联网作为延伸我们影响力、延伸我们价值、延伸我们管理力的一种工具，在固有的工作惯性的基础之上画延长线。我们用这样一种模式，这样一种逻辑来面对和利用互联网，因此我们也投入了很多精力到很多网站、手机媒体以及今天我们能看到的蜂拥而至的那些 APP、客户端上。但基本上到现在为止，都是没什么效果。概括而言，就是还没抓到如何来驾驭和运作互联网的关键，这实际上就是"＋互联网"的问题和肤浅之所在。而"互联网＋"是把互联网看成一个新的景观、新的现实、新的市场基础，我们是在互联网的基础之上来运作我们的媒介,来实现我们的管理,来构建我们的价值和功能,这就是"互联网+"模式。

60多年前,麦克卢汉曾经说过,媒介即信息。任何一种新媒介的出现不仅仅是给我们增加了新的传播手段,更大意义上是给我们提供了一种社会重组的新形态,一种社会连接的新方式,这才是互联网对我们这个社会真正的意义。其实,与麦克卢汉同时代的著名的控制论的创始人维纳在同一时期也说过类似的话,他有一本著作叫作《控制论与社会》,这是控制论的一个经典著作。在《控制论与社会》这本书中,维纳曾经指出,社会是信息与信息的传播连接在一起的,因此有什么样的信息传播形态,就有什么样的社会形态,社会的资源就以什么样的方式重组,社会的权力就以什么样的方式重新分配。这可能就是对于一个有影响力的新媒介的出现最为深刻的一种论述,对于它的社会意义、社会价值最为深刻的一种论述。因此,在我们面对互联网这样一个新景观新常态的现实面前,解决战略问题要比解决战术问题重要,无论是做实践,还是做研究,还是做任何其他的跟互联网相关的事情,战略问题的解决就是在哪做,做什么,做正确的事情。战术问题就是如何做,如何把事情做正确。我认为做正确的事情比把事情做正确更重要,方向比速度更重要。因为如果我们把战略问题解决的在哪做、做什么视为系衬衣的第一个纽扣,这个纽扣系在了正确的位置,接下来的速度慢一点也是在朝着正确的方向靠拢。但是要是这个纽扣系错了位置,哪怕你的动作再快,恐怕也要推倒重来,这就是我们对于互联网这一问题在认识上的要求和高度。

那么,互联网到底给我们带来的是一种什么样的变化?我在3年前写过一篇小文章,名字叫作《互联网是我们这个社会的操作系统》。这是一个比喻,就像我们的电脑,99.9%的软件都是用来实现某一项功能,创造某一种价值的应用型软件,但是只有一种软件是极为特殊的,这种软件就是操作系统,它决定着电脑系统的边界、框架和彼此间的关系。任何一个强大的软件如果不能有效地嵌入这个系统,按照这个系统所规定的方式、规则去连接的话,哪怕它再强大,也会变成一个价值孤岛,逐渐被这个系统排斥掉，这就是操作系统的含义，互联网就是我们这个社会的操作系统。

互联网给我们这个社会带来的重要的、深刻的改变表现在什么方面呢？最重要的就是，我们要认识到，互联网是不同于我们传统媒介的更高阶层上的一种媒介形式，一种社会传播和社会组织形式。2014年年底，我写了一篇文章，名字叫作《互联网是一种高维媒介》，就是用空间理论来解读互联网跟我们传统媒介之间的不同。空间理论里面最为著名的一本著作就叫作《超弦理论》。这是现代物理学对于空间理论探索的经典之作，它告诉我们，在我们既有的四个维度的空间之上，其实还存在七度空间。人类迄今为止发现有十一维空间存在，这极大地拓展了我们对于我们所处的这个世界的认识的丰富性，每一个维度都让我们发现一个新的空间，新的可能性，形成一种关于世界的新景观。零维空间其实就是一个点，宇宙大爆炸就是从一个点开始的。一维空间其实就是一条线，增加了这一维后我们就有了前和后。两维空间就是一个面，有了这个面之后在我们视野当中就有了东南西北。三维空间就是一个立体，在这个立体里面我们就有了上下左右。四维空间就是一个立体里面有了一个时间流动轴，然后我们就有了历史，有了过去、现在和未来。那么，五维空间是什么呢？按照学者的描述，它的起始速度接近每秒30万千米，到达这个速度之后我们就到了五维空间。就像星际穿越中所看到的，在五维空间里时间也变成了一种物质性的存在，我们可以从任何一个时间点进入这个现实世界。这样一个景观是我们在思维空间这一范畴内很难去理解和想象的，但它确实存在，这就是维度的增加给我们展示的一种新世界、新景观、新规则。

用这样的眼光看互联网，实际上就是一种高维的媒介，我们用这样一种低维的媒介管理方式、运作方式去面对一种高维媒介，实际上是非常无奈和可笑的。我们打个比方，比如我在一张两维的纸上画一个老虎，我想把它圈起来很简单，我用一个圈就可以严丝合缝地把它圈在我所限定的范围之内。但如果这个老虎不是一个两维的而是一个三维的老虎，那么，它对于你所画的这个圈完全就是视为无物，它可以自由地在你所限定的这个圈里外来回移动。所以，两维的运作是管理不了更高级的事物的，互联网就是这样一个高维媒介。那么，它高在什么地方呢？它跟传统媒介有些什么样的不同？在我看来，过去所有的传统媒介有一个共同的特征，作为一种进行大面积社会传播的工具、传播的手段、传播的主体，它是以机构为基本的社会传播单位。换句话说，从最开始的印刷厂、出版社到后来的报社、杂志社、电台、电视台，所有这些进行大面积社会传播的基本构成单位都是以机构为形式。而我们这个社会，当然也包括整个世界的其他政治和经济制度，其实对于以机构为社会传播基本单位的这样一种社会传播的样态，有一整套严密的从制度体系到市场法则的手段。但是，互联网是一种把个人激活之后以个人为基本的社会传播单位的社会传播的形态，那么，这就是互联网跟以往传统媒介最大的不同。

在互联网的作用下，个人的传播能量、传播权利常常可以媲美过去超大型媒介能达到的传播规模和传播影响。比如，哪怕你是一个一文不名的小人物，只要你传播的某一项内容能在价值上得到很多人认同，在情感上得到很多人的共振，就能在层层转发之中达至一种传播的核裂变效应，形成过去像新华社、中央电视台等这些超大型媒介才能达到的那种传播范围和传播效果。换句话说，每个人在某种情况下都拥有了一种巨大的社会传播的可能性，这是拜互联网所赐，它带来了一种从未有过的深刻的改变。那么，在这样一种个人被激活的新的社会传播形态之下，整个传播领域，包括社会都由此发生了深刻的重组和相应的转变。比如说，当个人被激活之后，个人的权利跟社会治理的规则要求之间发生了重大的不对位或者说不匹配。

过去，我们党和政府对于社会性传播是有严格管理的，尤其是对新闻传播是有非常严密的管理的。我们都知道信息和信息的传播是一种权利，那么，这样一种权利在中国行使的时候是有很多约束和相应条件的。过去，我们对于机构性的这种社会传播有一整套的规章，即使是互联网出现之后，我们也沿用这种方式实现互联网新闻传播的管理。我们国家对于新闻传播是要颁发新闻许可证的，也就是新闻牌照，只有符合国家政府对你的要求，你才能获得这个牌照。我们国家为新闻网站颁发的牌照迄今为止有 150 张，那么，没有获得这个新闻牌照的网站，哪怕你获得最新鲜、最重要、大家最关注的信息，你也不可以进行传播，传播了你就是违规，要追究你的责任。而获得新闻牌照的这些网站你可以传播，但是你必须按照新闻牌照对你的约定，你的新闻来源该从哪个地方来，你该按照什么样的规则什么样的标准来传播等，是要严格纳入国家政府管理体系的范围之内。但是当个人被激活之后，这一套就不好使了，因为你不可能对 14 亿人进行这种新闻传播资质的甄别，你无法去鉴别说那 13 亿人不能传，这一亿人能传。你的标准是什么？你即使找到了标准，你要进行甄别，这也是一个非常耗时、耗力的事情，这实际上是不可能完成的事情。因为当一个人看到一个事实，看到一种情况，有一种想法，跟他自己周围的朋友进行分享，这是一个人在社会生活当中自然的权利，没有任何法律可以限制这种权利的实施。当然，政府可以用阻塞、打击谣言的方式来阻塞相关信息的传播，但是你打击谣言的法律制定得再严厉，其实也无法触及你真正想控制的那个信息主体的传播。因为如果这件事情是真实发生的，现实存在的，我有事实为证，我有照片，有视频，有很多目击证人，进行这种信息的分享本身不违反任何法律。对于真正意义上政府想要控制的新闻信息的传播，再严厉的刑法也是无济于事。所以在这样一个格局面前，政府对于传统意义上的新闻管制实际上是处于一种失控和焦虑的状态之中，这都是由于个人作为社会传播主体被激活之后，他的行为和权利体系跟既有的社会约束体系之间产生了一种巨大的空缺和错位。

过去，政府传统意义上想要形成自己主流的宣传影响力，一个最基本的方式就是进行大范围、大规模传播资源的动员，比如说利用报纸、广播、电视一起动员去进行某种主题宣传、某种先进人物的宣传。这种宣传在过去传统媒介的条件之下，由于面对的是一个市场空间有限的环境，因此，只要动员的传播资源的手段足够丰富，规模足够大，那么，你的声音就能够传遍社会的各个角落，让几乎每一个人都可以受到你的信息轰炸，这就是过去我们主流思想、主流意识形态获得影响力的一种基本传播方式。但是，靠规模化的投入、规模化的动员来实现这样一种相关思想的表述，这一套在今天互联网的形式之下失效了。为什么？因为互联网是无限的一个空间，在移动互联网的情况之下，哪怕你办了再多的 APP，再多的客户端，但只要你不是按照互联网的规则进行传播，那么任何一个互联网用户都可以视你为无物，视你不存在，可以轻轻地把你放在一边而专注于去选择自己感兴趣的那些客户端和 APP。这就是以有限去搏无限，这是一个多么无奈的事情，所以我们的政府，我们的媒体办了这么多的 APP 和客户端，实际上今天能够真正有一点效用的是少之又少，基本上是看不到，这就是问题所在。很大程度上是因为跟我们第三个现象联系在一起，就是当个人被激活之后，他的整个资源被激活了，所有都被激活后，就刷新了整个社会的资源观，资源的来源，资源的保护，那么他的权利也被唤醒了。

在互联网尤其是移动互联网的情况之下，跟这种个人被激活的状况相适应的最重要的一种信息的手段、信息的传播媒介是什么呢？换句话说，今天什么是第一媒介呢？这件事情越来越清晰地以事实、以数据的形式呈现在大家眼前，我们去年做的中国居民媒介信息调查可以表明手机已经成为事实上我们接触信息跟外界进行信息交流互动的最为主要的一个媒介。调查数据可以表明，每个人每天看手机的次数平均在 150 次左右，用户接触它的时长远比看电视、读报纸、听广播等要多得多，所以它毫无疑问是人接触这个社会、了解这个社会一个最基本的信息节点。

今天手机对于大家的这种重要性，大家可以非常感同身受地去体会。我看到一个电台拍了一个现代创造的物品对于人们生活的影响的真人秀节目，其中有一期拍的就是手机对大家的重要性。手机被没收掉之后，观察那些名人、普通人、学生、白领、蓝领的变化，5 分钟，15 分钟，半小时，1 小时后怎么样。基本上可以得出结论，离开手机之后人就像瘾君子犯了瘾，没着没落，基本上是极其焦虑、不安、恐慌和失落那样一种状态。我们一旦跟手机发生隔离的时候，我们觉得跟这个世界脱节了，感觉有一种巨大的不安笼罩着自己，不知道什么事会发生，非常的惴惴不安，有一种失落、隔离的感受，这就是手机对于我们的一种重要性。

那么，有了手机为一个节点，信息传播形成新的社会形态之后，人们接收信息的来源就跟过去完全不同。过去，我们对社会时事、国际新闻、外界事物的了解主要是通过传统媒介，如电视、报纸、广播来获得的。而今天，我们是通过手机以及经过手机按照我们的社会关系的属性来获得相关的信息，熟悉的同学、朋友、同事等。我们喜欢的那些，我们敬佩的那些，我们觉得他们有特点的那些人，我们关注他，连接他，当然其中也包括媒介所开设的客户端等这样一些东西。但是，我们现在传统媒介被人选择的概率跟过去完全不在一个意义层面上。过去是几十张报纸中几十分之一被选择的概率，今天你也会被我们选择，但是你是几亿分之一被选中的概率，你完全淹没在以个人为基本传播单位的新闻传播主体的汪洋大海当中。现在，传统媒介最严重的问题，它的价值失落、价值丧失的最大问题就在于渠道失灵、渠道中断。今天，社会传播的最后一公里已经不是由物理渠道构成的，而是由人们的社会关系渠道构成的。任何一种有影响力的社会传播如果不能有效地嵌入社会关系的渠道法则中，被他们所选择，被他们所接受，那么再强大的传播也只能死在社会传播的最后一公里。

2014 年，中宣部委托我们做关于社会主义核心价值观落地情况的调查，顺便也对近期所进行的一些典型宣传的那些人物和主题的落地效果进行一个评测。评测的结果是这样的：50 岁以上的人效果还好，基本上30% 多，不到 40%，还能够相对来说了解得比较充分，因为这个年纪的人还有看电视、读报纸的习惯。但是 50 岁以下的人当中，超过 80% 的人已经不大读报纸、看电视，即使看电视、读报纸，它的重要性、指引性也是在手机媒体之下。对这些人来说，他们知道核心价值观，因为街上有大广告牌不断地在提示大家。那能说出核心价值观那 24 个字么？有人可以，能说出来一部分，但是他分不清楚社会主义核心价值观是有层次的。如此大范围，几乎是铺天盖地的报道宣传，但它的传播效果却还是很差的，基本上叫"水过鸭背不湿毛"。至于经过新华社、《人民日报》、中央电视台宣传的某些先进人物的落地情况，也就更不容乐观了。甚至当我们提到某一个先进人物的时候，一些人会用一种很吃惊的眼光看着我们说，难道他是中纪委网站刚刚披露的某个贪官吗？我怎么不知道，我赶紧去看看吧。实际上就说明，这些先进人物虽然经过传统媒介的大量传播，其实老百姓基本上一无所知，完全不在人们的选择范围之内。因为现在人们的信息来源的构建已经以自主的方式，根据自己的社会关系、社会性质来进行定制。而过去传统上有效的那些传播渠道、传播手段失灵了，中断了。这些都是由于互联网作为一个高维媒介，它所带来的一系列深刻的改变。

面对这样的一种改变，作为一个媒体，作为一个媒体人，应该如何去面对呢？如何实现互联网化的转型呢？我不太同意"媒介融合"这个概念，其实更大意义上是一种转型。在这种转型的过程当中，有几个问题需要去解决。其中，关键性的问题是对于这种趋势、客观规律的认识和把握的深刻性、准确性。如果你对此缺少深刻性和准确性，哪怕再努力，你也是在向着一个错误的方向飞奔，一个典型的例子就是诺基亚。诺基亚曾几何时是手机领域里巨无霸的企业，但是两年多以前寥落到被微软收购。据说在收购签字仪式的新闻发布会上，诺基亚的总裁不无伤感地说了一句话，说我们好像也没有做错什么，为什么会是这样的一个情况，这样的一个结果呢？说得很多人都很伤感。的确，从诺基亚自身的角度来说，它的确已经做到最好了。但是，整个社会的应用模式、价值模式跟它的技术逻辑、产品逻辑之间产生了巨大的分离。它做得再好，它跟社会要求、市场需求之间也是渐行渐远。达到一定程度之后，它的衰落是必然的。

我们研究人类文明史的发展，发现一个规律：最近这三四十年、四五十年，是人类社会发展的巨大的转型时期。这种转型，其实就是从过去的以物为本转型到今天的以人为本。人类从一诞生开始就面临着一个重大的问题，就是物质短缺，整天食不果腹，衣不蔽体，在饥饿和寒冷中苦苦生长，这是人类几千年文明史99%的写照。因此在那样的一种状态之下，人类文明的整个构建，社会的发展，相关的规则，都是朝着如何来增加财富和物质来展开的。但是，到20世纪六七十年代之后，由于整个现代化的发展，工业化的发展，人类从总体上系统地解决了物质短缺问题，迎来了一个新世纪。不过这个新世纪开始的时候，人们并不是那么幸福，反而出现了一片乱象，人们吃饱喝足了反而更加不满，更加失落，更加觉得社会的不如意，性解放也好，吸毒也好，文化运动也好，各种各样的罢工、游行示威此起彼伏。这样的一种社会乱象让很多人都深刻地思考，我们这个社会应该往哪去。人们发现，仅仅物质财富的增加并不能增加人们的幸福感和满足感，这个社会要向前发展不能单一地以物质的增加作为它的诉求。因此，以人为本，人的发展、人的需要的高质量的满足就成了未来社会发展的一个基本逻辑和基本运作目标，这就是构建以人为本的一个社会发展目标。

最近这半个世纪以来，整个产业界非常迷惑的一个情况就是为什么一个产品被另一个产品替代是以一种意想不到的方式（进行的）。按照技术逻辑做得更高更快更好更省这样的一个方式去发展完全不行，做着做着就被不知道从哪个地方杀出来的一个新人、新产品所替代。在我们服务领域，产品领域里，现在越来越多的是所谓断裂式的破坏式的一种创新，而不是过去这种渐进式的持续性的创新。创新的发展的逻辑越来越成为次要，而破坏性、跳跃性、断裂式的创新才是今天社会创新的一个主流。如果简单地从一个技术逻辑自身发展的角度来说，我们会很迷惑为什么它在这个时候会突然死亡，但是如果你从人的需要的满足的品质、质量层次的角度来说，你就会得到非常好的解释。因为一个产品的社会逻辑、市场逻辑不是按照它自身的逻辑来决定的，而是按照人的需要的满足层次和满足的质量来决定的。有一种东西，只要能够更好地满足人们的需求，社会发展的需要，不管它的技术逻辑是从哪个方面来，不管它有没有传统，不管它有没有根基，只要能够更好地实现满足，它就能成为前一种有着深厚历史基础的产品的替代者，成为一个胜者，这就是今天社会在运作的一种新的逻辑，就是以人为本。所以，很多东西都在改变。

这是一种新的社会历史观，那么掌握了这样一个东西，难道就能够很好地应对我们今天的环境了吗？还不是这样，还有一个重要的东西，人不是一张白纸，一个机构也不是一张白纸，一个企业也不是一张白纸，它是有它的现实基础和现实背景的，这就叫作背景效应，或者叫某种起点的基础的约束，因此还有一个重要的东西就叫作既得利益。这方面有一个例子，就是柯达公司的例子。柯达公司过去在影像记录界全球无人能出其右，简直就是一个高不可攀的高峰，很多人想挑战它的高度，实际上都屡屡失败。但是柯达公司作为一个巨人也是在一夜之间轰然倒下的。它为什么会倒下？难道它对数码科技本身的发展毫无觉察吗？当然不是。你查一下柯达公司的发展历史就可以知道在相当长一段时间之内，柯达公司不但具有市场规模、资源的优势，还具有技术领先的优势，包括数码科技在内的发展。全世界第一台数码相机就是由柯达公司研制出来的，数码科技里面的很多专利也是由柯达公司所拥有的。那人们就奇怪了，为什么它不能够顺利实现转型，却在数码科技一个对市场革命性的改造后轰然倒下了？看来除了对于技术和规律的把握之外，还有一个重要的因素就是它的既得利益。对于柯达公司来说，在全球影像记录界整个市场整个产品服务领域里面，它拥有最大的优势，每一天都在给它产生着巨大的利润。如果你作为柯达公司的 CEO，你能面对一个年产利润达到千亿级市场于不顾，而对那几个亿的充满不确定性的一个小市场采取那种壮士断腕的决心，专注做一个不确定的小市场？恐怕不大可能。即使有这个决心，董事会也不会同意。董事会同意，股市的投资者恐怕也不会同意。这是一个巨大的悖论，柯达公司就是在这样一个巨大的既得利益的牵引之下，一次又一次地错过了转型的最佳窗口期。就像卫星发射一样，在某一个时刻进行卫星发射它的胜算是很高的，代价是很低的，但是一旦错过了这个最佳窗口期，你失败的概率就很高。你要进行相应的有成效的一个努力，你的成本就会很高很高。柯达公司就是在既得利益的这种约束之下一再错过了转型的最佳窗口期，因此当它感受到不能不做某种转型的时候，机会的大门已经向它永远封闭了，这就是柯达公司的悲剧。

我们去看，最近七八年以来在美国所谓的报业倒闭潮中，那些倒闭的报纸并不是我们平时看不上的那些烂媒体，下流通俗小报等，那些倒闭的都是最有影响力、最有历史的，被称为舆论领袖的严肃大媒体。正是这些严肃大媒体，它在舆论市场上拥有巨大的影响力，这种既得利益妨碍了它们对于变化的一种反应。任何一种变化对于既得利益者来说都是一种秩序的破坏，一种秩序的重塑，一种风险的加大，人们习惯于去躲避这种风险，规避这种变化，因此就在一次一次的躲避当中失败。就像2001年我在上海参加一次关于媒体的研讨会，会上一个美国学者所说的，美国的报纸就像一个大苹果，外表鲜亮，内里已经蛀空。当时我听到这个论断的时候是非常吃惊的，因为那个时候整个报业，全世界的报业，包括美国的报业在内一片欣欣向荣，根本看不出危机的景象。而危机那个时候就已经悄悄降临，这就是我们所说的在互联网转型当中，我们所需要解决的第一个问题，就是对于规律的认识，以及在这种认识的基础上如何来面对自己的既得利益的问题。第二点就是我们的行动路线，行动目标应该往哪个地方去，这是一个重要的选择。

互联网已经逐渐把媒介社会传播的信息系统分成两大类别。一个类别就是作为入口级的信息平台，另一个类别是进行一种垂直服务的信息服务系统。过去，我们的传统媒介是没有这个概念的，是合二为一的小而全、大而全的，就是任何一个媒介，报纸也好频道也好，既是入口也是垂直的实现某种功能的信息服务体系。比如说，过去报纸有一个好卖的口号叫作"一报在手，通晓天下"，讲的就是这个意思。在我们传统媒介的词典里面是没有入口即信息平台这样一个概念的。我们今天看到很多传统媒介都在做入口，做终端，做平台，我就觉得这是一件非常让人痛心疾首的事情，因为这无疑是一种巨大的浪费。《人民日报》客户端去年上线的时候也请我到现场给他们站脚助威，对于人家一个刚出生的孩子，你总不能说这孩子生下来必定是要死的，这有点太晦气，但是我也客观地在这个会上讲了一些规律性的东西，只是提到他们的时候，顾左右而言他，总是要给人留点面子的，但如果说真话的话就是这个客户端必定是要失败的。虽然《人民日报》官方微博办得很不错，但那是植根在整个微博体系当中的，而现在是作为一个端口，要让人们单独地选择，你的理由，你的技术支撑，你的市场洞察做到了一流吗？他们的负责人有所沉默。我说你能努力

做到前多少位呢？他想了想说，做个前 5000 位是可以的。我说你做到前
1000 位有可能吗？他说努一把力可以。我说就是做到前 100 位都没有用。
他问为什么。我说我们刚刚完成了一项调查可以表明，尽管人们手机里可
以下载的 APP 客户端数以百万计，但是真正能够下载到人们手机页面上
作为人们入口的 APP 客户端又能有多少呢？我们的调查数据是平均 23
个。我说你不进入前 23 位，你连被人下载下来都没有这可能的话，何谈
你的影响力，何谈你的入口呢？他这时候就已经愁眉紧锁了。然后我说即
使你进入前 23 位也并不能说明什么问题，因为我们的调查进一步证实能
够被人们至少一个星期点开一次的 APP 客户端平均只有 7 个。换句话说，
你排位在 8 个以后，你一个星期被人们点开一次的机会概率都没有，何谈
你是一个信息的入口和终端？他说这就是一家通吃，寡头独占的竞争格
局。那么在中国，真正能够成为人们入口级信息平台的其实屈指可数，就
这么几家，第一微信，第二百度，第三阿里巴巴，第四就是新浪微博。新
浪微博虽然影响力在下降，但是还是可以说有资格成为入口级平台的。再
往下，就是小米，小米拥有数千万台的硬件，它可以利用它硬件的规模来
嵌入它的信息服务平台。雷军深刻地知道卖手机是挣不了几个钱的，只有
在手机上提供软服务，才能够长长久久地给他带来源源不断的利益和影响
力，所以要做内容，这样他才真正能够成为一个有影响力的社会产品的提
供者。还有一个就是"今日头条"，"今日头条"利用自己的技术计算成
为人们寻求信息智能化的一种信息节点，它也是具有信息入口的可能性
的，但相对来说弱一些。基本上就这几个，没有什么其他的挑战者。

一个著名媒体说，凭我的内容好就能够做到让人们依赖我，让我成为
一个入口级平台。那我告诉他，不但《人民日报》做不到，《纽约时报》
也做不到。《纽约时报》的内容从专业主义的角度来说应该至少在西方这
样一个平台之上是最优秀的，一流的。这么好的内容，而且它在数字化、
网络化的过程中也不可谓不努力，技术做得也不可谓不好，但结果是它的
社会影响力减弱，尤其是以流量作为计算的话，它的用户越来越少。因为
在这样入口级平台的竞争当中，人们是有一种基本的习惯性选择的，他会

集中在有限的一、二、三、四这样的一个选择当中，所以他们真正能够影响到的人实际上是以那种雪崩式的方式在减少，孤独地存在着，这就是《纽约时报》今天的窘境。1 个多月以前传出了《纽约时报》要入驻Facebook 提供的那个空间，Facebook 开出的条件是非常优厚的，不要你一分钱，你的所有收益全部统统归你。为什么？因为《纽约时报》的入驻本身就是有标志意义的，它的软价值是非常非常高的。对于 Facebook 这种入口级平台来说，流量是它巨大的赋予性的资源，而对于我们传统媒介来说，在今天这个世界里面越来越缺少流量，越来越缺少链接和关注，这就是我们的危机之所在。

我举一个十年以前的例子，当时在北京，有一家很优秀的报纸叫《北京青年报》。《北京青年报》的内容其实在当时是非常受老百姓欢迎的，但是它办了北京网之后，它的流量可怜到变成芸芸众生中的一位。它做了很多努力都没有改善这种情况，终于它想到了跟一个入口级平台来进行对接。在当时，MSN 跟 QQ 在中国市场的竞争几乎是等量齐观的，它可以成为很多人加入互联网的一个入口级平台，因此，《北京青年报》跟MSN 进行了合作。第二天，它的整个流量上升的不是几倍，不是几十倍，而是高于 100 倍以上，这就是你自己单干跟你和一个入口级平台进行合作之后所带来的完全不同的景观。《纽约时报》其实也是看到了这样一种市场变化的格局，所以只能寄人篱下，这就是入口级平台在我们未来信息的选择和消费中的重要性，它是作为人们接触这个世界，接触这个信息的第一个入口，基本的选择都是从这时候开始的，这就是入口级平台的竞争。

入口级平台的竞争到现在为止并没有尘埃落定，看起来微信相对更有优势一些，但实际上微信也有自己的一些挑战者，我认为最为有力的挑战者就是百度。百度去年从谷歌全球大脑的试验计划当中挖了一个我们自己的华人学者，在硅谷给他建立了一个百度大脑的全球实验室。这就是把人工智能的研发视为百度未来发展的关键性技术，这是非常有眼光的。因为整个网络的发展，我们现在能够看得清楚的大概经历了三个阶段。第一是网络化，把所有的人、内容、事物连接成网。互联网发展的今天其实就是用连接的方式来改变这个世界，所有互联网发生作用的方式都是连接，对资源的重组，对资源的重新连接，迄今为止所形成的就是三大网络：内容网络，人际网络，互联网络。形成这三大网络之后它的变化有多大？实际上真的是我们意想不到的变化。比如说内容网络，在没有互联网之前整个的内容、信息、知识是分门别类，分布在社会的各个角落里边的，你想要查一个具体的内容出处，成本代价是极高极高的。那时候一个学者的学术能力是跟他掌握的学术资源数量的多少联系在一起的，因此我上研究生的时候第一堂课就是老师教我们如何做学术卡片。他告诉我们说，学术卡片是一个学者的资源，如果你在一个主题之下积累了 30 ~ 50 张学术卡片，你就能写一篇好论文；如果你在一个主题之下积累了 300 ~ 500 张学术卡片，你就能写一篇好专著，这就是学术成果跟学术资源的拥有之间的这种绝对关系。

俗话说，板凳要坐十年冷。现在板凳也是要坐十年冷，但是冷的方式不一样。我们学院有一个神奇的教授——陈力丹教授。陈老师一个绝活就是对马克思经典著作的熟悉程度，我认为在中国无人能出其右，你随便指出任何一段马克思的话，他都能告诉你在第几卷第几页并且能精确地告诉你在新版的第几卷第几页，旧版的第几卷第几页，新版旧版的措辞方面改变了哪一些，熟悉程度真的让人咂舌。我在 20 年前写一篇文章的时候知道陈老师有这样一个神奇的能力，我写党性这个概念的一篇文章的时候，我想偷懒就问陈老师，"党性这个词马克思、恩格斯在一生的著作演讲和书信当中说过多少次"。我本来以为他会犹豫，但是陈老师一秒钟都没有犹豫地告诉我说他们两人一辈子一共说过 5 次，3 次讲的是资产阶级党性，2 次讲的是无产阶级党性，分别在哪一卷哪一页。我按着这个记录去按图索骥到图书馆去查阅的时候果然一字不差，敬佩之情油然而生。但是，今天这样一种能力已经不叫一种能力了，这样一种所谓的能力即使是一个初中生在 5 秒内都能完成。因为他可以检索，你只要键入一个关键词"党性"，立刻会显示出它的频次、它所在文本的页码和内容，很简单，不需要你板凳坐十年冷了。这就是知识的联网给我们利用知识、利用信息带来了极大的便利，极大地提升了我们的效率，降低了我们的成本。

这种状况对于我们研究者是一个巨大的福利。我们的研究生 2014 年写了一个中国共产党语汇中对于敌人是如何定义的文章，这一主题即使让陈教授去写，没有三个月，没有半年恐怕也很难写出一篇高质量的论文，但我们的研究生只用了 3 天时间就写出了一篇高质量定性定量相结合的论文。他是怎么做的呢？他是找了最能典型代表中国共产党语汇的语料库——《人民日报》，然后他就键入"严重伤害中国人民的感情"。那么，跟这个词相关联的很多文本碎片都出现了，对这些内容进行可视化处理就马上能得到这个关键词旁边聚集的一系列剔除了副词虚词之外的实词，有动词、名词、形容词，有的距离远一点，有的距离近一点，有的量大一点，有的量小一点，这都是根据它出现的频次以及它与关键词之间的间隔数来决定的。那么，跟这个关键词相关联的那些名词实际上就是我们中国共产党语汇中的"敌人"，那些主体指称的是谁，动词就是表明这种敌对行为的事件动作行为有哪些，形容词就是党对这些敌对行为的定义和评价等这样一些概念。共产党心目当中从历史角度进行的这样一个定义和概括就既完整准确，又定性又定量，非常完整的一篇论文呈现在我们面前，只用了 3 天时间就完成了。

这样一个情况在过去是完全不能想象的，一个初学研究的学生也可以用一种高品质的方式完成论文，这是拜互联网和数字化所赐。这样一个东西也受到了很多学者的关注，香港大学有一位学者叫作钱钢，过去是《人民日报》的记者，他写的最著名的就是一篇报告文学——《唐山大地震》。他用这种方法写了一系列中国政治影像学的分析，通过从文本的分析统计来看中国的政治景象。其中最有意思的一篇研究了一个话题，就是在最近的三届领导中，江泽民、胡锦涛和习近平谁更有权力？谁更有权力这个定义是多难的一件事，谁能定义清楚呢？但是他利用大数据的概念说不用找到因果关系，只要找到相关关系的指标就可以了。他找到了一个相关指标，具体方法就是利用《人民日报》的数据库去检索统计这三位领导人就任中央总书记后第二年全年他的名字出现的频次，这就是一个重要的相关指标。无论他是出现在新闻还是评论还是其他的内容里面，出现一次记录一次。记录的结果让人大跌眼镜，一个简单的结果大概是这样的：江泽民同志在就任中共中央总书记的第二年他的名字在《人民日报》上一共出现过1191次，习近平同志出现得稍多一点，1211次，胡锦涛同志出现的就少一点，890多次。三个领导人之间权力大小的距离甚至可以用一个词频加以表示，这是多么神奇的一件事情。

那么，这样的东西能不能用于我们的研究呢？当然可以用于研究，其实日常这种利用信息整合的空间是极大的。我举一个简单的例子，几个月之前，令计划被中央公开宣布进行审查之后的第二天，一位新华社的记者就利用钱钢这样的方式统计了令计划在《人民日报》全文数据库中他名字历年出现的频次，结果非常惊奇地发现这样一个名字出现的频次高低深刻准确地反映了令计划在中国政治舞台上起起伏伏的一个人生轨迹，这就是《人民日报》全文数据库的价值。不要小看《人民日报》，《人民日报》这个客户端在上线的时候曾经讲过《人民日报》上充满了价值，充满了发现，就看你有没有这双眼睛。的确我们实事求是地讲《人民日报》政治处理的信息是有巨大的解读价值的。这是《人民日报》的例子，就是内容联网成片之后形成的一个巨大的福利。但是，内容联网成片之后也给媒体人带来了巨大的压力和影响。因为内容联网成片之后，一个局域市场，一个靠封闭获得市场空间的媒体就不行了。有人做过这样的研究，在互联互通的格局之下平均一个媒介过去提供的内容90%左右都可以被网络中其他的提供主体所替代。换句话说，你90%的价值都被这种互联互通消解了，这就是传统媒介危机的一个来源。

当内容大网形成之后，人际大网也就形成了，其实就是个人被激活了。过去单薄的个人所拥有的价值是有限的，打个比喻，就像在海滩上有很多沙子，我们都知道沙子里是有含金量的，但是为什么没有人去开采呢？因为含量太低了，开采一克金的成本就要10克金、20克金，这个成本谁会去开采？没有人会用100倍的投入去争取不到10%的收益，所以它没有开采价值。但是如果有一项技术用10块钱甚至用5块钱就可以把里面一克金提炼出来，那所有的沙滩都成了宝贵的财富，互联网就是这样一个宝贵的财富。当人与人之间的连接越来越便利，越来越畅达，人际大网形成之后，蕴含在个人身上的时间、精力、关系、做事能力等过去不能为社会所用的那些资源今天就有可能在某种技术模式之下被发现，被检索，被激活，被整合成一个巨大的社会产品的能源、能量之所在。比如说过去我们在哪个餐馆吃了一顿饭是个宝贵的体验，但是我们只能跟我们同学朋友分享，没有多大价值，而今天我们可以上传到大众点评网成为全人类的财富，人们在进行同类选择的时候你的这个体验就成了大家可以参照的一个依据，这就是化腐朽为神奇。

过去，知识生产是多么高大上的一个事情，如果我能成为百科全书一个词条的作者，这是多么傲娇的事情啊，都可以自我宣称说我已经成了一位知名的、有影响力的学者。但是今天如果我们去百度百科写一份东西，当然引用率高也是一种傲娇，可是你仅仅是写了一篇东西，恐怕没有什么值得骄傲的，因为即使是个农民工，只要愿意他也可以写一篇，没有什么问题。这样一种新的知识生产的模式，比如维基百科等，它按照某种规则动员全人类的大脑为全人类的知识生产提供服务，这在过去是完全不能想象的。现在当个人被激活后，借助于互联网它就成为一种新的知识生产的方式，其他的众筹也好互联网金融也好，种种新的景观其实都是由于个人被激活之后利用蕴含在个人身上某种资源来造就一种新的社会功能，一种新的社会价值。这就是人际大网形成之后真正的价值之所在，而不仅仅是一个媒介的功能。

我们刚才说到《人民日报》客户端，我说你们做这个客户端，做这个入口平台恐怕是没有什么希望的。我说你们《人民日报》特别为"人民日报"这四个字所误导，你们总是觉得我们应该为中国亿万老百姓做点什么，做信息服务等。错了，这是最严重的误导。《人民日报》从来不应该是为人民办，应该是为管人民的人办，这才是《人民日报》的准确定位。因为为人民服务这件事情商业性媒体比你做的好得多，它们的身段更柔软。人民需要八卦，《人民日报》能给人民提供高质量的八卦吗？恐怕你没有这个能力也没有这个格调跟它相适应。一个社会生活是需要庸俗的，这才是健康的生活，大家都是高大上到一定水平的时候，社会一定是疯狂的，一定是病态的。所以我说《人民日报》不应该为人民服务，而应该为管人民的人服务。我们那些管理者有很多困惑需要你去帮着解决，《人民日报》可以利用这种优势行政资源影响力去构建智库跟管理者之间的连接。这就是我们所说的另外一个话题，就是当入口型平台那种金钱的竞争已经结束的时候，其实很大程度上这个东西已经成为不定向的广泛的大众传播的这种服务。但如果你有特定的资源针对某些特定的人群去实现某些特定的服务，做个专门性的入口其实还是可以的。比如说《人民日报》专门为党员干部、企业家、社会管理者提供智库的知识和服务，这应该是有相当大空间的。

对于未来这种入口型平台的竞争，我认为百度很大程度上具有优势。我们能看到的互联网发展现在正呈现为三个层次的发展：第一步，网络化把所有东西连在一起；第二步，数字化把所有可数字化的东西都数字化，以便于互联网的分享；第三步智能化。微信这样一个平台其实就是建立在人们自然关系属性之上的一种人际关系的连接，而如果百度能够拥有一个更高水平的人工智能的话，它就能在更高的水平上，在更大的范围内实现人和人之间、人和物之间、物和物之间更有效率的、更加智能的相互联系的更高水平的服务，就一定能够取得成功。所以微信未来发展的一个重要的努力方向就是能不能用智能化的方式去提升服务平台的服务品质，这恐怕是未来平台之间对于智能化的竞争。

传统媒介的责任是什么，或者说未来的努力方向是什么？其实很重要的就是不要去做入口型的平台，那么多的客户端，那么多的 APP，在我看来这种努力全部都是打水漂的。出于对人民负责的态度，不办就是最大的对人民负责。实际上对于所有传统媒介的互联网转型而言，它们的目标不是做入口型的信息平台，而是做垂直的信息服务系统，针对某一个地方某一个领域和人们的某一类需求来提供这种垂直的链接，提供相关的社会资源、信息资源等社会生活方方面面资源整合的解决方案，这就是我们未来转型的方向。

在这种转型当中，关键性的问题有两个。一个就是我们如何把这样一个方方面面的东西来构建起来，形成一个大媒体的概念，也就是说我们所要动员的资源不仅仅是内容的资源，还有更多的社会资源、政治资源、文化资源、商业资源。我们要把人们生活的各类资源形成一个能实现有效对接的服务平台、服务节点，这就是我们未来要形成的一个跨越内容的大媒体的概念，综合媒体的概念，这是一个革命性的改变。

第二就是如何跟入口级平台进行对接，这也是一个重要的任务，不然的话你就没有流量，没有流量再好的模式也没有价值，这就是问题。在这种对接当中有两种主要类型：一种是硬链接，另一种是软连接。硬链接就是进行股权置换，两者合为一体，就是兼并重组的意思。这是一种有效的连接方式，当然要处理的问题也是多种多样的，不过这确实是最好的一种连接方式。2014年春节联欢晚会，中央电视台和腾讯合作进行了微信摇红包的这一个活动，效果很好，活跃了气氛，形成了新的年俗，中央电视台也由此获得一个还不错的收益，一个广告都没打只是摇红包就赚到了5600万元的合作费。我跟中央电视台一个领导谈到这件事情的时候，他也把这个作为一个成绩来傲娇。但我跟他们说其实这件事情中央电视台跟腾讯相比真的收益不大，腾讯才是这次红包最大的受益者。你们可以计算一下，淘宝用五六年的时间，花了上百亿市场营销的费用才达到支付宝那样一个规模和水平，腾讯只花了四五天的时间就完成了这样一个资源的累积和习惯的形成，当然两者之间还有一定的差距，但是毫无疑问他们节省的不仅仅是资金，还有时间。在今天互联网时代，时间的成本是最大的成本，因此最大获益者无疑是腾讯。这位领导听我这么一说眼睛开始闪亮了，说是不是我们问腾讯要少了，是不是要五亿六千万元才是一个比较合适的条件，我说即使腾讯给你五亿六千万元也不过是腾讯发展过程中扔给你的一个还算鼓鼓囊囊的红包而已，你并不能分享腾讯未来发展过程中的任何收益，因为他跟你没关系。那他说怎么才能收益更高呢，我说合作，比如换股，这是一个思路。腾讯是愿意的，因为中央电视台在中国毕竟是最有影响力的一个媒体,它的内容生产能力和品牌影响力无疑是非常好的。中央电视台作为一个上市公司把 49% 的股份给腾讯,腾讯 5% 或 6% 的股份给中央电视台,那中央电视台就可以永远分享腾讯在未来发展过程中的任何一个红利,这就是长长久久的一种合作,一种分享,并且相互之间可以有内容方面的更多的互动和彼此间的支持。但是,这在中国恐怕很难实现,为什么?因为中国的制度不允许,腾讯是商业性质的,甚至还带有外资背景。有人说如果中央电视台和腾讯合作,恐怕我们的内容安全就无法得到保障了,但事实上它不跟你合作,它哪个内容是反党反社会主义的?它不敢也没有这个能力。腾讯是个什么样的机构,我跟它合作很多年了,我知道它是个纯粹的商业型公司,这不是个贬义词,但是商业型公司是有商业型公司本身的特征的。腾讯是任何有碍于它商业价值实现的因素都要排除出去,比如说去年涉及社会政治相关联的那些微信公众号一夜之间都被封闭,完全不加甄别。为什么?因为它有可能给腾讯公司带来政治风险,这是绝对不允许的,它不可能用这种对政治挑衅的内容来影响它的经济安全。这就是商业公司,商业公司永远要按着这个制度和政治的中间线去走的,决不跟你调皮捣蛋,这一点我们在三十年前就讲过这样的话了,但我们的领导至今为止这样的认识还没有转型过来,这就是我们制度及设计当中的一个严重误区。

那么我们能做什么?我们能决定的就是我们自己的事情,就是我们如何通过自己的努力用软连接的方式嵌入这样一个入口级平台的信息里面。这其中最重要的就是要改造我们内容产品的品质,要实现它的升级换代。那么这种升级换代就要求我们的内容产品要从现在的两要素模式升级到未来的四要素模式,这种四要素模式里面最重要就是前两者内容和形式要素,由此决定价值,这是我们传统的一个基本模式。但是今天有价值的东西不一定成为人们必然选择的有魅力的东西,这就是问题,所以如果我们有价值的一个内容产品不能插上有魅力的翅膀,就会行而不远,就会明珠暗投,就会衣锦夜行,有可能就会死在社会传播的最后一公里。因此必须加上两个新的产品要素,这就是关系要素和场景要素。关系要素和场景要素就是要解决我们内容产品吸引力的问题，魅力的问题。

信息被选择概率公式里讲，要想被人们选择跟两个因素有关，就是你的价值报偿一定要高，跟你的行为成正相关，让人们享有你这种行为和服务的成本一定要低。因此传统内容服务市场里只有两大要素的竞争：一个是提升价值的竞争，一个是降低成本的竞争。在提出这个概念的时候对于价值报偿有一个定语就是可感知，这一点非常重要，在信息泛滥的时代，可感知的价值和不可感知的价值受到人们选择的概率是完全不一样的，因此关系要素和场景要素就是把这种价值感性化、显性化、可捉摸、可把握化的一个过程。过去我们对传统媒介的一个巨大的误区就是由于过去是一个短缺传播时代，是一个渠道非常窄的时代，因此我们在处理传播内容的时候常常是要去除那些非理性非逻辑的信息，把理性信息、逻辑信息精髓收进去，但实际上人类所创造的任何一个语言成分都是有它的功用的，都不是完全无用的。那么有人想那些非逻辑非理性的信息到底有什么样的功用呢？有一次我参加我博士生的婚礼，他们非常认真地让我说两句话，我就跟他们说了几句话。我说你们过去面对自己的家长，未来要面对对方的家长，家长年纪越大，废话就一定说得越多，什么叫废话，就是没有用的话，没有信息含量的话。研究表明一个家长要对孩子说的话 16 岁以前都说尽了，16 岁以后说的所有话其实理论上来说都是废话，但是为什么你们的家长要一遍又一遍地对你们说废话，你们有的时候可能不理解，觉得唠叨，觉得啰唆，觉得麻烦。但你们谈恋爱的时候就明白为什么两个深爱对方的人还不断要求对方说我爱你，这是什么意思？这是一种关系的确认，是一种情感的表达，你们的家长也是一样，他不断在说那些貌似没有任何信息量的话的时候，他其实在表达一个最为明确的信息，就是我爱你，我心中有你，你在我心中重要，所以我们年轻人什么时候能从家长的絮叨当中听懂他说"我爱你"这三个字的时候，就说明你真的长大成人了。这就是信息的这样一个功用。

我们的大众传播不在乎这种非逻辑非理性的表达，但是由于互联网、数字技术，今天的社会传播已经具有了人际传播的种种属性和规则，今天的大众传播更多地要用人际传播的规律去研究它，这才可能研究得更加透彻，更加明白，因为今天的大众传播已经有了诸多的人际传播的属性。今天我说的是同样的道理，同样的逻辑，我说跟另外的人说可能就不一样，我用这种口气说和我用那种口气说效果也不一样，我用这种姿态和我用那种姿态说效果也大相径庭，甚至我跟你之间距离的远近都可能产生效果的差别，所有这些距离、口气、表情等都是非逻辑、非理性的信息，但这些在决定人们怎么听、听不听这个问题上起着非常重要的作用。

今天是一个多元化的社会，多元化的社会道理很多，公说公有理，婆说婆有理，谁都能把自己的道理说得圆满。但是人们要听谁的呢？首先就要有一个前提，我跟你是什么关系？如果我跟你关系是近的，我们是一条船上的乘客，我们是一个帐篷里的战友，我们是血肉相关的同事和兄弟，你说的话我就能认真对待。但如果你是狼，我是羊，你说的再有道理也是狼的道理，不是跟我羊的道理一致的，我完全拒绝你的道理。这就是今天为什么在社会沟通、舆论引导当中出现很大问题，不是出在道理上，而是出在关系上。我给那些局长讲课的时候我就讲到，我们把舆论分成正面舆论、负面舆论，这种分法本身就是错误的。因为一旦你把某一部分舆论定义为负面舆论的话，实际上就意味着你站在了老百姓的对立面。你必须要知道任何一种广泛的社会舆论，一定包含着天道人心，一定包含着某种正能量，如果你作为管理者，作为协调者，不能发现其中的人心，不能发现其中的一种正能量的话，你的任何管理其实都是负面的管理，因为你是在压制人心、压制正能量的。任何一种维稳如果是以丧失人心作为代价的话，那恐怕就是以最终的危机作为我们维稳的成本，这就是问题所在。所以我说任何一种维稳，任何一种问题的解决，都有一个大前提，不但要解决这个问题，还要通过这个问题的解决去争取人心，才是社会管理者应取的方向，而不是通过这个解决伤一部分人，树一部分敌，那是没有前途、没有未来的一种维稳和管理。这就是我们现在讲的，我们整个社会传播过程当中所缺少的不是所谓的价值，而是情感的温度和关系的认同，这才是我们今天主流宣传失效、失灵的关键所在，这就是我们讲的关系要素、场景要素。实际上，就是在移动互联网之下，人们传播任何事情的过程都是在某一个场景当中，这个场景对传播内容、形式都有限制，既有对进度的限制，也有限制性的屏蔽作用，所以，我们需要通过这种方式去认识这种规律，甚至是通过自己的努力去构建一种场景，满足人们的需求，进而植入我们想要传播的内容。

主持人：好的，非常感谢喻国明老师的精彩演讲。下面是提问时间。

听众：老师您好，我想请老师从新媒介这一个角度，以戏曲为例谈谈传统艺术瑰宝应该怎么做才能与新媒介更好地融合，而不是仅仅把新媒介，把"互联网＋"作为一种方法或者载体，从而真正实现戏曲等传统艺术瑰宝的传承与发展？

喻国明：我们现在一个最大的误区就是把一些小众化、分众化的事物都用大众化的方式去振兴、去处理，这实际是不可能做到的，这就是症结所在。我们刚刚讲过，互联网的发展就是以个人被激活作为一种基础性的变化。那么，随着这种个人被激活之后，互联网出现了一种普遍的现象，就是凡是和互联网相关的都被叫作"微"，例如，微创新、微内容、微价值、微传播、微电影、微视频等。这就预示着在互联网情况之下，很大程度上我们的文化形态、内容形态有了一个除了大众传播之外的新形式，就是"微"化。比如说，电影有大电影和微电影之分，那么，微电影和大电影之间的区别在哪儿？难道就是因为篇幅短小吗？这完全不是微内容的基本属性和特征。为什么它现在会比较短？比如说，微视频可能就是8分钟、11分钟，包括现在微视频、微电影的竞赛都有篇幅的要求。实际上，它在今天所能聚集的资源有限，在起步阶段的时候它只能用这种短小的形式来表示自己的存在。我相信经过相当长一段时间之后，在积累了资源之后，微电影、微视频也会有几十分钟的大片，几百集的连续剧集，所以它跟短小并没有直接的关联。"微"讲的并不是它的形式的短小，而是讲它的文化的聚焦，它是适合于某一类人的东西。就像微视频一样，有些东西我看到了之后忍俊不禁，触及了我心灵的某些柔软之处，那不用你说我就会去跟大家分享，在我的朋友圈去分享。但是有些东西，就像《小时代》，我硬着头皮看了那几部，我不知道它的卖点在什么地方。我看不懂，因为它适应的是现在"90后""00后"那套话语方式和表达逻辑。它真的在"微"文化领域里是成功的典范，它不需要我们这些年龄层的人去熟悉、去喜欢，这恰恰说明它可能对特定族群有特殊的价值和意义。所以，微不微讲的不是篇幅的大小，而是讲它的文化属性的聚焦程度，这就是不同。它在很多方面是不一样的，所以，我们必须要注意到要把一个分众化的内容、个性化的文化产品做好的话，是需要用这种新的模式去发展的。

过去，我们的大众传播产品经常说自己是所谓的创意产业，但其实我在2010年的时候就做过研究，已经否定了这些。2010年，我看到过一个关于《纽约时报》的数据，表明《纽约时报》的整个费用支出中只有27%是用于人工成本，包括人的福利、工资、采访等。这个比例太低了，于是我就萌动了一个想法，我们国家的情况怎么样呢？我利用自己的社会关系找到了相关数据，计算了4家报纸的人工成本在整体费用上的占比，《南方周末》的比例是18%左右，《北京青年报》的比例是16%左右，《人民日报》占比11%，《北京日报》占比9%。得到这个数据，于是我就知道在我们这个传统的大众媒介之内，不要说什么创意产业，以人为本，其实永远都是渠道为王，大量的花费花在了渠道上。只有到了微电影、微视频时代，钱才更多地花在人员身上，拍摄只用很少一部分钱，传播几乎不花钱，这就是微视频、微电影、微文化传播的一个基本特征，是以人为本的一种创意，所以它有很多不同。

巴菲特前年买社区报的时候，大家都注意到他是花了8亿美元买了28家社区报，没有人注意到其实那家报团有30家社区报，他剔除了两家发行量在5万份以上的报纸。有人就说，发行量高不是说明这报纸办得不错吗？巴菲特跟你的看法不一样，他认为发行量大的报纸办得太像一般意义上提供公共服务的报纸了，而他要的是为人提供地方性、分众化服务的报纸。所以，我们的传统戏剧要想在未来互联网的空间里面占有自己的一席之地，不是按照过去大众传播的模式去振兴它、推动它，而是要用今天的微文化的方式去支持它、构建它，这才是它的出路，这就是我的回答。

听众：老师您好，我想问的问题是，您怎么看目前这种对外国文化趋之若鹜，对自己国家好的文化却一无所知的现象？

喻国明：这个问题其实是个陷阱问题，这是一个特别复杂的问题。西方文化里面有糟粕，但也有很多值得我们借鉴学习的地方。中国传统文化里面有很多好的东西，但是也有极其糟粕的东西。中国文化真的需要一个深刻的改变和改造，如果我们的年轻人不能放开眼睛看世界，还是拘泥于"中学为体，西学为用"的腐朽框架的话，我们中国社会又要延续许多年才有未来的希望。

"互联网+"与传播变革

时　　间：2015 年 7 月 19 日
地　　点：上海交通大学闵行校区陈瑞球楼 100 号
主讲人：谢海光

谢海光

　　谢海光，《文汇报》党委副书记。上海交通大学教授、研究生导师。兼任上海市信息服务业行业协会副会长，中国心理卫生协会大学生专业委员会常务理事，上海高校心理咨询协会顾问，上海市演讲学研究会顾问。曾任上海市网宣办副主任，上海市网络文化协会副会长，国家网络文化建设标准化委员会委员，上海交通大学党委委员、党委宣传部部长，新闻中心主任。

谢海光：亲爱的老师、同学们，非常高兴今天下午有机会在这里跟大家分享。我相信大家都知道，这两天上海正在举行一个非常重要的会议——世界移动大会。这个会议大概会成为一个转折，是现代传媒整体转型中的最重要的环节之一，是我们整个工业现代化到了移动时代的重要的标志，是我们整个社会发展从固定时代转换到移动时代的一个标杆，是我们整个世界从传统互联网走向移动现代互联网的一个标志，也是中国主动担当起在移动互联网时代作为一个重要领军阵地的非常重要的标志。大家知道，世界互联网大会原来一直在欧洲举行。从 2015 年开始，改成一年举办两次。一次在欧洲举办，一次在亚洲举办，在亚洲的这一次就是在中国上海举办。移动互联网非常重要的一个特征，就是我今天所要讲的话题——"互联网＋"。在今天的中国传媒领袖大讲堂上，我和各位同学共同探讨的是移动"互联网＋"与今天传播的机会、变革、张力、可能性及其所带来的困惑。

今天，很多传媒业者的感觉跟 10 年前已经不完全一样。10 年前，我们可能只有一个方向，我们拿到录用通知就等于走向了一个最好的专业，拥有一片最光辉的前程。今天依然是这样，不过与此同时，我们有了更复杂的体验，因为我们看到这样一个很有意义的传播事业在发展的同时，也有很多具体的媒体在发生裂变，有一些可能是消退了，有一些可能是明显碰到了困惑。一周前，美国最重要的一家报纸，宣布结束它的使命。一个月前，欧洲的几家报纸同样也宣布它们的使命已经完成。其实，这可以说是一个终点，也可以说是一个开始。我们知道有一个成语叫凤凰涅槃，现在的问题是我们有没有机会去做这样的一只凤凰，有没有机会成为涅槃的主角，虽然痛苦、焦虑、迷茫，但是有灯的地方就是家的方向，有灯的地方就是我们前行的目标。今天，我们大家在一起就是为了寻找这个灯在哪里，用什么模式让灯的灿烂在今天呈现，所以，我今天演讲的题目叫"'互联网＋'与传播变革"。为了说明"互联网＋"不是简单的互联网做一个加号然后加上另外一个东西，所以我们把"互联网＋"特别用了一个引号引住，就是要再做一次提醒，我们把"互联网＋"四个字符作为一个词，"互联网＋"就是今天传播的主题之一。

随着移动互联网的发展，可以说，现代人已经很难离开手机，需要从手机中寻找认同感。在某种程度上，手机把你变成了盲人，每个人拿着手机在马路上撞来撞去，某种程度上也变成了聋子。以前拍的照片还是很丰富，现在的动作姿势十分单调，要么拍自己的大腿，要么拍自己的脚掌，手机已经导致你的拍照水平下降。然而当你想放下手机时，你发现没人响应，周围所有的人都在看自己的手机。现在很多同学，好不容易从一个城市的东北角到了西南角，拼命打电话发短信聚到一起，10 个人坐在桌上却有一半的时间都在看各自的手机。人和手机的关系目前基本就是这样。它是我们买来的一个设备工具，当然听我们使唤，想象中我们应该这么说："给我收信，给我看新闻，给我导航，把照片发出去。"那手机一定说："嗯嗯主人，一定照办。"然而现实当中，你可能一直遇到手机带给我们这样那样的麻烦："给我充电，给我找个 WiFi，有消息快看。"然后我们是不是会冲着手机说："哦，是，主人。"谁是谁的主人？因为手机，很多事改变了。所以，人与人之间的交往方式迫切需要新传播时代的到来。

我们这一代正是新传播时代的当家人，旧传播碰到这么多问题，恰恰给了我们很多新的机会。有句话说得好，上帝关上了一扇门，一定会为你打开一扇窗。今天我们就来努力打开这一扇窗。所有关于传播的困惑，如果一定要用一个最简单的词来讲，那我就用一个词来形容——"动"还是"不动"？所有不动的媒体今天都会受到不动的控制，所有的机会都在将不动的媒体变成移动的媒体。如果今天两个小时讲座结束以后，大家进一步强化了让一切动起来的理念，就说明今天我们的讨论是有意义的。大家总喜欢在吃饭以前发个朋友圈。圈群，这样一种新的传播方式，已经完全脱离了传统的传播模式、传统的样式，非常可怕也非常可爱，来势凶猛，但是就在手中。我们现在去研究近半年来所有的突发事件与所有的民众特别关心的事件，有一个基本趋势，真正有效的、实际的传播，已经从旧的传播模式、样式当中突变出来，变成一个新的东西，这个东西不依赖原来的轨道和模式，甚至跟原来并驾齐驱，跟原来并行，然后往前推进，原来这就是我们所在的唯一宜居的地球，这个地球是有 WiFi 的，它的区别就是动还是不动，它的区别就是有网还是没有网，它的区别就在于我们今天的传播人是不是能够很好地转型。所以有学者认为进化论的最终版本，是人从爬行动物慢慢站起来，当然现在又慢慢往下，慢慢继续趴下。这是不是会走向一个轮回？

我们国家对"互联网＋"非常重视，国务院刚发布了有关"互联网＋金融"的重要意见，建议在座的各位传媒学子认真阅读这份重要文件。可能有同学会说，我跟金融没关系，我就是做传媒的。金融是现代人与人之间最活跃的一个沟通方式。为什么我说国务院刚发布的关于推进互联网金融的指导意见极其重要？与其说这是一个关于互联网金融的指导意见，不如说是现代传播一个非常有价值的案例。它其实说的是推进互联网在现代传播意义上的实体经济和金融的过程的意见，表面上看说的是金融，其实说的是互联网框架下人与人之间的关系，如何归置、影响和发展。早前，国务院还发布了关于推进"互联网＋"的意见，建议同学们把这两份文件当作我们认识、理解"互联网＋"、互联网金融与互联网传播的重要资料。2015 年 3 月，李克强总理在政府工作报告中正式提出

"互联网＋"行动计划，要求推动移动互联网、云计算、大数据、物联网等与现代制造业结合，促进电子商务、工业互联网和互联网金融健康发展，引导互联网企业拓展国际市场。其中，工业互联网，也就是德国现在说的互联网工业 4.0，我们国家现在提出"2050"，大概的意思是将互联网全方位地作为今天工业制造和社会民生发展的基础。在这两年里，美国有一项战略调整，就是要推动信息化，特别是以"互联网＋"为代表的新兴现代化工业制造，以现代制造业来重整美国在整个国际社会当中的地位与国民经济的实力。最近大家注意到特斯拉汽车的一款新发明，研发出来的这款汽车是全电的，不用传统燃料，没有噪音，也没有各种排放。10年以后，特斯拉将改变整个汽车行业，全电的汽车、全自动化的汽车、全"互联网＋"的汽车将成为整个汽车行业的主角。另外，还有无人驾驶的飞机，作为媒体人，大家当然要知道，昨天国家发布了一个关于无线无人的低空飞行器，就是我们经常拍摄使用的无人机的规定。几天前我在大疆公司（一个专门生产小型的无人低空飞行飞机的公司）发现，无人机的发展非常快，它们生产的低空飞机主要用于摄影摄像。最早的第一代飞机飞出去会找不到的。到了第二代，经过改进飞机可以一键返回，但是如果没电了也无法返回。到了第三代，飞机的电池消耗殆尽时，飞机会提醒或者自动返回。这家 2008 年建立的公司发展非常快，2014 年该公司的营销额已经达到 30 亿元人民币。"互联网＋"行动计划使我们更深刻地理解"互联网＋"所代表的社会新形态，理解"互联网＋"这个社会新形态对经济社会文化发展的重要性。今天的传媒离不开"互联网＋"，离不开互联网，我们作为媒体人要对"互联网＋"的含义有更加深刻的理解和认识，这是一种时代感。

在这里，我要讲一下互联网在中国的简短的发展历史。1994 年 4 月 20 日，这是中国正式接入国际互联网的日子。中国与美国签订协议，中国从北京和上海两个地方各拉一条专线通过越洋光缆进入美国邮电总局，当时中国就是靠这两根专线进入世界互联网大家庭。当时，北京与上海的网速各 56KB。现在互联网传播都是使用光纤，整个中国的网速都能达到

100 多 KB。而在 21 年前，中国一共只有 120 多 KB。经过 21 年的发展，中国逐步发展成为今天的信息化大国、互联网大国、移动互联网大国。互联网在中国的传播大概经历了三个阶段：第一个阶段是物理的聚合，就是把身处在网下各地的东西聚在一起，我们叫内容聚合。第二阶段是社区聚合，开始做内容的化学反应，内容与内容之间也会相互影响，然后产生新的内容，具体表现就是对应你说的话，可以跟帖、辩论、讨论、延伸、点评、点赞，虽然这只是初步的发展，但是意义重大，很多社区网站都在第二阶段诞生。第三个阶段很简单，即 Social Media，也就是 2008 年以后开始的社会化媒体阶段。但是在 2015 年 3 月以后，我们把第三个阶段又一分为二，变成 Web 2.5 与 Web 3.0。Web 2.5 指的是我们大家都理解、都熟悉的社会化媒体阶段，从传播意义上讲我把它叫态度聚合。第一阶段是内容，第二阶段是观点，第三阶段就是由观点带出的我们的态度。而 Web 3.0 就叫"互联网＋"，从传播意义上讲，"互联网＋"是社会模式的一个阶段，内容聚合、态度聚合、观点聚合，最后就是社会模式，这样的过程现在正快速地渗透到我们生活的方方面面、各行各业。大家都知道，所谓的社会模式就是社会基本要素的三个方面：物质、信息和能量。第一个要素——物质。现在，阿里巴巴完成的是基于大数据、基于互联网把各种商品、各种物质联系起来，可以说它完成了物质的互联网化，物质交流、物质流动的互联网化，整个效用得到提高。第二个要素——信息。百度最核心的功能就是搜索，通过搜索发现信息联动信息，然后使得信息变得更强大、更有效、更有价值，它解决了信息的信息化、互联网化的过程。第三个要素——能量。从传播意义上来讲，目前大家最重要的信息交流平台就是微信，微信其实是关系，点与点、人与人、圈与圈、城与城之间的一种关系，它其实就是一种能量。但仅仅是人与人之间由信息构筑的能量分享的价值与力量，还不足以描写现代社会的全部能量，后来发现在它的背后还有一个重要的关系，就是人与财务的关系。人与财务的关系有一个非常重要的平台，例如东方财富网。东方财富网不仅仅是一个网站，它其实是一个平台，基金在这个平台上聚合，机遇会在这个平台上产生，股民会在这个平台上交流沟通、连接互动。物质、信息和能量这三个要素组成了社会的基本要素，现在我们看得很清楚，这三个要素正在"互联网+"的框架下不断推进。

"互联网+"有哪些特征呢？第一个是移动化。我们基于李克强总理关于"互联网+"的讲话，试着从媒体的特性变革出发来进行概括。典型数据库有CNIC，i-research（艾瑞）、易观以及其他的媒体数据，比如说人民网的舆情专栏等。还有一个很重要的数据来源是互联网研究院。有些数据不需要记忆，要看它背后意味着什么。有一个统计是现在平均年龄在35岁以下的人每天至少摸150次手机。那么，我们新闻传播专业的人呢？至少是平均值的3倍，也就是每天要摸450次到500次，否则工作就干不了了。大家注意，中国包括世界的传统媒体都有一个假设，就是我们的知识分子是很有责任心的，我们研究好了之后才说给大众听，这些观点可能对他们有价值，其实这种观点、态度背后折射出的是精英主义。传统媒体的理念就是精英主义，就是我们比公众厉害，然后才有一个传播学理论——议程设置理论，把媒体设置的内容给公众看，引导公众，帮助公众进步。然而今天当移动互联网遍地开花的时候，人人既是传播者又是接受者，整个格局发生变化的背后，是我们不再需要一个精英指导我看什么、怎么看、想什么、怎么想，我们要用自己的眼光来关注世界。如果我刚才说的"动"与"不动"是当今社会一个很重要的标志的话，其实这仅仅是一个外在的表现，本质的表现是从精英主义到平民主义。从传播意义上讲，就是我并不比你厉害。其实我们非常卓有成效的领导方式之一，是对新信息把控的优势，是对信息掌握、制造的优势。30年前一盒火柴如果要从2分钱涨到5分钱，要在晚上8点半所有的商店全部关门以后，先是局长开会，然后局长给副局长开会，副局长给处长开会，处长给副处长开会，副处长再给科长开会，科长再给副科长开会，再召开群众会议。最后通知大家，由于国家发展的需要，经济社会发展的需要，还有各种资源的需要，决定把火柴从2分钱改为5分钱，消息一致确认没有走漏风声，之后所有的店都去贴标签，第二天开门的时候全部变成5分钱。这个过程中对信息的掌控、把握、制造，成为管理的一种基本模式，传媒在这个时候所起到的作用，是这个社会传递、领导、组织、凝聚、发展的一个基本动力。

今天这个格局发生了变化，不是这个时代不行了，而是它变化、变革了。就像我们今天的题目，"互联网＋"与传媒变革，移动的"动"还是"不动"，如果说是形式的变化，那么，它最核心的挑战就是必须要比别人更勤奋、更努力。移动终端不仅仅只是通讯工具，它从打电话、发短信、手机上网等生活应用到工作应用，当每个人都成为信息的传播者、分享者、观察者的时候，媒体人的意义就在于从原来的教练变成了传播的组织，凡是把媒体当成一个组织化的工作来运作，这个媒体便会成功。也就是说，它不再去训练，不再当导师，它可以提供服务，这个服务就是平台。因此，2014年，关于媒体最好的创投，符合以下三个特征就可以了：第一，移动；第二，垂直；第三，平台。2014年，经纬中国一共投了120个项目，其中跟媒体相关的占1/3，经纬投资的老总告诉我怎么来判断这个项目是投还是不投，就看三点：第一，是不是移动，动还是不动；第二，是平民化还是不平民化，他的原话是是垂直的还是不垂直的，就是说要很精致，精致到做成服务；第三，变成平台。如果你不是一个教导者，你可以扮演一个服务者、咨询者、联络者、组织者、合作者、提供者。你突然在这个过程中寻找到很多机会，我刚才讲的东方财富网就是一个股票网站，它就负责搭一个平台。东方财富网的老总就是上海交通大学毕业的，1988年进校，1992年毕业，是材料工程系的学生，他特别有平民精神，毕业以后就开始写股评，做了3年的中央电视台股评专家，到2004年股票低迷的时候，他说，如果说股票要做多的话，第二天老百姓就做多了，要是亏了，就会觉得对不起老百姓；如果说做空，政府觉得你老说空，好像也不太好。当唱空、唱多都不太好的时候，他就搭一个平台让大家去说，其实这就做了一个媒体的工作。2005年，他从300万元起家，拿之前3年做股评家赚来的钱去做东方财富网。2010年，东方财富网登上创业板的第一天，达到70多亿元市值，第二天则上升至140多亿元市值，后来稳定在 140 多亿元到 200 亿元市值，一个月以前东方财富网达到过 1500 多亿元市值。其实他做的就是一个平台，是一个金融媒体、现代媒体。因为在现代生活当中，很多东西就是用现代金融的方式呈现的，所以这个时候我们就把金融抽掉，搭这样一个平台来跟他们交流、移动。我在跟很多网站进行交流的时候，我问的第一个问题就是你们"动"还是"不动"，第二句话就是平还是不平——你有没有平民精神，如果动是一个形式，那么你的文化就是要有平民精神，或者说是一种服务大众、为人民服务的精神。2014 年"双 11"，手机购物成为最大的亮点，1 小时 10 秒钟，手机淘宝交易额就超过 10 亿元。如果今天的传媒人没有浏览过手机淘宝，就应该受到批评，说明你缺乏对社会的一种基础性的生活体验。如果没有互联网化的体验，你要在这个平台上进行高大上的内容信息传播可能会有些问题。

通过中美互联网经济增速的对比，大家可以看出，李克强总理为什么提出"互联网＋"，为什么今天我们一定要把"互联网＋"作为经济发展的基本动力？中国网络经济的发展增速为 47%；中国 GDP 的增速为 7.4%。如果将 47 除以 7.4，就等于 6.35 倍。所以说，如果要拉动中国经济的发展，最大的机会就在互联网经济。从这个意义出发，从理论上讲，互联网传媒应该可以做先驱。这 3 个数字告诉我们"互联网＋"的密码是 6.35，因为这个数字明显地告诉我们它的力量、能量所在，这是 2014 年中国互联网企业高速增长的一个突破，而且增速非常快。我相信在座各位肯定会关注股票，在最近逐步公布的一份股票的中报里，其中东方财富网显示的增量是 30 多倍，这也说明中国经济的一些主要的、最具活力的地方，如果它们都有 30 多倍的增量，中国经济的持续发展就可以期待。在 2014 年营收排名前 30 位的中国互联网中，第一家是京东，总收入 1150 亿元，增长量为 66%；第二家是腾讯，增长量为 31%；小米手机为 139%。如果说京东和腾讯还有 10 年或 20 年的经历，那么，小米手机发展起来只有 3 到 5 年的经历。3 到 5 年，139% 的增量，机会就在眼前，只要你们记住几个基本概念，"动不动""平不平"，就是这么有价值与机会。虽然现在媒体发展的情况非常复杂，令人困惑，但是我想告诉大家这个专业没选错，越纠结，机会越多，越困惑，机会越多，其实困惑点就是要从传统的媒体中挣脱出来，形式上就是"动不动"，心态上、文化上就是"平不平"。

从美国消费者媒介消费时间份额的一张表中我们可以看出，从 2009 年开始，电视的消费时间与份额便开始逐年下降，2015 年下降的速率更快，前半年几乎所有的电视台下降的速度更快。因为它第一次售卖的标志就是广告，广告其实是第一次售卖的认同，广告量在明显下降，最近下降的速度更快，因为媒介的形态变化了。动与不动，电视机是不动的，我们总是守着电视机，看着电视机的静态数据总会掉下来。如果我们把手机当成电视机的一个组成部分动起来，这个数据其实是在增加。我们的世界观，看问题的方法、视角变一变，我们就会发现媒体的机会越来越多。各种各样在线的媒介的发展也是先平然后下降。

在移动互联网到来之前，把非移动的网站全部当作互联网中的传播媒体，这个发展也很残酷。这些非移动的网站已经算是互联网了，然而互联网又分为传统和现代两类。再者就是广播的发展，它的下降趋势也很明显。接着就是各种各样的出版物，包括出版的所有纸质的东西也在明显下降。唯一上涨的媒介形态就是移动互联网。从 2009 年到 2014 年一直保持增长的态势，2014 年的增量大概是 30%。在各种各样全球通讯的快速增长中，以微信的模式为主，近半数的用户每天使用时间不超过 3 小时。26.6% 的用户每天使用微信的时间超过 5 个小时。昨天晚上睡觉前，你跟爸爸妈妈、朋友说晚安以后，是不是直接就睡了？一定不会的，你跟跟跄跄地还会从枕头边抓过手机看有没有人给你发消息。第二天早上爬起来，什么事情还没干的时候，你很可能又抓过手机看看，也不知道看什么，但总是有点不放心。这个世界我多么需要它，所以我必须关注它，其实你仔细想想，假如远隔千山万水的非洲地震了，如果你不知道，你就会觉得你和这个世界多隔阂。非洲地震你必须知道，因为它会影响大家的情绪、感受和感知，因为这是世界发生的一件大事，所以媒体必须非常敏锐和敏感，对万事万物充满兴趣。"这是一只苍蝇吗？这只苍蝇为什么是红颜色？"一定要抱着这样的心情去看待事物，其实后来发现是一缕阳光射进来让它变成红色，然后你就想写一首诗：阳光可以改变我们对事物的理解，本来是一个很丑恶的东西，它也可能变成一种正能量的存在。目前，用户更多的是在电脑前和移动设备前阅读新闻，手机跟电脑还有区别吗？是大与小的区别，如果你自己还把它分得那么清楚，还是去这样思考问题的话，是完全没有必要的。八成用户会在社交平台上分享新闻，每天分享近 10 亿张图片。第一个是"移动化"，我们得到的结论就是"动"还是"不动"，"平"还是"不平"。第二个是"融合化"，我们得到的概念就是"化"与"不化"。我在"融合化"后还加了一个"＋"，就是"互联网＋"在今天具体呈现的是什么样子。

我在这里重点介绍四个方面。第一方面是"互联网＋金融"的蓬勃发展，这是最重要的。这不是要求所有新闻专业的人都去了解金融，而是说金融是现代社会的焦点所在。你不去关注金融，金融也不去关注你。当你不关注老百姓最聚焦的东西，你怎么能把老百姓凝聚起来、团结起来？新的生态也是全新的交易模式，共有 3 种模式。第一种叫伴生，传统经济的互联网化带来金融服务的互联网化，比如说支付宝和阿里小贷。第二种叫改造，就是传统金融服务的互联网化，比如说直销银行。有一个很有名的陆金所，全称是陆家嘴金融贸易研究所。它们有一个叫陆金所的产品，就是一个有关 P2P 的很权威的投资理财产品。第三个叫新生，利用互联网技术创新金融服务，例如余额宝、P2P、众筹。有些人如果对这样一些概念本来就很熟悉，今天我们一说，他又趋之若鹜，非常高兴，我觉得你就是在跟着老百姓的节奏走。互联网普及是互联网快速增长的基础。我们来看互联网现在主要的形态，互联网＋传统金融业，通过"互联网＋"以后，它变成现代金融服务业。经过大数据移动、经过"互联网＋"以后成为民间借贷，民间借贷风险很大、效率很高，但有的效率是虚的，是空旷的，如果经过非常规范化的"互联网＋"以后，就变成现代的 P2P。线下融资在经过"互联网＋"以后，它的形态就变成了众筹。传统金融理财产品的销售，经过"互联网＋"以后叫金融网络销售；支付结算经过"互联网＋"以后，就变成第三方支付，预付款的代付以及存款融资经过"互联网＋"以后就是供应链接金融，哪怕有些词对我们来讲有点半生不熟，恰恰这种半生不熟，会给我们带来对老百姓最关心的现实生活最多的理解。

金融的主要模式有 P2P、金融网销、互联网＋、互联网银行等，总共有 10 种，最主要的有 4 种。第一个 P2P，P2P 是现代金融体系中一种非常新的模式，特别对小微企业的融资。在过去，传统的信贷如果要放款给一个企业，要经过 104 道手续。所以信贷员更愿意放给很大的机构，例如宝钢。因为放给小企业的话，假如出现风吹草动、项目坏掉的话，就会给他们的工作带来麻烦。所以银行并不是不关心中小企业，实在是没有精力关心。有了互联网之后就可以把其中 90 至 95 个点全都由互联网大数据来完成，例如，一家企业要贷款 50 万元来生产三年的茶杯。如果它向中国银行申请贷款，中行马上派人去现场调查，万一看到假的，企业还要做辨析。现在只要"你的生产地址是哪里？""××大道 356 号"，这几句话说完，一整套的印证体系已经出来：在过去三年里，这个门牌号平均每个月用电只有 5 度。平均每个月 5 度电能够生产什么大型产品，故只用这一个数据就可以把它回绝了，还有更多的印证，例如大众在网上对他的舆论评价等，这些查验在一秒钟内就可以完成。对同样一个事件有 100 种探讨，形成 100 个角度的判断，看得特别清楚，非常有意思。第二个叫众筹，众筹现在有 4 种方式：股权众筹、债券众筹、奖励众筹、公益众筹。第三个叫金融网络销售，这一块目前也特别发达，包括各种各样的证券和保险。东方财富网上有 4000 亿元基金在销售，没有网下的任何一个动作，全部在网上实现，这就是互联网企业。第四叫互联网金融，第五叫互联网银行，第六叫第三方支付。第三方支付非常强大，淘宝之所以有今天和第三方支付的模式有着很大关系。我把东西卖给你，但是我想你会不会给我钱呢？我买东西汇钱给你，你会不会把东西给我呢？陌生人的社会，这叫"不信任"吗？是疑惑对不对？怎么解决这个疑惑呢？第三方支付就把这个欠缺全部打通。第七叫增信系统，第八叫消费金融，第九叫虚拟货币，包括比特币等。所以"互联网＋"改变了传统金融的格局。

第二方面是"互联网＋"生活服务市场。比如说餐饮O2O、婚庆O2O、休闲娱乐O2O、亲子O2O、美容美发O2O、酒店O2O等，与大众生活息息相关。众所周知的"饿了么"就是在上海交大这个校区诞生的。这个校区是一个"互联网＋"的诞生地，"百姓网""携程"等都是在这里诞生的。"饿了么"的创始人是学工科的，有天中午做完物理实验已经到1点钟，还没吃饭，于是三个男生叫了大排炒年糕，旁边一位女同学对他们说不要天天吃大排炒年糕，可以变得稍微多元化一点。于是三个人点了一份大排炒年糕、一份番茄炒蛋、一份桂林米粉，同样的价钱，三个人一起分享。于是，这位同学就有了这样的创意，这就是团餐预定理念的诞生。两天前，他刚拿到第三轮融资，共2.5亿美金。所有的创意都和生活有关，只要你"动一动""平一平""融一融""化一化"。本地服务商业，吃住行、游购娱，都和我们的生活息息相关。现在又在学校实行"淘服务，淘帮忙"的项目。有同学发现，淘宝中都是买卖实体的商品，但是软服务的提供相对短缺。比如说，一个女同学想去东上院301教室去抢一个位置进行晚自习，如果有了这种软服务，那她可以在"淘服务"上写下她的诉求："今天晚上8点钟，我想在301教室第一个位置自修，谁可以帮我服务？"结果10个男生愿意帮忙，他们开始竞赛，最后301教室第一个位置被一位优秀的男生悄悄地坐下了。等到晚上8点钟，女同学走了过来，要支付他一块钱。这个服务听起来很优美，充满了想象，同时这样的服务是可以促进学习的。在这样的"淘服务，淘帮忙"中，处处有媒体，处处有帮忙。"淘帮忙，淘服务"这个项目能够体现媒体精神。凡是拥抱互联网的，顺互联网之发展方向，最后就一定会取胜。2014年全国网络创业就业总人数达962万人，其中淘宝网人数占到866万人，2015年这个数字要达到1000多万人。在这样的数字面前，如果我们还是熟视无睹，还是保持着孤傲的心态，蛮横地对待互联网，那我们自己会变得很好笑。

第三方面就是"互联网＋"移动社交。大家一定知道陌陌，但是我们经常会想到它的另外一面，其实为什么我们不自我检讨一下，为什么我们这么多人都在批评它，但是还有这么多人带着批评的眼光积极参与呢？因为它总有一个方面点到了我们的痛处，如果让人随便去批评陌陌，还不如我们自己去做一个更好的陌陌去引导大家，实现大家美好的愿望。有一家航空公司开设了谢客航班。如果你订了一个9排A座，然后就有人跟你商量，希望你发微博告诉大家，当把微博公布以后，后面的乘客可以围绕9排A座一圈一圈地快速订票，这样一来，大家高高兴兴地上飞机，快快乐乐地下来，在这个旅程中也许大家互留了联络方式，也许以后的媒体上就会有新的合作，有合作为什么不接受呢？我们要想到极致，可是极致还有很多的反向，不要只想到一个方向。2014年10月26日，陌陌在美国纳斯达克上市，而股东之一经纬中国一开始投了2000万美元，赚了19.8%；上市的时候就变成20亿美元了，看到资本的力量了吗？其实这背后不是资本的力量，而是媒体的力量。媒体永远是社会最强大的黏结剂，问题就在于"动"还是"不动"，"平"还是"不平"，"融"还是"不融"。

第四个方面就是"互联网＋"医疗健康服务业。这一块最不容易撼动，因为政策壁垒最强大，所以这一块难度最大，但是倒过来讲它留给我们的机会最多。因为医疗除了技术，对心灵的理解很多。所以需要媒体人有这样的一种感觉和感受，我们现在的研究生受过五六年的媒体训练，如果做这样一个方向的努力，可能比好多人都有优势。

除了这四个方面，"互联网＋"还表现在生活的其他方面。第五就是"互联网＋"教育。这块机会更多。就在上海交大这个校区诞生过一个上市公司——"昂立教育"，是从外语读书、外语培训开始的。互联网教育的生态链机会很多，越往众生推进，每一个环节中又给我们留出了很多空间，就像拿放大镜去看事物一样，你知道这个空间会更大，永远做不完，创新无极限。

第六，"互联网＋"实物，确切来讲是物联网，这方面的机会也很多，最典型的物联网就是一辆车子开过去，在 ETC 助动下一根杆子撑起来。互联网最重要的是信息的捕捉器，信息的后端就是互联网整体的后台支持。一切都可以用物联网的思想去做。

第七，"互联网＋"人工智能。前一阶段马云的阿里巴巴发明了一个语音头像识别系统，不需要钱包、支付宝等一切支付方式，就凭马云的一张脸，冲着一个设备甩来甩去，两罐汽水就出来了。有人开玩笑说，这种刷脸的方式让我们以后出差就变得简单了，我们的旅行袋里只要放着 10 个人的脸蛋部分就可以了。第一个是马云，第二个是奥巴马，把马云的头像装在自己的脸上，刷刷刷，要什么有什么。其实，远远不是这样，前阶段抓捕了一位外逃的犯罪贪官。他十几年前逃出去，脸已经做了 3 次整容，家人都认不出他了，心里想着这下总可以回家看看老母亲了。没想到，刚刚进了海关的时候警灯已经响了。原来是他脸部后面的骨头的数据把他出卖了。两个眼孔之间的这样一个微妙的数据，你无法通过整形改变，还有眼睛虹膜，这些都是无法改变的。所以，抓住马云的脸部是不行的，拿着奥巴马的脸进国会山好像也有问题。前几天在上海有一个有关计算机的展览，进去之后你会觉得进入了一个新的世界。有一个芯片可以和大脑相连，大脑可以通过这个芯片来指挥你，然后加上物联网，你想做什么都可以。眼睛都不要转，就用大脑、神经就可以来指挥这样的一个设备、器械，还有所有的行动。所以，"互联网＋"人工智能的发展，包括各种相关的机器，包括大脑的这样一种发展是第七个重要的发展点。

第八个，"互联网＋"企业云的运用。第九是"互联网＋"移动营销创新。第十是"互联网＋"零售业的拓展。就像我们刚才说的淘宝网等，这并不是一般的简单零售业的拓展，其实是人与人之间交往沟通模式的变化。中国的互联网零售额早就超过了世界各国，发展非常之快。

"互联网＋"给我们今天媒体的变革与传播带来的发展非常大，但是又是这么具体，这么真实，其实你只要悄悄地往前跨一步，你就会有新的理解和认识。这就是融合化，"互联网＋"十大新的方向与媒体的关系，第一是移动化，第二是融合化，第三就是社交化。无论是中国、美国的微

信，还是日本、韩国的微信，其实这都是世界的，全世界同一时间差不多
都在做同一个基于互联网的应用，把它作为一个跳板的、人与人之间交互
的新东西。技术发展的规律与文化发展的规律、心理发展的规律，说到底
与媒体发展的规律是内在一致的。只不过中国这次跑得跟世界一样快，甚
至在很多地方还做了领跑。在所有成功的互联网应用中，都能很好地体现
媒体属性，因为它都符合社交的原则，就是让你互动、参与，然后你会倒
过来推动这样一个东西。凤凰卫视在进行薄熙来事件的电视播报时，主持
人在电视直播的现场拿着手机读微信上的内容，这看上去是媒体的融合，
本质上是媒体背后社交精神的发育，这样一种基于社交、互动、参与、交
流、融合的模式，成为今天媒体的一个基本特征。这就出现第四个词，叫
"交与不交"，不交没用，交有用。从细分社交我们可以进行互动。喜马
拉雅是一个基于互联网的电台杰作，它是跟电台对应的一个新的媒体呈现
方式，现在上海也在努力探索这样一个应用，叫阿基米德。还有一些视频
化表达的东西，像微视、美拍等，无人驾驶汽车的本质就是社交。第四个
"化"是可视化，视频化。2014 年，中国发了 3 张 4G 的牌照，宣布进入
4G 时代。4G 和 3G 的最大区别就是速度 30 倍、容量 30 倍、宽度 30 倍。
确切来讲是 25～40 倍。今天媒体人一定要有这种感觉，就是给你 1 分钟
的时间，只有文字，那是报纸的时代；如果给你 1 分钟，是文字加幅图
片；然后再 1 分钟，图片加视频；又 1 分钟，有文字、图片、视频，再加
上动漫；再 1 分钟，有文字、图片、视频、动漫，还有活动；再 1 分钟，
有文字、图片、视频、动漫、活动，还有互动参与。同样是 1 分钟，你一
定最喜欢最后一种媒体。但是今天我们可能会说最后一种有点儿娱乐化，
甚至用娱乐化去概括今天的媒体生态。为什么一定要用娱乐化去概括，而
不用"动不动""平不平"这样的语言去概括它、理解它。我们看到目前
大家都在随时随地地阅读，无处不在地阅读，这给媒体人带来了很多机
会。当所有的人都在无时无刻地阅读时，媒体的黄金时代就在当下，就看
你"动不动""平不平"。

最后一个概念是"平台化"，平台是一个非常重要的特征。阿里巴巴

总交易额为 570 亿元，交易的核心就是全球化平台。全世界一共有 227 个国家，参与淘宝的就有 217 个。全世界组织在淘宝这样一个平台上，我们有 1000 万人以淘宝作为基本的营生平台，这个案例给我们很多启示。其实，经济生活是这样，作为反映经济的媒体也是如此。对今天的媒体人来讲，最简单也最重要的几点是：第一，"动"还是"不动"？第二，"平"还是"不平"？第三，"化"还是"不化"？"融"还是"不融"？第四，"交"还是"不交"？交付、交易、社交，如果这样的几个原则和理念我们都把握了，我们依然可以把今天的媒体做得缤纷灿烂，今天的媒体依然充满现代的机会和能量。

最后，我要用 1 秒钟带领大家见证"互联网＋"的奇迹，我们进入到微信添加朋友一栏，我们要在 1 秒钟的时间里建立一个群，这就是今天的媒体，这就是今天媒体的力量。1 秒建群，万人连心，媒体世界，鹏程万里。谢谢大家！

传统媒体·改革突围

超级编辑部与广电媒体的变革路径

时　　间：2015 年 7 月 19 日
地　　点：上海交通大学闵行校区陈瑞球楼 100 号
主讲人：陆小华

陆小华

　　陆小华，中国新华新闻电视网总编辑、传媒研究专家、法学博士。享受国务院政府特殊津贴。曾任新华社新闻研究所所长、《中国记者》杂志总编辑，连续担任十届中国新闻奖评委；清华大学、北京大学、中国政法大学、中国传媒大学兼职教授、研究员。主要成果有：《西部对策——抑制返贫与中西部发展》《整合传媒——传媒竞争趋势与对策》《再造传媒——传统媒体系统整合方略》等。

陆小华：各位同学大家好，学生们在高校里对传媒的了解和理解，与目前从世界范围看传媒变革的进程，恐怕多少还是有一些距离，所以今天我就以从世界范围看传媒变革发展的态势和路径作为我的演讲主题和大家做一些分享。

对于中国传媒而言，媒体的融合、媒体的变革已经从以往的分立式发展转向了媒体的深度融合。分立式发展已经不能够解决从世界范围来看传媒所遇到的问题与挑战，必须加强媒体间的深度融合、整体融合。这种融合体现在受众端，即传统媒体和新媒体更多地借助新媒体平台传播内容。对媒体自身而言，它的基本架构、基本形态、运作理念、生产采编流程、管理模式、运营模式，都会发生根本性的变化。

2015 年，整个国际传媒界发生了一些标志性变化，这些变化包括人们所注意到的一些著名的硬件厂商、软件厂商开始介入内容领域，比如，苹果公司意图在内容领域有所作为。另外，传统媒体与以往的媒体集团也在发生深刻的变革。2015 年 6 月 29 日，美国最后一个拥有新媒体的报业集团也开始进行分拆，这是六大报业集团中最后一个进行分拆的集团，新媒体部门从传统的报业集团中分拆出来。

我们应该如何看待这样的格局？历史上，20 世纪 90 年代，美国在线曾经是当时最著名的互联网站，后来被时代华纳集团并购，然而并购十年后，最终是传统媒体发展思维使得这一集团的新媒体——美国在线的播放率不但没有扩大，反而是逐渐缩小。其后，众多传统媒体集团在新媒体的冲击下，大致上是沿着两条路径发展，其中一条路径是同类并购，即报业集团不断并购小报纸。而当整个格局变化之后，这类仅仅做横向并购的集团就遇到了一些新的问题。另外一条路径是在传统媒体的架构、平台下开发新媒体业务，例如，创办媒体网站、新媒体客户端等。但发展到一定程度就会发现，原来办网站客户端仅仅是做增量业务，而增量业务进展到一定程度就会跟传统的母体之间存在不协调，甚至是相互冲突，最终导致集团的再分拆。所以，这条路径只不过是做了一个被迫的选择。在这样的背景下，今后媒体融合应该怎么发展？我想就这一议题和大家进行一些探讨和思考。

第一个问题我先讲一下媒体融合发展的共同选择。从世界范围看媒体融合发展，大家的共同选择是什么？报纸、广播电台、电视台面对融合发展、面对新媒体冲击时有什么样的共同选择呢？在我看来，媒体融合发展的共同选择有这样一些特点。

第一个特点是重构生产流程，提高反应速度和效率。传统的生产流程，总体上是小作坊式的、小流程式的。在面对新媒体冲击时，其生产流程必须改变，以提高反应速度和效率。如何提高呢？去电视台参观过或实习过的同学可能会有印象，中国电视台的基本情况是演播室和编辑室分开，演播室基本上是一个封闭的空间，所以我们经常听到记者讲，赶做某个节目时，制作好了要一路小跑送到播出间，即制作系统和播出间之间存在物理距离，所以要人工送到另一个地方去，演播室与编辑室之间有物理距离，所以反应速度就相对慢一些。而我们看一下半岛电视台美国分台的新的工作平面就可以发现，播出区、演播区与整个的制作系统在同一物理空间，在这个物理空间里，团队之间的合作、协同显然比分离要高效得多。这看起来是一个物理平面，是一个工作布局的变化，但这样的工作布局的变化实际上是生产与整个生产流程理念的变化。物理空间的布局是新闻生产理念的物质反映和直观反映。在这样的工作流程中，电视台的直播室播出、运行的效率显然要高得多。实际上，从全球范围来看，新闻频道的工作平面总体上都是像半岛电视台这样，演播室与编辑室建设在同一个物理空间中。2010 年，我去英国天空电视台参观，在一个租用的厂房中，中间是演播区，主播每人每次做 3 个小时的节目，包括新闻播报、访谈、现场连线等都是在这一区域完成。之后，天气预报员上来播报天气。当天气预报员播报结束后，镜头一转，新的主播开始他的工作。所有的编辑系统在同一个空间内工作。这样的工作场地更节省资源，而且减少了各环节的沟通成本。

实际上，重构生产流程反映在诸多领域。如果大家以历史的眼光来研究传媒的变革就会发现，生产流程的变革是衡量媒体变革的重要尺度。比如，20 世纪 80 年代后期，很多媒体开始改变报社内部的组织结构，基本思路主要是采编分离，即一部分人专门做采访，一部分人专门做编辑。采编分离之后，会把编辑系统的各个小部门合并成大的编辑中心，通过这种方式来提高生产效率。20 世纪 90 年代，中国很多地方都成立了报业集团，为了提高效率，媒体会把它的各个采访部门也合并。因此，重构生产流程，提高运行效率，实际上是媒体变革融合的一个基本思维。只不过在今天，它更多地加上了技术因素。

第二个特点，构建以协调中心为核心的超级编辑部。在今天，世界上主要的媒体都以一个协调中心为核心，构建超级编辑部。英国 BBC 于 2012 年开始启用新的编辑大楼，建立了一个 24 小时工作的协调中心或者叫指挥中心。在突发事件发生后，由这个指挥中心来决定从哪里调派记者，调派多少记者。比如，在突发事件中，除了赶快调派当地记者，是否需要调派其他地方的记者去现场，是否需要调派新媒体编辑在现场发稿，实现全媒体同时运作，这些都将由指挥中心决定。在 BBC 超级编辑部的周围放射状地排列着其他的编辑机构，整个编辑系统实际上都是在同一个平面内。这个平面可以同时容纳 800 个左右的人开展多个频道的工作。这个协调中心不仅包括 BBC 的电视内容的制作，也包括广播内容的制作。

也就是说，这个协调中心实际上是一个跨越了传统媒体形态的协调中心。因此，我把 BBC 这个超级编辑部称作以协调中心为核心的超级编辑部。中国电视台的导播间与演播室在两个相邻的房间里，在平面空间上二者可能是在同一个空间内，但中间有一个玻璃隔着。而 BBC 超级编辑部的导播间与协调中心在一起，都是在地下一层。那么，演播室在哪里呢？演播室在地下三层，二者间还隔着两层楼。而在这个空间的角落有旋转型楼梯，如果你着急做节目，不用坐电梯，可以直接从旋转楼梯迅速下来，节约时间。总之，演播室和导播间隔了两层楼，说明超级编辑部的结构组建思维与国内媒体是不一样的，不是要通过电话联系导播间和演播室，而是把演播室放在最适宜的地方，把导播间与协调中心、编辑系统放在一起。

从世界范围来看，今天电视机构提供的新闻性内容很重要，但是提供高价值的内容分析判断和评论预测同样重要。谁来做这样的评论？很多时候是编辑部的资深编辑、专家型编辑。以协调中心为核心的超级编辑部，目标是提高反应速度，提高运转效率。那么一个系统与现场的个人竞争依靠的是一个体系的反应能力和反应速度。而这种空间布局就有利于这一点的实现，这是第二个特点。

第三个特点是一体化运作社交媒体与传统媒体。我强调的关键词是什么？是一体化。什么叫作一体化？今天中国的媒体有很多频道和栏目都开通了官方微博、微信公众号，建立自己的新闻客户端，这是不是就是一体化呢？可能是，但也不一定是。一体化是说这个媒体必须在它的战略层面上去考虑同时运作传统媒体和新媒体。比如，一家传统的媒体集团开办的有广播、电视，为什么还要建设微博、微信和新闻客户端呢？这是因为公众通过这些渠道接收信息和服务。从功能上、战略上来看，这些新建设的新媒体传播平台与母体之间是什么关系呢？传统思维认为只是增加了信息传播的渠道和平台。而在媒体融合时代，传统媒体开通微博、微信账号，建设新闻客户端显然不仅是为了传播信息以及互动，必须在战略层面上思考这些平台的功能，即开设微博、微信、客户端也是为了把更多的公众积聚在微博、微信、客户端上来，以延伸媒体的品牌，吸引受众。一体化就意味着要在战略层面上做出选择。

十年前，普京下令俄罗斯新建了一个电视台——今日俄罗斯。当时任命的总编辑叫西蒙尼扬，年仅 25 岁。当年俄罗斯发生过两桩非常著名的人质绑架事件。一个是别斯兰人质事件，恐怖分子冲进了别斯兰市别斯兰中学的毕业典礼会场，把 1000 多个学生和老师堵在了别斯兰中学的体育馆里。另外一个著名的人质绑架事件是莫斯科剧院人质事件，恐怖分子绑架了正在看演出的 850 名观众。这两桩人质绑架事件之后都成功得以解决，但是代价就是死了很多人质。在别斯兰人质事件中，恐怖分子所指明的作为谈判对手或者传递信息的人就是当时俄罗斯的知名女记者——西蒙尼扬，西蒙尼扬后来是穿的防弹背心到达现场进行采访的。西蒙尼扬受命担任了今日俄罗斯的总编辑以后，以新的思维来打造今日俄罗斯，希望向世界传递俄罗斯的声音，展示俄罗斯的形象。今日俄罗斯采用了很多特殊的办法来完成这个使命，包括经常会发出一些独特的声音，例如西方媒体记者歪曲报道之后，今日俄罗斯派出记者采访以正视听，或者专门报道西方媒体有意遗漏或者忽视的新闻等。另外，还有从媒介融合的视野进行的社交媒体与传统媒体的一体化运作。今日俄罗斯是 YouTube 上粉丝最多的媒体之一，自己开办的网站则免费向全世界的媒体用户开放，在这个基础上开办了付费下载的视频。因此，今日俄罗斯通过免费手段先在互联网上聚拢了粉丝，成为粉丝量最高的媒体，然后在这个基础上再提供付费内容，寻找到一定的营利途径。从战略上看，今日俄罗斯一体化运作社交媒体和传统媒体，不仅是简单地把社交媒体当作传统媒体的新展示平台、新交互平台，事实上它是把两者交互，在更高层面上进行整合，利用社交平台去拓展传统媒体平台，拓展媒介营销，吸引海外观众来看今日俄罗斯的传统电视。在这个社交平台上，有大量的既有内容传播，也有大量的事件传播。著名的事件之一就是乌克兰东部事件发生之后，俄罗斯美国频道的一个美国籍主播，曾经在直播的时候公开声称要辞职，表明他不同意俄罗斯针对乌克兰的政策，随后今日俄罗斯发表声明称要把这个记者送到前俄罗斯的牧区采访。研究者们猜测，这实际上是今日俄罗斯的一次公关活动，一个公关策划，一个事件传播。它利用这个社交平台，既做内容传播，又做事件传播。一些媒体习惯从它上面获取免费信息，实际上是替今日俄罗斯扩展了媒体影响，进而扩展了俄罗斯的影响力。同时，今日俄罗斯也逐步促使节目本身的结构、形态发生变化，以更适应社交媒体时代的受众。所以，一体化应用于社交媒体和传统媒体，实际上是从理念、战略、整体目标上去看。与今日俄罗斯相比，其他的媒体也在运作社交媒体，但多少还是与之存在一些差距。例如，英国 BBC 在一体化运作社交媒体和传统媒体上做得就远远不如今日俄罗斯，虽然 BBC 在 Facebook 和 YouTube 等不同社交媒体上也开设有自己的账号，也会利用社交媒体平台发布信息和内容。但是从总体上看，做得还远远不够。

第四个特点是纷纷去做社交移动端的电视台，做新理念下的 TV 客户端，我把它称作社交平台上的电视台。2015 年 2 月，路透社建立了 TV 客户端，TV 客户端和传统的电视台不同，用户可以自定义收看新闻节目。在当今的传播时代，传统电视线性播出这种一对多的广播模式，对于今天已经习惯了社交平台的用户而言，是有诸多不便的，人们期望媒体有所改变。媒体也同样在不断寻求改变，为用户增加更多的选择，以开拓用户市场。目前，路透社的这一 TV 客户端是收费的，每个月会收取 1.99 美元，路透社希望以这样的方式拓展它的受众市场。

第五个特点，以技术平台实现融合生产。如果大家去媒体实习就会发现，今天的媒体，尤其是广电媒体，更加注重基础技术平台的构建、更新、升级。当然这些变革也要有新的思维。今天来看，这样的平台，要适应多屏传播，既适应传统屏，也要适应手机等新媒体屏。今天的电视观众和十年前相比有什么变化？最重要的变化是，几乎所有的电视观众，或者说电视观众的主体，都同时使用智能手机、移动终端、移动社交平台等。在这种情况下，在看传统电视的时候，观众的收视心理和之前还会是一样的吗？一定不一样。我的研究结果显示，5 年前，在 PC 时代，人们在 PC 上看的新闻视频，下载量最多的是一分半钟到两分钟的新闻视频。那么，今天人们看得最多的视频是多长时间的呢？后台数据显示，新闻视频在播放 40 秒之后观看人数会陡然下降。也就是说更多人对新闻视频的忍耐界限是 40 秒到 45 秒。这样的收视习性就是今天人们对视频的收视偏好。那么，请大家思考一个问题，现在为传统电视制作新闻视频的时候应该怎么做？一般是要讲短，不是讲精，影像叙述节奏要加快，影像叙述逻辑要发生变化。人们在移动端上的收视偏好存在极端化发展特点，一方面希望它越短越好；另一方面，人们在移动端上又喜欢在线看很长时间的综艺节目。反映在文字上，就是你在微博上可以写 140 字，在微信上却希望用很少的字数就可以把问题说清楚，但是人们在手机上又阅读大量篇幅很长的文章，我把这些文章叫作高专业、高价值、高市场、高分量的文章。视频也是同样，人们今天在网上、手机上看长视频，但是同时人们希望手机上的新闻资讯类视频要更短，影像叙事节奏要加快，在 30 秒之内甚至 20 秒之内把最重要的点讲出来。因此，在这个时代，从效率的角度说，应当如何做视频呢？只有一条路可行，是以适应移动端传播的逻辑来为大电视做视频。首先要做小视频、短视频，以影像的叙述结构去组织一篇电视新闻。这样才能够适应坐在大电视机前的观众的心理节奏和收视偏好。人在一边看新闻一边玩手机时，他的心理节奏是快速的，因此电视媒体报道也必须变快。从生产系统的角度说，你构建这个系统，就要适应多屏播出。这样做实际上是把这个系统视为一个内容制作主体，同时适用大、中、小屏等多个终端播出，而不是只为一种屏幕去生产内容。从全世界范围看，这是大媒体集团正在做的选择。例如，英国 BBC 启动的一个系统是以技术为手段，来实现突发新闻的多平台播发和编辑共享。大家注意这里面存在的一个思维。记者手机装上了以后，如果遇到突发事件，可以先发送 100 字信息，BBC 的 quick line 页面、Facebook 和 Twitter 界面也会出现这一信息，同时 BBC 的所有新闻平台都会收到记者的信息。今天媒体能实现的功能是，要么记者获得信息发到编辑部系统里，要么记者直接发到媒体开设的某个社交平台上，BBC 的这一系统打通了所谓的社交平台和编辑部的编辑系统以及特殊账号之间的壁垒。

越短时间获取突发新闻，就越需要在最短时间将信息在移动端免费推出。因为从整个传播格局来看，移动端的信息都是免费推出的，媒体必须在这个层面迅速构建影响。一般来讲，传统媒体的公信力比个人高一些，因为传统媒体有一套把关、审核体系，以此来确保其发布内容的真实性、权威性。但是如果信息不能被及时发布出去，第一时间就被别人占据了。今天，和传媒竞争的不仅是其他媒体，还包括个人、商家等一些主体。个人发布内容，尤其是专业人士发布的内容很有影响。此外，传统媒体、专业媒体也在移动端发布内容，扩大影响。另外就是各种提供产品和服务的厂商也在移动端推送内容。三元并进，构成了当前的竞争局面。在这之中，传统媒体想要胜出，就必须以更快的速度获取内容，通过专业报道传递出去。建议大家多关注技术系统，更多地以一种体系性竞争思维来思考，在媒体融合时代研究传媒需要有这种思维模式。

从世界范围看，发展视频业务是大势所趋。视频业务在移动终端上被播放和分享的频率越来越高，而且视频业务也可以将数码视频和社交媒体融合在一起。曾经有学者说从大数据角度看，最近十年创造的信息可能要占到人类创造的所有信息的97%。当然这只是一种猜想，这个猜想是无法验证的。但是从总体上看，之所以信息量增加了这么多，来自哪里？相当一部分来自照片和视频。也因为如此，随着带宽等的增加，人们对视频业务的消费当然会增加，也使得传统传媒更多地通过加强视频业务来增加竞争力，这是我想讲的第一个问题。

第二个问题，在社交媒体时代应当如何运作电视台呢？我刚才讲到了今日俄罗斯的经验，就是在社交媒体上拓展影响和品牌，吸引受众去收看传统电视。今天我们知道客观上传统媒体不和社交媒体竞争是不可能的。所有的传统媒体都应适应媒体融合，都必须与社交媒体竞争。今天一个好的叙述者，不仅要使用文字，还要用照片和影像去把握受众的叙述节奏和心理，媒体的叙述节奏要和受众的叙述节奏吻合。在社交媒体时代运作电视台有一些规律性建议，即产品必须要超细分化、超便利化。一个互联网产品的类别细分程度比传统媒体产品的细分化程度一定是更高的。

第三个问题要特别注重体验。媒体的生产流程应该是什么样的呢？我们如何进行流程变革呢？这就需要制定一个标准：简洁多元，例如半岛电视台的工作界面，布局非常简洁，所有的生产系统集中在同一个平面上，其工作流程更为简洁。

下面，我们从互联网金融来看媒体变革路径。我们探讨互联网媒体的变革路径，我在这里想换一个角度来观察。第一个观点，检验变革的核心指标是什么？我们来看看互联网金融，互联网金融靠什么在与传统方式的竞争中胜出呢？经济学的核心问题是效率。我认为检验媒体融合成败与否的核心指标之一是效率，是一个系统的运行效率，而以往人们研究媒体，很少有人从运行效率这个角度来研究。从这个眼光看，效率就是检验媒体融合的核心指标。第二个观点，中国的互联网金融有高接受度，有数据显示去年中国电子商务占社会商品零售总额的比例已超过美国，淘宝加天猫的在线商品的零售总额已超过亚马逊的一半。这里有两个启示：一是效率替代，二是行为匹配。我认为，效率替代和行为匹配是两个分析工具。什么叫效率替代呢？中国传统商品的流通效率是比较低的，在电子商务带来的优势冲击下，传统商业更迅速地被电子商务所取代，大家都使用淘宝等电子商务，你要看到它的代价是什么？就是传统的商业零售体系的亏损。第二个是行为匹配，就是人们的使用行为和你提供的行为方式相匹配，你提供的行为方式和人们的使用行为相匹配，就更容易成功。第三个观点，移动互联网产品发展呈现的共同规律。在中国，互联网移动金融支付渗透率最高的是哪些地方呢？不是一、二线城市，而是三、四线城市。如果大家仔细研究过，你会发现，移动视频、在线视频消费最突出的其实是三、四线城市，缺少娱乐的地方对在线消费的依赖性更大。移动互联网产品发展呈现的共同规律就是，在传统的服务体系比较弱的领域，移动互联网产品会更迅速地获得。因此，十年前传媒研究学者认为，美国的报业主要是地区报，认为将来报业面临的冲击应该是全国性的报纸出现问题。而在中国，大家会发现，目前出现问题的其实还主要不是全国性的报纸，而主要是中西部的区域性媒体，不管是报纸还是电视台，都是因为我前面讲的效率替代、行为匹配，这是第四个观点。

媒体融合对传统思维方式的变革，要求媒体的融合需要我们的思维方式发生重要变革，这也是我今天从这个领域讲这一部分的着眼点。如果你是以个体的方式来看待今天的传媒，你看不到它的传播现象，也看不到它的实质。今天，媒体融合所谓的新媒体传播既是一个传播问题，又是一个技术问题，没有技术引领，内容可能有传播性，但却缺少传播力。因此，从这个意义上说，所谓变革的要求就是变革思维方式。传统媒体如何适应互联网？传统媒体的改变需要多方强大的力量作为基础，一切的发展都要从理念的变革和思维方式的变革开始。

主持人： 感谢陆小华老师的精彩演讲，下面是学生提问环节。

听众： 陆老师你好！您今天的演讲为广告媒体的媒介融合指明了方向。现实是残酷的，所以我想请老师帮我们分析一下当前面临的挑战和障碍主要表现在哪些方面？

陆小华： 现实中的挑战可能是传统媒体的主体队伍相对比较老，移动互联网相对比较年轻，中间存在一定的代际差，需要传统媒体体系中的所有人都能尽快转变理念，我觉得这是目前最大的挑战。首先可能要从改变自己开始，将来有一天在座的传媒学子走向社会，走进媒体，看到媒体发展状况时，你们会发现，现状和可能需要做的变更之间总是有区别的，这可能是你们会产生更急迫地改变现状的动力之一。

创新　融合　转型——上海报业集团的改革与发展

时　间：2015 年 7 月 23 日
地　点：上海交通大学闵行校区光彪楼多功能厅
主讲人：王伟

王伟

　　王伟，上海报业集团副社长。1985 年 7 月毕业于上海大学文学院，同月进入上海《文汇报》，在要闻部任夜班编辑，后任版面副主编；1995 年 1 月，任上海《文汇报》要闻部副主任；1996 年 10 月，调上海市委宣传部，任新闻出版处副处长；1999 年 1 月，调上海市政府新闻办，任新闻处（后改称新闻发布处）处长；2004 年 4 月，调香港《大公报》，任副总编辑兼大公网总编辑；2013 年 4 月，调上海《解放日报》任副总编辑，兼《新闻晚报》主编，现任上海报业集团副社长。

王伟：各位同学，各位老师，大家下午好，今天我给大家介绍一下上海报业集团成立一年半以来的改革发展情况。2013 年 10 月 28 日，上海报业集团正式挂牌成立，这件事情在全国引起了很大的反响，全国同行都非常关注我们的改革发展实践。经过一年半，我们在很多方面都进行了积极的探索，相关改革成果对同学们了解中国传媒发展的大势非常有帮助，所以我想跟在座的学员们就这个方面做一下具体介绍。

我主要讲三个方面的问题。第一，集团成立以后，我们如何组建一个比较适应改革发展大势的报业集团的框架结构；第二，我们如何按照新的理念、新的机制来发展新媒体，并在此基础上推进传统媒体与新兴媒体的融合发展；第三，我们如何落实采编为本的方针，改革采编系统的人事制度，建立采编专业职务序列。用三个词来概括我今天要讲的内容，就是：创新、融合与转型。

下面我先介绍一下上海报业集团成立的大背景。2013 年 10 月 28 日，上海报业集团正式挂牌成立，上海市市委书记韩正亲自出席了挂牌揭牌仪式。为什么我们要组建一个新的报业集团？有几个方面的大背景，实际上是适应传媒业发展的大势，贯彻中央有关指示的精神，做出积极的改革举措。第一，新技术飞速发展，中国传媒业的生存环境面临着深刻的变化；

第二，新兴媒体的异军突起，使传统报业面临着重要拐点；第三，上海报业发展遭遇了一些"瓶颈"，积累了一些矛盾和困难；第四，比较现实的背景，或者说直接原因，就是习近平总书记在 2013 年 8 月 19 日就意识形态工作发表了重要讲话，在全国有非常大的影响。

下面我来具体讲一讲。第一，新技术的发展。从国家报业发展情况来看，2005 年是一个拐点，标志是中国报业在改革开放以后有了一个突飞猛进式的发展，广告增长率大概有持续 20 年的增长，但是从 2005 年开始出现了下行趋势。随着报纸广告开始流失，出现了一个严峻的问题，那就是大量年轻的读者也开始流失。现在大学生群体当中，读报率大量减少，让我们感到非常忧虑。随着读者的流失，发行市场也在出现萎缩。从 2005 年开始，以网络为代表的新兴媒体经过指数型的增长，呈现出一些具体情况。

第一，纸媒的发展受到新媒体的明显冲击，报纸的阅读率在下降，读者流失，读者的结构发生了巨大变化。2013 年报业集团成立时，我们做了一个国民阅读调查。调查显示，2007 年，我国 18 到 70 周岁的识字公民，每天阅读率大概是 74%，但是到 2008 年就降到了 64%，2009 年再跌到 58%，2010 年报纸阅读率略显增长，到了 66%，但是报纸读者中年轻人越来越少。如果说报纸主要依托广告，主要吸引的是 85 后、90 后人群，那么他们阅读少了，广告就会越来越少，广告效益就会越来越差，这给报纸的生存带来了直接的冲击。

第二，报纸广告市场开始出现大幅度萎缩。现在，报纸广告占传媒市场的广告份额已经不足一成了，一个中国媒体广告分析显示，2013 年上半年，中国传统媒体的广告略微增长了 7.9%，但是低于新媒体的增长。2015 年 1 月到 5 月，全国都市类报纸广告下跌的幅度大概在 30%，这两三年都是持续下跌，而且幅度比 2013 年的数字要大得多。从报业集团本身的情况来看，现在报纸广告的下跌真可谓是"跌跌不休"。与此同时，上市报业集团的净利润普遍出现下跌，经营风险增大，现在全国大概有 6 个上市的报业传媒集团，总的广告营收额可能有小幅增长，但是净利润普遍出现下跌。从 20 世纪 90 年代开始，媒体陆续开始尝试报网融合，但是目前来讲，少有网络经营能力强的有关信息传来，报网是融合了，但是营利能力非常差。还有一个情况值得我们关注，报纸的细分市场日益受到重视，媒体逐步从大众向分众的方向转变，一些区域性的分众媒体更胜一筹，国内报业集团越来越受向针对特定区域或特定人群的报纸进入，或者说向这个方向发展。这几年，社区报发展比较平稳，地铁报则出现了一些新情况，《上海地铁报》是除了香港、台湾以外的第一家地铁报，现在发展也受到了一定的影响。

第三，上海报业发展遭遇了一些"瓶颈"。上海报业集团由两家主要集团整合重组，一家是 1998 年成立的文汇新民联合报业集团，一家是以《解放日报》为基础成立的上海解放日报报业集团。这两家集团涵盖了上海主要的报纸，所以它们成立以后，顺着中国发展的势头，根据各自的规划和特点，分别取得了长足的进步。同时，这两家报业集团成立以后，分别成立了一些新锐报纸，《东方早报》《新闻晨报》都是在集团成立之后，或者稍前一段时间，分别发展起来的。报业集团成立以后，虽然在"报"后面加了个"业"字，但是主要还是依靠报刊发行这项主业，靠的是广告和发行，主要还是广告。所以从 2005 年开始报业从高峰跌落后，传媒发展就面临一个后继乏力的状况，报刊亏损量开始增大。当报业维持自身生存的资金出现紧缺时，要适应新媒体的挑战、推动媒体的融合发展就无从谈起了。

第四，习近平总书记在 2013 年 8 月 19 日的一次重要讲话中，提到"经济建设是党的中心工作，意识形态是党的一项极端重要的工作，宣传指导工作就是要巩固马克思主义在意识形态的指导地位，巩固共同的思想基础"。韩正书记有个比喻，我在这间房间里面讲话，结果听众都跑到隔壁房间去了，你在这里还是用传统的话在讲，听众都跑到隔壁讲新话的地方去了，那掌握主流舆论阵地也就起不了什么作用。从这个角度来讲，中国媒体还是作为党和政府的工具，媒体在大的方面，要从巩固意识形态指导地位的角度来理解传媒改革发展的需要。

以上从四个方面分析了报业集团成立的背景。组建报业集团是落实中央深化文化体制改革精神，从改革大局出发做出的重要决策，是新背景下提升上海大众传媒率的一次主动出击。

报业集团成立以后，建立了一个适应当下发展方向的传媒机制，努力发展新兴媒体，探索采编专业序列的改革，推进集团成立的各项工作。

我首先介绍一下集团治理架构的一些基本情况。上海报业集团在成立之初，秉持"责任明晰、产权清晰、分工明确、整合有力"的基本方针。集团抓经济，就是通过集团层面聚合资源、统筹经营、制定整体发展战略，通过集团的整体运作，实现报业整体优化创新。特别是在新技术运用、新媒体发展、新领域拓展等方面负起责任，为各个子报刊、报社提供高水平的保障服务。上海报业集团主要由解放日报报系、文汇日报报系和新民晚报报系，还有一部分统称都市报，形成"3 + 1"的结构，对《解放日报》《文汇报》《新民晚报》恢复独立法人监制，实行党委领导下的总编辑负责制，做好媒体的内容业务，把握舆论导向，传承文脉，彰显特色，做强品牌，发展新媒体，扩大影响力。上海报业集团成立以后，开始构建一个"1 + 3"的双层法人治理结构，"1"就是集团，"3"就是三大报社，三大报社跟集团是法人与法人之间的关系，这套体制架构的核心就是彼此都是法人，法人是独立的，法人之间要亲兄弟明算账。但是，党委是有上下级的，集团党委领导着三大报社的党委，两个层级的法人相互独立，集团和报社在各自职责之内开展工作。说到底，集团和报社之间的管理结构问题就是集权和分权的关系，报业集团较好地处理了集权与分权的关系，避免过分的集权，恢复独立法人地位，让报社对报纸进行全面负责，让三大报社对中层干部有提名权、选择权和任免权，让第一线听得见枪声、闻得见硝烟的人来做出决策。在避免过度集权的同时，通过放权来激化活力，让三大报社发挥传统品牌效应，提高积极性。从 2015 年开始，我们完善了一些集团和报社运作的科学机制，一方面继续放权，提高下属报社的主动性、积极性和创新性；另一方面，集团要在媒体的经营政策、审批、资金协调统筹等方面做出贡献，要当好援手，通过互动板块帮助报社解决经营管理工作中的一些难题和历史遗留问题。

随之，我们建立了三大管理体系。

第一是报刊管理体系。我们搭建了一个"3＋1"的报系结构，实现对下级报刊的分级管理，这个"3"就是解放日报报系、文汇日报报系和新民晚报报系，报系都是以三大报社为龙头，分别划入跟它们有历史渊源、可以共享资源的报纸。"1"就是都市报系，由《新闻晚报》《东方早报》等都市类新文化媒体组成。集团现在有33家在运作的报刊出版单位，把这些报刊根据不同的品性和渊源划分成三大报系，就是"3＋1"的报系。报系的组建是在对报业结构进行优化调整的基础上来实行的，在上海报业发展中，我们发现集团下的报刊存在同质化发展的倾向，在目前报业市场萎缩的情况下，不需要那么多报刊。所以，我们对自己的报刊结构进行了调整。上海报刊发行密度在全国大陆范围里，是除了香港以外最高的。2012年，全国每千人拥有的报纸数量大概是100家，上海每千人拥有的报纸数量是288家，是全国的近3倍。因此，上海报业市场实际上非常饱和，过去解放日报报业集团和文新报业集团相互竞争的时候，都是根据各自的需要去布局报刊结构，两家报业集团各有一张综合性的日报，各有一张晚报，还各有一张以都市白领为主要读者的都市类报纸，以及一些其他的专业报纸，另外，还各有一张生活服务类周报，存在两两竞争、捉对厮杀的概念。在两个集团的框架下，这种情况没有办法进行调整，大家都不愿意调整。但如今在一个集团之下，调整报刊的工作就可以开始做了。上海报业集团首先关了《新闻晚报》，这张报纸是集团里规模居第六位的报纸，是六张综合性报纸之一，广告份额居第四位，非常受关注。但是我们经过市场调研以及对发展大势的分析，认为这张报纸跟另一张报纸同质化竞争的情况比较严重，在经营模式上也存在一定的问题，所以决定从2014年元旦开始关了这张报纸。这家报纸有130多名采编人员，总体规模在300人左右，是一家规模很大的报纸。关了这张报纸在全国的影响很大，人们觉得报业冬天的第一片叶子落下来了。我们关了《新闻晚报》以后，顺利地推动了结构调整，100多人通过各种方式分流，有的人在集团内部重新应聘上岗，有的年轻人觉得媒体发展形势不好，就按照合同法解约离职，也有年纪大的离职或是退居二线，跟提前退休了一样。在这之后，集团还采取了一些措施，把运作的报刊单位从33家缩减到了28家，调整人员将近400人，占集团的1/10左右，调整力度很大。归根结底，调整报刊是一件很痛苦的事情，传统媒体必然要经过一番痛苦的挣扎以后，才能取得新生。现在有很多同事在新媒体岗位上做得也很不错。经过报刊资源的调整，按照血缘相通、气质相近的原则，建立报系以便集团进行管理。有的归到报系去管理，在报系范围里可以统一调配资源，不需要集团直接面对这么多媒体。

第二个是经营管理体系。集团就像是大老板、出资人，报社就是用钱的。换言之，集团就像是一个财团，财团出钱来办报。所以在经营管理上，集团的资产都是属于集团的，不是属于报社的。上海报业集团对三大报社在资金、资产、投融资、考核等方面进行管理，所有资金都是由集团统一掌控的，放在集团的资金库里，由集团来进行运作。所有资产都是属于集团的，但是划到谁的名头上，谁就可以用，谁就负责管理。投融资是由集团负责的，报社不具备对外投融资的权力，但报社享有版面和品牌相关的管理权。集团旗下有268个公司，这些公司的层级非常多，这可能是全国报业集团经营存在的一个普遍问题，需要进行公司的清理整顿。对此，我们划分了两个类别。集团直接投资的，就由集团来管理决策；子公司投资的，就由子公司来管理。

第三个是干部人事管理，报系里的初级干部管理权都已经下放给了三大报系。除了治理架构和管理体系以外，用创新驱动来建设新媒体平台是报业集团成立以后比较有亮点的部分。在新媒体发展上，一是改造老平台，升级老"我"，实行轻型化、简洁化、个性化的发展；二是建立大平台，布局移动互联网的传播渠道；三是自建新平台，构建内容生产的核心竞争力。

其一，现在传统的基于PC端的网站已经落伍，反而不如结合报纸的需要，结合培育新媒体元素的需要，来进行一些改造。所以集团旗下的几家主要报纸，都对相应的网站进行了改造，解放网被定位是机关报的官方网站，打造党报向新媒体转型的枢纽和平台。2013 年 5 月，解放网做了一个上海解放 64 周年的报道，采访了当年的几个老兵，文字记者采访的时候，摄像记者也跟着走，制作了一个活动的画面，有文字的内容，点开以后图片里面的人还能讲话。文汇网主要是面对跟《文汇报》比较匹配的读者人群，做微视频、微电影，可以拿到大电影院去放。新民网原来是一个突发新闻的网站，现在适当地有所收缩。

其二，借力大平台，布局移动互联网的传播渠道。作为一家以报业为核心的传媒集团，本身不具有开拓新兴互联网传媒技术的能力，但可以用这些技术，所以选择跟大的互联网公司合作，早年是跟腾讯合作，来办大字头的网，创立生活服务类系统。集团成立时，跟百度签订了一个协议，百度有一个地方新闻频道，它开放端口让我们在机器搜索的基础上，加入人工干预，编辑整理一个完整的页面，满足受众了解信息的需要。另外，充分利用大公司创造的一些平台，比如官微，粉丝量突破一千万人，在全国媒体当中排第三。

其三，在互联网的发展过程中，通过自建新平台来展示内容，具有代表性的三大项目是《上海观察》、《澎湃新闻》和《界面》新闻。

《上海观察》是一个短平快的项目，最初是《解放日报》想做一个面对特定人群收费阅读的互联网媒体，抽了十几个编辑记者，由《解放日报》利用自己的资源来建设。它只在网上发行，且以用户收费为营利模式，主要是在移动端上阅读，目标用户非常精准，针对党政干部、党政机关的公务员以及上海的利益相关者。经过一年多的发展，它的用户下载量已经超过了 50 万，其中，收费用户达到 28 万，一年 100 元钱，开通一个账号就可以看。它在推广的过程中利用了政府的支持，也利用了《解放日报》的发行和党报的资源，在表达方式上有很大的创新，一年多前有一篇叫《习近平的一天是怎么度过的》，在网上阅读量很大。

还有一个项目就是《澎湃新闻》，2003 年，《东方早报》创办，三聚氰胺事件发生时，《东方早报》的记者最早进入报道，抓住有利时机，让这张报纸不断发展。它跟传统办报的路子是不一样的，社会上有资本就看中了这支团队的创造力，要跟他们合作办一个新媒体项目。这牵扯到很多政策限制，《澎湃新闻》标榜的是新闻加思想，继承了《东方早报》的一些优良传统，坚持原创，也标榜建设性和权威性，内容比较严肃，同时又比较敢言，很多东西不摸索，就不会知道边界在哪里，包括舆论的界限。但是作为媒体本身，还是要加强管理。《澎湃新闻》刚出来的时候，很多人在评论它，有一股舆论上的关注，有人说舆论尺度怎么这么大，有人说这是我们未来挑战的希望。但这些没有影响《澎湃新闻》本身，反而对扩大它的知名度起了很好的作用。《澎湃新闻》在言论的尺度边界上不断摸索，它的核心用户是关注上海、关注中国的政、经界中高端人士。在题材表达上适了互联网传播的特点，有许多创新。它的下载量超过了千万次，有50多个栏目，从营利模式上来说还是通过吸引海量的用户来卖广告，不是收费阅读。但是，它的展示方式是不同的。传统网站是计划经济模式，是条线式的，《澎湃新闻》是一块一块的栏目。我们可以把传统网站比作百货公司，百货公司一楼卖化妆品，二楼、三楼卖女装，四楼卖男装，五楼卖童装，六楼是小家电，都是一种模式。相比之下，《澎湃新闻》像大卖场，把精品店集中在一个空间里面，就像上海的环球港，就是这种模式。这是我们办网络新媒体的一种新思路。

在《澎湃新闻》诞生两个月之后，《界面》也随之诞生。《界面》这个项目和前面两个项目有很大的不同，前面两个都是依托于一支健全的媒体队伍，《界面》是一个凭空而来的项目。它是几个财经媒体和财经界比较有声誉的人组成的团队，找到了上海报业集团共同合作。大家现在看到的《界面》只是一个网站，它实际上是三个层面的东西，包括一个财经信息网站、一个中介服务平台、一个经济信息的数据库。有的项目收费，有的项目不收费，重点报道上市公司和公司人群。它有一个联盟，联络了全国2000多个自媒体，在北京专门召开了联盟会议，跟各家自媒体有一个互动协议，即你可以引用我的稿子，我也可以使用你的内容，跟自媒体平台的联合等于把内容生产的团队成倍扩大。在《界面》的网站上，稿子是可以标价的，你可以买，最多一篇稿子可以卖到 20 万元，买了版权就可以使用。

　　总的来说，《上海观察》、《澎湃新闻》和《界面》代表了三种不同的探索，代表了三种营利模式。《上海观察》要解决的问题是，作为一张党报，能不能在互联网上发出声音，而不被语言所束缚。《澎湃新闻》探索的是一家传统媒体能不能跟一家新媒体平台一样，实行一体化的运作，如果哪一天报纸真的不行了，团队能不能整批转到一个平台上去做新的事情。我们希望能够实现传统媒体和新媒体共同发展，《澎湃新闻》较好地解决了这个问题。它现在实行的是一个团队运作两个平台，上层领导是互兼的，中层一些机构也是在一起的，两个编辑部分别适应不同的需要来编辑、整理内容，采集来的新闻由编辑团队指定先在哪个平台上用，所以说，它是一体化的运作。《界面》探索的是能不能借力于社会资源来办新媒体，《界面》是上海报业集团控股的，集团占 51％ 的股份，还有一些券商和互联网公司。这是互联网发展的三种探索模式。一开始不是那么清晰，但是后来慢慢觉得这些项目代表了三个不同的方向，还得到了高层的支持。高层的支持非常重要，从上海市委最高领导到宣传部相关领导，都对新媒体发展的项目给予了直接的关心。《澎湃新闻》的发展就特别体现了这种关怀，当舆论导向出现问题的时候，政府是鼓励媒体继续探索，还是封锁回避，是一个值得关注的事情。这个时候政府高层要有定力，项目还是要发展和调整，有些项目是在政府高层的推动下来做的，比如我们跟百度的合作就是政府高层牵的线。另外，基层要有活力，如果没有一个具有活力的团队，是做不好事情的。我们发展新媒体，要有一些理念，就是自己不能放弃原有的优势，脱离现实的基础，不能没有明晰的营利模式。如果这些条件都不具备，那么发展新媒体就是空转或者反转，哪怕做出了新媒体，也只是传统媒体的拷贝，内容上没有创新，机制上没有创新，赚钱的手段还是那种传统的模式。

　　总结上面所说，一个是要积极大胆，另外一个是要有新观念，还有一个很重要的，是要用新媒体的观念反哺传统媒体，实现高起点的融合。有的话在网上能说，在报纸上就不能说，同一平台两个标准，实际上是因为我们思想有框框，认为报纸上就是要正儿八经地讲话。

最后给大家简单讲一讲探索新型采编专业职务序列。在传统新闻单位里，谁干得好就当部主任，然后当副总编。官位越高，就越不用写稿，相当于是脱离了。喜欢写稿的人尊荣感不强，上升空间很小，10个部主任产生两个副总编，两个副总编里未必能产生总编辑。还有一个上升空间就是职称，从助理到中级职称，再到副高，再到高级职称，越到上面越是一个阶级，而且年轻的同志永远排在末位。在这种情况下，市委领导提示我们要设立采编专业职务序列的机制。上海在探索两个专业职务序列：一个是司法人员的专业职务序列，另一个就是采编队伍当中的专业职务序列。有人觉得有点搞大了，这不过是单位内部的事情，但这个事情非常重要，而且中央领导也希望上海能够闯出一种经验来，通过去行政化让专业人才通过写稿、采编发挥能力，有一个稳定的上升空间，建立一种特色加实力的模式。所有记者都在一个阶梯式的上升空间里有自己的位置，让一线职员有一个长期稳定的晋升空间，首席人员有较大的业务权限，可以成立首席工作室，可以调配资源，产生另外的收入。现在有两大首席：一类是受聘首席，在报社范围内可以调配资源，收入理论上讲可以达到总编辑的收入；还有一种叫专业首席，可以在部门内调配资源，收入可以达到副总编辑的收入。中央领导人希望上海采编专业职务序列改革能够形成可复制、可推广的形式。另外，我们也在考虑进行一些配套改革，在业务管理上实行采编大股份制。现在报社有很多部门，我们把它们改成文化中心、国内采访中心等，对一些经营管理的人才，考虑他们的专业职务序列问题。

目前，我们在推行产业转型，以此来支撑报业的发展。我们现在确定了三步走的战略。第一步是成为中国最具影响力的报业集团，第二步是率先向新兴主流媒体转型，第三步是成为互联网条件下的文化产业传媒集团。报的色彩越来越淡，业的色彩越来越浓，这是一个发展的基本方向，为此我们要建立三大产业板块，把平面媒体作为基础板块，在金字塔的最尖上，地位最高，但是面积最小。辅导型产业，就是发展媒体业务，在结构里面属于中间层。最下面一块是知识型产业，最能体现实力、最能产生资本的力量就是金融股权。我们正在构建两大投资管理平台，做一些投资，发展新媒体项目，发展文化地产项目，发展金融股权，用一些金融股票来补贴主业收入。同时，我们在内部逐渐营造一些互联网机制，办了一个1000万元的项目资助活动。总之，我们探索的目标是要在互联网时代继续我们的征程，要实现报纸到新媒体的转变，实现从报业到文化传媒产业的转变，这是我们的目标。谢谢大家！

当前我国媒体融合发展现状与趋势

时　　间：2015 年 7 月 26 日
地　　点：上海交通大学闵行校区光彪楼 1 楼多功能厅
主讲人：杨驰原

杨驰原

　　杨驰原，新闻出版总署《传媒》杂志社主编。从事新闻出版工作 25 年，曾任编辑部主任、杂志社社长、报社总编、音像出版社副社长，在国家级期刊、报纸发表新闻报道 50 多篇、学术论文 30 多篇。参与中国新闻出版研究院《农家书屋年度报告》《新闻出版业网站发展现状调查报告》《传媒业品牌影响力研究》等多个课题研究，是北京市新闻出版局特聘专家。近年重点研究新媒体对传统媒体的影响，策划组织采编了"手机超媒体时代到来""LED：新媒体　新视界""动漫总动员"等专题，并撰写了多篇新媒体方面的论文。

杨驰原：各位同学，大家上午好。今天很高兴能有这样一个机会，可以跟大家做一个交流。今天我要跟大家交流的主题是媒体融合的现实与未来。现在，关于媒体融合提得非常热，到处在提媒体融合这一概念。那么，媒体融合到底发展到什么程度？媒体融合未来的发展有哪些趋势？这些是我今天跟大家重点交流的内容。

首先，我简单介绍一下我们《传媒》杂志，在杂志创办的初期，它的名字叫《报刊管理》。后来我们很有预见性地将其改名为《传媒》，这样杂志的涵盖面就更为广泛，由报刊扩展到广电、新媒体。可以说，修改后的名字即是为媒体而生。从名字上就可以看出我们的方向是媒体融合。《传媒》杂志由国家新闻出版广电总局主管、中国新闻出版研究院主办，是中文核心来源期刊扩展版。

我要跟大家交流的主要是四个方面的内容。第一个就是传媒行业的大势，即目前传媒行业的基本情况。想了解媒体融合这一问题，首先就要了解中国传媒行业发展的大势，到底中国传媒业发展处于一个什么状态？如此才能够更深入地认识媒体融合的问题。第二个就是媒体融合的现状。第三个是媒体新融合元年的中国传媒业。第四个是媒体融合的趋势。

第一个方面，就是我国传媒行业发展的大势，大概有五点内容，第一个就是主业，整个报纸在 2014 年的收入是 697.8 亿元，比上一年减少了 78.8 亿元，降幅为 10.2%，利润总额降低了 12.8%；期刊在 2014 年的收入是 212 亿元，比上一年减少了 10 亿元，降幅为 4.7%，利润总额减少了 1.5 亿元，降低了 5.4%。大家可能对这些数字没有感觉，因为你们没有置身于新闻传媒行业里。这个下降幅度已经是非常大，一个行业、一个产业的收入忽然降低这么多，很值得引起人们的注意与思考。另外，目前，全国总共有 46 家报刊出版集团，实际上有近百家，但是由国家新闻出版总署审批同意成立的只有 46 家，其他的都是自己成立的，不在国家序列内。这 46 家报刊集团主营业务的总额利润分别较上一年降低了 1%～16%，其中有 17 家出现亏损，比例很高，这是很可怕的数据，可能实际情况比这个还要严重。这是我国传媒业发展的一个总体情况——主业衰退，主业指的是发行和广告，主要是这两部分，出现断崖式下滑。而且这个趋势恐怕还会再加严重。因为就 2015 年过去的近半年情况来看，应该是比 2014 年情况还要糟糕，可以说这个趋势几乎是不可逆转的。那该怎么办呢？就要靠媒体融合发展。所以说，媒体融合的提出是非常及时的。

第二个方面就是管制加强，这一点是很明显的。我从以下四点跟大家介绍。第一个是管人，从 2014 年开始国家加大打击假的新闻媒体人。通过这个管理手段清理新闻记者队伍。有很多人上了黑名单，并且现在办理记者证，每个人都要签一个保密协议。另外，记者需要全部重新参加考试，这是开始加强新闻媒体人的管理。第二个就是管机构，自 2014 年年底以来，中宣部、国家新闻出版总署联合开展了清理整顿中央新闻机构的活动，声势十分浩大，中宣部、国家新闻出版总署举行了几次会议来进行安排，国家新闻出版总署也因此获得了空前的控制权力。在会议上，各大媒体和新闻工作者进行工作报告，总结清理整顿情况。最后此次专项活动的结果是撤并新闻机构 1134 个，占新闻机构总数的近 36%，686 个驻地机构被责令整改。此次治理力度非常大，整顿效果很好。第三个是管经营，长期以来，中宣部和国家新闻出版总署对整个传媒行业的经营工作管理的是比较少的，主要管的是行业导向的政治问题。经营是市场化，媒体集团自己进行管理。现在，在管理经营方面进行内部传达，文件提出严禁经营权干涉出版权。比如，前段时间，昆明的一家报社，整个报社等于是卖给了残联的一个公司，报纸的社长就是那家公司的人，这不是干涉出版权，而是掌控了出版权。在全国这种情况非常多，国家要重点清理整顿此类事件。第四个是管内容。举个例子，现在不允许嘉宾主持，以前也有这个规定，但是执行力度较低，后来嘉宾主持越来越多，越来越乱，现在开始加强整顿，表面上是管理主持人，实际是管理内容。但这项措施被国外媒体诟病，说是对言论的管控越来越严，越来越没有自由。我个人认为，由于之前整个媒体行业太过于追求经济效益，导致很多问题都很出格，而且越来越泛滥。所以说，加强严管是非常必要的。

第三个方面是出版社转企改制，但收效甚微。国家新闻出版总署制定的一个推动出版转企改制的意见引起了轩然大波，这项规定执行起来难度非常大，尤其是遭到各大高校的抵制。但就目前的情况来看，此项改革措施收效甚微，基本上没有推动。

第四个是融合，重新开始。关于媒体融合不是一个新词，为什么最近又开始热起来了呢？是因为由国家最高层面提出了关于新媒体发展的指导意见政策，很多研究者将2014年定义为新媒体融合元年。

下面我们来交流第二个问题——媒体融合的现状。什么是媒体融合？媒体融合，就是各类媒体呈现多功能、一体化的趋势，比如说媒体融合最好的平台就是手机，手机可以看报纸、期刊、视频等。媒体融合是21世纪以来的热词，尤其是在中央推动传统媒体与新媒体的融合发展文件下发以后。大多数人会以为媒体融合是新媒体的融合，实际上还有另一个意思，就是传统媒体之间的融合。传统媒体间的融合的壁垒很大，报纸、广播、电视等都是独立的，界限非常分明。2013年，国家新闻出版总署和广电总局合并，这个用意之一就是为了推进媒体融合。但现在看来，几乎是停滞的。从机构上来说，媒体融合才刚刚开始，未来需要走的路还很长。

　　关于传统媒体和新媒体之间的融合。过去，大家普遍认为，媒体融合是指新媒体发展得非常好，传统媒体来搭新媒体的顺风车，主动跟新媒体联系，让新媒体协助它发展。但最近两三年，情况有了很大的变化，传统媒体现在发力，往新媒体方向发展，主要体现为两个方面：一个是中央级媒体，一个是都市媒体。中央级媒体的融合发展的效果是影响力大增，经济效益逐渐明晰。比如，《人民日报》在 2012 年推出了官方微博，到现在为止已经有 1500 多万名粉丝，报纸的发行量有大概 200 多万份，报纸的影响力大增。新华社的新闻客户端目前的下载量达到了 5000 多万次。省级党报在媒体融合中做得也很好，实现了整个集团的全媒体化发展。到都市媒体就不一样了，都市媒体的媒体融合发展可以说是冰火两重天，其中，都市报的融合发展之路走得不太顺畅。而都市电台、电视台的发展则发展得非常好，借助新媒体平台，都市电台、电视台的广告量增长速度非常快，尤其是都市电台。现在的传统媒体——报刊、广播、电视，只有广播的广告额还在继续上升，没有下滑，主要原因就是广播通过新媒体和听众互动频繁，还有就是随着汽车行业的发展，广播迎来了新的春天。都市报当时对新媒体的到来不太在意，有一种舍我其谁的高高在上的感觉，并且觉得新媒体对都市报产生影响还太早，很多都市报的新媒体融合发展得不太好，导致利润下滑，没有做好应对转型的准备。

　　第三个跟大家交流的问题是新媒体融合元年的传媒业。2014 年以来，新媒体融合呈现出这样几个特点：一个是严管的同时推动媒体融合的力度变大。在政策出台之前，中宣部对期刊和报纸分别做了大量的调研工作。政策出台之后，又配套出台了很多政策。在经费层面，2014 年，全国财政预算在一般文化公共体育传媒的支出达到了 2753 亿元。在严管同时又给予经济支持，国家从财政部直接拨款给报业集团，支持其转型。另一个特点是衰中有升，在断崖式下滑中也有一些增长，很多报业集团严冬里也有春天。比如说《湖北日报》，发行量从 2012 年的 22 万份左右增长到现在的 65 万份，这个增长幅度是相当大的。再比如说《中国汽车报》，在这么严酷的形势下，它的广告量一直没有下滑，这些都是行业里非常能说明问题的例子。从技术层面看，移动互联网是融合的新时期，业界有句话叫"得移动者得天下"，意思是说，无论是纸媒还是广电媒体，必须和移动终端相结合才能和用户进行更好的沟通和互动，才能继续发展下去。前段时间，一家户外 LED 公司在接受媒体采访时也表示要和移动互联网相融合，可见，移动互联今后将成为各行各业相互争夺、开发的一个重要方面。我之前参加的一个"互联网＋"会议，大家现在讨论的基本都是移动互联网。

接下来要跟大家交流的第四个方面是新媒体融合的趋势。首先是关于人才问题，就是把人才融合到新媒体中去，传统媒体的人才流失非常严重，大家可以看到，很多知名传媒人士纷纷跳槽到新媒体。一方面是一些既有的人才从传媒媒体流失到新媒体，另一方面是大家都抢着到传统媒体里办的新媒体部门。比如说，新华社新媒体中心的常务副主任，之前做了十年的每日电讯，一听说内部招聘新媒体主任立刻就去报名竞聘。这意味着传统媒体又失去了一位重量级人物。可怕之处在于，这种现象比比皆是。还有一个可怕之处是后继乏力。过去，能够当一个记者，能到新闻单位工作是一件非常光荣的事，现在这种对新闻的热情减少了很多。上次我们做了一个调查，传媒学子毕业之后真正去传统媒体新闻单位工作的人占比 1/5 都不到。这个情况非常严峻。现在出现很多媒体直接和学校合作，培养需要的传播人才。情况能不能因此而有所好转不太好说，前景不容乐观。

媒体融合由 2014 年的中央文件开启了新的发展阶段之后，今后会呈现怎样的发展趋势？我主要从三个方面来总结。我个人的观点是，第一，党和政府的主导决定融合的走向。现在，党和政府推出政策的原因是我们目前面临非常严峻的形势，尤其是在舆论场。一个是官方舆论场，一个是民间舆论场，如何打通两个舆论场是一个很重要的问题。习近平总书记甚至说过，能不能打赢互联网这场战争，关键就在舆论上，这关系到执政党的地位，关系到国家的未来发展。现在，互联网新媒体和传统媒体的这场竞争，实际上不仅仅是媒体产业之间的竞争，更是舆论引导主阵地之争。

所以，国家现在高度重视舆论引导，重视媒体融合。2012 年，国家成立了国家互联网信息办公室，重新划定了它的管理权限，管控整个互联网络。根据相关人员的反映，国家整顿力度非常大。过去的媒体融合，政府并没有参与，而是以互联网公司为主导。以后，这个局面将会改变，党和政府的主导决定融合的走向。这是第一个趋势。

第二，移动终端是媒体融合的主平台和主战场，过去说的媒体融合主要指的是网络，现在移动到了移动终端上。最近发布的报告显示，中国网民总人数已经达到 6 亿多，那么，手机上网的人数达到了多少呢？2014 年，手机上网人数首次超越 PC 端，手机成为上网人数最多的一个平台，将来，随着手机传输技术的改进，例如 4G 网络、5G 网络等的发展，移动客户端将是传统媒体、新媒体以及其他媒体必须争夺的一个平台。最近已经出现了一个新的技术，叫微阅读，用户看新闻或者杂志，只需要扫一下二维码就可以进行阅读，不需要像过去那样还要下载客户端等，这就节省了一个步骤。人们往往更多地是想通过移动终端看视频、图像等，但这些往往非常费流量，且有些时候网速较慢。现在，通过新的技术可以在节省更多的流量的同时保持视频播放和阅读顺畅，这是它的核心技术。其次，还有一个在线支付的功能，且更快捷、简单。我将这个技术推荐给一家报纸，他们意识到这个技术的可发展性，已经决定运用这项技术。这也是纸媒抢占移动终端市场的一个例子。这是第二个趋势。

第三，主流传统媒体将逐渐占据融合的主导地位。过去，在融合中唱主角的是那些新媒体公司，例如，腾讯，它的市值超过整个报业的整体收入。在这种情况下，媒体融合的引领者是新媒体公司。现在，这个局面正在发生改变，将来会完全改变。现在的一些传统媒体，包括中央电视台，有一些新媒体公司没有办法相比的优势，包括多年积攒的品牌优势、人才优势，甚至是资金。这些优势会马上变现，这些软实力会变成硬实力，这是新媒体公司所没法比的。所以说，在未来媒体融合过程中，主流媒体将逐渐占据融合的主导地位。

学术前沿・智慧火光

2001～2010 年国际顶级大众传播期刊文献调查方法使用及调查误差范例

时　间：2015 年 7 月 23 日

地　点：上海交通大学闵行校区光彪楼 1 楼多功能厅

主讲人：哈筱盈（Louisa Ha）

哈筱盈（Louisa Ha）

哈筱盈（Louisa Ha），美国俄亥俄州 Bowling Green 州立大学传播学院教授，美国《新闻与大众传播》（*Journalism and Mass Communication Quarterly*）主编。2007 年，著作 *Webcasting Worldwide：Business Models of an Emerging Global Medium* 获得 AEJMC Robert Picard 奖，美国 Bowling Green 州立大学传播学院"新媒体研究部"创始人，主任。美国国际广告资源中心网站（International Advertising Resource Center）创建人，获美国 National Association of Broadcasters，National Cable Center and 英国 Emerald 研究基金。

1986 年毕业于香港中文大学新闻传播系，获学士学位。1988 年，获得香港中文大学传播学硕士学位。1994 年，获得美国密歇根州立大学大众传播学博士学位。博士论文获得美国广告研究基金 Lysaker 奖，成为第一位获得此奖项的华人学者。1988 ～

1991 年，任李奥贝纳国际广告公司中国市场部媒介经理。1994～1995 年，任美国 K&
L Associates 市场研究顾问。1996～1997 年，任美国 Oklahoma 大学助理教授。1998～
2000 年，担任国际研究机构"盖立普组织"（Gallup Organization）研究主任。2000 年
至今，任美国俄亥俄州 Bowling Green 州立大学传播学院教授。主要学术研究方向有：
媒介管理、新媒体、在线广告、媒介多样性、国际传播与受众研究。独立出版著作有
Essentials of Advertising Media Planning、*Webcasting Worldwide*：*Business Models of an
Emerging Global Medium* 等。

　　哈筱盈：我今天讲的题目是《2001～2010 年国际顶级大众传播期刊文献调查方法使用及调查误差范例》（*Use of Survey Research in Top Mass Communication Journals* 2001 – 2010 *and The Total Survey Error Paradigm*）。这项研究已经发表在 *Review Communications* 期刊的一月刊中。虽然论文发表的时间不是很久，但是这项研究做了很长时间，是在 2012 年、2013 年已经写好的论文，之后又修改了很多次。现在，我还在做一些研究，等会儿我会跟大家讲讲我最新做的研究，可以让大家了解目前研究的最新进展。

　　每一个人都有机会跟调查研究有关系。因为即便你不做研究，也会遇到做调查研究请你回答问卷的情况，你会成为调查研究的关键，因为所有的调查如果没有受访者的配合是不可能完成的。做调查需要很重视受访者的感受，要根据受访者的生活方式或者是答题方法去设计自己的问卷。这和其他的研究方法不一样，比如观察法，你可以偷偷地观察、研究你的研究对象，获得一些资料，而不用管对方是不是同意。但是如果你是做调查研究的，就一定需要征得受访者的同意才可以。因为受访者是你的王，你要照顾受访者的兴趣，知道他们的想法、感受，你才能调查成功。

　　我讲一讲为什么我花很长的时间去做这个课题。刚刚我和一些同学交谈过，有一些同学本科不是学新闻专业的，也不是学社会科学的，可能不太了解我们这方面的研究，所以我先做一些背景介绍以及为什么做这项研究。

我之所以进行这项研究，主要有以下几点原因：第一，在大众传播研究中，调查法是最常用的。虽然有很多研究使用调查方法，但还没有一个研究是了解大众传播研究中调查方法是怎么使用的以及它的使用情况。第二，我自己也教研究方法，所以看了很多讲怎么进行调查研究的教科书。但是我发现他们都用社会学、心理学等其他学科的文章或者研究作为例子，完全没有举大众传播研究的例子。这说明大众传播学研究中调查法的使用是很薄弱的，我觉得应该多做这方面的研究分析。第三，研究方法对于研究结果的确信性和可靠性很重要，所以，我们应该更深入地去了解研究方法。第四，因为传播科技的发展，调查法也在不断地演化。之前我们进行面对面的访谈，后来通过电话调查，也有邮寄问卷调查等方法，再后来是在网上填写问卷进行调查，现在最新的方式可以用平板电脑或者手机做问卷调查。第五，总体来说，做这个研究是为了推动调查方法提升质量，特别是在我们大众传播研究领域中。因为比起很多其他的人文社会科学，大众传播学还是比较新的学科，所以，我们需要建立自己的一套体系、方法，从事一些令别人信服、有权威性的研究。所以，我想做这个方面的研究。

那么，什么是调查？调查的一个很大的特点就是由受访者自己报告他们的情况。还有一个特点是调查问卷是结构性的，不是随机的，而且对所有受访者提的问题都是一样的。另外，成功的调查，其研究者一定包括有三方面的知识储备：一是要懂统计学。为什么要懂统计学？因为不同的问题有不同的结果，对不同的数据有不同的统计分析。比如问：你多少岁？如果答案是20岁，这对统计学来说就是最好的数据。但也可以问：你的年纪大概在什么区间，比如18～25岁或者26～30岁，选项有很多不同的分类，这样的话，数据就不是准确的，统计分析也不能那么准确，因为是分为不同的区间。当然，分的范围也可以更广泛一些，比如老、中、青等。所以，不同的问法会得到不同的数据。如果不懂统计学，分析问卷的时候就会有很多局限。二是对认知心理学的了解。也许你会说，我是研究传播学的，为什么要懂得认知心理学？因为你的受访者在回答你的题目的时候是要先认知你的问卷，然后给你答案。如果你不了解他们是怎么理解你的问题的，你就不能研究出一个好问题去问他们。所以，一些敏感性的题目，比如关于政治、性教育或者是青少年谈恋爱的问题，更加要求你懂得如何设计问题。如果问得不好，可能就拿不到你需要的答案。三是懂得项目管理。很多人做不好调研是因为时间管理不当、人手分配得不好等，这样就会出来很多问题，调查效果就不好。所以做调查对这三方面的知识储备都是有要求的。

另外，还要区分调查和实验。比如，先让你看一个新闻，然后让你填写问卷，请问这个算调查吗？不是的，这不是调查。因为问卷只是实验里面的一个工具，它本身不是一个目的，只是一个手段，所以不要把实验和调查连在一起。此外，还要清楚深度访谈和调查的区别：深度访谈没有固定的题目，题目通常是因人而异的。还要注意，有一种情况是：做调查，但是它的目的与实验一样。因为在美国，我们做的所有调查都要经过学校的一个单位——Human Subject Review Board，即人类研究审查委员会的评估，它要确定你做的调查没有带来负面的影响。比如，我想了解一下看色情刊物的读者对性有什么不一样的看法。因为我不能给我的参与者去看一些色情的东西，这对他们有害，所以我不能做实验。但是，我还是想研究这个问题，那我就要改变我的研究方法。我不做实验，不强迫他们看色情刊物，而是问受访者是否看过色情刊物，看过之后的情况等，这样来进行我的调查。所以，虽然它是一个调查，但是目的和实验一样。

下面我们来看，之前有没有人做过调查方法使用情况的研究。我认为这是很重要的一个研究题目，但是我和我的研究生找了很久，只能找到2008年Marcias做的这方面的研究。但Marcias的研究有一些问题，一是他用的检索词是"调查"，很多文章虽然用了调查法，但没有在关键词或者题目中写出来。那么，他用"调查"进行搜索就会漏掉很多文章。二是他挑了54个所谓的传播学的学刊。但是我发现这中间的一些学刊根本不是传播学的学刊。比如 *Health Affairs*，怎么都联想不到它是传播学的学刊，可能偶尔里面有一两篇是传播学的论文。所以，我觉得他的研究中的样本很有问题，不能作为标准和参考资料。这就是为什么我们看文章要批判性地看，要分析它有什么缺点，然后去改善它的缺点，进行自己的研究，怎么改进研究是最重要的事。

下面讲总体调查误差范例，这是一个重要的调查研究评估框架。这个理论框架的目的是在研究者的成本限制内最大化地提高调查数据的质量，但是要考虑到成本的限制。因为很多时候调查做得不好可能是受到经费的限制，所以，在经费紧张的情况下你怎么尽量降低调查误差很重要。比如说，我在询问在座的每一位同学后，得出你们的平均年龄是23岁，这是一个准确的数字。但是我在没有时间的情况下，我抽取你们中间的30个人以估算整体的平均年龄，这样得出的平均年龄是28岁。28岁和23岁有5岁之差，这个差距是因为我们没有问每一个人，只是问了其中的一部分人。如果这部分人的代表性不够，就会和实际情况有差距。如果这部分人的代表性足够，那得出的结果应该和实际情况差距不大。所以，我们的调查要尽量接近实际情况。但因为成本的限制，所以要找一些方法去得到非常接近真实情况的数据，降低调查误差。

接下来讲一讲总体调查错误的范例的基础和历史来源。1944年，社会学已经有这方面的研究，指出有13个不同的因素影响调查的效果。在1979年，Anderson、Kasper 和 Frankel 三个人讲到了 total error 这个概念，也就是"总体调查错误"。他们指出，总体调查错误基本上有两个部分：一个错误是 representation errors，代表性的错误，就是说数据代表性不够。这又分为三个方面：一是 coverage errors，包容性错误，要包容的样本没有包容；二是 sampling errors，样本错误，样本选得不对或不好；三是 non-response errors，无回应错误，就是受访者不搭理，没有收到受访者的回答。总体调查的另一个错误是 measurement errors，即衡量时的错误，包括 construct validity，问的问题是不是有效，以及 processing errors，运作过程中产生的错误。

下面详细来讲一下。一个是 construct validity，结构效度，是否找到合适的群体询问问题。举个例子，现在很多网上调查的最大问题是你已经假定了你的受访群体都可以上网。但是中国大陆还有很多地方的人没有上网，如果你用网上调查的方法就会把他们漏掉，他们的意见就不能反映出来了。另一个是 sampling errors，样本的错误，这包括你抽的样本的大小是否足够。如果是足够的样本，有多样性的样本，那么，你可以得出一些结论。如果样本量不够，那么，你就不容易得出正确的结论。还有样本的来源，怎么去找调查的样本，是在班上找学生调查还是在大街上找人调查？这都会对 sampling errors 产生影响。non-response error，无回应错误，其发生的情况是有一些人没有回复你答案。有些人是因为没有时间，有一些人则是永远都不填调查问卷的人，他们认为要保护自己的隐私，还有的是用电话调查或邮递调查时，可能会因为地址改变而找不到受访者。再说 measurement errors，衡量时的错误，这有很多方面的原因。有时候是受访者本身的问题，有时候是调查者本身的问题，有时候是问卷设计的问题，有时候是其他访问因素的影响。举个例子，通常女生做调查比男生更容易成功，为什么？因为男生通常不会拒绝女生请他做调查问卷。但是，女生会不会拒绝女生呢？一般也不会，因为女生更有亲和力，而且没有威胁性，受访者就不会那么防范、那么顾忌，所以，通常面谈访问比较成功的是女生。这就是说访问者的一些特点影响访问的效果，一般男生去做访问通常的回收率会比女生低很多。另外，如果你的问卷设计得不好，比如问卷很复杂，受访者不知道你要问什么，也是拿不到好的数据的。

然后我们再来看 impact of survey mode on survey results，调查模式对调查结果的影响，是指调查模型或者通过什么渠道做调查对调查结果的影响。survey mode，调查模式，是指怎么去接触你的受访者，是通过电话、互联网还是邮递等。通常不同方法之间最大的区别是 pace，即调查节奏，不同的调查节奏会影响到 heuristic processing of survey questions，调查问题的启发式处理。比如说电话调查，它有很多好处，可以直接和受访者解释一些问题，而且可以做大量样本。但是它也有一个很大的问题，当你用电话调查的时候，受访者也许是随便给你答案，如果再问他，他可能就会给你其他答案了，因为他没有机会去看到这个问题，而是听你讲这个问题。电话调查还有一个问题是，虽然调查者和受访者不是面对面地进行调查，但是受访者也不会回答一些社会不接受的答案。我举个例子，一个有关电视暴力的调查，调查者发现如果是用电话调查，受访者会说电视暴力对他们影响很大；如果是通过面对面调查，受访者则会说没有影响。这说明调查的渠道也会影响调查的结果。还有一个是 social desirability bias，社会接受度偏见，受访者是根据社会的接受程度做出回答，电话调查跟面对面的访谈都会有这样的情况，特别是你的题目是比较敏感的，比如关于政治或性方面的问题，这种调查最好不要用电话调查或者面对面访谈，因为你一般拿不到真正的答案。

下面再来说样本还有回收率。调查基本上有两种抽样方法：一种是 probability sampling，概率性调查。概率性调查可以做很多统计分析，估计调查的误差有多大。但是概率性的样本调查也有很多问题，最大的弊端是需要很多资源。因为概率性调查需要先知道调查群体的总体人数、特征等，你要先拿到这些资料才可以进行抽样。这个资料可能要用钱买，而且会花很多时间，通常回收率也比较低。比如，我现在做一个概率性调查，如果我是问前排的几个人，那么我给你小礼品，你帮我做一些调查。但是，我想请后排的人回答问题就很难了，他可能看不到我，我也不容易去找他，这样调查的回收率就降低了。所以，有些调查没有做概率性调查，就是因为这个原因，研究者要考虑回收率低的问题。另外要注意的是，受访者不一定跟你合作。但是，我们做调查最大的目的就是拿到大量的数据、有代表性的数据，所以为了减少 non-response，无回应错误的情况，鼓励受访者去接受你的问题很重要。美国民意调查协会（The American Association of Public Opinion Research，AAPOR）提供了回收率计算的四个不同标准，并把回收率分化为合作率、拒绝率和接触率。

讲了这么多背景，我们回到这项调查的目的和问题。第一，我想了解一下最顶尖的传播学刊中涉及的调查的情况。顶尖刊物的文章是经过重重的评审才可以发表的，通过这项研究可以了解高质量的调查是怎样做的，特别是他们怎么去检验调查研究中的四种常见的调查错误。另外，我还想看看这四个学刊（*Journal Communication*、*Journalism and Mass Communication Quarterly*、*Journal of Broadcasting and Electronic Media*、*Communication Research*）的项目赞助情况、调查样本情况等，因为这四本学刊代表了四个不同的学会，想看看它们之间有什么分别。我们用内容分析的方法，把 2001 年到 2010 年所有调查的文章拿过来，不抽样，看每一篇文章。第二，我们想了解一下有足够资金做的研究项目是比那些没有资金的项目错误率低还是高。第三，媒体传播科技的发达对调查研究的影响如何。

关于时间的选择，因为顶尖的学术期刊通常要两三年之后才能出版，也就是说从我投稿到发表要二至三年。所以，2001 发表的文章可能是 1998 年写的。2001 年到 2005 年，互联网还不是很普及，而 2006 年到 2010 年，互联网已经很普及了，所以我们的研究按照这样划分时间节点。我们挑了四个顶尖的传播学学刊，一是 *Journal Communication*，它是国际传播学会的刊物；二是我主编的 *Journalism and Mass Communication Quarterly*，是新闻和教育传播学会的期刊；三是 *Journal of Broadcasting and Electronic Media*，是广播电视学术学会的刊物；四是 *Communication Research*，它不属于任何一个学会，在往期杂志中，它刊登的教育调查研究是最多的。

这一时间段内四本期刊刊登的文章总数是 1493 篇，这样我们有足够的样本去做统计分析，避免样本错误。但是分析的文章太多也是不行的，我们首先挑选了 2001 年到 2010 年的文章，然后我们挑一些用调查作为研究方法的文章，最后共挑选 479 篇文章作为我们的研究样本，我们详细地分析它是如何使用调查法的。

分析的时候，我们把调查中使用的渠道分为八类：face-to-face，面对面调查；telephone，电话调查；mail，邮寄调查；self-administered paper and pencil without mailing，自填调查；Web，互联网调查；E-mail，电子邮件调查；Interactive Voice Response System（IVR），交互式语音应答系统调

查；mixed mod，混合模式调查。

具体怎么去分析呢？

首先是看有没有用概率性的样本，概率性抽样有以下方法：simple random sample，简单抽样，是把所有的样本从 1 开始编码，其次随机抽样，也可以在电脑上随机抽样；stratified random sample，分层抽样，比如男女分开抽样；systematic sample，在需要分地区收集数据的时候使用；convenience sample，方便抽样，对研究者比较方便；snowball sample，滚雪球抽样，就是说我找到你之后，请你再找一个朋友，你的朋友再去找朋友，靠认识的人去找样本；还有 quota sample，配额抽样和 purposive/judgmental sample，目的/判断抽样。

还要分析抽样框，我要了解这些调查的抽样名单从哪里来，它是怎么去搜集样本的。一般来说，有以下抽样框：public and private databases，公共和私人数据库；college class rosters，大学的班级花名册；school district high school or elementary school student list，高中或小学的学生名单；geographic cluster，地理集群；telephone book，电话本；all eligible phone numbers as in random digital dialing，所有符合条件的电话号码，如随机电话拨号；membership directories，会员目录；mailing list from commercial vendors，商业供应商的邮件列表；online panels，在线面板；specific web site/online forum users，特定的网站/在线论坛用户；consumers on location，地方消费者等。

另外要分析研究的资金来源。我主要分析是政府出资还是大学出资，或是私人出资。而且私人投资要看它是非谋利的基金资助，还是一些公司企业资助的，因为公司企业的赞助通常是为了他们公司自己的利益，可能有谋利的目的，会影响调查。

此外要分析回收率。在做这个研究的时候，我发现很多文章对回收率讲得并不清楚。有些文章提供了回收率。有些文章没有报告回收率，如果文章中有相关材料，那我们就把它算出来。但是如果文章没有足够的资料计算回收率，我们就不再分析。

在分析时还要看文章是用什么方法鼓励受访者回答问卷。比如用重复打电话的方法或者是靠社区领袖影响人们参与调查。同学们，我想请问你们的老师有没有靠给你们分数鼓励你们答问卷？这种做法在美国很普遍，一些同学不给鼓励就不回答问题，分数不是钱，但也是一种鼓励。

我们还关注了研究者在文章里谈到的缺陷，以及他们是否为此做出了改变。他们在文章中是否提到他们在方法上的问题，为解决问题，他们有没有增加或减少什么调查？有没有使用多种媒体的调查方法？有没有增加或减少二手数据的使用？有没有增加或减少回收率？有没有用更多的方法去鼓励受访者参与？等等。

研究结果如何呢？研究发现，全部文章中，32.4% 的文章使用调查方法；其中，81.8% 的文章只用了调查法，而没有用其他研究方法；18.2% 的文章在使用调查法之外还用了内容分析法等。

根据研究结果还可以发现，不同的学刊刊登的文章用到的调查方法也是很不一样的。*Journal of Broadcasting and Electronic Media*（*JOBEM*）使用最多的是多种媒体调查，比例达到 4.6%。所以，如果以后你们要了解 multimedia service，多媒体服务方面的内容，应该去看这本杂志。*Journal Communication*（*JOC*）刊登的文章使用的最多的调查方法是电话调查。

我们的研究还发现，有差不多一半的文章是全国性的调查，占比 46.6%。全国性的调查之所以这么多，是因为这些都是有影响力的顶尖刊物，它们比较喜欢一些全国性、有代表性的调查研究。另外，从研究内容看，这些文章绝大部分是对观众的研究，占比 56.5%；其次是对媒体的社会影响的研究，占比 38.6%；最后是对媒体的个人影响的研究，占比 24.25%。在资金方面，19.3% 的研究有赞助。在有赞助的研究中，43.6% 是大学赞助；其次是政府部门赞助，占比 35.1%。其中，使用电话调查的研究获得赞助的占比最高，为 37.8%。

最后讲一讲样本。61.9% 的文章用的是非概率性的抽样方法，只有 38.1% 的文章使用了概率性抽样。*Journalism and Mass Communication Quarterly* 是使用概率性抽样最多的期刊，有 51.6% 的文章使用的是概率性抽样。而对于 *Communication Research*，这一比例为 21.7%，占比最小。

我认为调查作为一种方法，从以前到现在、到未来应该还是一个主流，短期之内不会改变。我们发现从 2006 年到 2010 年有一个变化是，越来越多的研究在调查法之外还使用了实验法，以前比较多的是调查法和内容分析法一起使用。现在免费的数据越来越多，但是很多人都没有使用免费数据，基本上是自己做调查做研究。此外，研究也发现很多文章的调查法还不是很严谨，很多用的不是概率性的样本。很多时候学者是用大量的样本去弥补很多抽样的问题、错误，但很多时候没有建立它的可信性。

下面时间回答大家的提问。

听众： 老师，您好！我是广西艺术学院的学生，我想研究新闻客户端用户使用率和满意度情况。我现在要找到使用这款软件的对象，那么，我想问老师什么样的抽样方式合理一些？

哈筱盈： 你这个软件普及程度高吗？如果不是特别普及，你就不能做概率性抽样，要用非概率性抽样，做一些初步的研究。因为是要了解这款软件的一些情况，是可以使用非概率性抽样的。另外，如果要做非概率性抽样可以在网上发问卷，也可以通过手机上的软件发问卷。

听众： 老师好！我是新疆大学的学生，我们也正在做一个社会化媒体与政治姿态的调查，目前面向全国发放了 5000 份问卷。我们遇到的问题是，我们在全国分发 5000 份问卷时，不知道应该按照什么份额来分发？肯定不能按照等额分配，因为社会化媒体在每个省的使用情况不一样。而且，就算我们这个份额设定好以后，我们找到的对象也不一定关注政治。请问老师如何保证我们的信度和效度？您能不能给一些建议？

哈筱盈： 首先你要考虑回收率的问题，如果你发 5000 份问卷，估计能回收到 1000 份问卷的话，那么，这 1000 份够不够你做研究分析？如果 1000 份问卷够的话就可以做研究。其次，有一个关键问题就是你怎么找到那些受访群体？我认为面谈或邮寄等方式都可以，也可以和一些单位合作，请他们支持你们做这个研究。

听众： 老师好！我也是来自新疆大学的，我的问题还是集中在数据处理上面，传播学跟经济、管理学在数据处理方面最大的区别在于我们只做简单的频次分析，例如统计数量、个数，或者计算所占的百分比，很少引用比较复杂的方法，但这样就很容易造成数据误差。我就想问，怎样平衡复杂的数据方法的引入和数据误差的出现？

哈筱盈：首先，我不同意你说传播学不用比较复杂的方法，如果你看我们学科顶尖的学刊，他们都用很复杂的统计方法。关于怎么减少误差，这涉及很多方面。比如问卷本身要设计好，这样获得的数据才可靠。我建议大家好好学习调查研究方法，学好方法就可以拿到可靠的数据，拿到可靠的数据就可以做出好的研究。

听众：老师，您好！我是武汉市中国地质大学的一个学生。我有一点疑问，刚才您说面对面访问和电话调查会得到不同的结果，尤其是关于一些敏感话题的调查。但之前我去过一个化工厂做环境污染的调查，用面对面访问和电话调查得到的结果是一样的。那我想问下这两者在什么时候的差异很大？

哈筱盈：你刚才说的环境问题，在社会上争议性不大，所以答案没有很大区别。但是如果是性教育的问题或者其他争议性比较大的问题，你用电话调查和面对面访问就会有很大的差别。所以，如果调查的题目争议性不大，就没有什么分别；如果是争议性大的题目，两者就有分别。

听众：您好，老师！我是来自河南大学的。我想问什么样的问题适合我们采用问卷调查法研究？国外学者和中国学者在运用问卷调查法时有没有什么不同？在中国社会用问卷调查法是不是真的适用？谢谢老师！

哈筱盈：第一个问题，如果你要知道某些人的心态、态度、心里想什么东西，而不是他的行为，一定要用问卷调查，因为其他的方法都不能得到你想要的东西。第二个问题，国内外有什么区别，这个我不能一概而论。我跟一些国内的学者合作，发现他们不是很讲究客观性的调查。另外，美国现在越来越注重研究怎么让别人愿意回答你的问卷。我会要求我的学生把问卷做得非常漂亮，非常吸引人，这样人家答的时候很开心，就愿意回答你的问题。但是，国内学者好像还没有注意到这一点。关于第三个问题，我觉得是可以的，因为调查可以依靠很多媒体，你可以采用面谈的方式，也可以采用互联网，我觉得调查法是任何人都可以用的。

听众： 老师好！我是来自湖南大学新闻与艺术学院研一的学生，我主要想问一下关于问卷调查的问题，怎么选取抽样方法会使我们最后的信度更高？比如说，我们调查全国大学生阅读现状，涉及不同的地区，而且大学生有很多不同的类型，是集中于湖南这个地区，按照全国大学生的比例来抽样，还是到全国不同的地方，按照不同的比例抽样？

哈筱盈： 这要看你有多少资金，多少时间。如果你没有资金，全国调查几乎是不可能的，而网上调查的回收率很低。你可以在你自己的大学做，但是不需要全部找传播学院的学生，最好和其他学科的学生联系做这个调查。抽样方法其实和你的研究课题很有关系，比如你的课题是研究不同地区大学生的看法，样本抽取就要照顾到不同的地区。但是，如果你的主题是不同专业的人的看法，那专业就很重要，样本抽取要照顾到不同专业。

城乡关系视野与传播研究

时　间：2015 年 7 月 22 日
地　点：上海交通大学闵行校区陈瑞球楼 100 号
主讲人：赵月枝

赵月枝

　　赵月枝，博士、教授，中国教育部长江学者讲座教授，中国传媒大学传播政治经济学研究所所长，加拿大国家特聘教授，加拿大亚太基金会高级研究员，全球媒介检测与分析实验室主任，曾任中华传播协会（海外）研究主席，是《全球媒体与传播》的创刊主编之一，是十几本杂志的编委，是华东师范大学出版社即将出版的《批判传播学说》的主编之一。因在传播研究领域的杰出贡献，赵月枝教授被 UDC 授予 2013 年度达拉斯·斯迈思奖，也是 2014 年度国际传播学会埃德温·贝克奖获得者。

主持人：赵月枝老师是中国教育部长江学者讲座教授，中国传媒大学传播政治经济学研究所所长，加拿大国家特聘教授，加拿大亚太基金会高级研究员，全球媒介检测与分析实验室主任，曾任中华传播协会（海外）研究主席，是传播学批判学派中卓有成就的华人学者。因在传播研究领域的杰出贡献，赵月枝教授被 UDC 授予 2013 年度达拉斯·斯迈思奖，也是 2014 年度国际传播学会埃德温·贝克奖获得者。下面让我们以热烈的掌声欢迎赵老师演讲。

赵月枝：谢谢主持人的介绍，非常高兴和大家见面。中国传媒领袖大讲堂是公益性质的讲堂，我很高兴能和大家进行交流。今天我演讲的题目是《城乡关系视野与传播研究》。

乡村问题确实是非常重要的问题。在我开始演讲之前，我想做一个小调查，请大家举个手示意我。请问在座的各位传媒学子有多少是直接从农村考上大学的？请举手。有几位同学是农村来的？请举手。不是太多。有几位同学的父母是农村的？请举手。有几位同学的爷爷、奶奶是农村的？请举手。全部都是。我再问大家，有哪些同学是不吃米饭的？就算有些女生不吃米饭，吃水果，可水果也是农田里长出来的。你也许说我的水果是从美国加州运来的，但是美国加州运来的水果也是农民种出来的。所以，我希望大家不要觉得研究城乡关系问题是一个上不了大雅之堂的题目。

传播政治经济学是关于传播与社会权力关系的研究，即传播如何影响社会权力关系，社会权力关系如何影响传播，而城乡关系是中国最基本的传播权力关系。城乡关系问题是我们谁都离不开的问题，城市和乡村是一个硬币的两面，它是一个互动关系。我们的身份就是靠这样的互动关系建构的。就像我们的身份也是靠东方与西方、白种人与黄种人这样的关系互构的一样。对国内来说，城乡关系是一个很重要的、真正的政治经济关系。在改革开放前后，以低廉的价格购买农民的粮食，将工业品以高昂的价格卖给农民，以农民饿肚子为代价实现了城市的发展与国家的工业化。城乡关系也是中国最基本的社会权力关系，宪法规定我们国家是以工人阶级为领导、以工农联盟为基础的人民民主专政的社会主义国家。城乡关系体现在宪法上就是"工农联盟"这个词语，城市的工人和乡村的农民是一个联盟的关系，是兄弟姊妹的关系。

而关于乡村的问题，我和吕新雨老师，还有其他几位老师提出了一种看法：乡村是传统中国安身立命的所在，乡村是近现代中国革命与变迁的焦点，乡村是当代中国剧烈变革的前沿，乡村更是探索中国未来发展的关键。乡村是传统中国安身立命之所在，传统中国就是乡土中国。乡村是近现代中国革命与变迁的焦点，从三元里农民抗英到上海工人大罢工，再到农村包围城市，中国农民成为中国革命的主力军。乡村是当代中国剧烈变革的前沿，因为我们的改革开放是以农村实行联产承包责任制开始的。乡村更是探索中国未来发展的关键，就像当年中国革命走出农村包围城市的道路一样，乡村是探索中国未来发展的关键。

也有人说，这样的研究是逆潮流。但是，有一半的人居住在城市里，并不意味着另一半人也要居住在城市里。而住在城市里的这一半人中，实际上有很多人都是在城市里的农民工。而且，现在城市已经拥挤成这个样子了，难道你们真的认为人口流动永远是单向的吗？2014 年，《纽约时报》有篇报道（*In China*，"*Once the Villages Are Gone，the Culture Is Gone*"），这篇报道说的是一旦村庄消失，文化就随之消失。从 2000 年的 370 万个村庄到 2010 年的 260 万个村庄，十年的时间里，中国每天消失 300 个村庄。

另外，城乡关系视野不仅是中国国情的要求，也是中国社会科学创新的突破点和对世界社会科学有所贡献的切入点之一，包括我们对新媒体的研究也需要城乡关系视野。城乡关系视野更是传播研究超越西方中心主义、都市中心主义和技术中心主义的局限，建立起自身主体性的必然要求。

传播研究——不管是美国的实证研究，还是批判研究——都有其根深蒂固的城市中心主义偏向，这与传播学的西方中心主义视角有密切的关系。作为一个学科的传播学，是在美国这个大学生比农民多的国家发展起来的。更重要的是，中国意义上的小农在美国非常少，美国农业都是由农场主，或农业资本家主导的。可是，中国是个传统的农业社会。中国现代革命也最终以土地革命和农村包围城市的道路取胜。中国的国情和美国的国情是如此的不一样，可是我们偏偏就把美国的传播学搬到了中国来，叫作主流。实际上，在中国，即使在改革开放后城市化进程加快的今天，"三农"问题依然是非常核心的问题。2015 年，中央一号文件指出，中国要强、富、美，也就是说中国农业必须强，农民必须富，农村必须美。可是我们的传播学，由于接受了西方的理论框架和问题意识，甚至研究议程，对这样的国情就是视而不见。即便是重新引入西方马克思主义的批判传播理论，也不能关照，更遑论针对当下中国的"三农"问题以及中国还是一个以小农为主的国家和有 9 亿人口靠农业和农村生活以及实现劳动力再生产这一基本国情。西方批判学者聚焦工人阶级以及工人的阶级意识能不能形成，他们的理论是以 19 世纪的欧洲城市中心主义和工业主义为基础的。在北美，垦殖主义历史使农民问题被种族问题和城市贫民窟问题所置换和遮蔽，这里的批判传播政治经济学更缺乏农村和农民的视角。然而，随着中国乃至全世界的生态问题、食品安全、农业危机都越来越复杂，越来越严重，是否应当重新看待农民在中国乃至世界历史变迁中的作用？同时，西方批判学者最感兴趣的中国 2 亿多的农民工，他们的主体意识很复杂，他们有很强的乡土观念，客观上他们的户口都在农村，农民工的出现过程不是西方工人阶级的形成过程可以相类比的。更重要的是，中国有着基于农民革命的社会主义传统，至今还声称要建设社会主义的国家。这意味着，中国或许可以在新的历史条件下成为超越资本主义理论与实践的资源，或者说，新的主体性很可能是在新形式的工农联盟中产生。当然，在当代中国，新形式的城乡互哺关系和工农联盟实现的新形式，正是需要我们探索的。

中国传播研究要有自己的主体性和问题意识，而不是西方传播学的附庸和浅薄的"本土化"版本，就必须有城乡关系视野和乡土中国立场，这就是中国的"国情"。著名学者甘阳在20世纪90年代初就说过这样的话，"中国社会科学的发展唯有建立在对'乡土中国'的大量经验研究的基础上才有可能。不妨说，当中国社会科学的成熟能达到基本把握'乡土中国'的历史变迁，而又能与中国哲学和人文学传统达到高度互动之时，那也就是'文化中国'有所落实之时"。

下面我重点讲一讲如何进行城乡关系视野下的传播研究。城乡关系视野下的传播研究的理论基础是，充分理解全球资本主义体系中城市与乡村、中心与边缘之间的悖论逻辑。一方面，资本主义扩张的过程就是城市剥削进而消灭乡村的过程，乡村的生产要素被掠夺，随后被空心化。在资本主义现代化叙事框架里，乡村在精神和文化层面是城市的对立面，是落后、狭隘的，是要被抛弃的。另一方面，资本主义又把乡村作为转嫁和化解经济危机的安全阀，并在文化层面挪用和占有它，对它进行理想化和景观化处理。比如"乡愁"，乡愁旅游的发展就是例子，把农民的房子装修成豪华民宿让我们去住。这就是城市人在城里待久了，马尔代夫也去得不爽了，然后就把乡村作为后花园。

历史上，在城乡关系视野中，我们会发现传统中国有城乡互哺的社会结构。尽管我们的长安、洛阳、开封、南京等在古代都是国际大都市，但是中国的文化传统是，无论你做到多大的官，挣了多少钱，最终都要回到农村。中国历史上的城乡关系不是单向的剥夺和被剥夺的关系，而是一个双向的互哺过程。当然，这种关系不是仅仅靠文化和传统就可以维系的。

在皇权和土地都趋向集中，尤其是农民被剥夺程度加深的王朝末期，农民通过起义的方式要求重新分配土地，使之重新趋于平等。这虽然破坏了生产力，却改善了生产关系。如学者吕新雨所说，正是由于这种内生的城乡互哺的社会结构使中国没有走上殖民扩张与资本主义的道路。

今天，中国又走到了一个新十字路口，是走扩张性道路，继承大英帝国和美帝国的衣钵，去拉美、非洲殖民，还是走出一条在国内是城乡互哺、在国外是反对霸权的良性的发展道路，答案是不言自明的。

因此，传播学者回到城乡关系，从历史实践中发掘资源，还涉及中国未来道路选择的重大命题。这就使我们联想到党中央提出的"一带一路"应该是什么样的结构？应该是个什么样的思路？我们传播"一带一路"是个什么样的思维？我们是以市场化的道路发展出默多克那样的媒体巨无霸，还是以另外一套思路发展与各国之间的传播？我曾在文章《重构国际传播秩序的中国贡献》一文里提出，在传播策略方面，尤其是在国际传播策略层面，关于软实力传播是值得我们重视的。因此，传播学者回到城乡关系，从历史实践中发掘资源，还涉及中国未来道路选择的重大命题。

中国近代和现代情形不完全与其他发展中国家一致。走到印度的乡村、巴西的乡村，就会发现我们中国的乡村跟别人的不一样。比如我家乡的"村通"做得非常好，不只是通信，还有道路。国家的力量还没有抛弃乡村，没有像美国那样把原住民赶尽杀绝。北美有一段时间就是把原住民的孩子，很小就送到技术学校，不让原住民传输他们自己的文化。而中国近代与现代的情形不完全与西方国家、发展中国家一致，这得益于中国农民不屈的抗争和以土地革命为核心的中国革命的遗产。

但是，改革开放以来的"三农"问题和农民工问题凸显了中国不平衡的城乡关系，而中国传播体系中的城市中心主义倾向更是触目惊心。当然，与媒体的商业化相关的城市中产阶级视角，以及媒体教育者和研究者自己的城市中心主义倾向，更强化了这一偏颇。但是我要说明的是，这不是说当年美国的主流传播学者，像施拉姆，不关注农村。实际上，"第三世界落后的农民"是现代化理论框架下的"传播与发展"范式中的经典研究对象。之所以这样，是因为基于美国的冷战战略考虑。一部分由于中国以农民为主体的社会革命的胜利，战后美国社会科学主流把如何防止第三世界，尤其是亚洲其他国家的农民不再被贫穷所"赤化"，作为问题意识和学术政治指向。而对这个问题的回答，则是媒体和传播技术扩散所起的"发展"作用，也即把第三世界农业社会最终整合到世界资本主义体系中的作用。唯有这样，激进社会革命的根源才能被"消解"。

总之，传播研究的城市中心和西方中心倾向的深层表现，不在于研究者是否完全忽视农村和农民，而在于他们的理论框架、问题意识与学术政治取向。所以，如果仅仅是现代化理论的应用，或者把当年有关电视的扩散如何带来农村现代化的论点平移到今天的新媒体和农村，那么，这种研究不仅没有多少理论创新的价值，还有可能强化现有理论范式的缺陷。

城乡关系视野下传播研究的理论资源与创新在于：中国传统人文思想、中国革命遗产、"南方理论"，包括西方反种族主义理论家和北美原住民理论家的学术思想。也就是说在不否定马克思主义所强调的劳资关系的前提下，关注全球语境下的殖民关系和本国语境下的城乡关系以及生态视角下的人与自然关系，以此超越欧洲中心主义和发展主义，为一个生态社会主义的未来提供文化与传播方面的理论基础，这是我的学术理想。

回到研究中的个人情感问题。我并非在海外过腻了"资产阶级"生活，需要回家乡做研究以慰藉自己的"乡愁"。城乡关系问题也不仅仅是我个人的问题，而是所有传播学者（有意无意）不得不处理的问题。正是在这个意义上，我在2015年缙云"乡村、文化与传播"学术周上做了《不只是乡愁，而是生态社会主义：学术研究城乡关系视野的世界历史和生态学意义》的演讲（2015年9月号上海《探索与争鸣》杂志将出版此演讲）。我希望以自己提出的跨文化传播政治经济学（transcultural political economy of communication）为框架，打通全球和村庄、国内（乡村–城市）和国际（边缘–中心国家）两个层面的分析，从而尝试做出一个海外华人学者应有的学术贡献。

2014 年，我们办传播周的时候，提出城乡关系视野下传播研究的 15 个议题——乡村文化与传播生态的历史与现状；城乡关系视野下的中国文化和传播政策；城乡文化互动和城乡文化互构；农民工和农民企业家的文化与传播实践；"文化下乡"的可持续性与问题；乡村文化建设的在地参与性机制；新型农业发展中的农民主体性；乡村集体记忆与农民身份认同；传统知识、文化仪式与乡村共同体的变迁；乡村教育、知识分子及青少年文化与传播；乡村传播中的性别与代际关系；乡村环境传播与生态文明建设；少数民族地区的乡村文化传播；"传播与现代化"范式的历史、现状和未来；"新乡土主义"和传播研究学术范式创新。

接下来再讲一下我的学术实践。我很荣幸受聘为长江学者，并确立了"文化、传播与城乡协调发展"为长江学者项目。2015 年春天，我在老家河阳办了"河阳论坛"暨"乡村、文化与传播"学术周。此外，我带领跨国团队做了"从全球到村庄：传播研究如何落地"大型乡村调研，还建立了河阳乡村研究院。河阳乡村研究院是集学术研究、文化建设和人才培训功能于一身的民办社会组织和民间智库，以发展中国社会科学及中国百年乡村建设实践在新历史条件下的创新为己任，沿着理论和实践相结合的路径，开展多层面的参与式行动研究和乡村文化建设实践。研究院以河阳和周边地区作为田野研究和国情调研基地，就新农村建设中的文化建设问题进行及时性、有针对性、富有指导意义的理论和政策探索，力争通过把河阳建成一个汇聚"三农"研究前沿思想的科研教学高地和促进政府、研究者、乡村建设实践者相互协作的平台，从而推进河阳古村落的保护、更新和发展，进而探索农村发展与复兴的模式、途径。

河阳乡村研究院工作内容主要有：（1）乡村文化研究和学术交流：以河阳和周边地区作为田野研究和国情调研基地，就中国新农村建设中文化建设的体制机制和农民主体性问题，进行及时、有针对性和富有指导意义的理论和政策探索。联合其他学术机构，搭建以"河阳论坛"为中心的中、英文学术交流平台。（2）乡村口述史研究和书写：结合河阳的社会历史变迁，搜集、整理河阳各个历史时期富有代表性的口述史，并以影像和书面形式出版。（3）乡村教育历史研究和展览：河阳乡村教育不但体现了中国耕读文化的精华，而且凝聚了从古代到近现代中国乡村与国家关系变迁的历史。通过文献研究、口述史等方式，书写乡村教育历史，并建立河阳乡村教育历史展览馆。（4）乡村艺术研究与发展：以研究、培训和咨询等方式，促进以乡村为主题和以农民为主体的文学、地方戏剧、影视艺术和实用工艺美术的发展与繁荣。（5）乡土中国实习基地与培训：本着"两头在外"的基本运作模式，为国内外人才培养机构提供有关乡村文化、乡土文化教育和乡村发展的实习、培训服务。

当时在研究院的揭牌仪式上，我在发言中说道："36 年前，我离开河阳，背对农村，走向都市，走向世界。今天，我离开都市，背对西方，回到河阳，面对'三农'中国。38 年前，碧河人民公社草创的简陋的 57 高中，使我实现了读书梦；今天，河阳中学早已不复存在；我非常高兴能还给河阳一个简陋的乡村研究院，以此实现自己的学术梦、河阳梦和中国梦。"

村中的一些父老乡亲早就在传言，我要回来办一所学校。虽然研究院不是学校，但是，我把它看成一所没有围墙的、开放的、别具一格的学校。第一，它是我自己作为一位知识分子回来接受家乡父老乡亲再教育的学校。第二，它是我把中外学生带到河阳来接受乡土中国国情教育的学校。第三，我希望它还是河阳人民在古民居保护以及美丽乡村建设中进行自我教育和社区重建的一所实验学校。最后，我希望在河阳或中国的任何一个乡村见到你！谢谢大家！

新媒体，新时代，新世界

时　　间：2015 年 7 月 20 日
地　　点：上海交通大学闵行校区光彪楼 1 楼多功能厅
主讲人：洪浚浩

洪浚浩

　　洪浚浩，美国布法罗纽约州立大学传播系教授、博士生导师，哈佛大学费正清中国研究中心研究员，马萨诸塞大学传播与社会可持续发展研究中心高级研究员，中国教育部长江学者项目评审专家，中组部千人计划项目评审专家，香港社科研究基金会评审专家，曾担任全美国中国研究会会长、国际中华传播学会会长。自 1988 年出国以来已出版中英文著作数部，发表中英文各类学术文章 160 余篇，并担任美国出版的英文《中国大百科全书》传播与媒介方面的主编，清华大学出版社出版的《传播学新趋势》一书的主编，中国人民大学出版社出版的《传播学》一书的联合主编。

主持人： 今天为我们带来精彩演讲的是洪浚浩老师。洪老师是美国布法罗纽约州立大学传播系教授、博士生导师，哈佛大学费正清中国研究中心研究员、马萨诸塞大学传播与社会可持续发展研究中心高级研究员、中国教育部长江学者项目评审专家、中组部千人计划项目评审专家、香港社科研究基金会评审专家。有请洪老师！

洪浚浩： 各位同学，早上好。今天我所讲的内容，是围绕着新媒体以及新媒体对我们这个社会所产生的影响这一主题。如今新媒体这一概念被反复提及，新媒体深刻影响着当今社会，今天我主要是从学术理论角度来探讨新媒体究竟如何影响我们这个社会。

我非常重视中国传媒领袖大讲堂这个活动，已经参加过几届。其他学校也有邀请我参加一些活动，但是我不一定参加，但中国传媒领袖大讲堂这个活动，我觉得我应该来参加。主要有以下几个原因：第一个原因，它的主题非常好，受邀的专家与学者都把最重要的、最新的知识带来共同分享。第二个原因，大讲堂的学员来自全国160所学校。虽然我大概也去过几十、上百所学校，但你到一所院校，所接触的就仅限于这一所院校，比不上来自160所学校的学生汇聚一堂。所以，从传播知识和交流沟通的角度来说，传媒领袖大讲堂是一个很好的平台。第三个原因，在参加了几届中国传媒领袖大讲堂以后，我发现每年来参加这个活动的学员都非常认真，提出的问题都是经过思考的，所以我很愿意利用这个平台跟大家进行交流。

接下来，我将围绕"新媒体、新时代、新世界"这个主题，谈谈如何理解、观察新媒体究竟如何影响我们这个社会。大家有没有人不用新媒体的？应该没有吧，就算有也是极少数人。新媒体应用于当今社会的方方面面，新媒体影响着人们的日常生活，但是，到底是怎么影响的？影响到什么程度？从理论上怎么去理解？目前国内学术界对这一议题进行比较系统的研究不是很多，下面我跟大家一起来探讨关于新媒体对社会的影响这一议题，我主要从五个方面来进行阐述。

第一，新媒体促使我们进入了一个新的时代。

昨天在开幕式上我简单地提了一下，当前是一个"New Age"——新的时代。我们可以从多方面来理解这一问题，其中一个就是新媒体前所未有的巨大威力的来源。我们都知道，新媒体现在渗透到我们日常生活当中的各个方面。那么，它所具备的威力到底来源于哪里，值得思考。现在，我问大家一个问题，新媒体这个词用英文怎么说？

听众：New Media。

洪浚浩：好的，大家都说是"New Media"。那么，我反过来再问一句，"New Media"如果翻译成中文的话，除了翻译成"新媒体"，还可以怎么翻译？

听众：新的媒体。

洪浚浩：新的媒体？这个跟"新媒体"好像没有本质上的差别，只不过是加了一个"的"，还有其他同学自告奋勇吗？

听众：新的媒介。

洪浚浩：好，非常好！"新媒体"我们翻译成英文是"New Media"，而"New Media"翻译成中文未必就一定是指"新媒体"。正如刚刚那位同学所言，"New Media"还可以翻译成"新媒介"。那么，我再问一句，"新媒体"和"新媒介"在意义上有什么区别呢？哪位同学说说看。

听众：我觉得其实媒体可以衍生出一个词叫作群体，它象征的就是传播者，包括利用新媒介去传播的传播者。媒介可能更偏向于技术层面的媒介的发展。

洪浚浩：媒介单纯是从技术层面来讲吗？

听众：我认为"媒体"一词中的"体"是可以拓展为"群体"来理解，指传播者。传播者利用媒介来进行传播。

洪浚浩：也就是说媒体是比较具体的概念，媒介是一种技术性的介质。好，其他同学还有补充吗？

听众：我觉得媒体可能更倾向于组织，一个有组织的结构。但媒介更倾向于更宽泛意义上的渠道，是一种介质。

洪浚浩：非常好，谢谢这两位同学，他们阐述了对于"新媒体"和"新媒介"这两个概念的含义与区别的理解。媒体和媒介有相同的成分，也有不同的成分，不同的成分占的比重也较大，而且较为重要。从某种意义上来说，媒体是媒介的一种具体的表达形式、方式。媒介是一种新的技术，一种新的介质，它所具备的很多特性要通过媒体来表达出来。媒体和媒介进行比较的话，媒介的含义范围更大。所以，我的研究主题中所讲的新媒体，实际上是遵循国内将"New Media"翻译成新媒体这一习惯，但我个人是不赞成这种翻译的。

从理论上讲，"New Media"所产生的巨大的、深远的、前所未有的影响不是新的媒体造成的，而是由新的媒介导致的。之所以这样说，是因为很难去界定"新媒体"是一个什么样的媒体，今天是"新"的，明天可能就不"新"了。我举一个大家都很熟悉的例子，五年前，微博是新媒体，现在很少有人发微博。第一，这种新的媒体会被其他更新的媒体所代替。第二，它所产生的影响并不是由新媒体本身造成的，而是由于新的媒介的存在所造成的。今天我们用的微信，很可能过几年又被其他东西所代替。所以，媒体的形式可以不断地变化，它很容易被其他东西所取代。媒体形式的变化周期可能很长，也可能比较短。但是作为一种媒介，它所产生的影响会持续很长时间。一种新的媒介的出现，它往往要延续相当长的一段时间。所以，现在新媒体表现出的本质性特点，不是新媒体的，而是新的媒介所具备的特点。那么，新媒介通过各种具体的新媒体表现出来的主要特点是什么？也就是说，我们现在所使用的新媒体跟传统的媒体相比，其最大特点是什么呢？请同学概括一下。

听众：平等，影响范围广，传播速度快。

洪浚浩：具有平等、影响范围更广泛、传播速度更快等特点。但是归根结底，现在的新媒体跟以前的传统媒体最根本的区别是什么？

听众：新媒体平台可以解决以前解决不了的问题。比如，以前只有到了实体店里才能看到商品及其价格，进行购买，现在通过电子商务平台就可以了解相关信息并购买商品。

洪浚浩：也就是说信息传播更加迅速，对吗？

听众：把以前的线下消息放在线上传播平台进行更广泛的传播。

洪浚浩：更广泛，更便捷，更快速……大家列举了新媒体的很多特点。我现在来总结一下。建立在新媒介基础上的新的媒体，它跟传统媒体相比，最根本的区别是突破了时空的局限，使得信息传播不受时间的限制，也没有空间的限制。从理论上讲，我们在座的任何一个人，都可以向全世界 70 亿人发信息，并且很快对方就可以收到，这在人类历史上是从来没有的。这种技术力量很伟大，但也很可怕。任何一个人通过一个终端发送一条信息，避开语言限制等问题，只要对方有能力接收并且愿意接收，任何人在任何时间都可以收到这条信息。这个功能是所有传统的传播技术所不具备的。

所以，新媒体的威力来源于新的媒介，新媒介的威力来源于它的技术特性。不要小看这些技术特性，世界各国的经济文化都因这些技术特性发生改变。就算是美国这样发达的国家，也在探究新媒体的问题。但是，每个社会受到的冲击程度是不同的，每个社会遇到的问题也是不同的，

现在我们正在步入一个新的时代，英文表达为"New Age"。这个新时代，国外学者用不同的名称命名，比如数码时代、互联网时代、社交媒体时代等。但较多学者倾向于用"传播时代"来命名这个新时代。在这个传播时代，新的传播媒介的出现颠覆了传统媒介的传播模式。

从传播学的角度来讲，从 20 世纪 70 年代开始，人类进入信息时代。一些学者提出，现在人类社会正在由信息时代进入传播时代，但并不是说我们已经完全进入了传播时代，也不是说我们已经脱离了信息时代。传播时代跟信息时代是相关联的，只是说传播时代比信息时代更先进。

在传播时代，社会中人与社会、人与人之间的传播模式发生了根本性的变化。传播时代的传播模式具有以下几个特点：第一，人与人之间的联系更加密切；第二，人与人之间交流互动的范围更加广泛；第三，人们对社会事物、经济事物、文化事物的介入程度更深。这些也是信息时代和传播时代的区别。但两者并不是割裂开来的，传播时代在信息时代基础上又前进了一步，在保留信息时代那些基本特征的基础之上，传播时代又出现了一些新的特征，而且在传播时代，传播变得更加容易。西方一些学者称之为"无差别传播"，但我不这么认为，"无差别传播"可能说得过于绝对，但是差别确实缩小了很多。

根据一项研究，在传播时代，受教育程度相对低、收入相对低的人比受教育程度较高、收入相对高的人使用新传播技术参与社会传播的程度更高。从这点上来说，"无差别传播"的观点是成立的。

第二，新媒体给我们带入了另一个世界。

大家经常听到"虚拟世界"这个说法，但真正重视它并进行深入研究的人还不多。新出现的媒介以数字技术为基础，我们把这种以新的传播技术为载体的媒介统称为 Computer Media Communication，简称为 CMC。这种新的媒介的出现使人类开始生活在两个世界之中，一个是我们的现实世界，即日常生活的世界，另一个就是虚拟世界。这个虚拟世界并不真正是虚拟的，我们摸不到它，但它是实际存在的，当然有些人介入程度深一点，有些人介入程度浅一点。在现实世界中，人们每天都在进行着各种与政治、经济、文化、生活相关的社会活动。而在虚拟世界中，这些社会活动也在进行，甚至更多更频繁。比如，一家人坐在一起吃饭，大家都在看手机，有一个人在点菜，在这个活动场景中只有一个人在现实世界当中，其余的人都在虚拟世界之中。经常可以看到这样一个现象，很多人一上地铁就开始玩手机，列车行进在这个现实世界当中，人却进入虚拟世界之中，到站的时候大家又都回到现实世界当中，而一看不是自己要去的站点，马上又进入另一个世界之中。现在世界各国都在"抢夺"虚拟世界这个"新大陆"，这个新大陆不是哥伦布发现的，而是新的传播技术带给我们的，这个新大陆没有边界，是无穷大。

第三，新媒介如何影响当今社会。

那么，新媒介到底是怎样影响当今社会的？新媒介给社会带来的影响可以从两个层面来说。第一，是表层的、易见的影响。这主要体现在导致人们的生活方式和行为方式发生极大的改变。自从有了新媒体，当然这个新媒体是因为新的媒介而产生的，人们的生活方式和行为方式发生了很大的变化。当然也不排除一些人觉得可能对自己的生活没什么影响的。举个例子来说，美国有一个非常著名的学者，专门做新技术推广方面的研究。他的研究表明，在一个社会中，每一项技术的普及都有着一般的趋势。在一项新技术出现时，约10%的人属于追新族，不管这项新技术对他们有没有用，他们都会追逐。但新技术普及不是取决于这10%的人，而是取决于后面逐渐使用它的人。当使用人数达到50%～60%时，新技术的普及速度飞快增加，最终达到饱和状态，会有90%左右的人使用这项新技术，而另外的10%因为经济原因或是不愿被束缚等原因不会使用新技术。其中，我就属于这10%的人。在美国，我半年就打一次电话。别人问我有没有手机，我说没有手机，我一般不用手机。我做这方面研究，很清楚新技术的利害关系，所以我不用微信，少用手机。但从另外一个角度来讲，我认为，新技术本身是一把双刃剑，它有好的方面，也有不好的方面。有些人不使用新媒体，因此，他的生活方式和行为方式没有发生很大变化。

新的传播技术对社会的影响还表现在个人行为方式以及社会运作方式的改变。社会运行方式和个人行为方式这两者是相连的。比如，我们现在都使用社交媒体，都在社交媒体中有自己的交流群。每个人都有自己的空间以后，相对来讲，他的社会交流被一个个社会的小团体分割了。社交媒体的出现对一个国家主流文化的文化价值形成了一定冲击，也就是我们所说的有利也有弊。但不管怎样，它改变了绝大多数人的生活方式和行为方式。

以上说的这些影响都是表层的、看得见的影响。第二，更重要的影响是深层的、隐性的影响。它主要体现在新的媒介，特别是互联网和社交媒体，导致了各种社会结构的重组和改变。比如，新的媒介使政治制度体系、社会体系、政治结构、领导方式等发生了深刻变化，引发结构重组、体系重构。昨天翟惠生书记讲道，我们的最高领导人说，过不了互联网这一关就不可能把中国搞好。这是因为看到了新的媒体特别是互联网媒体以及社交媒体这样一种复合型媒体所具有的新的技术力量。这种新的技术力量对社会产生的最大影响是使我们的社会结构重新组合，因为原有的很多模式都受到了巨大的冲击，社会结构、社会体系自然而然发生了很大的变化，也不得不发生这样的变化。

这是从理论上来讲新的媒介给我们带来两个方面宏观的影响：一个是使我们进入新时代，另一个是出现了另一个世界——"虚拟世界"。产生的具体影响一方面是表层的、易见的影响，另一方面是深层的、隐性的影响。深层的影响意义更为重大，目前世界各国领导人越来越重视新媒介带来的社会深层次影响，尤其是在国家处于社会转型期时。

第四，新媒体对社会的影响程度到底取决于哪些因素。

这里所说的新媒体还是指新的媒介，新的传播媒介，那么，它对社会的影响程度取决于哪些因素？我们可以看到，在过去的5至15年间，世界上很多国家发生了巨大变化，而且很多国家的变化都是或多或少地、或直接或间接地与新的媒介有关。为什么新的媒介会对这些国家起到这样的影响，而对另外一些国家起到其他方面的影响？其影响程度到底取决于哪些因素？我这里给大家指出主要的四个因素。

第一个因素，也是最重要的因素，一个社会的政治体系、社会体系以及它所处的社会阶段。社会政治与社会体系，我们在这里不作价值判断，不是说这个社会制度好，那个社会制度不好，而是说不同国家分属于不同的社会体系、政治结构。根据政治学原理，社会体系可以划分为 4 到 5 种。每种社会体系、政治结构都有自己存在的理由，我们不能说哪一种一定优于其他种，但是新的媒介对社会的影响程度跟这个社会所采用的政治体系和结构有相当大的关系。如果这两个社会是同属于一个社会体系，那么还要看具体是哪个社会体系，处于什么样的发展阶段。比如，是处于平稳期还是处于转型期，新媒体对社会的影响跟社会所处的阶段也有关系。

第二个因素，新的媒介或者是具体的一个新媒体在这个社会中所扮演的具体角色。什么叫角色？新媒体扮演什么样的角色？举一个例子来说，我们说"Social Media"，社交媒体，也可以翻译成社会媒体，这个词本身有几种不同的翻译方法。"Social Media"在一个社会当中的主要功能分两种，一个是实际功能，另一个是社会功能。那么，"Social Media"在中国主要是被当作社会型媒体还是社交型媒体呢？可以看到，在中国，"Social Media"的实际功能主要是社交性功能，但是它主要的社会功能则是社会性功能。而在美国社会，"Social Media"的实际功能主要是社交性功能，而它主要的社会功能也是社交性功能。

第三个因素，新媒介的发展程度。新媒介的发展程度，一方面取决于一种新媒介的使用者占社会总人口的比例。10%的人使用和80%的人使用的结果是不一样的。比如，"Social Media"在中国的普及率比美国要高，曾经有段时间中国手机的普及率远远超过美国，但美国近两年的手机普及率提高了，约为1∶1.1，平均下来每个人都拥有一部以上的手机。日本平均每人拥有将近两部手机。另一方面取决于新媒介使用者的素质。目前，中国面临一个很大的问题就是新媒介是不是能够为社会的发展做出有益的贡献，这与新媒介使用者的素质有很大关系。在中国，网络谩骂、人肉搜索是很常见的事情。但在美国几乎是没有的，因为在美国，人肉搜索是要承担法律责任的。因此，包括美国媒体，它在曝光一些问题时，也只是把问题摆出来而不去作价值判断，它不能代表法律对他人进行审判。所以，新媒体的发展程度与使用者所占的人口比例以及使用

者的素质密切相关，新媒体的发展程度又是决定新媒体对社会影响程度
的一个很重要因素。

第四个因素，执政者管理新媒体的能力，这也是非常重要的一个方
面。为什么有些国家发生了颜色革命？比如阿拉伯之春。有人把颜色
革命，特别是阿拉伯之春与新媒介在社会中产生的巨大作用联系在一
起。但实际上，新的传播技术在这些社会变革当中并不是起到根本性
作用，它只是一种催化剂，而不是一个发动机。新媒体本身是不可能
导致一场社会革命的，但是一旦出现社会动荡，它可以起到推波助澜
的作用。

阿拉伯国家发生革命是由多种因素导致的，而新媒介只是其中一个因
素。第一，社会不稳定因素，社会内部结构长期缺少稳定；第二，经济建
设问题，尤其是那几年国家经济发展状况不良，失业率达到30%至40%；
第三，新的传播媒介突然出现，一夜之间使外界的信息进入封闭的社会之
中，使信息爆炸；第四，执政者处理社会危机的能力不强。我个人觉得
中国不用担心这个问题：第一，中国的发展相当稳定；第二，我们国家
的经济建设非常好；第三，新媒介在中国社会不是突然出现的，有十
几、二十年的发展过程；第四，我们的领导层处理社会危机的能力相当
强。所以，我认为中国不会出现像颜色革命这样的危机，但不是说不用
采取一定的预防措施。新的传播媒介具有巨大的传播能力，关键是我们
如何用好它。现在我们的中央领导人也提出要用"互联网＋"的眼光
看问题，因为它本身拥有技术力量，而且我们要利用这种新力量去占领
一个无穷大的新大陆。

这是新媒体对社会影响程度的四个因素。这四个因素可以归纳成两
类：一类是必要条件，另一类是充分条件。其中两个是必要条件，另外两
个是充分条件。缺少这两个必要条件，颜色革命就不可能发生。有了这两
个必要条件，它也不一定发生得那么大，一定要有充分条件的推波助澜。
大家自己判断一下哪两个是必要条件，哪两个是充分条件。

第五个因素，新媒体发展与变化的步骤以及趋向，新的传播技术以及

发展的变化方向。

由于时间有限，这个问题就简单地说一下，主要体现在三个方面：第一，新的传播媒体和媒介将会不断地出现。第二，新媒体继续会以极大程度、在极大范围内改变人们的行为方式，并继续导致各种社会结构不断重组，从而影响、左右社会发展变化的进程和模式。这是任何社会都无法回避、拒绝和摆脱的。最后一点就是，对新的媒体、新的媒介绝不可以掉以轻心，但也不必草木皆兵。

提升中国传媒国际竞争力的路径与策略

时　间：2015 年 7 月 20 日
地　点：上海交通大学闵行校区光彪楼 1 楼多功能厅
主讲人：李本乾

李本乾

　　李本乾，上海交通大学媒体与设计学院院长、教授、博士生导师，传播学博士、管理学博士后。国家社科重大项目首席专家，教育部"全国卓越新闻传播人才教育培养指导委员会"委员、上海市社会科学创新研究基地——上海文化创意产业发展战略研究中心主任。获上海交通大学"校长奖"，教育部科学研究优秀成果奖（人文社科），国务院学位委员会、教育部"全国百篇优秀博士论文"提名奖。

主持人： 各位同学大家好，今天为我们带来精彩演讲的是上海交通大学媒体与设计学院院长、博士生导师李本乾教授。让我们以热烈的掌声有请李老师！

李本乾： 各位同学，下午好，非常高兴今天和同学们一起讨论提升中国传媒国际竞争力的路径与策略。

中国的经济发展在改革开放 30 多年以后，取得了全球第二大经济体的瞩目成就。但是，我们今天的文化发展却不尽如人意。有个学者曾有这样一个论断：经济代表一个国家的今天，科技代表一个国家的明天，教育代表一个国家的后天。我认为，文化代表一个国家的未来。大家可以看到，在媒体行业里我们过度地关注"舆论"，但是大家可能很少发现，舆论的思维方式跟一个民族的创新是连在一起的。前几年美国的科幻电影《2012》很火，虽然 2012 年我们是平安地度过了，喜马拉雅山还是屹立在那个地方，但是有一点我觉得是值得我们借鉴的，就是对未来的想象，这可能是一个民族、一个国家创新的重大源泉。所以，对比一下，我们国家，特别是电影和电视行业，内容都是对历史的回忆较多，而对未来的想象较少。我们之所以讲文化代表了一个国家的未来，关键就是说文化要对整个国家的未来进行想象，要培养国民的想象思维。从这方面讲，如何发展好文化至关重要。虽然现在我们是全球第二大经济体，成为第一大经济体也指日可待，但是，一个国家的文化要像经济这样想要获得快速发展的话，是一个非常漫长的过程。所以今天我讲这个题目，是希望有五千年文明史的中华文化，再一次在世界引领人类的发展，再创昔日的辉煌，这个重任就落在我们在座的未来的传媒领袖肩上。

我们的传媒、我们的文化怎样在世界保持一个良好的竞争优势？我主要从以下几个方面来讲：一是传媒所面临的战略环境，二是中国传媒国际竞争力的总体态势，三是跟大家一起讨论如何提高中国传媒或中国文化的国际竞争力。

首先看一下中国传媒发展的战略环境究竟是怎样的。总体而言，我认为中国所处的传媒竞争环境有两个方面：一个方面是全球传媒所共同面临的发展环境，另一方面是中国传媒特有的发展环境。我们先来看一下全球传媒发展面临的共同问题——全球传媒都面临着数字化浪潮的挑战。以美国为例，美国是互联网的发祥地，所受的互联网冲击和影响也更大。我们分析美国报业从 1940 年到 2013 年的发展趋势可以发现，在 1993 年以前，美国报纸的发行量相对来说是非常稳定的，日报、周报、晚报、早报这四类报纸的日均发行量基本上趋近平行发展的态势。但是，在 1994～2004 年这段时间，这四类报纸的日均发行量从原来保持的平行线变成交叉线。在 2004 年以后，连交叉线也没有了，基本上就是直线下降态势。这一发展态势与整个传媒的生态环境紧密相关。在 1994 年以前，跟报纸相提并论的媒体就是收音机。也就是说在这个过程中，收音机对报业的冲击相对较小，报业在收音机出现以后还是平稳发展的状态。但是在第二个阶段，电视机出现以后，报业原来的生态环境和发展业态就被打破了。根据研究，在电视机出现以后受冲击最大的是晚报，其日均发行量下跌幅度最大。电视机的出现使得晚报的发展趋势发生了一个很大的变化，而互联网的出现则又加速了这种变化。在电视机时代，这四类报纸的发行量有升有降，总量没有发生太大变化而结构发生了变化，但是在网络时代，这四类报纸的发行量都在急速下降。我们可以看出，一个新兴媒体的出现对传统的传播生态环境具有很大的冲击，特别是互联网的出现对报业的影响相当大。我们思考一下，我们站在今天的时间节点上，想象一下未来，互联网冲击下的传统媒体又会继续发生怎样的变化，有怎样的发展趋势？只有对未来媒介生态的环境有一个大致的判断以后，我们今天才会有努力的方向。尽管所有对未来的预测都不一定是绝对准确的，但为了明天更好的生活，我们还在不断地对未来进行遐想。这是我要讲的第一个问题。

第二个问题，我把美国报业的发行量做了一个回归分析，去年我分析的数据截止到 2011 年，今天我补充了 2012 年、2013 年、2014 年共三年的数据，发现了一个惊人的结果。我们根据美国报业的发行量数据建立数学方程模型，预测整个美国报业的发展趋势。去年我根据模型预测的结果是大约在 2071 年美国报纸的发行量将为 0。今年在补充了近三年的数据后，得出的回归方程显示，美国报纸的发行量将在 2033 年归为 0，而今年已经是 2015 年了。我只补充了近三年的数据，但是我们得出的回归方程结果显示，美国报纸的发行量归 0 的时间较之前的分析提前了 30 多年。也就是说，报业的发展已经进入了一个加速衰老的时期。我们需要想象未来我们的传媒究竟应往哪个方向发展。不只是美国，全球各个国家的传媒业都面临着同样问题，即在互联网冲击下，传统媒体面临着非常严峻的挑战。

前面说的是全球传媒业共同面临的问题，下面我们讨论一下中国传媒业发展面临的特殊问题。根据国际货币基金组织对各个国家的传媒份额做的统计分析，2003 年中国的传媒份额占世界份额的 2%，但是在 2012 年，这一比例已经达到了 6% 之多。在几年时间，增长了 2 倍。与自己相比，我们国家的传媒发展是相当不错的。但我们也必须看到，2012 年中国的 GDP 折合美元是 8 万多亿美元，而 2012 年全球的 GDP 是 70 多万亿美元，中国 GDP 占世界 GDP 的 11% 之多，但是我们的传媒占世界传媒份额的 6% 之多，也就是说，我们的传媒占国际传媒的份额仅是我们的 GDP 占全球总量比例的一半左右，所以，我们的传媒发展与国际竞争面临的问题比较严峻。另外在 2014 年，中国的 GDP 占全球的比重从 11% 达到了 13%，但我们的传媒占世界传媒的比重可没有上升得这么快，传媒的发展跟不上GDP奔跑的步伐，这是中国传媒或中国文化面临的第一个挑战。

我们可以分析一下我国传媒占世界传媒份额的6%的构成，包括计算机服务、版权许可、个人文化、广告和市场调研等内容。可以说，中国的传媒跟中国的经济结构差不多。中国的经济结构中小商品、廉价劳动力支出较多，而高科技、知识含量高的产品不多。中国的传媒业发展也是如此，传媒里涉及的文化和知识产权的东西不是太多，而计算机服务、软件和硬件方面的服务比较多。所以，表面上看来，我们国家传媒占比6%还是不错的，但是对其内部结构一分析就可以发现，我们的文化含量却是相当的低，这是我们面临的第二个挑战。

中国经济在高速发展的过程中，传媒也面临着一个机遇，这个机遇就是中国传媒面临的宏观经济环境非常好。现在中国的经济是世界的火车头，从中国的国际竞争力来看，我们有两大国际竞争优势。第一，我们有一个庞大的市场；第二，我们的宏观经济环境很好。这两点为我们整个传媒的发展营造了一个很大的空间。所以，了解了中国传媒所处的这几个战略环境以后，我们就对中国传媒的国际竞争力有了一些判断。

今天我在微信上看到一则消息，说国家广电总局发布消息称，中国电影一天票房收入达到了多少个亿，一周达到了十几个亿，中国电影赶超好莱坞已经不会太远了。在我讲具体的判断之前，我想让同学们思考一下，你们认为中国在经历了最近几年的发展之后，当前中国传媒的国际竞争力究竟处于怎样一个水平？

听众：老师您好，我觉得中国的传媒业竞争力现在处于一个弱势的地位，但是它的发展非常迅猛。例如，美国在版权保护方面做得非常好，但在中国，大家已经习惯享受网上免费的电影资源、电子书资源和音乐资源。好在国家已经做出了一些调控，比如最近国家广电总局发布的在7月30日以前对所有的音乐资源进行收费和版权的保护等制度。亚马逊进入中国后，它的图书付费模式也已经让大家慢慢接受电子书也要收费的现实。所以，我认为，虽然中国在版权保护方面处于弱势，但它有很大的进步空间，我觉得大家应该需要一点耐心。

李本乾：目前，我们版权保护做得不太好，这可能会影响到我们的文化、知识原创，如果我们版权的保护制度逐渐完善，那么这方面将会有一个很大的提高。下面我就用几个指标来分析一下怎样判断当前中国传媒的国际竞争力。下一步我们应该如何发展，大家要有一个更清晰的思路。

第一个指标，就是中国传媒的贸易竞争力指数。贸易竞争力指数简称TCR，指的是一个经济体出口与进口的贸易差。顾名思义，出口得越多，证明你的产品越好，出口减进口相当于我们的净出口，就是分子，分母是这个国家进出口贸易的总和，是第二个指标。然后，两个指标做一个比值，比值结果在 -1 到 1 之间。指数越接近 -1，它的竞争力越低，指数越接近 1，它的竞争力越强，指数等于 0 表示基本上进口和出口是平衡的。我们把中国的数据带进去后可以看到，2003 年，TCR 的指数是 0.51，到 2007 年时变成了 0.39，到 2008 年时上升为 0.50，随后又降低为 0.39。下面请同学们分析一下，通过上面的计算，中国传媒产品的贸易竞争力指数呈现什么样的规律？

听众：呈现的是中国经济发展随世界经济发展的规律，在 2003～2005 年这段时间里，中国整体经济发展形势非常好，GDP 非常高，增长速度也很快，整个经济总量呈现扩张趋势，所以说整个传媒产品的贸易竞争力在不断增强。在 2006～2007 年这段时间世界经济发展呈现相对萎缩状态，一直到 2008 年世界经济危机，整个世界的经济总量包括中国的经济发展都呈现萎缩态势，所以这时整个传媒产品贸易的竞争力不断减弱，世界经济的发展影响到了中国的整个产品进出口，在这种情况下，最后的指数是在不断下降的。2008～2010 年这样一个波动的情况下，国家采取了救市的措施，所以它是在国家调控基础之上对中国宏观经济有一个积极的影响，最终带动产业的发展。到了 2010 年以后，我个人认为受到整个经济的宏观影响，传媒业一直处于漫长的恢复期，所以整个变动情况相对来说比较平稳，而在 2009～2012 年，0.3～0.4 的指数水平是低于 2003～2006 年的 0.5～0.6 的。

听众：通过数据分析我发现在 2008 年以前，中国传媒产品的竞争力还是比较有优势的，在 2008 年以后，这个数字在减少。我们通过公式来看，有两种可能，要么是分母变小，要么是分子变大，这两种可能导致的结果就是，中国传媒产品的出口量要么是一直在缩小，要么是中国传媒产品的进口量一直在增加。中国出口的传媒文化产品自 2008 后呈现逐年下降趋势，如果进出口贸易总额的比值没有太大变化的话，就是说明中国产品的出口数量越来越少，2008 年以后是一个慢慢减少的态势，也许以奥运会为分界线，中国的产品只要贴上中国标签，比如说神秘、京剧、偏东方色彩，就容易出口。2008 年以后，随着互联网时代真正到来，单纯地含有民族色彩的故事已经不太能吸引人，这就引起了我们出口传媒产品的下降，所以导致这个数值慢慢减少。还有一种可能性，就是中国进口的传媒产品值在增加。这种情况就说明中国传媒产品的进出口还是很频繁的，但是我们出口的数量永远赶不上我们进口的数量，之前可能我们出口 5 部产品，进口 4 部产品，看起来我们的发展态势很好，但现在，我们可能出口 8 部产品，但进口 10 部产品，虽然我们出口的数量在增加，但进口的绝对数量在快速增长，这样导致的结果就是，我们虽然在向外出口产品，但我们的影响力在下降。在跟国际竞争的时候，我们的数值小于 0.5，说明产品具有竞争优势，但是并不明显，说明我们还能对外出口传媒产品，但是我们的优势已经没有 2008 年之前那么明显了，更多的是在大量进口产品。

李本乾：这位同学把中国传媒竞争力变动的各种可能都分析了出来，第一，这位同学讲得非常好的一点就是进出口频繁。例如，去年我们出口了 4 部产品，今年我们出口了 6 部，从自身来比较，今年的竞争力比去年要高，但是我们去年进口了 10 部产品，今年进口了 20 部，这样我们相对竞争优势就是在降低，绝对产量上去了，但是比较竞争优势下去了。我们用这样的公式来计算，得到的是相对的净支出，当然，并不是说出口的绝对值大，竞争力就大。第二，这位同学讲到了奥运会等国际大事件对整个传媒行业竞争力的影响。第三，讲到了在网络化以后，如果只有中国京剧等单一的民族文化出口，可能边际效益就逐渐递减。

听众：老师我刚才注意到，在 2007 年的时候，中国传媒的贸易竞争力指数突然下降，让我觉得很疑惑，因为我不太了解当时发生了什么事件或者是什么政策引发了这一变化。但我猜测可能在 2007 年的时候，不是分子变小了，就是分母变大了。我们的文化出口不可能在某一段时间突然衰退，但是我们文化进口的政策，有可能突然放宽，导致我们的文化进口产品比前一年政策紧缩的时候有大幅度地引入。除了 2008 年可能是由于北京奥运会的召开，我们的文化出口显现出比较大的优势之外，竞争力指数一直处于降低的过程。从 2012 年开始进入一个回升的过程，我个人认为是适应了外部进口的冲击后，逐渐地恢复了我们在出口方面的优势。

听众：我的理解是，之前我们国家在进口、在引进外国版权上可能会有一些限制，之后我们放宽了这种限制，而引进国外产品导致我们传媒贸易竞争力的下降。刚才那位同学讲到用一个单词来总结就是"政策"。我个人认为一旦政策放宽了，就变成了一个内容为王的竞争舞台。以前我们可能会保护本国传媒产品，我们的传媒竞争力可能显示在数值上是会高一些，但是一旦我们放宽了引进国外产品的政策，我们自己的传媒产品出口可能会下降，就是导致整体的传媒竞争力减弱了。

李本乾：在传媒发展的过程中，政策对中国传媒市场的影响非常大，原来是对好莱坞大片允许进口八九部，突然有一年放宽到可以进口十几部、三十部。政策一放宽，使传媒贸易竞争力指数的分子变动很大。一位澳大利亚学者跟我讲，外国政府不害怕企业破产，因为这个企业破产，新的企业就会建立起来，这就是优胜劣汰原则。但是中国政府非常奇怪，中国政府害怕企业破产，如果这个企业濒临破产，政府马上就给它补助金，政策优惠，艰难扶持。那么，在这种环境下，市场机制建立不起来，整个传媒的发展就没有自然发展的规律，都是人为进行干预、影响。

我们前面讲的是传媒产品，下面我们将传媒服务作为一个项目进行评估。我们看到，传媒服务的数据明显跟前面的不一样。请同学们试着总结出一个结论。

听众：首先，从2003～2012年整体数据来看，我国的传媒服务在国际竞争中一直处于劣势的地位。但是随着中国经济的发展和中国传媒创新力的提升，我觉得我国的传媒服务在国际竞争中将会呈现稳步上升的趋势，如果按照这一发展趋势，它甚至可以扭转传媒劣势的局面。我觉得在这个过程中，应该有几个因素在起决定性作用：第一个因素是我国的传媒创新能力在提升，第二个因素是中国政府在政策制定方面逐步增加调控。按照这种态势发展下去，中国的传媒服务会在国际上扮演越来越重要的角色。

李本乾：总体上我们中国传媒服务是处于竞争劣势，但这个竞争劣势在逐步回升，也就是说逐步在向良好方向发展。我们跟前面比较的话，可以看出，中国出口的传媒产品，都是一些优质的产品，而我们的劣势是那些看不到、摸不着的传媒服务。相对来说我们的传媒产品比传媒服务在国际上的竞争优势要明显。下面我把传媒服务和传媒产品两个方面合起来看一下，可以明显地看出，2005 年以前我们整个传媒产品竞争力是负的，2006 年以后我们在逐步地增加，在 2012 年的时候，达到了 0.08，比 2007 年的 0.09 还少了一点，所以说整体有一些呈徘徊发展态势。中国传媒产品的贸易竞争，相对来说有一些微弱的竞争优势，但是我们的传媒服务处于竞争的劣势，受传媒服务劣势的影响，整个中国的贸易竞争指数还是比较偏低的，这是我们对整个传媒的判断。

下面请同学考虑一下，第一个问题，既然我们能够把传媒产品的竞争优势推起来，为什么传媒服务的优势推不起来？第二个问题，同学们可能都看过很多韩剧，能不能总结几个热播的韩剧跟国内若干电视台的合作方式。

听众：中央 8 套播的韩剧最多，应该每年都有一些合作，购买韩国的电视剧。现在中韩合作，中国更多的是出资金，韩国出技术，比如韩国的电视剧更讲究用光、精致的场景布置等，这些是中韩合作时比较注重的东西。另外，也注重借助韩国的人气演员保证在中国这边的收视率。

听众：浙江卫视的《奔跑吧，兄弟》节目就是来自于韩国的节目 *Running Man*，浙江卫视引进拍摄《奔跑吧，兄弟》第一季的时候，大部分是直接照搬韩国模式。

李本乾：原来只是把传媒产品卖给你，但是现在不是卖给你传媒产品，而是卖节目模式。而这个节目模式的附加值比原来单纯卖传媒产品要高得多。原来是卖电视剧一次性播完，现在卖一个节目模式，一拍就是拍一年甚至两年，只要使用这一模式就要交钱，因此传媒服务随之而来。

听众：《奔跑吧，兄弟》在第二季的时候，是直接把韩国的团队请过来，和中国的团队一起制作节目，直接用韩国的摄影组，从技术层面学习到底应该怎样摄影、怎样打光。这是一个真人秀节目，之前有很多人说真人秀是有剧本的，但是韩国节目制作者不会把真正的剧本给参与者，只是设计情节，参与者还是根据自己的情感需求来完成这档节目。这个节目采用韩国先进的制作理念，就不会像原来的一些真人秀节目一样生搬硬套，这是它值得学习的地方。

李本乾：中国都是直接卖产品，比如一部《还珠格格》，货真价实卖给你，一手交钱一手交货，就只有单独一个产业链。而韩国和欧美输出的是节目的拍摄模式。欧美有些国家卖模式的还比较多，韩国卖团队的方式在世界上更为突出。中国传媒业发展的竞争力不高，是整体实力不高，整体实力里卖模式、卖团队这种传媒服务竞争力的劣势，拖了整个传媒国际竞争力的后腿。

刚刚我们用一个指标给大家看了一下中国整个传媒的特点，在金融危机之前或之后，世界整个经济的体量在发生变化，这一变动过程影响到我国传媒指数也在发生波动。我们看一下另一组公式，在这一公式中，E_j和W_j分别表示一个国家 j 商品的出口值和世界 j 商品的出口值，在这里用来指中国传媒产品的出口值和世界传媒产品的出口值。E_t和W_t分别代表一个国家产品的出口总值和世界产品的出口总值。代入数据进行计算，结果大于 2.5，说明该国具有极强的国际竞争力；如果在 1.25 到 2.5 值之间，表示从较强到极强的过程；如果小于 0.8 的话，就说明这个国家的国际竞争力比较弱。我们把中国的传媒数据代入进去得到 2003~2012 年的几个数据。首先我们按照这个指标体系对比一下，在 2003 年的时候中国传媒国际竞争力是 1.21，到 2012 年的时候是 1.47，这个数据表示大致在较弱的国际竞争力到较强的国际竞争力之间。传媒国际竞争力是按照三个方面进行比较的，一是产品，二是服务，三是把产品和服务合起来的整体的竞争力。我们有较强的产品竞争力，但不是极强的竞争力，服务的话我们有劣势，整个来看，中国传媒产业的竞争优势并不是很明显。

最后再跟大家讲一下进出口的显示性比较优势。根据进出口显示性比较指数，当指数大于 0 的时候，就有竞争优势；小于 0 的时候，就表示竞争劣势；等于 0 的时候，是贸易达到了自我平衡。从结果来看，传媒产品虽然最后得出的数字不是太大，但都是大于 0 的，而传媒服务的进出口显示性比较指数都是小于 0 的，特别是 2003 年的时候得出的是 -8.4，这个负值还是很大的，说明我们的竞争力具有劣势。中国的传媒产品，虽然在绝对的数值上面出口占有一定优势，但是这两年进口产品比出口产品增长更快，这导致我们的指数一直在下降，中国传媒竞争实力还是处于劣势地位，从指标上来看，到目前为止还没有达到自我平衡。根据前面我们通过各种指标进行的分析，总体来看，传媒产品的竞争还较有优势，而传媒服务具有劣势，最后合起来中国整体的产品竞争力优势不明显。

下面我与同学们探讨一个问题，在改革开放之初，中国经济在全世界是很低的，经过 30 多年的发展，中国已经发展成为世界第二大经济体，我们超越现在世界第一大经济体也是指日可待。从某种意义上来说，今天我们的传媒、文化，就像 30 多年前中国经济那样，虽然传媒或文化竞争优势并不是太明显，但比 30 多年之前要好很多。那么就是在今天这样的环境下，通过哪些方式能够把整个中国在国际上的传媒竞争力提升起来，使得我们的传媒不仅不会拖累我们的经济发展，而且还会通过文化的传播，成为经济发展的一个发动机或者引擎？请同学们思考一下。

听众：首先，在国家政策方面，国家应该出台相关的政策，扶持相关产业的发展。其次，应该加强自身的创新能力，还有自身的转型，要不断进行变革、创新，提高自身的竞争力和影响力。再次，媒体和工作人员一定要提升自身的素质，突破自己的职业局限，提升自己的综合素养，为中国传媒业的发展贡献更多的力量。最后，在新闻传播的教育方面，高校也应该做出一些努力，培养一些综合素质比较强的传媒人员。

李本乾：传媒发展需要政策支持，我们国家前一段时间做了一个研究，中国出台的文化产业的政策其实是不少的，但现在最大的问题是打乱了市场机制。政府即使出台了一些对整个产业的激励政策，这个激励政策一定要在保证或维持市场机制的前提下进行扶持，而不是把这些扶持人为地给一些利益集团，然后通过利益集团不当得利以后，把我们传媒的市场机制打乱。相比投很多钱，真正形成我们中国传媒的市场机制可能要对中国传媒产业发展更有吸引力。

我们进行一下总结。第一点，我们通过一些指数分析发现，虽然中间有些波动，但做回归趋势以后所有的这些数字整体趋势都是在朝上走。也就是说，虽然中国的传媒产业在国际竞争中可能有些曲折，可能有些波动，但是总的趋势或方向还是逐步在变好。第二点，经过前面的分析我们可以得出以下结论：中国传媒出口规模高速增长，我们的体量这两年在变大，但是出口的地位还是比较低的。第三点，中国传媒整体竞争力在增强，但只能达到国际的平均水平，中国传媒的核心产品与传媒服务出口总额是比较低的。我们的传媒服务劣势较为明显，所以中国传媒产品的国际竞争力整体上还是有些下滑态势。

下面讲一下怎么提升中国传媒竞争力。现在中国传媒的竞争力无法提高的很大问题就是拿来主义、金钱主义。看一下我们的电视剧、电视节目的拍摄，都是要购买别人的模式、借助别人的团队。长此以往，模式也是国外引进的，团队也是国外媒体团队，那么，观众也可能成为别人的观众，中国的传媒业最后只剩下摄像机、办公室了。这里面一个关键问题就是中国传媒的原创制作发展不上去，表面上看起来是原创上不去，实际上这是一个系统工程。在系统工程里，我们的传媒产品是文化产品，而文化产品里面文化创意是核心。可是我们往往看到，在电影行业中，电影院的提成很多，演员的片酬很多，而编剧的报酬最低，编剧却是最需要创意的。所以，针对整个传媒业的发展，我们要从产业链中厘清关系。基于此，我提出以下提升中国传媒竞争力的策略：

第一，既然传媒产品是文化产品，所有的文化根源在于历史文化遗产，所以，保护和开发中国的历史文化遗产，是中国文化传媒发展或文化产业发展最基本的一个根源。

第二，在中国有五千年悠久历史和丰富的文化资源的前提下，这些资源如何变成原创艺术是一个重要的问题。所以，传媒的发展又离不开艺术创作的基础产业，比如视觉艺术、表演艺术等，这对整个传媒业的发展是非常重要的。

第三，在前面两个产业的基础上，我们要利用传媒进行服务，也就是说，我们要对传媒功能进行开发或应用。这里有一个很大的问题就是我们的衍生产品和附加值上不去，如果我们对传媒功能进行进一步开发，对服务领域进一步拓展，对整个传媒的价值链有一个很大的拓展，这样我们这个产业链扩展以后中国传媒整体的经济竞争优势才能体现出来。所以，我们要做的是从全产业链进行系统性的开发。如果我们传媒没有前面的历史资源的保护和开发，没有基础产业、艺术创作的原创性这些作为支撑，我们的传媒产业也是发展不起来的。

第四，从互联网出现到现在，所有的传媒发展都是技术驱动的。从最初的浏览网页，到后来人们刷微博、聊微信，这些东西都是通过技术驱动而出现的。技术每进步一次，老百姓就会跟随其引发的潮流、趋势。但是，技术发展到今天，如果没有新的技术变革的话，那么，今后的技术发展最多就是网速更快一点，传播的清晰度更高一点。在技术日趋成熟的条件下，之后就逐步变成受众驱动，这也就是说我们要更重视研究受众的需求。技术整合满足了受众的需求，传媒产业才能发展起来。如果说之前新媒体的发展，是以技术驱动型为主的话，那么今后的发展，一定要从技术驱动向受众驱动转移。现在国际上传媒的竞争，不是简单的传媒产品之间的竞争，而是从传媒产品到传媒模式再到传媒团队的竞争。我们必须要对整个产业链，特别是从产品到服务链的系统性创新，将传媒服务在国际上的竞争力提升上去，进而提升中国整个传媒业的国际竞争力。谢谢大家。

主持人：感谢李本乾老师的精彩演讲，下面是提问环节。

听众：老师好，您今天演讲的是提升中国传媒国际竞争力的路径与策略。那么，到底什么是传媒？是传统媒体，还是传播媒介，或者说就是一种文化产业、一种媒介行业？谢谢老师。

李本乾：我们讲的传媒包括在今天我们讲的"新媒体活、传统媒体死"这样一个过程里，它是一个变动的概念。说到传媒，这里面包含三个部分，一是传媒技术，二是传媒载体，三是传媒符号。从传播技术来看，我们以前的报纸就相当于我们刻章一样，用一个木板把纸印上去，这就是报纸。德国人发明了印刷机，报纸就出现了铅字。其实，如果从技术角度来看，我们的报纸早在多少年前就已经死了，为什么我们今天才说报纸死了，主要原因是虽然印刷技术变得不一样了，但是大家拿的那张纸是一样的，所以大家感觉还是原来的报纸。但是今天出现的问题是，载体发生了变化，以前是纸质的，现在变成了电子显示屏，出现了电子版报纸、手机报等。因此不管媒体怎么变，到现在为止无非就是一个视觉信号和听觉信号，包括文字、图片、声音和图像等。从今天来看，网络出现以后，传媒最大的问题就是边界变得越来越模糊，原来认为不是传媒的，今天也认为是传媒了，比如手机。随着互联网技术自动化程度越来越高，甚至今天认为不是传媒的东西，今后也会被视为是传媒产品。以后的传媒可能直接就是可穿戴产品，比如谷歌眼镜。所以说到现在为止，传媒的概念仍然在不断地变化，但是万变不离其宗，最终就是把符号从甲方拿到乙方的所有的载体可能都是一种传媒。

听众：刚刚您提到的关于产业链、创新、需求驱动的几个策略，不仅致力于提高中国的国际传播力，而且对发展国内的传媒业也很重要。但是提到国际传播的时候，现在是欧美国家主导着传播秩序，虽然我们在政策、资金和人力方面都投入了很多，结果还是不尽如人意。另外，中国的故事讲给世界听，世界听不懂，这个现象您怎么看呢？

李本乾：跨文化传播是一个很难、很大的问题。我举一个例子，例如，上汽集团要安装一个流水线，员工提出来一个问题，要求这个流水线必须上午、下午各停 15 分钟，好让员工们休息一下，喝喝茶。但是美国的领导一听就发火了，说中国员工不思进取，懒惰，全世界的工厂流水线没听说过停下来让员工歇歇喝茶的。后来大家想怎样能让美国人清楚，大家就思考美国人最喜欢讲人权。上汽的代表就去跟美国人谈判，说这个问题很重要，我们中国新成长起来的年轻人都是"80 后"，他们除了对自己的工资待遇和生活方式非常注重以外，还特别重视自己的人权，如果员工的人权得到了保障，那么他所激发出来的对汽车产业的忠诚度和认真负责的态度与精神，是 15 分钟工作时间所制造出来的效益买不来的。一谈到人权，他就让步了，因为现在没有一个国际化的跨国大公司，敢冒领违反人权、压榨人权的大帽子，所以最后通过"人权"的术语把这个事情谈妥了。谈妥以后，上汽集团通用的流水线是全世界唯一一条在运转过程、生产过程中停下来让员工休息的流水线。由于中国经济的扩张，中国汽车产业的市场潜力比其他国家都大，最后美国人专门让上汽集团的流水线停下来让员工休息的经验，成为美国通用在国际化战略中本土化战略的典型案例，也在向全球进行推广。这个问题表面上看起来双方是有冲突的地方的，但是双方的共同目的都是把这个企业办好，所以如果从把企业办好的角度上能够找到双方都能理解的术语来表达，效果就要好很多。用西方能够理解的语言来表达一个主张或一个原则，是一个技术性的手段。

国务院新闻办的领导讲，我们现在在对外传播时，把我们的春卷对外翻译成中国的三明治，把我们的大饼翻译成中国的披萨。也就是说，在对外传播时要时刻注意话语体系和传播对象，只有这样一个国家文化的精髓才能够更好地向世界传播，当然做到这一点是一个漫长的过程。最终的目标是，当中国真正在世界上处于领先的时候，我想全世界的人都会知道"大饼"的含义。但是从今天来看，可能我们直接说大饼还是没人能听懂，可能暂时得说成是中国的披萨，但这只是一个阶段性的方式。所以说从短期来看，在中国的国际地位还不是最高的情况下，我们只能用西方的话语体系把我们的文化精髓传播出去。但是从整个社会发展的远大目标来看，我们迟早会让西方人知道什么是原汁原味的宫保鸡丁。谢谢大家。

重新界定翻译：跨学科的视角

时　间：2015 年 7 月 20 日
地　点：上海交通大学闵行校区光彪楼 1 楼多功能厅
主讲人：王宁

王宁

　　王宁，上海交通大学人文艺术研究院院长、欧洲科学院院士、上海交通大学人文艺术研究院致远讲席教授，我国外国文学与比较文学、文化研究及翻译研究等多个学科领域的著名学者。1992 年 8 月至 2002 年 2 月，任北京大学英语系教授兼比较文学研究所教授，北京语言大学比较文学研究所所长，比较文学与世界文学博士点第一带头人和首席导师。2000 年 12 月起任清华大学外语系教授，英语语言文学博士点第一带头人兼首席导师，人文社会科学学院学术委员会副主任兼外语系学术主任。

　　王宁：今天很高兴和大家来分享最近的研究心得，虽然我这个题目既没有提到传播学，也没有提到新闻学，但实际上它和新闻传播学有密切的关系。刚才洪浚浩老师提到了新媒体——New Media，我们都知道，当今英语世界，有一种文化研究，即 Culture Studies，它包括四个方面，其中就有媒介研究，Media Studies。其实，翻译就是从一种语言转化为另一种语言的媒介，这是翻译的传统定义。今天我们所生活的不再是过去所说的"读书的时代"，正如一位老作家在《读书》杂志上所哀叹的："今天的青年人已经不读书了，'读书的时代'已经过去了。"但并不代表大家都不读书了，我们也在读书，只是不读纸质的书，而是 Reading Online（在线阅读），即在互联网上读书。同样，如今并不是说语言文字翻译不重要了，翻译不再仅仅是语言之间的转换，它还包括图像的翻译，下面我向大家阐述一种跨学科的翻译视角，这就是我今天要讲的翻译的新定义。

　　讨论翻译的定义问题，学者们一般会从雅各布森的语言学翻译定义开始。雅各布森出生在俄罗斯，是一个语言学家和文学理论家。按照他从语言学角度所下的定义，翻译可以在三个层面得到理论的描述和界定。第一，语内翻译——Internal Language Translation，即语言之间的转换，也就是把古代汉语翻译成现代汉语。我们都知道儒家的经典，比如说孔子的

《论语》，今天我们有多少人能通过古汉语来阅读《论语》呢？大多数人知道《论语》都是通过后来人比如于丹的阐释来了解的。国外的作品更是如此，比如有一位爱尔兰的诺贝尔文学奖获得者 Seamus Heaney，他曾经把一部经典的古英语史诗《贝奥武夫》（*Beowulf*，2000）翻译成现代英语，这实际上等于把一种语言翻译成另一种语言，因为今天的英美人基本是读不懂古英语的，古英语对他们来说几乎就等于另一门外语了。同样如此，今天的希腊人也是读不懂古希腊语的，要想了解柏拉图、亚里士多德的文章，必须把古希腊语翻译成现代希腊语，因此，语内翻译是很重要的。第二，语际翻译，即两种语言之间的翻译，比如把中文翻译成外文，把外文翻译成中文，这个在雅各布森看来，是"Translation Proper"。第三，语符翻译或称作符记翻译——Intersemiotic Translation，也就是把一种符号比如一种图像、一种影像用语言来表达，或者把语言文字用图像来表达。

由于雅各布森认为语际翻译才是真正的翻译，因而人们一直认为，翻译在很大程度上就是两种语言之间的相互转换，并无理论可言，这显然是一种翻译研究中的语言中心主义思维模式。然而，随着作为一门学科的现代翻译学的崛起，以及接踵而来的翻译研究的文化转向的冲击，人们越来越感到仅仅从语言的层面来定义翻译显然不够，于是便产生了一种跨文化的视角来研究文学翻译。

在 20 世纪 80 年代，欧洲率先出现了翻译研究的文化转向，但是这种转向最终仍没有使翻译走出传统的语言中心主义的窠臼。因此人们不禁要问，面对当今日新月异的社会和文化变革，翻译所能起到的作用仍然仅仅在语言层面上吗？要回答这个问题，就需要我们从所处的时代氛围和大环境来看。近年来，高科技以及网络的飞速发展使得人们的阅读习惯发生了极大的变化，尤其是当代青年已经不那么习惯于沉浸在图书馆里尽情地享受阅读的乐趣，他们更习惯于在手机上或者平板电脑上下载网上的各种图像来阅读和欣赏，这是到中国来访问的外国学者的普遍感觉，我自己也有这种感觉。2014 年，我到剑桥大学，在从伦敦到剑桥的车厢里，所有的人都在读报纸、读杂志，只有一两个中国人在那里看手机，因而中国人经常给别人留下的印象就是不读书，我在往返于上海和北京的飞机上也发现，几乎所有的乘客都在阅读手机。因此，我们也不得不承认，读书的时代已经过去了，读图的时代来临了，这种担心也许并不能代表整个社会的状况，但至少已经给我们以启示：既然传统的阅读习惯已经发生了戏剧性的变化，书本的语言中心主义是否仍然坚不可摧？如果不是的话，我们应该如何面对这一变化？翻译作为一种跨语言跨文化的阅读和阐释方式，是否也会发生相应的变化？为此，我在其他学者和我自己的研究基础之上，从七个方面重新界定了翻译。

第一，同一语言内从古代形式向现代形式的转化，这个是沿袭了雅各布森所讲的语内翻译。第二，跨越语言界限的两种文字文本的转换，也就是所谓的语际翻译。第三，由符码到文字的破译和解释，这是所谓的语符翻译或者是符记翻译。我们都知道，电报都是用电码，电码都是用四位数，包括我们的名字，都有对应的中文电码，比如我姓王，王的电码是1337，当我们看到这个数字，就立即把它翻译成文字，这也是一种翻译，即符码到文字的破译和解释。第四，跨语言、跨文化的图像阐释，这是我从语符翻译中发展出来的，比如把一个国外杂志上的图像用中文表达出来，把中文的图像用英语表达出来，称为跨文化的翻译。它要求翻译者不仅仅要读懂语言文字、读懂图像，还要能够用另外一种语言把它表达出来。第五，跨越语言界限的形象与语言的转换，它必须是跨语言、跨文化的。比如葛浩文对莫言作品的翻译，有人说莫言的作品我读不下去，语言太拗口了，文字很长，他怎么能得诺贝尔文学奖？我觉得是因为通过翻译。因为只有一个诺贝尔文学奖评奖委员——马悦然是懂中文的，其他人都不懂中文，正是葛浩文的翻译使莫言的作品以一种英文的流畅优美的风格呈现在英语读者的面前，使得诺贝尔文学奖评奖委员会主席在读了英文、法文和瑞典文的莫言作品之后决定推荐莫言，所以说翻译起到的作用是很大的。再如上海有一位著名的翻译家叫傅雷，他是把法国巴尔扎克的作品翻译成中文的一个翻译大家，正是傅雷的翻译使巴尔扎克成为中国语境下的法国第一号作家，实际上在法国文学史上，巴尔扎克的地位跟雨果或左拉是相当的，但是左拉和雨果在中国就缺少像傅雷这样的一个翻译，所以他们在中国就没有那么大的影响。此外，傅雷还最早把西方欧洲的美术名著介绍到中国，他曾经在 20 世纪二三十年代在上海的美术专科学校讲授世界美术名著，用汉语来解读欧洲的一些名画，后来人们把它整理成《世界美术名著二十讲》，很多人在读不懂图画的时候通过阅读傅雷的文字解释对这些美术名著又有了新的理解，所以这也是一种翻译。第六，由阅读的文字文本到演出的影视戏剧脚本的改编和再创作。比如电视剧《钢铁是怎样炼成的》，从俄语到汉语跨语言翻译之后在中国的舞台上演出，这是对小说的改编，也是一种翻译。第七，以语言为主要媒介的跨媒介阐释，即把一种媒介中表达出来的意思用另一种媒介把它表达出来。我发明了一个词叫"Trans-media"或"Inter-media"，就是跨媒介的阐释，对它的研究就是"Trans-media Studies"。

以上就是我对翻译的重新界定，我们还可以从其他方面提出更多的定义，但无疑走出"语言中心主义"的翻译模式势在必行。在这里，我着重从当今图像时代语言文字功能的萎缩来讨论作为一种跨语言、跨文化的图像阐释和翻译的形式，因为这种形式的翻译是我们每个人每天要面对的现实。若从翻译这个词本身的历史及现状形态来考察，我们便不难发现，它的传统含义发生了很大的变化，它不仅包括各种密码的释读和破译，而且也包括文学和戏剧作品的改编，甚至在国际政治学界关于国家形象的阐释都可以被纳入广义的翻译的框架内来考察。几年前，我在北京主持了一个国际研讨会，我们和剑桥大学、耶鲁大学、清华大学三个学校共同举办，题目叫"Translating China"，即翻译中国，也就是把中国的国家形象翻译到世界上去，用另外一种语言来讲述中国的故事，使得外国人对中国有一种全新的认识。2015 年，我在欧洲科学院的院刊 *European Review* 上编了个专辑，叫 *Rediscovering China——In Transdisciplinary Perspectives*，中文为《重新发现中国——跨学科的视角》。在西方媒体当中，西方人眼中的中国形象在不断地变化。过去很多人都认为，东方很神秘，它就像一条龙，它的名字叫中国，但是中国又是贫穷落后的，被称为东亚病夫，所以奥运会在北京的成功举办向世人展示了一个全新的中国形象，我认为它是政治和文化上的双重胜利。在政治上，一个被称为东亚病夫的中国形象已经一去不复返了，中国获得的金牌是最多的；在文化上，通过张艺谋导演的开幕式，"有朋自远方来，不亦乐乎？"等儒家经典文化传统形象生动地展现在了世人面前。由此可见，仅仅拘泥于雅各布森 50 多年前提出的语言中心主义的翻译定义是远远不够的，因此，我从质疑雅各布森的三要素开始，着重讨论一种形式及图像的翻译和转换，这个跟我们的媒体研究、跨媒介研究是密切相关的，它是对传统的翻译领域的大大拓展和翻译地位的大大提升，同时也有助于促使翻译研究成为人文社会科学的一门独立的分支学科。为什么过去的翻译研究在我们的学科界定当中地位不高？人们都认为翻译就是从一种语言转换成另一种语言，没有什么理论可言，就像过去鲁迅说的"词典不离手，冷汗不离身"。然而，在当今全球化的时代，讨论视觉文化的现象已经成为近年来文艺理论和文化研究界的热门话题，这必然会使人想到在当代的文化、文艺批评中新近出现的一种图像的转折，我们都知道翻译有文化的转向，在文化批评当中又出现图像的转折——"a pictorial turn"，由于这种隐含文字应用的图像又脱离不了语言文字的幽灵，而且在很大程度上承担了原先语言文字的表现功能，因而我们又可以称其为语像的转折，我把它改造一下叫"an iconographic turn"，即语言和图像的转折，这应该是翻译领域的新增长点，这样一来，翻译和我们的传媒研究还是很密切的，当这种传媒是跨文化的、跨语言的，则更是如此。由于当代文学创作中出现的一个新的转向，传统的文字写作逐步过渡到图像写作，文学批评界也出现了图像的转折，原先那种用语词来表达意义的方式已经受到大众文化和互联网时代的双重挑战，因而此时文字写作也受到了图像写作的有力挑战，面对这一不可抗拒的潮流的冲击，传统的拘泥于文字的翻译多少也应逐步将其焦点转向图像的翻译。几年前，我在北京参加了一个书画家的研讨会，他们就"书法在当今时代即将消亡"叫我谈谈看法，我提到汉字功能的萎缩和书法艺术的博物馆化。我们都知道书法艺术的功能不像过去那么显赫了，过去我们讲一个人有文化，就说他琴棋书画样样精通，他的字写得特别好，现在，我们说一个人有文化并不一定看他的字写得怎么样，因为很多人不经常动手写字了，而是更多地运用网络和电子版。

显然，文学创作以及再现的主要方式已经逐渐从以文字为主的写作转向以图像为主的表达，伴随着这一转向而来的是一种新的批评方式的诞生，即图像或者语像批评。为什么讲到语像批评呢？它是一种语言文字和图像结合的批评，虽然不少人对此未有所意识，但对于从事文艺理论批评的学者来说，应该对这种转折的意义有所认识，并提出相应的对策。因此，一种专注于图像文本的批评方法随着另一种新的审美原则的出现而出现在了当代文学和艺术批评中，也就是说，出现在整个文化批评中，这也是对翻译工作者的一个挑战，如果当代文学艺术批评中存在这样的一种转向的话，那么他与先前的以文字为媒介的创作批评又有怎样的区别呢？我们看今天的报纸、书和杂志都可以发现，图片越来越多，文字的空间越来越小。过去经常讲"画龙点睛"，比如在一本书里面有几幅插图，但今天我们发现有些杂志有大量的图片，文字不过是提供你阅读的导引，反而成了"画龙点睛"了。而将另一种文字描述的图像文本译成中文显然属于语际翻译或符记翻译。这样一来，翻译的领地就扩大了，对翻译者的知识储备和技能又有了新的要求，他们不仅要懂另外一种语言，还要读懂图像，同时也要有较深的艺术造诣。我们来看看美国当代著名的图像理论家和文化批评家米切尔（William J. Thomas Mitchell）在 *Picture Theory*，即《图像理论》中对图像时代的概括性描述："对于任何怀疑图像理论之需要的人，我只想提请他们思考一下这样一个常识性的概念，即我们生活在一个图像文化的时代，一个景象的社会，一个外观和影像的世界。我们被图画所包围，我们有诸多关于图像的理论，但这似乎对我们没什么用处。了解图像正在发生何种作用，理解它们并非一定要赋予我们权力去掌握它们……图像也像历史和技术一样，是我们的创造，然而它们也常常被我们认为'不受我们的控制'——或至少不受'某些人的控制'，因而中介和权力的问题便始终对于图像发挥功能的方式至关重要。"图像尽管是人描绘出的，但人不一定能把它的意义都穷尽，就好比一个作家写了一部作品，你问他，你这作品是什么意思？他经常也讲不清楚什么意思，或者说，他所表达的意思和人们所阅读出来的意思是不一样的。因此，这个作家并不能穷尽它所有的意义，特别是那种蕴含十分丰富的作品。正如一部作品出来之后引来一大批学者争论不休的解读和翻译，人们创造图像以后也并不能控制和掌握它，这是 Thomas Mitchell 对图像的认识。

Thomas Mitchell 是芝加哥大学英文系和艺术史系的教授，多年来在英国文学和图像理论两个领域辛勤耕耘。作为文学和文化批评刊物批评探索主编和英文系教授，他需要教授和研究各种文学现象，但作为一位醉心于艺术的学者，他要花更多时间到各类艺术博物馆去参观艺术展，然后用文字在自己的著作和论文中加以表达或者在课堂上和演讲中用电脑演示。他认为："我虽然对中国文化十分热爱，但是我年龄已经很大了，将近70岁了，我掌握中文是不现实的，但是我可以读懂中国当代艺术。"所以，他每次到中国来就会到 798 艺术区去考察那里的艺术博物馆和画廊，参观了之后，拍很多照片，回去以后用英语在美国的媒体上发表对中国当代艺术的解释。我们都知道，读懂艺术图片和读懂文本文字是不一样的，所以这也就是中国当代艺术在国际上要比文学文字更为发达，中国电影能够率先走向世界，张艺谋、陈凯歌导演能率先获得大奖，而后来才轮到莫言获得诺贝尔文学奖的原因。阅读文学作品你要掌握它的语言，但是阅读影像则不需要，比如你不懂法语但可以到卢浮宫去参观画展，你不懂荷兰语也可以到阿姆斯特丹梵高博物馆参观梵高的画展，当然，如果你不懂艺术也是根本看不懂的。因此，你要解释的话，不但要懂文字，更要懂艺术。2015 年，Mitchell 数次来中国访问演讲，他的著作《图像理论》终于问世，一股图像热似乎已经来到了中国大地，而他本人的兴趣也逐步转向中国的当代艺术。实际上，他目前所从事的一个领域是跨文化的图像翻译。毫无疑问，当 Mitchell 最初于 1994 年提出上述问题时，计算机远远没有像今天在全世界得到如此的普及，而且在文学创作和理论批评界，文字批评始终非常有力，而相比之下，视觉批评或图像批评则几乎被排挤到了边缘的境地。此外，人们似乎并未意识到新的语像时代将伴随着全球化时代、数字化的发展和计算机的普及而来临。计算机在 90 年代才刚刚开始普及，所以 Mitchell 从跨学科、跨艺术门类的角度同时从事文学批评和艺术批评，实际上扮演了一种不同媒介之间翻译者和协调者的角色。

谈到图像、图示和引语，一些符号学家也做过仔细的研究以区分三种形式的语像符号，如果一张红色的纸板被当作符号展示你想买的那幅图画的颜色的话，那么它产生的功能也就是你想要的那种颜色的语像符号以及一个形象。虽然他们并没有涉及语像批评，却已经明确地揭示出图像本身也在语像和隐喻两个方面具有指义功能，而在文字为中心的文本中，图画只被当作插入文字文本中的附加形象，而在语像写作中，图像在整个文本中占据了主导和核心的位置。我们过去翻开杂志，比如如果你们读 20 世纪 80 年代的文学刊物，一个很长的小说，大概有两三幅插图就很多了。但在今天的刊物当中，图像占了很大的比重，比如明星的特访专写，文字只有几千字，但是图片大概至少有五六幅，这在过去是不可思议的。所以图像在今天的语像批评中占了很大的比重，文字功能反而在萎缩。因此，语像写作便有了多种后现代特征，它不仅表明了文字写作的式微和语像写作的崛起，同时也预示了语像批评的崛起。确实，在一个后现代社会，当人们的生活变得越来越丰富多彩并充满了多种选择时，他们不可能仅仅为传统的文字写作和批评所满足，因为阅读本身也已经成为一种文化消费和审美观赏。按照罗兰巴特的说法，阅读也应该成为一种审美的愉悦。但是，究竟该如何提高这种审美的愉悦呢？显然，文字写作是无法满足人们的眼球的。罗兰巴特，既是文学家、理论家，又是批评家、符号学家，这么多年来他的文学批评理论、结构主义已经逐步成为历史，他的符号学的图像理论又开始在当今时代受到欢迎。语像写作和批评带有打破时空界限，并使艺术家和艺术批评家得以从有限的批评空间解放出来的特征，因此，它早在中国的古文字中就得到了重视，人们可以从那时的象形文字中猜测其意思。我们都知道 2015 年是新文化运动百年，2015 年 6 月，我们在上海交通大学举办了"新文化运动百年价值重估研讨会"，群星璀璨，国外的 4 个院士、中国的 12 个长江学者和几位教授、讲师共同讨论新文化运动的价值。其中一点就是白话文取代了文言文，但是当时有些更为激进的知识分子甚至要取消汉字。如果取消了汉字，我们中国文化的韵律就没了，因为汉字和罗马字不同，它是一种象形文字，是可以读出意思的，所以我在先前讨论后现代主义注重文字的著作中曾经指出，如果将后现代性仅仅用于文学艺术的批评的话，我们不妨将其当作一种超越时空界限的阐释代码，因为由此视角出发，我们可以解释不同时期不同文化背景下的文学艺术现象，而在一个跨越语言的文化界面上讨论这些，实际上就是一种翻译，所以，翻译的界限不仅仅是语言文字之间的转化，也是图像和文字之间的转化。

毫无疑问，在后现代艺术的所有特征当中，一个最为明显的特征就在于其意义表达的不确定性，意义有多重的解释。在后现代主义时代，读者权力越来越大，他可以根据自己的期待视野来解释一幅图像，解释一个文本，使得读者也成为一个批评家，一个阐释者，也就是说，艺术家不可能完全表达自己想要表达的东西，他们给读者和阐释者留下了可据以进行能动性阐释和想象性建构的空间，因为艺术家在创作出他的作品之后，作品里面有很多空白，而读者根据自己的知识储备、审美修养、艺术造诣和期待视野把这些空白一一解读出来，最后形成新的建构。所以，在后现代意义上，读者或者阐释者实际上扮演着双重角色，他们既是有着深厚理论背景的翻译者和阐释者，也是有着较高造诣的批评家。如果我们认为现代主义艺术仍然有着某种整体意识或中心观念，那么后现代主义艺术则体现为某种碎片式、去中心化和结构式，在这里，意义往往是不确定的、可以建构的，因而翻译者所起到的作用就不仅仅是所谓被动地忠实再现，而更是一种能动的再创作。

在翻译史上，任何能够载入史册的具有主体能动性和独特翻译风格的译者，都不是原文的被动忠实者。中国的大翻译家严复认为翻译要忠实、流畅、高雅，但是我们发现所有在文学史上能够名垂青史的大翻译家，他们对原文都不是被动的忠实。如果葛浩文把莫言的语言文字照文直译成英文的话，莫言是肯定得不到诺贝尔文学奖的；如果傅雷把巴尔扎克的法文逐字逐句翻译成中文的话，巴尔扎克在中国的地位也不会像现在这么高。所以，这种忠实并不是语言文字上的忠实，而更多的是风格和形式上的忠实，有时甚至都可以对原文进行新的形式上的建构，使得它源于原文，却高于原文。在现当代史上，本雅明是德国最伟大的文艺理论家和批评家，所参与翻译的普鲁斯特的巨著《追忆似水年华》从文字上来说也是不忠实的。"追忆似水年华"的法文原文是"A la Recherche de Temps Perdu"，即寻找失去的时间，但"追忆似水年华"显然更富有诗意，因此，英文把它翻译成"Remembrance of Things Past"。本雅明在他翻译的《巴黎图景》中所写的序言——"译者的任务"是英译研究史上的经典文本，其中一个重要观点就是译者通过自己独具一格的翻译，使原文在另外一个语境之下具有了持续的生命。如果没有翻译，柏拉图和亚里士多德今天不会有人知道。如果没有翻译，美国人也不会知道李白、杜甫、李商隐。当代翻译家许渊冲走得更远，在他看来，翻译应是与原文竞赛，最终超过原文。当然，很多人认为许渊冲的观点太激进了，认为要对原文忠实，而他是对原文进行再创造。在图像翻译领域，译者的阐述作用更为重要，但也不能离开原文滥加发挥，后现代意义上的译者既是文本的译者，同时又是其阐释者，他们往往从多元的视角对文本进行阐释，以发掘出文本中所可能蕴含的不同意义。通过另一种语言的中介，建构出自己的源于原文又高于原文的译文，所以我用"戴着镣铐在跳舞的人"这个俗语来形容从事翻译的人。总之，重新界定翻译不会全然摈弃已有的翻译而是对其的扬弃和完善，文学翻译不同于科技翻译，文学作品中的一个词有很多种意思，我们可以这么解释也可以那么解释，放在这个语境下这么解释放在那种语境下那么解释，所以有较大的讨论和研究空间。既然文学翻译本身是一个未完成的过程，对翻译的任何界定都是必需的，它的最终目的是使这门学科领域变得完备，这是我要讲的对翻译的重新定义。

在图像翻译领域，译者的阐释更为重要，后现代意义上的读者就是文本的翻译者和阐释者，同时又是批评者，他们往往从多元的视角对文本进行阐释，以发掘出文本中可能蕴含的不同的意义。确实，每一代的读者、翻译者和阐释者都有自己的理论价值取向，他们提出的观念逐渐成为一部文学艺术作品的接受史，从这个意义上来看，文学艺术的后现代性作为一种必然的结果，实际上也标志着新的语像时代的来临，而语像时代的来临对我们的翻译和阐释提出了新的要求，下面我来为大家讲解几个比较有代表性的图像的翻译和解释。

英语世界影响最大、最畅销的新闻时评杂志《时代周刊》有一期封面拍的是两只羊，即多利羊。多利羊诞生于 1996 年 7 月 5 日，1997 年首次向公众披露，它被美国《科学》杂志评为 1997 年世界十大科技进步的第一项，也是当年最引人注目的国际新闻之一。科学家认为多利羊的诞生标志着生物技术新时代的来临，那么，多利羊的照片刊登在《时代周刊》的内涵是什么，我们又该如何翻译与解读？我的看法是它意在向人们警示，人的时代已经终结，人类中心主义已经趋于瓦解，后人类和后人文主义时代已经来临，人类将和羊以及其他动物一样可以被克隆。我们都知道，文艺复兴时期的人文主义，重要的一点是对人的价值和作用的弘扬，对神的鞭笞，正如《哈姆莱特》所讲的："人啊，多么的伟大！万物的灵长。"而现在，人和羊一样都可以克隆，可想而知，人和动物的差距已经不大了，这便意味着传统的人类中心主义的思维方式受到了挑战。《时代周刊》上还有这样一幅图，它展示的是 2001 年 9 月 11 日恐怖分子劫持的飞机撞击美国纽约世贸中心和华盛顿五角大楼的情景，对这幅图怎么解释呢？对这幅图像作如何翻译和解释？我的看法是，既然恐怖分子没有一个固定的居所，他们可以藏匿在我们之中，那么反恐就没有特定的疆界，它可以在任何地方进行，哪里有恐怖行为，哪里就应该有反恐战争。这样便为一种跨越民族、国家疆界的全球反恐行为做好了舆论上的准备。无独有偶，这一期的杂志上发表了当时美国总统布什的演讲，他的中心意思就是说反恐战争已经开始，反恐战争是没有疆界的，恐怖分子不管在哪里，我们都要绳之于法。果然，后来美国发动海湾战争就把萨达姆绳之于法。你看，就是国家元首，我也能绳之于法，可想而知，舆论的准备也是很重要的。我们知道，韩寒的照片也曾经登上《时代周刊》的封面，对这一封面的解释可以多种多样，但是一个不可回避的解释就是纯文学的衰落和网络文学的崛起，而网络的崛起也为中国民间文学的崛起奠定了基础，同时，我们还可以解释为网络文化在当今的青年文化中占据了重要的地位，等等。当然，除了韩寒之外，李宇春也上过《时代周刊》的封面。2005年，李宇春获得超级女声比赛全国总冠军，10月登上美国《时代周刊》亚洲版封面，实际上她还登上了《时代周刊》美国版。如果2005年登上《时代周刊》亚洲版封面是依靠超级女声的人气，那么2007年再次在美国版推荐，则更多的是以歌手的身份出现。专门有一篇特写文章重点介绍了她的商业价值。值得一提的是，这篇报道中所用的照片正是当年她巡演中多次穿着的蓝色民族风舞台装，具有别样的风情。李宇春两次被国际媒体选为报道对象，这充分展现了她在流行乐坛国际娱乐文化业的知名度与影响力，也有人将此解读为对以反叛为主体的审美观的肯定，所以解释是多重的。还有一幅显示"北京酒仙桥附近798艺术区"的图片，这个图片当中只有"798"这三个字，外国人看不懂这是什么意思，因此在翻译的时候你要把它跟他们能够理解的同类的艺术区相比较。

从上面讲到的几个解释图像的例子我们可以发现，图像翻译是很有必要的。实际上，早在书面文字出现之前我们就已经有了这种欣赏艺术品的习惯。那时，人们把对历史事件的记载、对自然景观的描绘和对自己所熟悉的人物的刻画，甚至包括对艺术品的审美鉴赏，均建立于对这些画面或形象的理解以及对之的再现。随着人们文字表达能力越来越强，他们也就越来越少地依赖图像。而现在随着读图时代文字功能的逐渐萎缩，图像的功能便逐渐凸显，对图像的解释也成了翻译者的必备技能，这一点也体现在国际学界对后现代主义的研究中。

在当今时代，最具影响力的后现代主义理论家已经不再是詹姆逊和利奥塔，而是鲍德里亚。鲍德里亚是法国的社会学家、哲学家、文化理论家、政治评论家和影像历史家，他认为现在是一个消费社会，人被物所包围。他的著作不仅涉及纯理论的演绎，同时也用象征的符号加以表述，因而更具有翻译和阐释的空间。既然各种图像是由五彩缤纷的画面组成的，因而能够很快地刺激人们的眼球，满足他们的视觉欲望，使他们轻松地通过阅读图画而欣赏图像并进行各种联想和想象，它与传统的影像艺术的区别就在于，它随着当代互联网技术的发展而不断进步。在一个巨大的网络世界，数以千万计的网民可以在虚拟的空间自由地发挥自己的想象力和文字表现力，编写各种生动有趣的故事，组合甚至拼接各种颜色的图画或图像，所以后现代性赋予网民更大的自由权，经典的文学艺术作品受到改写甚至恶搞而失去了原汁原味的精髓，美丽的图画可以通过电脑的拼贴而制造出来。我们知道有一幅对莎士比亚进行恶搞的图片叫 *Shakespeare in Love*，即《恋爱中的莎士比亚》。那么，为什么对莎士比亚进行恶搞而不对其他人进行恶搞呢？因为莎士比亚是世界上最伟大的经典作家，对其他人恶搞没有这么大的影响，而且读过莎士比亚剧本的人越来越少，看过电影 *Shakespeare in Love* 的人则越来越多。总之，现在充斥在网络上的大众文学作品精芜并存，其中的一些"文化快餐"只经过消费者的一次性消费就被扔进了垃圾箱。但是我们却不可否认这一事实，网上少数真正的艺术作品是存在的，它们也许会被当下的消费热潮所淹没，但却逐渐会被未来的研究者所发现，展现出自己独特的艺术魅力和价值，最终跻身经典的行列。经典也不是一成不变的，曹雪芹的《红楼梦》当年也只是一个畅销小说，狄更斯的《双城记》开始也是在通俗杂志上连载的，同时，在当代市场经济体制下被边缘化的艺术作品也有可能被广大网民所欣赏从而重返经典。

在后现代社会，人们的生活丰富多彩，为了有效地获得审美的享受和进行人与人之间的交流，翻译正在发挥越来越重要的作用，但这种作用已经不仅存在于语言文字上的交流，而在于更多形式的交流之中。这样，对翻译的研究就不能只是停留于语言的层面，而应该是更多的方面，这就是我今天要给大家讲的内容，谢谢！

主持人：非常感谢王宁老师的精彩演讲，下面是提问环节。

听众：现代人每天要依靠手机来阅读国内外大量的信息，爆炸性的信息使人们眼花缭乱，我之前在索邦大学闲逛时观察过他们的学生，他们都专注地讨论话题，而在上海交大的食堂里，很多同学都一边吃饭一边玩手机，那么对于信息爆炸时代的这种浮躁您怎么看？

王宁：法国人不像我们中国人这样依赖手机，他们用手机基本上就是发信息打电话，所以你刚才讲的值得我们深思，我们是不是就离不开手机呢？很多青年都患了手机综合症，我的学生跟我说，他的手机掉了比钱包掉了还着急，因为钱包里没什么钱，手机里有银行信息，所以他很着急。他们还问我：老师，你不用微信不怕错过什么重要信息吗？我说我不怕，我不需要那么多的信息。事实上，我只失去过一次重要的信息，有一次出国我把手机关了，回国在机场打开手机以后，有很多未接来电，我看到一个6609，这是教育部的电话，我就立即打回去，对方说想找我做教育部后期制作的评审，但打了很多次电话都没接，已经找别人了。因此，我只失去了这么一个重要的信息，其他的信息我都没有失去。有个学生手机天天开着，我就问他你天天开着手机怎么会找不到工作？他说，没办法，一方面是海量的信息，另一方面人微言轻，别人很少来找，因为你比较重要人家才会想方设法地找到你。尽管如此，我们也要尽量控制花费在手机上的时间，比如开会的时候、上课的时候，把手机关成静音。我们现在在有些会场上，比如上次我们去人民大会堂开会，所有的手机都给你屏蔽掉，就不允许你用手机，静音也不行；又比如说去美国大使馆签证，签证的时候是不允许把手机带进去的，再有什么重要的事情也不行，所以，我想，一个人离开手机还是可以生活的。

听众：您好！您在讲座中提到了《时代周刊》封面图像的翻译，我想问您的是《经济学人》封面的问题。《经济学人》是周刊，它的封面更具创造力，也极具批判性，我想问老师我们应该用什么方式来解读封面中中国形象的问题会更好？

王宁：虽然我看《经济学人》不多，但也发现有一些国外的经济学家对中国形象的误读。因此，我们对国外的一些报道要做出正确的解读：一方面，承认它的合理性，因为它是有根据的；另一方面，它其实放大了这些根据，有意识形态上的夸大报道，放大的话不可全信也不可不信，这是我的看法。

听众：您是否认为翻译人员要精通外语，之所以提这个问题是因为我想到在中国近代历史上有一位奇人叫林纾，也就是林琴南先生，我看过他的一些资料，他是不懂外语的，但是他却把法国大仲马的《茶花女》给翻译出来了，而且正是这部译作使他一举闻名，成为中国非常著名的翻译家，那么这种现象您是怎么看的呢？

王宁：林纾是一个历史现象，现在林纾的时代已经一去不复返了。在林纾那个时代，中国正在学习西方发达国家，林纾如果不翻译，也会有另外一个林纾出现的。林纾有敏锐的意识，他知道哪些作品比较好，值得翻译，尽管他自己不通外语，但有六七个翻译者，而且他不仅翻译英文，还翻译法文、德文、日文、俄文。他一共翻译了《黑奴吁天录》等 100 多部作品，狄更斯、巴尔扎克、小仲马、大仲马等人的作品他都翻译。林纾为了能使国人读懂这些作品，无论是什么风格的作品，他都用自己的风格描述出来，并且语言介于白话文和文言文之间，浅显易懂。因此，我们现在把中文文学作品推向世界的时候，也可以借鉴林纾的翻译，我们不能对英美的翻译家过分挑剔，因为他要获得市场，要让人看懂。不过林纾的翻译是第一步的，现在的翻译工作者需要对林纾的翻译进行重新翻译，比如林纾翻译的小仲马的《茶花女》是通过英文版翻译的，我们今天要通过法文直接翻译。总之，林纾给文坛带来的新风和启蒙作用是不可忽视的，但是林纾的时代已经一去不复返了，我认为，在当今时代的翻译中掌握外语还是必需的。

听众：如何把握国家的宣传片，如何通过形象宣传片更好地展示一个国家？

王宁：作为一个国家的宣传片的话，要把这个国家的亮点展现出来，比如说北京和上海的风格是不一样的，北京以传统的建筑风格闻名于世，古朴庄严；上海有很多西式的建筑，具有现代主义和世界主义的特征。因此，把这两个城市的特点突显出来的话就能吸引外国人。同样如此，我们对美国梦和中国梦的解读是不一样的，美国梦的含义是，在美国这片土地上不管你出身贫寒还是富有，不管你来自哪里，通过你个人的努力和奋斗，你都有可能获得成功，所以美国梦是鼓励个人奋斗或成功。而中国梦则是主张中华民族的伟大复兴。因此，美国梦是诉诸个人的，中国梦是诉诸集体的，我想这也就是中国形象与美国形象的差别。谢谢大家！

主持人：再一次感谢王老师从翻译学的角度为我们打开了传播学的另一扇大门。我觉得无论从翻译学的角度还是从老师今天所讲的新媒介的角度，都是让我们去思考如何更好地讲好中国故事，如何让社会更加和谐，使大家更积极向上，再一次感谢王老师！

智库与传播

时　　间：2015 年 7 月 27 日
地　　点：上海交通大学闵行校区陈瑞球楼 100 号
主讲人：何建华

何建华

　　何建华，上海社会科学院副院长，复旦大学工商管理硕士，曾任《上海青年报》专刊部主任、《新民晚报》经济部副主任、上海市委宣传部新闻出版处处长、《文汇报》副总编辑、上海文化广播集团副总裁。

主持人： 各位同学大家好，今天的演讲嘉宾是上海社会科学院副院长何建华老师。何建华老师曾任《上海青年报》专刊部主任、《新民晚报》经济部副主任、上海市委宣传部新闻出版处处长，《文汇报》副总编辑、上海文化广播集团副总裁。今天，何老师会给大家带来哪些精彩的分享呢？让我们有请何老师！

何建华： 来自全国160多所高校的精英们，大家上午好！今天我要跟大家分享的是我最近的一些观察和研究。我原来从事媒体行业，现在任职于上海社会科学院。当前，国家正在大力推进中国新型智库建设，我们上海社会科学院也可能会成为首席国家级高端智库的试点单位，所以现在我非常关注在全球都非常流行的一个词"智库"。

智库到底指的是什么？智库与传播之间有哪些联系？我相信在座的青年教师以及传媒学子们会关注这个话题。第一个方面，我跟大家分享几个案例。

第一个经典案例——兰德公司。美国著名智库兰德公司成立于1948年11月。在朝鲜战争初期，兰德公司投入大量人力和资金对中国民族性等方面进行研究，并根据研究结果对朝鲜战争做出了7个字的预测——中国将进入朝鲜。兰德公司准备将这份报告以高价卖给美国国防部。但美国国防部认定中国绝不会跨过鸭绿江，并且认为这份研究报告开价太高，并没有予以理会。不久，中国人民志愿军雄赳赳气昂昂跨过了鸭绿江，兰德公司的预测成为现实。美国国防部为检讨在这一事件上的错误，用了200万美金买回了这份已经过期的报告。兰德公司则因成功预测朝鲜战争的进展而一举成名，成为美国也是全球知名的智库。兰德公司是美国以军事为主的最重要的研究机构，以研究美国尖端的军事技术和重大的军事战略著称，继而又扩展到外交等方面的研究，逐渐发展成为研究政治、军事、经济、科技等社会各个方面的思想库，被誉为现代智库的大脑集中营、美国政治研究学院、美国政府的第一智囊以及世界智囊团的开创者和代言人，可以说是当今世界最负盛名的决策研究机构之一。

1948年，兰德公司的研究人员厄尔玛麦向美国国防部提供了一份关于宇宙飞船设计的咨询报告，报告建议制造人造地球卫星。然而，国防部看了这份报告后，认为制造人造地球卫星是一个遐想，甚至是科学幻想，对此建议不屑一顾。结果在1957年，兰德公司在预测中详细地推断出苏联制造出第一颗人造地球卫星的时间，其得出的结果与苏联实际发射人造地球卫星的时间仅相差2周。这一结果令美国五角大楼震惊不已，由于忽视了兰德公司的咨询报告，美国在研制人造卫星方面整整延误了10年。

兰德公司对苏联的研究非常深入，曾利用其拥有的资料成功地预见了赫鲁晓夫、安德罗波夫、戈尔巴乔夫的上台执政。此外，兰德公司还对中美建交、古巴导弹危机、美国经济大萧条、德国统一等一系列重大事件进行了成功预测，这些研究结果使兰德公司的名声如日中天。

兰德公司的研究成果非常丰富且举世瞩目，它一共发表研究报告18000多篇，在期刊上发表论文3100篇，出版了近200部书，每年发表的几百篇研究报告中有70%是机密报告，30%是公开发表的报告。所谓的机密报告，即为买方提供决策意见，需要买方支付资金予以购买。所谓的公开报告，通常是面向社会进行传播。兰德公司的这些研究报告涉及中国21世纪的空军、中国的汽车工业、日本的繁育计划、日本的高科技、俄罗斯的核力量等重大课题。

第二个经典案例——"马歇尔计划"。美国一个全球著名的智库叫布鲁金斯学会。1948年，布鲁金斯学会构建了具有跨时代影响力的著名的"马歇尔计划"，也称欧洲复兴计划的政策方案。该计划成功地挽救了西欧濒临崩溃的经济，是美国对外政策中最为成功的案例之一。1947年底，美国参议院外交委员会主席亚瑟·范登堡致信布鲁金斯学会，请求其对"马歇尔计划"的实施提出政策建议。1948年1月，布鲁金斯学会在不到1个月的时间里提交出1份20页的研究报告，对"马歇尔计划"的结构重点以及操作方法提出了8项详细建议，其中包括要设立专门的管理机构来管理该项目，在驻外使馆任命公使级官员作为项目联络官等。1948年4月，美国国会通过"马歇尔计划"，计划中包含布鲁金斯学会提出的政策建议。因此，"马歇尔计划"的顺利实施与布鲁金斯学会的这份报告密不可分。

第三个经典案例——"巧实力外交"。2006年，美国战略与国际问题研究中心成立了一个跨党派的"巧权力委员会"，由美国前副国务卿理查德·阿米蒂奇（Richard L. Armitage）和"软权力"概念的提出者约瑟夫·奈领衔。2007年11月，"巧权力委员会"发表了一份报告，指出美国政府应制定全面战略，将"硬权力"（所谓硬权力即象征人体的肌肉）与"软权力"（所谓软权力即象征人体的大脑智慧）结合起来形成"巧权力"，即在用武力打击美国敌人的同时，通过威慑、劝说和吸引来瓦解敌人，以此应对全球恐怖主义的威胁。这一理念被奥巴马总统采纳，他在竞选获胜之后表示，他的政府将比小布什时代的"单边主义"更加注重"多边合作"，主张美国领导世界不仅要靠"硬权力"，而且要更重视使用"软权力"，这就是所谓的"巧实力外交"。2007年，美国国际战略研究中心提出了"巧实力外交"思想，成为奥巴马执政的战略。同时，美国进步中心提出了重建美国军事力量的报告，奥巴马政府对报告的意见几乎是完全照搬。

通过以上几个经典案例，我们认识到，在当今人类社会的各种博弈中，智库发挥着越来越重大的作用。

下面我首先来阐述一下智库的概念。所谓智库，说法很多，最核心的一个概念是思想工程，也就是创造思想的一个工厂。同时，智库又被认为是外脑，被称为脑库、智囊团、情报研究中心等，英文为"Think Tank"。中文学术界认为是思想库，就是生产思想的库，但媒体一般称之为智库。

20 世纪 70 年代以来，智库越来越受到西方的重视，西方各界都非常认可智库在社会、经济发展、外交战略的人类博弈中所发挥的作用。20 世纪 90 年代，智库成为学术界研究的热点。21 世纪初期，智库逐渐开始引起中国民众的关注。有人把中国古代的诸葛亮也称为一种智库，封建社会的一些谋士、门人、食客确实是凭借自己出的主意生存，但这些都是传统意义上的概念，不是近现代意义上智库的概念。我们目前所谓的智库，是一个近现代名词。在二战时期，美国就为国防科学家和军事参谋提供一种能够自由讨论战略问题、安全又保险的环境，即安全处所，让国防科学家和军事参谋待在安全处所里自由讨论，制定方案为军事决策提供参谋意见，因而形成了智库。1964 年，美国第 33 位总统哈里·S. 杜鲁门用"思想库"这一名词取代了"智库"，智库就更接近于今天人们对其的理解。为什么要用"思想库"这一概念？因为"智库"可能包含有知识、智慧的概念，但"思想库"是用来生产思想、观点的，这就更难、更高级。

智库与基金会有什么区别？存在什么样的关系？现在，各类基金会非常多。最近上海有一个会议，主题为"国外的 NGO 在中国健康发展"。很多 NGO 组织（非政府组织）都是以基金会的形式出现的，基金会事实上是支持和援助教育、宗教等活动，主要从事公益性服务，其用途是对于其他非经营性机构进行资金支持。而智库的目的是进行政策研究。基金会是智库基金的重要提供者，一般不从事研究。现在有的基金会也会既支持研究机构，也从事研究，拥有基金会和智库双重身份。比如，著名的卡耐基国际基金会、拉塞尔和谐基金会等。

智库与咨询公司又有什么区别？现在，咨询公司也有很多，很多同学毕业都去咨询公司工作。事实上，咨询公司是以营利为目的的营业机构，同时需要向政府纳税。而智库是非营利性的机构，它的资金来源以接受资助、捐赠为主，同时靠出版物的发行、会员费和研究费等作为收入来源，不需要向政府纳税。全世界的智库都是公益性的，例如上海社会科学院。

此外，智库与游说组织也是有区别的。在美国等西方国家有强大的游说组织，而智库是强调依据其研究做出结论，而游说组织强调目的而不在乎其客观性。

我们对智库进行定位，即智库是一个政策研究机构，其目的是影响执政者的执政行为，影响政策的制定，其运作方式具有相对独立性，其性质是非营利性，其存在状态相对稳定。如今，尤其是非常发达的美国，一批相关的政策研究机构应运而生，事实上这些机构与现代智库的运作模式相近。现在，智库的社会功能逐渐被认可，我们国家重视建设现代智库，有关文件里还把智库建设排在媒体建设前面。我们在做内部研究的时候说，现在全中国有 50 多万注册的记者，媒体机构也有很多，但把智库建设排在媒体前面也预示着我国智库建设将会迎来一个发展的黄金期。

智库为何产生于美国？美国智库为什么如此发达？

在 20 世纪三四十年代，美国经济飞速发展，国家经济增长很快。但是，随着经济的发展引发了一系列的社会问题，在以市场经济残酷竞争为特征的经济社会中，社会结构变得更为松散，社会道德沦丧，人心不古，人们越来越意识到这样发展下去是不行的。所以，美国知识界就掀起了社会经济政治改革运动。美国这场进步运动对推动美国社会进入现代社会影响非常之大。一战后，美国又成为世界经济最强国，美国要走向世界霸权，要摆脱孤立主义，同时，美国的知识分子强调经世致用的实用主义思想，要使所谓的学术走出书斋、走出校园、走出研究室，为社会进步发挥作用。学术要服务于社会就要有大企业家的资助，在这样的背景下，智库在美国率先发展起来。

据统计，目前，世界上 90% 以上的智库都是在 1951 年以后成立的，而 1/3 的智库都成立在 1970 年以后，有一半以上出现在 1980 年以后。冷战结束后，智库在全球范围内激增。现在非洲、东欧、中亚、东亚、东南亚等大部分地区都成为新型智库建设与发展的重要地区，智库在这些地方的发展都只有 20 年的历史。中国是近期才对智库建设提出要求的，在 2014 年提出了要建立中国特色新型智库体系。

早期的美国智库大都是由美国的企业家投资赞助建设而成的。比如，著名的卡耐基国际和平基金会，它是由美国钢铁大王安德鲁·卡耐基赞助创办的，主要致力于国家和平问题的研究。布鲁金斯学会是由慈善家罗伯特·布鲁金斯成立的，是美国第一个私人投资的国家公共政策研究机构，它的目的是提供决策建议，实现在公共政策领域对政府决策施加影响。另外还有德国的基尔世界经济研究所、英国皇家事务研究所等，这些都是全球著名的智库，其共同特点是大多数由大慈善家、大企业家捐赠成立，在独立和中立的政治色彩下从事政策研究，而且是侧重于前瞻性和中长期战略性研究，研究人类的未来会如何发展。

到了 20 世纪中期，智库的发展逐渐加快，主要是因为在这一时期，信息与技术不断革新，传播信息技术的发展改变了我们这个世界。在信息革命发生之前，绝大部分信息都是为政府所垄断，正因为互联网和信息技术革命，信息不再成为被政府所垄断和控制的资源，公众从政府以外的渠道获得越来越多的信息，进而使公众对政府的决策产生了质疑，对政府的信任度下降。同时，在新时代想要维持国家的稳定将要面对比以前更多、更复杂的问题。在这样的背景下，政府和公众需要一个第三方力量。一方面，政府需要其为政府建言献策；另一方面，公众需要其来解释政府制定的政策。第三方机构保持一种客观中立的态度，以知识理性进行学理演绎和逻辑推理，同时形成一种思想概念来平衡政府和民众间的不平衡，所以这一时期美国的智库获得了长足的发展。

20 世纪 90 年代至今，智库的国际化趋势愈演愈烈，主要原因在于，世界的两极格局结束，国际秩序面临着大调整，很多智库以研究国际关系为主，多极化整体性世界形成以及全球化时代的到来。20 多年前，在大家研究互联网的时候，当时研究未来大趋势的学者就说，互联网广泛地应用于民间，将会使我们人类生存的星球变成一个地球村落。由于交通工具的发达，特别是信息技术的发达，不管居住在世界的哪一个角落，沟通都将变得更为便捷，人类社会迎来了全球化时代。由于信息高速公路的建设，人类活动空间日益跨越障碍，政治权威多元化，国际、国内事务边界模糊化，世界经济同质化，人类已经跨越了区域、国家，越来越全球化。因而，智库的国际化趋势就迅猛发展，世界各大著名的智库都在世界各地设立分支机构，以扩大影响力。当今世界，智库肩负着为全球安全繁荣做出重要贡献的使命，因此在全球范围内，智库设立永久性的分支机构，运用跨国视角开展研究工作，与此同时，举办各类国际会议。

美国智库全球化的重要表现形式还在于研究人员的多元化组成。随着互联网通信技术的发展，数字化也成为智库全球化发展进程中的重要发展方向。大多数美国智库都建有自己的官方网站，一些知名的智库还设有西班牙语、葡萄牙语、法语、阿拉伯语等不同语种的官方网站，及时公布其最新的研究成果以及相关学者撰写的时政评论文章。2014 年，生产智库研究报告最多的是美国，位居第二的是中国，接着是英国、德国，这些智库的研究报告都有很高的价值，其主要是根据国际形势变化、根据人类面临的现实问题和困境来开展各类研究，关注的都是热点、难点议题，是从政界到老百姓都非常关注的问题。比如，印度经济何以超越巴基斯坦？希腊闹剧如何？法国能否夺回欧洲领导权？北约该如何应对欧洲安全问题？恐怖主义如何通过影视作品影响普通人的生活？步入老龄化的亚洲四小龙还会继续繁荣吗？中俄友谊可以持续多久？在美国影响力越来越大的智库组织——美国新安全研究中心，关注的是如何解决韩国的末端高空防御系统难题，日本该如何逆转对华的局势……美国进步中心关注的是美国对土耳其与俄罗斯建立密切能源关系作何反应，中美共同开发蓝色经济有多大可能，伊核框架协议对美伊关系的影响等全球热点问题。

第二个方面，我简要介绍一下智库的特点以及一些成功的案例。

智库的第一个特点是以问题为导向，注重研究实效问题。比如，2007年 11 月，美国进步中心公布了《进步性增长：通过清洁能源、革新与机遇扭转美国经济》报告，指出美国经济面临五大挑战，提出美国经济应向低碳型经济转变、实现进步性增长的具体变革建议。奥巴马上台后就改变了经济改革上的立场，加大了对新能源、环保能源的投入力度，很大程度上就是采纳了这项报告所提出的建议。2007 年，美国进步中心又发表了《重建美国军事力量：朝着一种新的改良型国防战略迈进》报告，主张美国国防部应把对潜在竞争者的遏制放在次要地位，把更多开支用于军队人员而并非硬件建设上，并提出了一系列具体方案，在 2009 年，时任美国国防部部长盖茨提出 2010 年美国国防预算草案，其内容几乎全部吸收了美国进步中心提出的建议。2008 年，美国进步中心又发布了《2009 年核态势研究报告》，列出了奥巴马在政府过渡阶段、就职后 100 天内以及在执政的第一年中应该做的事项。对此，《纽约时报》、美联社等多家媒体一致认为，报告有望对奥巴马政府的核力量调整产生重大影响，成为打造新核力量的指南。结果奥巴马在就职后的 100 天内，在布拉格发布了关于建立无核世界的核裁军战略，与上述报告中提出的建议内容相似。

智库的第二个特点在于综合运用多种研究方法，这是智库的一个鲜明特色。智库在研究过程中将定性研究与定量研究相结合。所谓定量，即是一种数理化科学，研究社会科学，应建构数理模型，要进行大量的抽样调查、统计与分析，而不是原来从理念、文字中进行推导演绎。兰德公司运用的研究方法很多，比如系统分析法、成本销路分析法、动态规划、线性规划、哥顿法、特尔斐法、程序预算编制法等，其中特尔斐法就是著名的推测方法，是目前 200 种推测方法中使用最多的推测方法。特尔斐法就是列出问题，然后对最权威的国际专家进行一对一调查访谈，分析其各种不同的观点，这种方法使研究更为多元、更为客观，而且可以从观点碰撞中进行分析，归纳出正确的结论。

智库的第三个特点是跨学科研究。20 世纪 60 年代以来，环境污染严重，工业污染成为全球智库研究的一个重点。相关的研究角度有很多，比如对生态平衡进行观察和研究。随着经济的快速发展，人类社会向地球的索取是不是超越了环境所能承载的最大力度？当前，环境污染已深刻地影响到社会以及人们的心理层面，人们如果住在一个化工厂的周边，就会产生一种心灵上的恐慌。这些都成为智库研究的课题，在研究时需要对涉及的学科领域进行综合分析研究，基于此，跨学科研究成为智库的研究重点。比如，日本政策科学研究所从事产业活动的自然环境协调一致专题分析，将社会科学和自然科学相结合，从植物社会学和植物生态学两个领域，探究植物适宜生长的环境条件，创造了社会科学和自然科学的生存指标计量标准。

智库的第四个特点是开放性研究。所谓的开放性研究，就是开展国际合作研究。现在很多智库每年都要派大量的研究人员出去访问，到世界一流智库去做访问学者，这就是要进行思想上的碰撞和观念上的融合，就像各位传媒学子来到中国传媒领袖大讲堂聆听专家学者的分享，也是各种观点、思想的碰撞。积极开展对外学术交流、对外人员交流是智库的特点。在这方面，智库比媒体机构做得更充分。媒体更像是把人当作工具来使用，每天去采访报道新闻事件。而智库关键是要提高人的素质，拓宽我们的大脑生产，在讨论问题时大脑要有想象力，要能提出观点。

第三个方面，与大家分享智库与传播。

智库与媒体、智库与公众、智库与社会，到底存在怎样的关系？智库与传播之间又有哪些关联？智库的本质是生产思想，那么，什么是思想呢？有的书中说道，思想就是力量，思想等待思想者……人作为高级动物，区别于其他动物的核心就在于两点：第一，我们人类拥有知识和生活经验，而且人类的知识是一代代传承的；第二，相对于其他动物，人是有思想，会思考的。所谓思想，就是客观存在反映在人的意识中，经过人的思维而产生的一个结果，这种结果就是所谓的观念。观念是我们怎样来认知大脑皮层反映的客观存在，这种认知要符合客观的实际规律，越符合规律的思想越深刻。现在的智库生产思想，生产思想就是制造观念。因此，智库的一个基本特征就是要不断创造让人耳目一新的观念，比如欧美的智库创造 G20、金砖国家利益攸关方、"中国威胁论"，包括现在整个的外交战略和经济发展战略，这都是智库提出的概念。这种概念非常简洁，但是一下就能洞察人的心灵，深入你的脑海，使你感觉到这非常有震慑力，这就是智库生产思想的一种魅力。

当今最有价值的是正在形成的思想市场，它会创造财富。但这种思想是疯牛状态下的股市投资者所不能接受的。就像我在人民银行的一个朋友，现在刚退休，整天说退休以后，他账面上的资产增值跟他在岗的时候完全不一样，现在每天都看着数据上升，账面上达到9000多万元。这在三十多年前和他太太恋爱的时候不敢想，十几年前他梦想这辈子要成为亿万富翁。而当他账面上有9000多万元的时候，他和太太两人大吃一惊，他兴奋地不得了，因为终于实现了自己的梦想——离亿不远了，加上房产过亿。但是遭遇了股灾，丢失了3/5的市值，现在的他身体与精神状态非常差。他说他当时已经研究出来股市不可能一直疯下去，但是他没有能抓住这种朦胧的思想。

全世界包括我们中国，思想的市场正在形成，在思想市场上一个理念是最有价值的东西。智库产业蓬勃发展，资源竞争加剧，在知识生产过程中呈现出了扁平化、跨界化、签约化、生产周期加速化以及注意力频繁转移的现象，这给以传统方式从事研究的知识生产者带来了角色和认同的挑战，他们不得不或多或少地改变自身，以更加市场化的方式满足社会对实用型知识的需求，满足社会大众对思想知识的需求。

智库是一个国家软实力的核心组成部分，智库成为第三次工业革命进程中最具竞争力的产业。如果打一个比喻的话，就像一个男孩去追求妙龄美貌女子，男孩展示胸肌，腹部六块肌肉，而开口说话却说不出来，女孩便认为其灵魂是苍白的，内涵是枯燥的。这女孩会想他一定是金玉其外，败絮其中。为什么？因为男孩没有思想，只有硬实力。硬实力就是肌肉，却没有大脑的智慧。最具魅力和吸引力的是思想与内涵。我们前面说智库是从事政策研究，它的核心竞争力是影响决策者的决策、领导者的决策，所以本质上智库是知识和权力的桥梁，有时候拥有权力的人不见得拥有知识，拥有知识的人不一定拥有权力，所以智库是思想和决策的纽带。现在中国面临很多问题，要靠思想的力量来破解。

公共政策学者将智库分为三个方面：一是智库连接研究与政策，二是智库服务于公共领域，三是智库促进知识的积累。智库连接研究与政策的主要形式是对形成政策的有效干预人群进行游说。所谓有效干预人群就是政策的制定者，将理念传播给他们。根据可能影响的决策人群的不同，智库卖自己思想的方式分为捕获政府决策者、对社会精英以及公众展开启蒙。随着知识社会需求不断地扩大，当代学者更加努力地将自己塑造成思想的赢家，而非传统形式上的知识供应商。所谓的思想赢家就是一定要有新的理念，让人眼前一亮的一种观点、见解来影响决策。智库对决策的影响镶嵌在多元复杂知识权力的社会网络中，这一过程充满变量。现在的一些谈话是网络语言纯搞笑，是低层次娱乐层面，不会带来精神的愉悦。如果和一个智者、一个思想者进行交谈，你会不断地感到思想的力量是多么具有魅力。所以，智库在公共政策形成中，一是产生政策思想为决策者提供智慧服务；二是要产生政策方案；三是要为政府储备、提供人才，即旋转门流动。所谓旋转门流动，现在很多官员通过进入智库旋转门从而进入决策层。四是教育公众，透过其著作用思想和观点来影响大众。所以从这些方面来讲，智库在现代国家体制中有很大的作用，是决策层的智囊团。

智库与媒体又是一个怎样的关系？前面提到智库影响决策、影响大众、影响精英，智库的功能事实上都要靠传播来实现，所以智库的力量在于传播。它与媒体的作用是依存与互动的关系，有学者在研究智库与媒体融合发展，媒体也在做智库，像中央级的媒体《人民日报》、新华社，它们也要成立智库机构。

首先传播是智库的核心功能，一个智库要具有影响力和竞争力，就要有传播力，因此，传播力是智库的核心影响力、竞争力、生命力，中国的智库目前基本上都不会传播，像社会研究院有700多个研究人员，有许多博士，女博士要达到480多个，但是它的传播力非常有限。他们的研究除了一些内部研究报告，基本被束之高阁，没有使智库的研究来服务于社会。同时，权威主流媒体也可以在一定程度上发挥智库功能，比如像媒体的理论版是专家学者智库的研究成果的推广平台。智库与媒体，前者的研究能力强，后者的传播力强，两者合作，可以提升话语权。所以除了政府和媒体外，智库同时也承担着意见领袖的作用。很多著名的媒体人，也是把自己着力打造成智库专家型的意见领袖。央视白岩松也在朝这方面努力，人们认为他说的话很有学术范儿。所谓学术范儿，就是有知识点考证，有学理的思维，有逻辑的演绎，同时有思想的判断。

美国宾夕法尼亚大学"智库与公民社会"项目负责人麦甘教授提出，未来智库必须在新的传播形式上加以思考。所谓新的传播形式，其核心是要在新媒体语境下进行传播。所谓新媒体语境，就是人类现在所运用的传播工具高度发达，无线互联互通个人智能终端的时代，每个人都有强大的传播能力。这种新媒体语境更符合我们人性的需求。在这种需求之下，新媒体的特点是短平快。而智库的优点是扎实的研究报告，智库的研究报告需要一定的方式手段、传播技巧来进行传播。

政策是用来引导和影响社会的发展和大众的生活的，所以智库与公众有一种紧密的联系，公众影响力就是国家智库的重要社会资本，也是智库为了实现影响决策而常常借助的力量，通过公众来促使政府议题和政策的变动与发展。正如现在的舆情研究，舆情就是对决策者决策行为和执政方式产生影响的公众意见，这种公众意见倒逼决策者的现象必须加以重视与应对。智库形成的观点如果能形成舆情，智库的影响力会更大。

作为现代社会知识生产的智库，从一开始就带有职业化、产业化的色彩，智库是一种意见领袖，在启蒙公众方面具有强大的影响力。事实上，智库的传播途径在全世界基本相同。首先是议题设置，智库所关注的话题都是社会发展中社会公众普遍关注的热点、难点话题，具有一定的前瞻性。智库基于自己的专业权威和价值中立的特质，对社会发展的战略现实问题产生立场和见解，其政策思路和选择方案往往成为媒体报道和公众关注的重要议题。同时，欧美的智库还经常召开新闻发布会，在智库观点、见解与社会交流沟通的过程中，实现社会民众的利益表达和传递，纠正了社会舆论中片面偏激的观点，进一步修正政治方案，得到社会的认同，形成有利于被决策者采纳的社会舆论，对政府的公共决策产生影响。智库的创新成果得到社会认同，也有助于政府部门公共决策进一步地执行，所以美国媒体对智库的报道是非常丰富的，目前我国媒体也开始关注这一问题。此外，国际的智库都定期出版自己的刊物，有些智库甚至将学术期刊提升到与所在机构同等重要的地位，打造学术精品和思想载体，不断强化智库的品牌形象，比如战略国际研究中心、布鲁金斯学会等智库主办的理论期刊，就是智库的传播平台。上海社会科学院也主办有四五份报纸和杂志。另外，全球的智库会定期或不定期举办各类会议、论坛。现在很多智库举办的各种峰会、培训班、讲座、大型活动等都非常丰富多彩，就是为了搭建一个沟通交流的平台，组织相关媒体、政府官员、相关记者、工商界人士、社会公众参与讨论。例如，布鲁金斯学会每年组织 100 多次研讨会，加强与社会各类专家的联系，经常邀请政府首脑来参加，共同探讨国际、国内相关问题，影响政府政策的制定。这些活动也使智库和政界人士达到共通信息、交流思想的目的。高级智库成员几乎每天都要接受媒体采访，向外界进行观点输出。

智库要在新媒体语境下进行传播。美国的智库纷纷利用网络社交媒体施展自己的影响力，通过新媒体来传递信息，增强影响，甚至动员基层民众对立法机构形成舆论压力。其中，美国智库在社交媒体上具有较大影响力的是美国传统基金会。根据 2012 年底的统计，美国传统基金会在 Twitter 和 Facebook 上共有 71 万粉丝，而布鲁金斯学会当年才有不到 4 万粉丝。如今，美国传统基金会单在 Twitter 上的粉丝量就已达到大约 42 万。

第四个方面，关于中国特色新型智库建设发展。

所谓中国特色，它界定了我们中国智库发展的一个属性，本质属性是服务性，不是传统意义上的研究机构，而是要提供思想产品。2014 年 10 月，党的十八届三中全会通过的《中共中央关于全面深化改革若干重大问题的决定》明确提出，加强中国特色新型智库建设，建立健全决策咨询制度，这是中共中央文件中首次提出"智库"概念。10 月 27 日，中央全面深化改革领导小组第六次会议决策通过了加强中国特色新型智库建设的意见，该意见提出中国特色新型智库是以战略问题和公共政策为主要研究对象、以服务党和政府科学民主依法决策为宗旨的非营利性研究咨询机构。

智力资源是一个国家、一个民族最宝贵的资源。"所贵圣人之治，不贵其独治，贵其能与众共治。"也就是说，圣人之治不是独治，不是一个人来治理，要众治、要共治，要汲取各方面的智慧、思想来使这个社会制度更为合理。习近平总书记也对建立中国新型智库发表了他个人的观点，认为我们国家现在缺乏具有较大影响力、国际知名度高的高质量智库，我们要重点建设一批具有较大国际影响力的高端智库、专业化智库。建设中国特色新型智库的关键是要提高国家软实力，就是要用中国人的思想、学术、知识去影响其他民族、其他国家，用我们的软实力去征服其他国家、其他民族。智库建设，服务决策是根本，效率超前是关键，就是说内部要提高公共政策质量，外部要增加国家影响力。而智库发展的前提是健全决策咨询制度，我们国家现在建设党政军智库、社会科学院、高校智库、民间智库四种类型。国务院发展研究中心、中国社会科学院、上海社会科学院、北京大学国家发展研究院、中共中央党校、国家发展与改革委员会宏观经济研究院、环境保护部环境规划院、中国国际经济交流中心、零点研究咨询集团、中国人民大学重阳金融研究院被列为目前中国智库综合影响力最大的十大智库。

下面就涉及一个问题，如何成为智库人才。一般来说，智库人才、智库学者、智库专家的人员构成，包括行政管理人员、研究专家。当前，学习数学理工、处理数据、计算和分析、进行数理模型分析的研究人才很稀缺，因为科学的结论建立在大量的抽样调查、数据统计分析的基础上。另外，在西方，像兰德公司，大约有 20% 至 35% 是游说人员。所谓游说，就是思想的销售者，既参加研究又去参加游说，游说议员、游说法官。现在我们这里没有游说人员，我们都是研究人员，所以，传统智库的公共关系游说人才也是稀缺人才。除此之外，还需要编辑与图书管理人才。因此，智库研究人员的特点是高学历、高能力、跨学科、深入了解实际。所谓高学历，现在进智库部门，至少要博士学历；高能力，能力要超强。智库用人标准要能献身于解决问题，对跨学科领域有兴趣，能和各种不同资历的专家合作，具有较高的概括和分析综合能力。

日本野村综合研究所的用人标准是研究能力，要擅长调查和研究；洞察能力，善于发现问题；服务能力，与委托者交涉、与同行合作的能力，能适应课题的转变的能力。兰德公司研究人员构成中，30%是社会科学家，17%是统计人员，13%是经济学家，20%是工程技术人员，10%是物理学家，5%是法政商，另外5%是文学家、计算机专家、其他人员，兰德公司是一个具有不同学科背景的人才组合而成的研究机构。其他智库的人员构成还有政府人员，有行政管理经验的人才进入智库，智库人员也可以出去从事行政管理。

中国特色新型智库目前处于刚刚起步阶段，而今迈步从头越，中国特色新型智库建设具有一个很好的发展机遇。通过今天的分享大家也可以知道，智库与媒体关系密切，二者之间的关系是融合互动，相得益彰。所谓融合互动，相得益彰是谁也离不了谁。这给在座的各位传媒学子提供了一个新的职业规划和选择的机遇和空间，也就是说你可以成为媒体人，也可以成为智库人。因为媒体和智库的共性，我认为传播信息与传播观念，都是思想人，所以希望各位在媒体人这一职业的设计基础之上给自己提出更高一层的设计，就是能成为智库人，这样你的发展就会更好一点。祝福各位传媒学子在上海学习收获甚丰，也期待各位可以对智库有更多的关注。

会展业的兴起和现代传播的繁荣

时　间：2015 年 7 月 23 日
地　点：上海交通大学闵行校区光彪楼 1 楼多功能厅
主讲人：张敏

张敏

　　张敏，上海大学影视学院副院长、教授，博士生导师，会展传播研究中心主任，教育部高等学校中文学科教学指导委员会委员。长期从事美学文艺学、比较文学与文化、传播学与广告方面的教学科研工作，在权威或核心期刊发表论文近 80 篇，出版专著多部，参加或主持国家社科项目 1 项，省、市社科项目多项，曾获省级政府优秀教学成果一等奖（2002），全国性学会优秀论文一等奖（2001），省级政府高校教学名师一等奖（2003）等。

主持人：今天我们的演讲嘉宾是上海大学影视学院副院长张敏教授。张敏老师长期从事美学文艺学、比较文学与文化、传播学与广告方面的教学科研工作。让我们以热烈的掌声有请！

张敏：我来过几次传媒领袖大讲堂，每一次都有幸遇到来自全国各地的新闻传播领域的同学。在这么热的天气，这么多人从全国各地聚到上海来，很辛苦，这背后是各位传媒学子的事业心，是求知的热忱，是渴望成才的愿望，这都是非常可贵的。

今天，我演讲的题目是《会展业的兴起和现代传播的繁荣》，涉及传统观念里传播学的蜕变与拓展和新的学科生长点或者新的发展方向，研究的是直接沟通，即非媒体传播，和我们习惯的媒体传播还不太一样，主要是会展活动。我们机构是由上海大学牵头，从世博会的时候开始做，上海的国家会展中心是我们做的，在此之后，国家希望我们的队伍不要散掉，继续去做。我们一批来自交大、华师大、工技大、上海社科院还有上海图书馆的，经历过风雨的战友们就没有散掉，还在继续做，成立了这个机构，它设在上海大学，叫作"上海会展研究院"。

今天所要讲的内容主要集中在会展业、会展活动现象和现代传播的关系，现代传播的发展以及会展业的崛起。大概有三层意思，首先，会展业的兴起是一个奇迹，为什么会展业在最近这些年，特别是近十几年，在我国得到迅猛发展？实际上是市场化体制建立以后，市场竞争主体在面向世界优化市场资源配置，这是一个空前的需求，它导致了会展业的兴起。它的实质是以有组织的集聚作为一个基本特征，本性是一种交往沟通服务，服务于交往的一种沟通现象。它的价值就是通过多样化的选择展出很多东西，通过这种分散式的决策，发展供需互动，促进供需的结合、供需的均衡甚至供需各方的进一步发展。供需水平、供需关系境界提高了，它的能量聚集大了，发展好了，国家整体水平就上来了，所以是促进物质和精神两个领域的生产和消费。

现代传播包括传媒业、广告业、会展业。传播学在社会中有对应的产业，这个学科会很强大。因为它有实践基础，会获得来自社会的推动力，有深厚的社会需求。一位名人讲过："社会需求比十个大学更能推动学科的进步。"它们都属于营销沟通服务业，都要通过资源与信息的供需互动来满足资源交换。但是就广告业和会展业而言，它又不一样，广告业可能主要借助于媒体，而媒体技术日新月异，广告业从传统的报纸杂志到新的各种媒体，都渗透进去。而会展业是另外一种情况，它为什么能够兴起与发展？主要是全社会，特别是供需各方之间的信任，需要建立一个可以依赖、托付的关系，这种信任是价值千金的。

从现代传播角度来探讨会展活动，一方面有助于会展业自身的发展，另一方面有助于传播学的生长（新的学科生长点在哪里，怎么生长，对新的传播现象怎么把握）。传播学也会获得新的生命力，领域会得到拓展。我大概主要讲这四个方面的问题：第一，会展业的兴起为什么是一个现代奇迹？第二，简要地概括一下，作为研究对象，会展业在历史上的进化过程。第三，该怎么理解会展活动？第四，会展的沟通与现代传播的关系。希望探索除了媒体传播以外的非媒体传播，间接沟通之外的直接沟通。非媒体传播、直接沟通是媒体传播与间接沟通的出发点、归宿、依据。

首先我们先看会展业的兴起为什么是一个现代奇迹。其实中国的会展业兴起没有多长时间，因为会展产业需要市场体制和机制的保障，而我们的市场体制和机制始于改革开放，改革开放的主要内容就是市场化改革。从 1978 年一直到 2001 年取得阶段性进展，2001 年 12 月，中国加入WTO，标志着基本形成了市场体制和机制。加入 WTO 之后，我们的会展业才得到了一个正常的健康的市场环境，才开始迅速发展，自 2002 年开始规模化的集结。改革开放之前还是有会展活动的，比如工业学大庆，农业学大寨，全国学解放军，学习毛主席著作，各种展览、会议活动等，但这些不是会展业，因为没有市场化的体制作保障，从根本上讲就是没有市场主体，是政府包办的。在某个角度上可以这样理解，加入 WTO 之前，特别是改革开放之前，会展无业，只有某些片面的、自发的活动。当然，相对来讲，能够算市场化活动的是广交会，它很早就存在，但它是政府办的，到现在也还是政府主办。

2013 年，全国的展览面积已经达到了 9391 万平方米，会展产业的直接产值，主要是展览业的产值，达到了将近 4000 亿元，规模很大，而这个统计数据远远不够完整，大概只有 40% 到 50%。它的拉动效应目前是4 万亿元，如果统计得更系统、更完整，可能达到 10 万亿元，这就意味着会展产业可以成为支柱产业，它提供的就业量非常大。为什么一个产业在十多年间从无到有会成长到世界水平，在全球处于前列，这是一个奇迹，为什么呢？关键在于国家改革开放的崛起，在于外贸。展览业最初是为外贸服务的，加入 WTO 后外贸全面放开，每个城市甚至每个企业，都可以直接做外贸了，过去整个中国只有广交会一个平台，但现在不是了。举一个简单的例子：义乌。义乌是一个县级市，但它是我们国际贸易十大试点城市之一，它是内陆城市，有海关，可以直接办进出口业务，在义乌通关的有很多民营企业。后来放开很多沿海的特区城市，这些城市也不需要通关，西安、成都都可以直接做外贸，直接出关。因此，外贸放开在我国是一个非常大的举措。涉及会展活动的展览业、会议业、节庆业、赛事业、演出业甚至还有主题公园业，都发展成为产业，集聚在会展业的旗下。全球有三大顶级会展活动：奥运会、世博会、世界杯，我们已经举办了两个，还在申办世界杯。

第二个是国家重大的会展项目，我们是不惜代价，不惜工本。为了空气整洁，北京各大企业单位放假，周边河北很多企业停工。如博鳌、金砖峰会、中非峰会等高端论坛，还有一些成建制的展览会，中国东北亚博览会、中国南亚博览会、中国阿拉伯博览会等。在经济意义、外交意义上，全国又形成了一大批会展城市，其中最著名的就是三大会展城市群：长三角、珠三角和环渤海，三条会展城市带大概和我们的国家战略是一致的，东北会展城市带，中部会展城市带，西部会展城市带，还有两个会展城市特区，海西和海南。海西是以厦门、福州为核心的海峡西岸，主要促进两岸关系；还有国际旅游岛，海南。可以说，一个产业在十多年间形成这样大规模的布局是很不容易的。这里面有一些标志性的成就：中国成长为制造业产出第一大国、国际贸易第一大国，当然层次和水平可能还差一点。所以，以我们为中心就可以做点事情了，就可以办一些国际性的论坛了，APEC 就是相对成功的一次。全世界都在做类似这样的高层论坛，看谁为主，面对中国的崛起，面对中国制造业大国和贸易大国的形成，面对中国会展业的兴旺，世界各国感受不同，心存疑虑很正常，同时也采取了各种动作。

会展业之所以能短期内崛起成为世界最大产业之一，有两个主要原因，根本上是中国的崛起。这里有两组数据，第一个数据就是中国崛起。1978 年改革开放伊始，我们每年的产值是 3650 亿元，占美国的 1.3% 不到，到 2014 年，我们的 GDP 产值是 63.6 万亿元。这包含两个含义，一是我们达到了美国的 60%，二是 2014 年的零头接近于 1978 年的 2 倍，改革开放的 36 年间，中国的成长天翻地覆。到 2020 年，世界普遍预期中国会超过美国。我们比较谨慎，说 2020 年可能还早，但是超过美国大概是没有悬念的，我们未来很可能会 2 倍于美国。美国人均 GDP 是 3 万美元，我们到 2014 年为止人均仅仅是 7500 美元，中国人要过上幸福的生活，我们人均至少要 2 万美元，这是一个基本数据，伴随着它，我们才有各行各业的繁荣，也包括会展业的繁荣。第二个数据就是会展业直接服务的对象首先是外贸，后来拓展、渗透到了政治、经济、外交、文化各个领域。1978 年，全国的外贸总额是 360 亿美元，到 2014 年是 4.26 万亿美元，我们成长了将近 120 倍，绝对不可同日而语。会展业直接服务于中国崛起、服务于外贸增长，所以我们有了会展业创造奇迹的依据。目前，我们正前所未有地接近民族复兴的目标、世界强国的地位，我们正在具备前所未有的实现目标的信心和能力，这不是虚言。2010 年到 2014 年的五年时间里，我们的 GDP 总值从 40 万亿元成长到 63 万亿元，2020 年我们能不能期待到 80 万亿元？应该是可以的，就是在我们的增长速度降下来以后，进入新常态，我们仍然可以达到 80 万亿元。按照新常态的速度，仍然是全世界最高的速度之一，我们在实现民族复兴的道路上，可以走得更远更快。

这是为会展业打气，其实也是为国人打气，但事实的另外一面就是目前我们面临着空前的困难，或者讲中华民族到了"最危险的时候"。改革开放大局很可能在某一个节骨眼上突然被打破，大家刚刚经历过差点造成中国经济危机的股灾，往前走如履薄冰，万一掉进去可能就万劫不复了，而顺利走过去就是世界第一强国。这几年我们看到美、日、欧是有动作的，我们依靠 WTO 获得了巨大的成长，现在国际上以美、日、欧为首，开始对 WTO 采取新的策略——冷暴力，然后另起炉灶，建立环太平洋伙伴关系、环大西洋伙伴关系，制定服务贸易新规则，目的就是把你孤立出去，不让你靠着我们发展。孩子如果没有人和他玩，他有可能精神崩溃，可能无法健康成长。我们目前就面临着这样的情况。

与此同时，国内也存在很多不利因素。我们确实也面临经济三期叠加导致增长减速。既要看到这几十年全国人民付出了巨大的代价，包括下岗，也是在做牺牲。我们为了转变经济结构，调整体制机制，大批工人下岗，他们在为国牺牲，牺牲了家庭收入，牺牲了平常应该得到的天伦之乐，还要为基本的生存温饱去奔波，是为民族做巨大牺牲，没有他们，就没有我们的今天。同时，我们也要看到，未来是光明的，但是道路是曲折的，甚至有可能掉到坑里，这是我们不希望的。

　　会展业，可以看作一个资源配置服务业，是现代服务业的一个重要组成，它与国计民生有了更直接更紧密的联系。会展业凝聚着产业品牌，创新创意，供需互动和利益共同体，所以它在一定程度上标志并决定了现代化进程的方向、特点和水平。未来，我们要赶上发达国家，最富的国家人均 GDP 为 10 万多美元，5 万美元上下的有一大批，我们是 7500 美元。有人说我们太差了，但我们其实比昨天已经相当富有了，1978 年我们人均是 150 美元，也就是说一天生活费不能超过半美元，你问你们的父辈，他们当时插队，插队一天挣两毛钱，当时讲我们是全世界最穷的国家之一，全球有国家和组织 193 个，我们大概是一百八十几个，比很多贫困的非洲国家还落后。现在我们不一样了，从 150 美元到 7500 美元已经是个非常了不起的进步，但是我们和人家的差距仍然很大，会展市场还要成倍地扩张，会展业还要成倍地增长，会展人才、会展学科还需要大发展。

　　下面我们看一下会展业的发展历史。实际上，会展活动古已有之，它的形态原始，但是地位相当显赫。它长期存在于宗教和政治领域，在当时主要用来人神沟通，或者是权力关系的确立。第一个证据是 20 世纪人类的重大发现之一——三星堆遗址，这里出土了几千件文物，它证明了在公元前 5000～前 3000 年曾经出现过长时期的、大规模的原始祭祀活动，出土的文物大都是祭祀用具，体质、规格非常大，比如青铜面具，边长 1.5 米左右，祭祀用的。这是棵青铜神树，高 3.95 米，大型祭祀活动用的，这种祭祀活动是人和神的沟通，以现场集聚为特征而且是有组织的，属于会展，但它是为宗教服务的。到公元前 22 世纪，大禹治水成功，大会天下诸侯于会稽，就是今天浙江一带，体现了我们老祖宗天下治的观念，按照功劳，按照德行来分封天下。公元前 1045 年，武王伐纣之前，有大规模的八百诸侯会盟，这是古代的集会活动。除了这些，还有春秋会盟，春秋期间大规模的集会活动大概有几百次，大大小小算下来 400 多次。200 多年里平均一年两次。春秋会盟最盛大的是葵丘之盟，组织者是春秋五霸中最重要的齐桓公，会盟结束后各国签订了一个协议，有五条原则，孟子总结为五条天命：以孝为本，尊贤育才，敬老慈幼，权力公开，睦邻惠邻。它形成了国家的思维方式、行为方式、价值观，总结了几百年甚至是此前几千年的成果，这直接或间接来自于会盟活动。中国的会盟活动为民族融合和国家形成奠定了基础。

接下来看西方，古希腊是各国公认的文明来源，西方文明史上最早的会展活动是奥运会和戏剧节，来源都是宗教活动。《左传》有句话："国之大事，在祀与戎。"政治、宗教活动都是来自于祭祀活动，而且始终以祭祀活动为中心。古代没有报纸、电视、杂志，人民之间的沟通、国与国之间的沟通靠直接沟通，这成为媒体沟通的前身。今天也要尊重人和人之间直接沟通的特点，不尊重这个，媒体沟通一定是低效的。奥运会和戏剧节成了古希腊民族不可或缺的活动，而且成为特色化的内容。希腊奥运会在公元前776年创立，四年一届，连续举办了将近300届，延续1200年，一直到古罗马后期才被禁止，这是世界古代史上独一无二的奇迹。戏剧节，三大悲剧加三大喜剧，给人类文明史留下无数的瑰宝，戏剧节的作用就非常重要，当时的城邦会建万人剧场，就是为了戏剧节，还要发放观剧津贴，当时希腊人都是奴隶主，一天可以赚2块银元，你去看戏，国家给你发10块银元。资金来源于两个方面，一个是2倍于甚至是10倍于希腊人口的奴隶，这些人在历史上完全没有记载，但是他们提供了财富，所以希腊文明的另一面是血泪，是更多人的牺牲。另一个是雅典作为希腊联邦的领袖，其他各国向它进贡。由于要反抗波斯侵略，要组织强大的海军、陆军，所以各国都要把自己的青壮年、木材、青铜源源不断地送到雅典，来准备整个民族的反侵略战争。希波战争打了几十年，但最后波斯人不来了，戏剧节也有了财政支撑。

集中在宗教和政治层面的会展活动最终形成了产业。作为产业，一定是为全社会服务的，一定是以经济文化为内容，转向国计民生、经济文化，成为服务全社会的产业主要是近代以来的事情，这中间是世俗化过程。这个过程已经不限于会展，其他方面都在进行，比如说从过去的书院到后来真正的大学，现代大学的要义在于研究对象和学习对象的转移，内容从伦理、神学、天使、上帝和上帝的使者，转向世俗化，老百姓的需要，从权力、政治、宗教转向了老百姓的日常生活，包括戏怎么演，外语怎么说，地理是干什么的，天文是干什么的，在世俗化理念里都能找到解释。关于世俗化，推荐大家一本书《意大利的文艺复兴》。

会展也在世俗化，世俗化最集中的表现就是法国大革命，它的纲领是《人权宣言》，最重要的是两句话，一句是"人人生而平等"，这是典型的世俗化表现，我和你之间，包括我和父亲之间都是平等的；另一句是"肯定财产私有"，什么东西是谁的就是谁的，这是法律，法国大革命这么高大上，原来它是用法律的形式，用革命的手段确立一个世俗化的原则。在这层意义上，会展是从集市而来，外国叫集市，我们叫庙会，细节就不说了，有意思的是英语中的会展本意就是集市，它是从拉丁语来的，这个词在拉丁语里它既是商品交易又是节日娱乐，还可以包含宗教信仰。庙会、集市都是世俗化意义上的会展活动。

伦敦世博会既是全球世博会的开端，同时也确立了一个由地方贸易向国际贸易的过渡。伦敦世博会的前后就是世界市场的形成过程，建议大家也去看《共产党宣言》，里面有不少真理性的东西，比如说关于世界市场的论述。今天的全球化马克思谈得很深。作为一个学者，马克思是一流中的一流。我们国家的会展活动，世俗化意义上，是被国际贸易，以英国为代表强力推开，这里面有一些很肮脏、罪恶的生意，比如说鸦片贸易。到辛亥革命前后，已经有了一些很典型的会展活动，比如说南京、杭州、上海、武汉分别有早期的大型的会展活动，但是比较遗憾的是，我们确立了苏式的计划体制，这个体制带给我们很多隐患，其中重要的就是人为打断了会展业的进程。只有改革开放以后，我们才能实现会展业的复兴。

第三个问题，究竟会展活动是什么？会展活动是以有组织的现场集聚为特征的交换沟通活动。它是服务于交往的沟通活动。具体讲，比如说主题化时空。它的看点、表达、目的、机制，多样化选择和分散性决策，意义和作用，它的主要组织形式：展览、会议、节庆、赛事、演出包括主题公园，都是以有组织的现场集聚为特征，都是服务于交往的沟通活动。

怎么理解现代会展？那就是现代市场理念，媒体网络技术，还有产业跨界融合，在这基础之上，还表现出新的趋势。事实是美国 20 世纪 50 年代崛起，在此之前，五六十年，美国举办了 13 次世博会、4 次奥运会，开展无数次的大型活动，美国为了各国都来美国开会专门盖了大楼。还有联合国会议，联合国组织是从联合国会议发展而来的，现代世界全部来自会议，正是依靠联合国和联合国下面的各个专业委员会，美国确立了它的经济、文化，包括军事、安全、整个世界秩序。美国用它调整国际关系。英国成为世界第一强国，世博会、伦敦万国博览会成了抢占世界市场的一个重要工具。日本二战战败了，但首先搞奥运会、世博会，然后经济崛起。德国工业百废待兴最紧要的一件事是在汉诺威建立德国工业博览会，到现在都是全球最大的会展中心。我们发现一个国家从弱到强的时候，在争取世界市场份额的时候，在世界上争取政治地位、外交地位、话语权的时候，高层论坛、大型活动，包括世博会、奥运会这样的东西都是非做不可的。

现代会展有两个特征：功能特征和形态特征。先看形态特征，是有组织的现场集聚，集聚可能会出踩踏，但是有组织的话，踩踏就是一个偶然情况。一般情况下，是供需商家的集聚，供给方、特定行业比如说汽车、美容化妆品、自行车、消费电子等。如果我开一个全球性的国际展会，来的都是这个行业里最好的生产商和最大的经销商，这叫专业关注，是供需商家的集聚，是行业品牌的集聚，是市场信息的集聚，是创新创意的集聚，是专业人才和高层决策者的集聚。集聚还有一个含义，就是集聚让大家从第三方变成了当事人。还记得 2008 年北京奥运会的那首歌曲《我和你》吗？会展活动让不在场的第三方变成了在场的"我"和"你"，而"我"和"你"是可以互为顾客的，整个事情都发生了一个质变。

功能特征有三个：内在经济性、外在公共性和产业关联性。会展业的产出就是沟通服务，它可以满足加工业、制造业和服务业等许多产业的需要。三大领域，99 个大类，2000 个行业，会展都可以去做，黏合性非常强，为大家提供沟通服务。同时，还可以拉动需求，餐饮、酒店、交通、通信、旅游、物流、娱乐、安保等，每一个都是大产业。世博会、奥运会周边都有导弹防空，全程保证安全，我们要做安全检查，投入很大，而这些都会因为经济的繁荣拉动起来，都需要人力物力的投入，都会变成效率，变成价值，变成国家前进的动力。整个城市会因为会展业的存在，经历一轮又一轮的冲击，在冲击中变得更加强大。这样，这个国家、民族、城市就变得更牢不可摧、强大有力，而且在这个过程中我们把人民组织起来了，各行各业都形成了一个组织体系。这个过程改变了一盘散沙的现状。我们增加了很多渠道、很多联系，就好像在沙漠中种树，把一团散沙变成了一个整体。展览是促进企业发展，而会议是改造国际关系和世界环境，确定规则，订立协议。节庆给人民一个休养生息的地方，让大家放松，得到欢乐，平时时间已经碎片化了，在节庆上可以完整。我们来做，大家受益，我们靠赛事和演出提高体育水平和艺术境界。一个艺术之城、艺术之国，全民健康，高水平运动员辈出的国家不是变得更加强大有力了吗？

会展活动还有些重要问题，或者叫基本问题，第一个是为什么集聚，第二个在哪里集聚，为什么集聚主要有三个原因，在哪里集聚主要有展场、会场、秀场、游乐场等。这里面其实各不相同，比如说车展场馆、交响音乐厅都各有特点，属性特点、人员流动明显不一样。展览的看点有产品，模式是空间展示，价值在于性能创新。会议的看点是议程，模式是协议达成，价值在于协同行动，包括各国、各省市、各行业的协同行动。节庆的看点是阈限，搞过仪式研究可能更清楚一点，仪式是现场沟通的重要形式，它的模式是庆典狂欢，价值在于寓教于乐。赛事是能力竞争，金牌竞技，不用遮掩回避。

最后归到主旨，探讨会展沟通与现代传播的关系。会展沟通是服务于交往，简单的理解也是最确切的理解，交往就是劳动交换。交往非常重要，可以和生产并列，交往通过劳动交换，可以让人社会化，让社会个人化。比如，你花心血买了部苹果手机，你的交往方式、通信方式随之发生改变，效率提高了。乔布斯把社会个人化了，他的才华变成了整个社会的效益，这些都是通过交往来实现的，交往就成了一个重要的机制，叫做人的全面发展的基本机制，在物质生活、精神发展都可以全面展开。交往的概念是 19 世纪中期由马克思提出来的，交往的概念在《德意志形态》里面出现了 259 次。现在我们需要交往，因为生产力的提高导致我们从匮乏走向富裕。中国是在 1997 年左右各行各业开始出现产业过剩，社会走向富有，走向合作。原来资源稀缺，大家去拼命抢，有阶级斗争。现在大家只是想怎样更好地生活和发展，那就合作，在这个时候，"生产中心论"就被"交往导向"所取代，"互利共赢"的理念就和"你死我活"的阶级斗争理念形成对照，在现实生活中也越来越重要。

传播是直接服务于交往的一种沟通活动，我讲"沟通"，就是communication，是强调它的特殊含义，它包含三个形式：传播、交流、沟通。传播学的内容一定要当代化。传播更多的是一种信息发布模式，像广告一样，它是借助媒体间接实现的，它的特点是一对多，单向传递，而交流是一种信息交换的模式，比如谈判，它的特点是双方交换并且确认相关信息，形成一对一的双向交流。沟通更多的是一种市场化的信息互换的模式，比如说会展，不同主题面对多样化看点的时候，现场协商，走向合作。它的特点是多对多，很多展品，很多厂家，大家都有各自的想法，或者现场沟通、直接沟通、非媒体沟通。传播学主要研究四大块：人际，组织，群体和大众。传播学学科本身是二战时期形成于美国的，一方面赢得了反法西斯宣传的胜利，另一方面，它形成了工具性的传播。它站在一个解放者的立场，自觉不自觉地形成一个自我中心，主客二分，单向灌输，这是特定条件下形成的传播模式，今天直接套用会发现很多问题，主要问题就是它适合于主客关系，而我们现在面对的是主体间关系，是人对人的关系，不是解放者对奴隶，而是互为顾客、互为上帝的关系。现代传播形成一种新的原则，交往理性，它是主体间的交往。目前，传播学中，交往理性越来越占主导地位，双向沟通、平等沟通等。另外，要克服媒体依赖，我们现在传播学的重点是大众传播，人际传播、组织传播、群体传播被弱化了很多，但是后肢很发达，前肢就很软弱，恰恰在这一点上会展有着重大价值，它主要是靠人际传播、组织传播、群体传播来支撑。

目前，我认为整个社会处于一种沟通缺乏症，我们缺会展活动，导致信念分享机制、信任维护机制基本上是缺位的。大家奇怪，为什么人和人不信任，大家都没有信念，实际上是直接沟通（人际传播、组织传播、群体传播）严重缺乏，当然这是原因之一，还有其他原因。我们目前的社会现实阶层和个体的利益出现了显著的分化，思想观念、价值追求、行为方式都发生了分化，越来越明显，它也未必是坏事，每个人的个性都变得更加强大。这个时候有可能我们国家出一批乔布斯，对国家功德无量，所以分化并不可怕，可怕的是我们缺乏相互沟通、相互信任的沟通机制。

理解沟通不是变成一个铁板，而是变成一个强大的人的联盟，我们要运动员都是一流运动员，我们要演员都是一流演员，所有领域前列都是中国人，我们在梦想这一天。问题在于在一个大变革的时代信念透支、信任短缺成为现实。现在面对社会碎片化，我们需要通过这种沟通机制，让我们重新凝聚起来，不是让我们消除个性，变成工具，而是让人和人之间形成一种真正的理解信任和共同的信念。其实，信任短缺不是今天，也不只是中国，我们发现世界市场出现，买方市场形成，供需关系变化，带来的是新问题。生产方需要加强沟通，品牌就是沟通，另外，买方（消费者）地位提高，处在一个持币观望的状态，倒逼卖方以买方为中心，组织和发展新的关系，从物质交往和物质流通方面考察问题，能看得更清楚。实事求是地讲，西方有一种社会商业化、所有产品都商品化的趋势，在这种趋势下，我们发现现在什么都可以交易，现代交易最重要的环节是"卖家产品真的可信吗"，我们在追求寻找信任。就行业来说，传播业、传媒业、会展业应该去营造信任的氛围，作为本真、基础、源头、出发点、归宿的直接沟通是非常重要的。

现代传播主要是三个产业：传媒业，广告业，会展业。我比较了广告业和会展业，它们不一样，比较这个就是让大家把握住会展的特点。它们的不同在于沟通方式不一样，营销内容不一样，服务对象不一样，作用机制不一样。首先，我们看沟通方式，广告有赖于媒体或中介，总是隔空喊话，总是免不了一厢情愿，它不知道对方的反响，甚至连对方在不在、在哪都不知道。会展它是一个现场沟通、直接沟通，不可能不知道。其次，就营销内容而言，广告服务于单一商品，而且是单一商品的特定卖点；而会展不是，会展是同类商品，竞争性地展示，你来自由选择，各取所需，尊重你的主观意愿，更把你当成主体，不是改变心智让你买东西。它的办法包括情境互文、人际交流、房间陈列和语言解说等。最后，服务对象，广告基本上针对一个特定的消费对象，一个特定的消费群，它往往是单向灌输。会展不是，它的买卖双方主要是专业观众和产、展商，他们是生产商和经销商，对这样的买方卖方，互相蒙、讲故事是没用的，他要货真价实，有法律保障。

广告的作用机制主要是故事效应，会展主要是聚类挑选。比如，你在展会上看到的自行车规格远远多于市场上的，展会上是全球的，有很多新奇玩意。电影节的时候，能看到几千部电影。作用机制不一样，文化体验也不一样，广告强调更单向度、功利目的的体验，会展更加注重关系、供需关系的建立和发展。会议、展览、节庆、赛事、演出都要努力形成一个关系、利益、兴趣爱好共同体，要形成一批粉丝，它要维护这些人，不能一锤子买卖，它的意义在于重复购买。文化体验更加注重人性化、文化、信任和合作关系。节庆、赛事、演出、主题公园，都是在强化信任。

从现代传播角度探讨会展，现代传播今后会成倍增长，会更加繁荣，但是作为现代传播学的支撑，传播学可能需要发展。希望我说的这些大家能够多想一想，做出适当的选择。谢谢大家！

主持人：谢谢张老师的精彩演讲，下面是提问环节。

听众：老师我有个问题，我在广西上学，对中国东盟博览会了解比较多一些。随着中国和东盟的发展和合作，延伸出了中国东盟戏剧周、中国东盟文化展等一系列文化交流平台。但是有学者说文化博览会是一条流水线的工作方式，主要作用就是刺激当地的旅游，带动经济的发展，对文化传承并不是一个最佳的方式。我想问老师您是如何看待以文化博览会的方式来传承当地文化的现象？

张敏：我们的会展业过去主要是重视展览业，重视经济，现在我们正在走向"五位一体"发展，全方位的关注，包括政治、外交、文化。东盟博览会情况一样，一开始主要关注经济，文化搭台，经济唱戏。而现在有所变化，今后我想文化繁荣、社会整合、政治外交这方面的功能要在经济的基础上进一步发展。目前，东盟博览会是办得最好的之一，但是也存在经济强、其他方面都弱的问题，现在是要加强它的文化、娱乐、政治和外交功能。

听众：老师好，我是来自广西大学的学生，在我看来，展览业在不断地发展，中国的公关行业以及相关展览的跟进情况可能不是特别好，您怎么看？包括您学校的课程设计上，是否重视公关专业的跟进呢？

张敏：严格地讲，会展不是公关。广告、公关、会展大概是可以并列的，但它们相互融合，可以共同服务于一个目标。我本来是从事西方美学研究的，而且已经小有成就了，2003年被安排做会展研究，2004年被派到日本考察他们的世博会，参与了我国的世博会的筹备。尽管我研究会展业十几年了，也有不少的心得体会，但实事求是地讲，我们的会展业存在很多重要的问题，都还没有得到解决，包括一些基础理论，没办法直接支撑我们的会展。比如我们要申请世界杯，要十几个城市群来支撑，规模大、很分散，我们还在研究，但是现在还没有成熟的成果出来，我们在这方面的研究还需要更多地投入，现在还是以投入为主，产出为辅，但是肯定是有前途的。

听众：张老师，您好，我是广州大学的学生，2015年世界互联网大会在浙江举行，全球移动互联网大会在北京举行，前者是政府运营的，后者是一个商业公司运营的。我的问题是由政府运营的展会和商业运营的展会的区别是什么？

张敏：在我看来，会展的各种形式最终一定会有合格的市场主体来操作，以满足市场运行的需要，符合市场环境。从长远来看，会展的市场主体一定是企业，政府会逐渐退出，政府退出的趋势已经很明显了。但是现在我们的企业需要成长，比如说上海，有上百个国际会议公司，但没有一家能和达沃斯论坛的组织者相比。我们的博鳌论坛组委会也只好由政府官员来担任。这是一个巨大的需求和我们满足不了的反差，所以市场起决定作用。我们现在是一方面人才过剩，另一方面好的工作找不到合适的人来做，人才能不能用得上、用得好都是问题。

听众：老师您好，我是来自西安交通大学的学生，现在各地都有性文化方面的展览，这种性文化的会展算不算是会展，它应该按照什么样的方式发展比较好？

张敏：中国有一个性学大师，他研究的是私密的东西，侧重研究性关系，但是我觉得性文化展应该有，包括大学和高中也应该有性教育普及的课程。但是实事求是地讲，目前的性文化展鱼龙混杂，出现了一种迎合低级趣味的倾向；另外一面，我们有很多人在寻找低级趣味。目前，我们有了更多的选择自由，但我们大家没有建立好对那种选择自由的责任观。我认为，性文化展会逐渐成熟起来，但是我觉得我们有各种各样的方式来普及性知识，比如说文学可能更合适。

未来一切皆品牌——关于全面品牌管理的几种思考维度

时间：2015 年 7 月 24 日
地点：上海交通大学闵行校区陈瑞球楼 100 号
主讲人：徐浩然

徐浩然

  徐浩然，博士，江苏省品牌学会会长，江苏省政协委员，远东慈善基金会执行理事长，远东控股集团高级副总裁、首席品牌官，资深传媒人、学者、职业经理人、社会活动家、慈善工作者；著有《文化产业管理》《个人品牌》等十余本专著；曾获中国十大品牌策划专家、中国十大营销策划专家、中国十大企业新闻发言人、中国企业文化管理十佳个人、中国公共关系杰出人士等荣誉。2005 年被江苏省人民政府授予"有突出贡献的中青年专家"称号，2011 年被国务院批准为"享受政府特殊津贴专家"。

徐浩然：尊敬的各位同学，下午好！我是第四次来上海交通大学参加中国传媒领袖大讲堂了。因为这是我和上海交通大学一起合作主办的一个活动，原来我在远东控股集团担任副总裁的时候，和上海交通大学共同发起建立了上海交通大学远东书院，每年暑假都会有一批批传媒学子从全国各地来到上海交通大学学习交流，在此我也代表主办单位对大家的到来表示衷心的感谢和热烈的欢迎！

今天下午我给大家分享一下我对品牌方面的一些思考。我认为所有的传媒其实都是为了打造品牌而服务的。什么意思呢？大有国家品牌、国家的软实力，小有区域品牌或者行业品牌。国家媒体打造国家品牌，区域媒体打造区域品牌，行业媒体打造行业品牌，还有我们的企业品牌、组织品牌等。我认为，所有的传媒包括传媒自身都是为品牌而战斗、而服务的。

我这句话大家看一看很有意思：未来一切皆品牌。什么叫未来一切皆品牌？这个是我创办的中国第一个品牌学会——江苏省品牌学会，省一级品牌学会的广告语，未来的一切，个人、企业都要以品牌化的方式存在。未来的世界就是一个品牌的世界，没有品牌你可能说难以存活、难以立足。所以品牌的事并不是我们做品牌的人把它变得这么高大上，而是品牌本身就是一个企业、一个个人、一个产品存活下去的理由。

我希望在座的各位诞生出自己真正的品牌。当然现在创建品牌的方法与以前不同了，现在品牌创建的方法就是从互联网上异军突起成为大品牌。以前我说中国的产品是供不应求，所以产品最重要，谁能把产品研发出来，谁就获得了市场，从短缺进入市场经济，后来到了供求平衡的时候我们讲销售利益，所以那个时候最流行的一句话，能把梳子卖给和尚的人，能把冰卖给爱斯基摩人的人，就是最牛的营销专家，但是现在营销也没有用。

世界上只有两种商品：一种叫产品，另一种叫品牌，对产品是可以复制的，是廉价的，是用价格战来抢夺市场，这个企业经营策略就是"人无我有、人有我优、人优我新、人新我廉"，最后不一样，你有我也有，你优我也优，人新我也新，你这个水卖两块钱，我只卖一块九，他卖一块八我只卖一块七，最后只能往里加自来水，否则就没钱挣。所以，"人新我廉"的背后应该是"人廉我品"，品牌。

打造品牌第一个指标是三个"一"：第一、唯一和专一。什么叫第一、唯一和专一？实际上品牌是有印象的，消费者认定你是什么样的比你是什么样的更重要。大家记得那两句话吗？消费者认为你是你才是，他认为你不是，你是也不是。所以第一就是说一定要在消费者的心智当中占有一个重要的位置——第一的位置。

有时候我们说做企业不一定要大而全，而应该小而美。所以，说做唯一，做一个别人不愿意做的事情，一直坚持做下去，大家以后创业千万不要光想着我要把企业做上市，做到多大多强。中国在册的企业有多少个，大家知道吗？工商登记在册的企业有1500万个，但大家知道真正上市的有多少家？有2000多家。所以，你们要知道，两三千家企业是多少万分之一左右的比例才能上市，那上不了市怎么办呢？很多企业破产，很多企业都是名存实亡，死火山一个，所以我觉得不要只想着把企业做大。中国缺乏的不是大企业，中国缺的是小而美的企业。小而美的企业本来做得很好，就因为想做大，盲目扩大规模，最终出了问题。企业老板本来很聪明，但后来开100家连锁店的时候，在他豪言壮语、踌躇满志的时候也就是企业最危险的时候。借了钱，用了所谓的资本杠杆开了那么多店，最后还是出了问题。

在互联网时代打造品牌跟以前是不一样的，打造品牌火一个就活一个，特别明显，小米之后另外一个品牌就很难存活。我前天参加国务院国资委的一个活动，是在大唐电信开的，专门给我讲下一个小米新品就要上市了，它走的是中低端的路线，最起码价格是中低端的，那谁走的是中高端？中高端不能按照中低端的营销方式去卖，你看华为它就不这么卖，华为卖的是国产手机里面目前最贵的。我觉得不管是小米手机也好，锤子手机也好，我们都要支持它，支持国货。所以，我就想到一个企业要想自己做个钉子，就要做个图钉。钉子是个什么概念？你要用锤子当当当地敲，但是图钉能用手按进去。我经常讲我希望我做一个图钉不是钉子，因为图钉有个盖，代表着资源整合。客户资源是一种资源，是最重要的资源。我们用互联网的思维叫黏性，你的吸粉的能力有多大，你有多少粉丝，这是资源整合的一种。另外，除了有资源整合的能力之外你还有尖儿，尖儿就是你的专注力，越细越好，只有细，你才能做好，一粗你就变成钉子了，钉子就得使劲地敲。所以我说，要宏观无限大，微观无限小，大到非常大的盖，细到非常细的尖，你才能做出品牌。这是我讲的一。

接下来我讲二，打造品牌的第二种思考维度还需要有"二"的思维，这"二"指的是什么呢？第一，"二"就是我们的有形资产和无形资产的区别。美国西雅图这个城市有两大著名的公司，一家是波音公司，世界最大的飞机制造公司；另一家公司是 Microsoft 公司，这个公司只有一栋小楼。但是它和波音公司相比，哪一家公司更强大一些？从市值来体现，Microsoft 公司是波音公司的好几倍。Microsoft 公司生产什么？什么也看不见，而波音公司在全世界有那么多的工人，那么多的工厂车间，但是Microsoft 公司的市值就是比波音公司高好几倍，这家公司最近还把 Nokia 给收购了。

什么叫品牌企业？当你的无形资产超过有形资产的时候，你才能叫得上品牌企业。人也是这样，有的老板说我有多少个亿，我有多少财富。对不起，你有多少个亿的财富我们不羡慕，我们羡慕的是你对社会贡献多少个亿的价值，你贡献的东西有没有超过个人所得呢？假如你贡献的东西超过了个人所得，你会得到社会的赞誉、人们的赞誉，你这个品牌价值才会超过你的有形资产。所以一个人这一辈子不要把自己的有形资产看得太重要。人这辈子都在积德，你有今天这个位置一定和福有关，你有名也好，你有利也好，你有钱也好，跟你积的德有关，但是福德有几种转化，一种是转化为钱，但是你转化为钱之后就不可能转化为健康，转化为幸福，转化为快乐，转化为智慧。所以人不要太有钱，把一部分的钱，把这种福德转化为健康，转化为家庭的幸福，转化为人生的快乐，转化为你聪明的智慧，这样才是丰满健全的，这就是无形资产。

中国的企业家身上很少有企业家真正的精神。企业家精神其实也是一种贵族精神，我们古代有三大贵族精神的代表，一是屈原，二是陶渊明，三是曾国藩。陶渊明追求的是人与自然的和谐，这就是道家之风华。道家讲的是地法天，天法道，道法自然，人与自然之间如何和谐。而屈原讲的是人内在自我和外在自我的和谐，所以他能做到宁为玉碎，不为瓦全。当我自己的人格不受到尊重的时候，宁愿以死来抗争，这就是用命来守节的人。还有一个是曾国藩，曾国藩是在清朝这样一个满人统治的朝廷里面做到了最高等级的官，他尊崇的是儒家的精神，追求人与人的和谐，人与人的和谐就是君君臣臣父父子子，尊天命，讲礼义廉耻信温良恭俭让。《曾国藩家书》很著名，里面就讲了八个字，"自利利人，自达达人"。自己要发达让别人先发达，自己要获利先让别人获利，这种是最高的情商。三种人，三个代表，可是现在我们中国企业家中有多少人有这样的气节，有这样的情操，有这样的境界？几乎没有。

我说品牌应该资本化运营。品牌这个东西并不是一个虚的东西，也不是一个长远的东西，而是一个立马就能变现的东西，有三种模式：第一种模式叫品牌授权，品牌授权就像我们说的麦当劳、肯德基，包括很多的连锁店，这些都叫品牌授权。第二种模式叫品牌托管，这个模式是我创造的。很多企业队伍的人才严重缺乏，那是不是每个企业都要请一个像我之前担任的首席品牌官这样的角色呢？那不可能的，一个是首席品牌官现在的身价仅次于CEO，因为首席品牌官CBO，Chief Brand Officer，相当于企业CEO的角色，因为企业最重要的战略就是品牌战略，那请不动而且请不到怎么办？同学们现在学传媒，学传媒的人如果改学品牌，你们知道你们的身价会增加几倍？有没有想过这个事？我告诉大家，传媒现在都在裁人，我原来干了那么多年的传媒，无论是纸质媒体还是电视媒体，大部分都在裁人，可能有些好的互联网媒体还在招人。但是做品牌的到处都在缺人，有好几个千亿的企业、百亿的企业都没有找到合适的首席品牌官或者品牌总监。有些企业在四五年前就跟我要人，说徐老师你不是品牌学会的会长吗，那你能不能给我推荐一个品牌总监？我说我推荐可以，但是人家年薪不低。他说多少钱吧？我说好一点的品牌总监一年100万元吧，他说100万元不算什么。他们是上市公司，中国装饰最大的上市公司。我说你为什么要给这么高？他说我招了三年都没招到一个合适的，急需这样的人才。现在，有多少学校开品牌课呢？有多少学校有自己的品牌专业品牌系？所以，我在中国成立了第一个品牌学会，我还想再成立第一个品牌学院，现在有品牌研究院，我也兼任了几个研究院的院长，但是没有品牌学院，从本科硕士到博士都没有这样的品牌专业，现在只有品牌方向，但是没有品牌专业。以前我带的硕士、博士他们研究品牌我很高兴，专门研究企业家个人品牌如何打造，研究品牌的价值怎么评估，这些都很有意义和价值。

我跟大家讲，现在缺什么人才？品牌人才。中国严重缺，现在中国大部分老板都意识到品牌多么重要，但是，对不起，谁来做？人在哪？找不到人。学法律的，学会计的，学财务的，学营销的大有人在，但是学品牌的很少。那营销人才能做品牌吗？我的答案是No，不要把品牌等于营销，不要把营销等于广告，现在很多人都说品牌可以营销，让营销人才做品牌，错！营销只是品牌的一个环节，我讲品牌有九个环节。品牌前：第一个环节是市场调研，第二个环节是品牌的定位，第三个环节是品牌的研发。品牌中：第一个环节是申诉，第二个环节是渠道，第三个环节是传播。品牌后：第一个环节是售后服务，第二个环节是客户满意度调研，第三个环节是反馈性能。只有这些环节都具备了才叫品牌，所以做营销只是1/9。营销当中又分广告式营销、活动式营销。广告式营销又分电视广告、平面媒体、互联网等，其中电视媒体又分央视媒体，像我是央视媒体广告顾问，还有地方级媒体。而地方媒体又分一级卫视、省级卫视，分类等级卫视又往下分是黄金时段还是次黄金时段或是垃圾时段。所以营销这些都是品牌的末端。

产品生产出来就歪了，你一个歪瓜一个裂枣，卖给谁？这个就涉及前端——谁生产，为谁服务，所以真正做产品做得好的，大单品做得好的那些产品经营人，其实都是具备高度的品牌智慧，就像雷军这样。但是他也曾经失误过，他以前煞费苦心做金山软件，最后被一个人用免费的装置给他干掉了，这个人叫周鸿祎，把所有的杀毒软件通吃了。软件做不好，他就做硬件，但这只是现在，未来怎么样不好说。苹果为什么能做那么好？它是软硬通吃，软件是它做的第一个系统，已经成为一个平台，同时它硬体也做得很好，手机做出了智能手机最高端的水平。所以我们说互联网企业有三类：第一类是做入口的互联网企业；第二类是做平台的企业，像360，像携程这都是平台类企业；第三类就是生态类企业，中国只有三家，就是BAT。所以我们说品牌的托管，怎么样找到最适合的品牌经营人，现在严重稀缺。做一个品牌人要求特别高，你要有企业家一样的视野、经理人一样的操守、市场营销人员的那份执着，还要有学者般的坚守，很多很多，十八般武艺都要具备，你才能成为品牌人才。

在品牌授权和品牌托管外，第三种模式叫品牌交易。上海已经有中国第一家非常高端的品牌交易中心，因此诞生了中国第一家品牌银行。品牌银行干什么呢？以前我们说银行只是嫌贫爱富的，你到银行去贷款永远只能拿不动产，因为房子你带不走对不对，土地也带不走，设备都一样。但我们很多企业，包括互联网企业、文化传播企业等没有房产地产，那它怎么去银行拿到钱？但是只要你有一个商标，有一个有知名度的商标，你就可以拿到银行贷款，这叫质押。银行以前都是不接受的。因为第一，难在怎么评估，你这个品牌值一个亿还是值一百个亿谁说了算？但现在好了，由国家标准评估。第二，假如这个企业出问题，要是倒闭了我这个东西卖给谁？现在没关系了，有品牌交易中心。这个品牌交易中心设在上海浦东，上海文教所下面的品牌交易中心，有三大业务板块。品牌交易不光是商标的交易，也有分红权的交易。

现在我们讲最后一点，就是我们打造品牌需要三个内涵：第一个内涵叫作品质，为什么我把三鹿奶粉作为品质标志性的一件事呢？是因为2008年本来中国做得最有品质的一件事，举国之力做的一件大事是成功地举办了奥运会，中国在全世界人民面前树立了一个高大上的形象，奥运会主席罗格都说这是一次无与伦比的盛会。但是9月份就出了三鹿奶粉这一事件，让中国的国家形象涨停后又迅速跌停。三鹿奶粉，一个企业影响到了国家整体。所以到现在中国的食品、药品在外国是看不到的，因为没有人去相信。我们到泰国、到印尼去旅游，人家讲我们这里绝对没有掺杂三聚氰胺。连印尼、泰国都这样说，我们不像你们中国买到质量这么差的食品、药品。可见，这种事情对我们的国家形象的破坏力有多大。因为它只有品牌而没有品质，三鹿奶粉当时也是中国驰名商标、中国名牌，但是有什么用？没有用，因为它不知道什么叫品质，品质的质就是质量的质，质量是让我们的消费者得到最大的信心的保护。最终，这个中国著名的品牌顷刻之间就倒闭了，抓了好多人。这说明了品质的重要。

第二个内涵叫作品格，格局的格，做品牌要有品格。格局就是你的使命、价值观、愿景，一个企业要是没有使命、没有责任、没有价值观、没有愿景，就不可能长久。我们远东书院的冠名商赞助商——远东控股集团，我之所以在离开传媒以后选这家企业工作，是因为这家企业最吸引我的一点是它是中国安置残疾人最多的一家企业，这个企业一共安置了2000多个残疾人就业。2008年就因为我们肩负的社会责任，董事长蒋锡培成为CCTV年度经济人物。我曾经写过一篇文章叫《企业的社会之责和社会之任》，何为"之责"，就是基本的义务叫责，就业、纳税、环保，这都是基本职责，这是应尽的义务，"之任"是什么呢？是社会没有要求但你自己给自己附加的要求。所以慈善不是义务，我们不要求每个企业都去做慈善，一个企业能把人的就业安顿好，能把国家的税收都掏够，能把环保做到没有瑕疵，这已经很了不起了。但在中国，有的企业这些事都没做好，就去做外面的那些事，为什么？为了获得所谓的社会关注。

我们做慈善是踏踏实实的，因为这些残疾人非常艰难。中国有多少残疾人你们知道吗？国家登记在册的有8300万人。但其实还不止，因为很多小的残疾就不去登记了，加起来差不多快1亿人，也就是说十几个人当中就有一个。但没人去管他们，他们的就业或者创业都是个大问题，所以我们企业就成为中国安置残疾人最大的一个企业，我们企业是有品格的。所以当年我获那个中国慈善奖的时候，别人问我有什么获奖感言，我说没有什么获奖感言，就想说一句话，请不要叫他们"残疾人"，我们应该叫他们"身障人"。我接待台湾郭台铭先生创办的一个基金会——若水基金会，名取自"上善若水"。他创办这个基金会的时候就没有叫这部分人是"残疾人"，而是"身障人"，因为他们和正常人是一样的，只不过身体有障碍。我觉得这个词要更文明。我在全国两会上也提案，我说最好把这个名字改过来，不要叫他们"残疾人"，而应该称他们"身障人"。这是进步的一个词语，因为残就是缺，疾就是病，其实不是好词，而"身障人"这个词语更文明。

所以我希望做品牌有品质、有品格，有品质让别人信赖你，有品格就是让别人尊敬你。

第三个内涵叫作品位，座位的"位"，就是做任何一种品牌都要传递一种美。我们在追求商业美学。你看看中国的橱窗和外国橱窗的区别，外国品牌的橱窗美在哪？虽然前两年奢侈品行业发展有点下滑，但是为什么国外的奢侈品会卖得那么贵？卖出它原材料上百倍的价值，它的这些价值是怎么制造出来的？这些都值得我们思考。我们可以看到，国外奢侈品店的橱窗布置，为什么这么大的橱窗里就放一个包包？按照中国老板的思维逻辑，我可以放20个甚至30个包包，这代表着我的种类齐全、琳琅满目。可是国外奢侈品店人家不要适合顾客，人家要顾客适合它。这叫贵族思维。我们的企业老是去适合消费者，我们不知道如何去引领消费者。大家看国外奢侈品店布置那么多射灯是干什么用的？难道一个灯还照不清楚吗？这些灯都代表着什么？如果这个包包是主人的话，这些灯就是它的仆人，一个主人的身价是由仆人的多少来决定的。

今天就到这里，用了2个小时的时间和同学们分享关于品牌的一点思维方式，应该说只是蜻蜓点水，可能只能管中窥豹，还不能讲到一个全豹。所以希望给大家留一点思考，希望在打造品牌的路上同学们都能够同行，让你们成为中国最优秀的品牌人，让更多找不到品牌人的企业因为你们的参与而成长，让更多的一百强品牌诞生！

谢谢大家！

传媒经历·成长分享

与大师在一起——寻找人生的智慧

时　间：2015 年 7 月 23 日
地　点：上海交通大学闵行校区光彪楼 1 楼多功能厅
主讲人：郑贞铭

郑贞铭

　　郑贞铭，先后担任中国文化大学新闻系主任、新闻研究所所长、社会科学院院长；台湾师范大学、辅仁大学、淡江大学等校兼任教授；《香港时报》董事长、英文《中国邮报》副社长兼总编辑、台湾大众传播教育协会副理事长兼秘书长。台湾政治大学新闻系及新闻研究所第一名毕业。致力于新闻教育近五十年，有"台湾传播学之父"之美誉。曾荣获"中兴文艺奖"、"五四文艺奖"（台北）、"新闻教育终生成就奖"（纽约）、"美国新闻教育特殊贡献奖"（纽约）、"文化交流贡献奖"（香港）。著有《新闻原理》《新闻学与大众传播学》《新闻采访的理论与实际》《世界百年报人》等 30 余种学术著作；另有《岁月的笔》《热情老师天才学生》《无爱不成师》《桥》等随笔散文创作。

主持人：今天我们非常荣幸地请到了郑贞铭老师来为我们做精彩的演讲。郑老师致力于新闻教育近五十年，有"台湾传播学之父"之美誉。先后担任中国文化大学新闻系主任、新闻研究所所长、社会科学院院长，台湾师范大学、辅仁大学、淡江大学等校兼任教授，《香港时报》董事长、英文《中国邮报》副社长兼总编辑、台湾大众传播教育协会副理事长兼秘书长。曾荣获"中兴文艺奖"、"五四文艺奖"（台北）、"新闻教育终生成就奖"（纽约）、"美国新闻教育特殊贡献奖"（纽约）、"文化交流贡献奖"（香港）。著有《新闻原理》《新闻学与大众传播学》等30余种学术著作。掌声欢迎郑贞铭老师！

郑贞铭：各位老师，各位同学，今天我非常高兴又重新回到我们中国传媒领袖大讲堂。从第一届开始，我先后来过四届，去年因为我在台北有重要的事情没能来参加，今天我是专程为了参加本届中国传媒领袖大讲堂赶过来的。

我在30年前，两岸开始交流的时候，就已经来到了大陆，那时候是中国广播电视部邀请我。我在美国的恩师谢然之教授是一位非常了不起的、新闻界非常资深的人物。国民党的陈诚将军在担任台湾省政府主席时，让谢然之先生担任台湾第一大报——台湾《新生报》的社长，后来他在台湾被称为"新闻教育之父"。为什么有这样的美誉？台湾最重要的三个大学的新闻系全部是由谢然之先生创办的，他都是第一任系主任。第一个是政治作战学校，当时校长是蒋经国，办的新闻系请他担任系主任。第二个是政治大学在台湾护校办的新闻系，第一任系主任也请的谢然之教授。第三个是1963年，中国文化大学创办新闻系也请他担任系主任。

你们现在知道的台湾世新大学当时还只是一个职业学校，当时台湾还有一种舆论，说应该把世新大学停掉，培养现代新闻记者，职业学校可以培养得出来吗？后来世新大学发展为专科学校，但把它关掉的舆论仍然没有停止。"教育部"那个时候就成立了5人委员会，我是其中的委员之一。我们讨论了很多，最后向"教育部"提建议，"教育部"说你们这个小组怎么建议我们就怎么做。我们说，陈志伟先生，一位杰出的了不起的报人，他的理想是办报。但那个时候台湾不能办报，办不成他就去办新闻职业学校，他为了创办世新大学，非常辛苦，有很大的理想，我说他辛辛苦苦办的一个学校，如果你把它停掉，他情何以堪？但是同时我们小组提出一个要求，世新大学如果要升格，陈志伟先生必须要把银行里的存款拿出来用于教学设备置办，用在学生身上，增加师资。陈志伟先生过世后，他的女儿陈嘉玲，即世新大学现在的董事长，她同意了。于是世新大学才改革为学院，后来再过几年学院又升格为大学。谢然之老师也参与了世新大学的创办。

我昨天到上海书局去买书，突然发现一本张闻天先生的书，我很好奇，马上买了，今天早上在家还在看。张闻天过去也做过共产党的主席，我对他了解不多，可是我知道他做主席的时候，他的秘书长就是谢然之老师。今天一大早我就看了几个钟头。

我讲这些闲话是为了告诉各位，为什么今天我会换了一个题目，我不再讲什么新闻传播，我今天想给各位讲的题目是《与大师在一起——寻找人生的智慧》，里面一定会提到好几个我们新闻传播界的前辈，基本上寻找人生的智慧是以我个人的一生经历，我所经历的事情，我所受到的教育，所获得的智慧来让我度过非常快乐充实的一生。也许这个过程，有些智慧，各位可以借鉴，可以参考。我非常幸运，我一生每个阶段都遇到贵人，贵人都给我智慧，而我也算一个很用功的学生，我对这些贵人，对这些老师，对这些长辈给我智慧的教育都敬谨接受，我都很忠实地照着这样的教育去过我的日子，过我的人生。所以我今天要讲的题目的内容基本是展示我个人寻找人生智慧的一个过程，以及我每个阶段所遇到的大师们给我的智慧。我希望用我这一生的智慧给同学们以启迪，作为你们的参考，你们现在正是最年轻有为的时候，你们未来的日子还长得很，在未来日子的每个阶段，你们就看看我在这个阶段是怎么过的，得到什么样的智慧，开启你们的人生。

我今天为什么要找这样一个题目来向各位报告？大家知道今天是一个信息发达的社会，但是今天也是一个信息放荡的社会。今天的信息这么发达，可是却又众声喧哗，你要避免自己掉进信息的泥沼里面去，你要有智慧，如果你没有智慧，你没有办法做出智慧的决定、选择。诚如我们中国有一位非常优秀的宗毓华小姐，在美国电视台做主播。有杂志采访她："宗小姐，你认为在今天这样一个信息发达的社会，你有何评论？"她说了10个字："信息虽发达，知识却贫乏。"信息发达并不意味着知识发达，所以信息虽然很发达，真正的知识却很贫乏。这是20年前我在美国的时候，在 *Time* 杂志上看到的对她的专访，我印象非常深刻。我觉得这个女孩子真是有智慧，能够说出这样的话，能够警惕到今天信息的时代一方面带给我们很多方便，可另一方面也带给我们很多问题。所以，信息并不表示知识，信息更不是智慧，知识不一定是智慧。人一定要到最高层次才会懂得什么是智慧，而不是在这个放荡的信息的泥沼里面掉进去拔不出来。我现在要开始将我自己在人生每一个阶段所受到的智慧讲给各位同学做参考。

我是出身非常贫寒的青年。在我8岁的时候，我跟着妈妈还有我的兄弟们到台湾去。我父亲很早就过世了，是外祖公把我们带过去的，我妈妈带着我们6个孩子在台湾讨生活。你们知道在台湾早期，20世纪世界大战末期，美军轰炸台湾，把台湾轰炸得一塌糊涂，民不聊生。所以我们到台湾的早期是非常辛苦的，我又没有父亲，妈妈带着我们6个孩子在那边如何过日子？我现在回忆到小时候的这段时间，印象最深刻的就是我大姐常常跑到很远的地方挑水，挑回来我们家才有水喝，要到很远的地方去砍柴，砍回来我们才有柴火烧，才能煮饭，这个我印象非常深刻。我在童年时候最大的记忆是我大姐常常讲的两句话——"弟弟，我们家米缸过三天又没有米了"。我听到妈妈在隔壁房间哭，等大姐出来我问她，妈妈为什么在里面哭，她说，"妈妈又在发愁你下学期的学费筹不出来"。这些都是我童年最深刻的记忆，可是我妈妈从来不把她的痛苦告诉我们，她给我们的教育奠定我今天对童年最美好的回忆。我今天把我妈妈给我的智慧归纳为几点，很重要的几句话，跟各位同学报告。我妈妈说："与不熟悉的人分享是缘分，与熟悉的人分享是幸福，所以我们要爱，不但要爱熟悉的人，也要爱不熟悉的人，你跟他能够相逢就是缘分。"妈妈说我们人生有三件事是不能等待的：第一件事是读书，读书是不能等待的；第二件事是尽孝，尽孝是不能等待的；第三件事是行善，做好事是不能等待的。这些都是妈妈给我们的智慧，让我们在人生旅途中有很深刻的记忆。所以，我想到南开大学创始人张伯苓先生说的一句话：英雄不怕出身低，美丽的鲜花不妨是由粪水浇出来的！金克木先生也说：多少的夫子出寒门。我很有志气，因为妈妈给了我们很多人生第一步的智慧。

到了小学，我读的是台北最好的一所小学——国语实验小学，碰到了一位好老师，叫张书林老师，他每天上课就拿一本意大利的名著《爱的教育》，每天讲故事，我到现在还清楚记得每天我去上课，却感觉怎么一下子就下课了！怎么这么快就下课了！因为爱听他的故事。你们读过意大利这本名著《爱的教育》的话，你们知道里面充满了爱的故事，每篇都很动人，所以我非常感激我小学时代的老师张书林。有一位现在国际上相当著名的作家叫聂华苓女士，她过去是大陆的中央大学毕业的，后来她到了台湾，很委屈地到中学里去教英文，教到我这一个班。她现在在美国，和美国一位大作家合作国际写作计划，很多作家应邀到他们那边去研究文学、研究写作，造就了很多人才。台湾还有一部她的电影在演，是聂老师写的一本书《三生三世》。我在文学和英文上的兴趣都是聂老师给我的启发。我到了高中就碰到一位很严很严的老师叫作陈介石老师，一天到晚要我们背《古文观止》，背那些中国古文学，第二天就要背，不背就要被打手心。

慈母式的老师和严父式的老师我都遇到了，而且这些老师给我不同的智慧。所以我今天对教育、对人生有一点点我自己的经验跟看法，都是得自于这些老师，还有妈妈给我的智慧。这是我要跟各位讲的我人生第一个阶段，从我出生到20岁这个阶段大概所得到的智慧的重点。

我的家族大概每两三个月就要聚会一次。聚会的时候我会请一些很杰出的人来给他们讲一些专题，讲完后全部家族的人聚会，所以我们的亲人非常亲密，互动很多。这个智慧我是从曾国藩的家书里学到的，曾国藩的家书谈到他的家庭和儿女。所以有时候我碰到大陆的青年，我心里会有很深的感触，因为大陆地方很大，很多同学离开妈妈离开家，一出来念书、做事，有时候一年只能回家一趟，还很辛苦。我就觉得很无奈，那么亲的家人，你一年只能碰一次，这不是太少了吗？所以，我办了这个聚会，是受自于曾国藩先生给我的智慧。

我还办了一个"二十四贤社"，我在大陆和台湾各选了12个青年，跟我有缘认识的12个青年，在台湾成立一个"十二贤社"，在大陆我也成立了一个"十二贤社"。我跟他们尽可能地聚会，至少两个月聚会一次，在台湾会比较多，也会请很多人来给他们上课，讲专题，推荐很多好书给他们看，大家讨论这两个月的学习心得，他们都很有感情，都变得非常优秀，大陆也一样。刚才说两岸交流我已经来过30年了，我到美国见到谢然之老师，他92岁，那个时候大陆刚刚开放，他给我讲一句话，我终身践行老师给我的教育，他说："贞铭，你要知道，两岸交流是历史的契机，你回想50多年前两岸的紧张情势，我们还愿意过那样的日子吗？今天有机会两岸可以交流了，这是历史给你的机会，所以你一定要把握住这个机会。"谢老师说："我现在已经92岁了，无能为力了，我的体力不行，你这个年龄正好，要勇敢地承担起这个责任。"所以我从那个时候到大陆，到现在为止，我访问过的，演讲过的，开过座谈会的大学至少有100多所。我在大陆认识很多教授，很多年轻的好朋友，都变成忘年之交，我们经常联系。我把这当成我的使命。所以我在大陆每个地方都认识了很多年轻人，我们也常常见面。

大陆，我很依恋，我也很珍惜跟大陆年轻朋友结下的缘分。上一次我在复旦大学讲课结束后，有一个同学跑过来说，郑教授，我将来能不能给你写信，跟你结缘？我说可以啊，他就要了我的名片，他也给了我他的手机。他昨天专门跑来找我，给我的感触非常深。他19岁，非常懂事，谈问题谈得头头是道，很有见解。我看了这种非常有才华的年轻人，真的非常非常喜欢他们。虽然他只有19岁，但我们沟通得非常快乐，非常愉快。

对于"十二贤社"，我为什么有这样的构想？是因为我受了梁启超先生的影响。梁启超先生当年在湖南讲学，收了40个徒弟，每天亲自教他们，亲自批改作业，晚上学生写的东西要改到一两点钟才睡觉。但他都是提倡一些新思想，所以当时湖南不允许他再待下去，要把他赶出去。有一天晚上，40个徒弟到江边给他送行，其中有一个年纪最小，十六岁，姓蔡。梁启超先生说，我们师生两年，今天要分开了，我很舍不得你们，可是我也没有礼物送给你，我现在看看，我发现你那个名字还不够好，我就送你一个名字吧，作为我们临别的礼物。这个16岁的小孩，梁启超送他名字的是什么？你们有没有人知道？这个年轻人就是后来云南起义的蔡锷将军。

我自己一直有个信念：英雄出少年。我在大学教了53年，我现在还在教，我现在还在文化大学研究所上课，我跟别人讲，我在大学上课教书，有不一样的想法。我的想法是我到大学来是来开人才矿的，我相信大学里一定有很多人才，我不是来开金矿银矿的，我是来开人才矿的，我来发掘优秀的青年，发掘人才。今天我的学生，不夸张地说，真的是遍及世界，包括台湾媒体界什么报社社长，什么电子公司总经理，很多都是我的学生。我刚刚讲到19岁复旦大学那个孩子，他告诉我他学习成绩不是最好，可是我看他谈话的内容跟他对问题的剖析头头是道，口才也很好，仪表也很好，在我心目中，这是人才，这就是有希望开采出来的一个人才，这是我的信念。我对"十二贤"，我说人生十帖，你要把握你的人生，你要记住这十帖，人生最重要的，你要去掌握去领悟。

我开始要讲到我的第二个人生阶段。我进了政治大学新闻研究所，开始受到大学教育，这是我人生智慧的第二个阶段。我非常幸运这个时候碰到许多大师，中间给我影响最大的是我们那时候的系主任王洪钧教授，他是从美国密苏里新闻学院回来的，他对青年充满了热情。在他23平方米很小的家里，每个礼拜都挤满了学生，我就是其中之一。他的才华是非常高的。他那个时候做记者，采访了胡适之先生、于右任先生，他都受他们很大的影响，立志要做一个中国的现代的新闻记者，所以那个时候他的才华很被赏识，在政大做新闻系的系主任，没到两年就被台湾"教育部"请去做"文化局"局长，做"高等教育司"的司长，掌管全台湾范围内的高等教育。可是他那个时候写了一篇文章，题目叫作《青年接棒运动》，他在文章里认为，国家要有希望，就要培养青年，要鼓励青年，要让青年接棒，不能老是你们这一批老人家霸占着位子不让青年们出头。所以他写了这篇《青年接棒运动》，结果把一些在政坛上很有势力的老人家得罪光了。所以他的"文化局长""高教司长"的职务全部被免掉了。所以王老师那个时候常常给我们讲一句话，他说："贞铭，我是政治的孤儿，我希望为你们青年争取机会，可是我没有很雄厚的政治背景，没有人声援我，所以我一提出青年'接棒'，他们就认为我在煽动青年'抢棒'，所以我是政治的孤儿。"王老师后来就终生从事新闻教育。他在这个阶段给我最大的智慧就是这句话，"君子立恒志，小人恒立志"。君子跟小人就这么不同，君子只要定了一个志愿，我就一辈子为了我这个理想志愿去奋斗，立的是一个恒志，而小人就是一天到晚立志，立了不到三天又变了。王洪钧老师这句话给我非常非常大的影响，给我这个智慧"君子立恒志"，我一生受他的影响很多。王洪钧老师有一次写信给我，中间有一句话，他说："一个人最根本的当从抱负着手。若为了个人荣辱、顺逆之境皆无意义，应该以'为天下师为志'，则胸襟自然开阔，气度自然不凡，力量自然产生。"这段话的智慧我终生受用。王洪钧教授在台湾也是很重要的一位新闻界教育的领导者。这是他跟王师母在旧金山招待我，我们在餐厅门口照的一张照片。后来王老师很不幸在旧金山突然心脏病过世，我从台北知道这个消息，立刻买了飞机票第二天就赶到旧金山去，送老师最后一程。这是我跪敬王老师的一个镜头。我现在想，如果那一天我没有做这个决定，赶到旧金山送老师最后一程，那我一辈子都于心不安。所以这张照片是非常有纪念意义的。

我有 54 本著作，这本是我很早期的，叫作《新闻采访的理论与实际》，这本书在台湾到现在都还在卖，畅销了几十年。那我为什么要秀这本书，给各位同学看看这本书的序言，我把王老师给我的教育写在了这本书的序言，就是刚才念的这一段话，以"为天下师为志"，不忘老师的教诲。王老师让我体会到一个很重要的人生目标，我个人也同样信仰这句话，他说机会是最好的馈赠，我们若是诚心诚意地喜欢一个人，就应该给他机会，发挥的机会，表白的机会，去爱和被爱的机会，展现自己、肯定自己的机会。所以我再告诉各位朋友你一生最应该感念的人是谁，就是给你机会的人。我昨天晚上跟那位 19 岁复旦的学生在一起吃饭聊天，我讲到这段话，我说现在很多父母不知道，以为给钱就可以了，给钱并不是最好的爱他的方法，而是鼓励他，给他机会，让他去发挥。钱只是单程的，不是双向的，所以如果你爱你的孩子，不是说无穷尽地给他钱，你以为给他钱他就满足了，这不是最疼爱他的方法，而是鼓励他，给他机会。这是王老师在我 20 岁到 30 岁这个阶段给我的影响重大的人生智慧。

后来我念政治大学的新闻研究所，我的所长叫曾虚白教授，这是台湾新闻界顶尖的人物，他活到 100 岁。他那个时候在上海办《大美晚报》，非常畅销。那个时候上海流行一句话，"《大美晚报》，吃饱睡觉"。你不看他的晚报，你晚上就睡不着觉。可是后来为了抗战，他牺牲了他自己的事业，他为政府做国际宣传工作。那个时候他知道我们中国要跟日本抗战，凭我们自己的国力是不够的，一定要争取到很多国际上对我们同情的力量，所以他决心去做国际传播，国际宣传。

我相信各位都知道宋美龄女士去美国国会的演讲，那是非常关键性的一次演讲，美国国会议员在下面听，听完之后全部起立向她致敬鼓掌，从此人家才知道原来你们中国在进行这么一场如此艰苦的值得我们支持的一场战争。过去的国外都是重欧轻亚，东方这边的事情他根本不理你也不睬你，也不会支援你。所以我这几天在电视上看到抗战八年的纪录影片，不管是淞沪战争，武汉战争，台儿庄大捷，南京大屠杀，看的一幕一幕真是惨不忍睹，那苦难的日子，日本凭什么能来侵略中国？可是我们没有声援，曾虚白老师就是牺牲了自己的事业。你们知道过去中国在国际上的形象是什么吗？为什么会有这个形象？那个时候中国在国际上的形象就是抽鸦片的瘦弱不堪的东亚病夫，女孩子都是裹着小脚。你们知道为什么会有这样的国际形象吗？我们在民国 13 年之前，没有自己国家的通讯社，我们所有的新闻都是由日本的共同社发到全世界的，那个时候日本就已经准备要侵略中国了，所以它先丑化中国的形象，我们没有自己在国际上发言的舞台和声音。这些年大陆很知道这些事情的重要，就是话语权。

曾虚白老师了不起，他 92 岁开始写回忆录，写到 96 岁，他有一阵子身体不好，医生不准他写，他说你不准我写，我活着干什么，我的生命没有意义。后来医生看他的病况有改进，就说好吧，我同意你写，可是你一天不能超过 1000 字。因为写回忆录是一个很伤神的事情，你要想到过去很多很多。有一年大年初三我去他家拜年，我印象非常深刻。曾老师那时候 95 岁，他看到我，拿出一张稿纸，摊开，手上比着这么一个动作，老人家就像孩子一样，好可爱的一个动作。他说："贞铭啊，我告诉你，我现在瞒着医生每天写 2000 字。"那一幕我印象太深刻了。曾虚白老师写到 96 岁写了 60 万字，得了很多奖，他把所有奖金拿出来成立曾虚白基金会，现在台北有一个很重要的奖——"曾虚白新闻奖"，这个奖在台北就像普利策奖在美国一样。所以他们都是树立典范的人。他作为中国广播公司副总经理，当时有一个节目《谈天下事》，每天他自己写稿自己播，十九年如一日，这样亲自写亲自播的节目播了 19 年。记者问他："你做过'新闻局'局长，做过广播公司副总经理，做过'中央通讯社'的社长，做过政治大学新闻研究所的所长，办过《大美晚报》，做过国际宣传部的副处长，这么多的职位，你觉得什么事你最得意最光荣？"他说："那些职位都没有什么，我就是个记者，我一辈子都是中国的一个新闻记者。"这个记者精神对我们启发非常大。所以这个真的是所谓"精师""仁师"，他本人站出来就是一个典范。

我当兵做早期军事记者的时候，每次我从松山机场出发去金门采访，"国防部"准备了破烂的飞机送我们去，且要求我们都要在松山机场签个名，意思就是说如果这个飞机出任何事情跟"国防部"无关，所以我们那个时候到前线去采访，心中都有一种"壮士一去不复返"的心情。当时，蒋经国先生最重要的一位干部叫王升，他是国民党上将。他有一次请我跟毛树清教授去金门做巡回演讲，飞机飞到一半，发现不明飞机，结果不敢飞去又折回来。你们知道蒋经国一生有两个最重要的学生，蒋经国做过中央干部学校的教育长，他第一届有两个最重要的学生，一个叫作李焕，另一个是王升。李焕也是我的老师，我等一下会提到他。

我从出生到我研究生毕业，这些经历和老师给我的智慧，到今天为止，我还是非常相信下面这几句话：天道酬勤，一个人要努力，要勤快，老天爷都会帮助他。我也相信疾风知劲草，路遥知马力。一个人要经得起考验。我也相信，士为知己者死。能够栽培你的人，赏识你的人，教育你的人，就是你的知己，我们要报答。所以，剧作家曹禺先生讲过一句话，他是作家，应该死在写作台上。台湾一个很有名的民俗专家，林衡道教授，他说过一句话，他说："我像一只垂死的天鹅，坚持动到最后一刻。"很多好朋友问我，你这么大年纪，干嘛要那么辛苦，到处去办大师讲座。我说我就是林衡道的这个想法——一只垂死天鹅要舞动到最后一刻，贡献到最后一刻！

我真正从事新闻教育，是从 26 岁开始。我在政治大学新闻研究所以第一名毕业。我的老师王洪钧教授，要留我在政治大学，我也愿意，我说应该要为母校服务。可是这个时候刚好张其昀先生在台北创办了一个新的大学，叫作中国文化大学。他请我的老师谢然之教授做系主任。那个时候谢老师是国民党中宣部的部长，又是新生报业的董事长。他说没有时间。张其昀先生告诉他，我们要借助你的声望，我们知道你很忙，没有关系，你去找一个年轻人，一个你赏识的年轻人，让他到这个系。谢老师就让我去文化大学。文化大学我也很憧憬，因为张其昀先生是非常了不起的一个教育家，他在台湾做过"教育部"部长，也做过国民党改造委员会的秘书长。那时候蒋介石在台湾重新整顿国民党，改造委员会请的第一个秘书长就是他。他过去是浙江大学文学院长，非常了不起的教育家。我对他的创校理念非常认同，我也很愿意去尝试这个新的创业，所以后来我说我没有意见。你们都是我的老师，你们认为我应该去哪个学校，我就去哪个学校。我留在政大可以，去文化大学也可以。后来我去了文化大学，为什么？因为谢老师是王老师的老师。所以王老师说："既然谢老师要你去，那我们尊重他吧。我们政大想留你也留不住，那你就去吧。"所以我就到了文化大学。我一待就是53年。在文化大学，我创办新闻系，创办广告系，创办新闻研究所，创办新闻传播学院，所以文化大学的新闻传播学院可以说是我一手创办起来的。我把所有时间都拿来讲文化大学这一段可能都不够。因为事情真的太多了，有太多可以讲给你们听的故事，但我今天并没有那么多时间。

我第一届碰到一个学生叫高信疆，你们喜欢文学的同学可能听过这个名字。这个人在台湾被称作"纸上风云第一人"。他也被列入这本百位大师里，是我的学生。在他大一的时候，我规定学生要做个作业，结果他在作业最后写了两句话，他说："老师的冷漠是我们心灵永远的痛。"我看到这句话，我整个人震撼到了。我说一个19岁的孩子，怎么会写出有这样思想的句子呢？我就想，这些孩子进了大学，对我们大学抱有多大的期望。今天，你作为一个老师，你对学生没有热情，学生所有的火焰就被你熄灭了。我们怎么对得起学生，怎么对得起家长，家长把他的孩子的未来托付给你。我那时候20多岁，在看到他那句话之后，我发誓，我要做一个热情的老师。当然，我后来也对少数不是那么用功的学生反问了一句话，我说："老师的冷漠是学生心灵永远的痛，那么你们学生的冷漠是不是我们老师心灵永远的痛呢？如果我真的给你热情，你有那么大的热情认真学习吗？你也这么冷漠啊，同样也给我们心灵永远的痛啊。"所以那时候我写了一本书，书名叫作《热情老师，天才学生》。这本书是畅销书。后来福建教育出版社把我这本书出了简体字版。

在文化大学的 53 年新闻教育中，我的创意非常多。我 27 岁当系主任，当时是台湾最年轻的。我就想我可不可以跟密苏里大学新闻学院谈合作，每年交换学生。让别人看来这有点儿痴人说梦，因为密苏里大学新闻学院是百年名校。可是我竟然勇敢地跟院长讨论，没想到竟然同意了。所以文化大学在那时候就跟密苏里建立了密切的关系。我每年送学生出去，作交换学生。那些学生现在在台湾都是电视公司的总经理、董事长，已经非常成功了。所以我觉得年轻人都要不断地勇敢尝试，不要怕失败，而且不断地去创业，不断地实行。我也曾制定一个制度，叫作每周召集演讲。每个礼拜一定请一个新闻界重要的人来演讲。后来很多学生告诉我，他在学校受教育最大的演讲就是每周的演讲。我们实行每月月记，你们没听过吧？我们中学时代是周记，大学要写月记。一个月要写一篇学习心得，这个月的生活或者你对系里有什么建议，都可以写。后来很多同学的文笔，还有对问题的观察力、敏锐力，以及他敢于去谏言的这种勇气都从这样的一个制度中培养出来。我的一个女学生，她写的东西被选到中学课本里面，题目叫作《雅量》。现在在台湾的课本还有她这篇文章。后来她在美国旧金山做《世界日报》的社长，旧金山市长宣布我们每年的某年某月某日为"宋晶宜日"。因为她做社长办了很多文化活动，做了很大贡献。这是很高的荣誉。她就告诉我，她就是在念书的时候养成了每月写月记的习惯。所以年轻的时候你要不断地给她机会去尝试。这个孩子将来发展会怎样，都是有迹可循的。走过必有痕迹，现在宋晶宜社长已经在美国退休了，现在在北京，办了一家咖啡店，在西单最热闹的地方。这个咖啡店不只是去喝咖啡，在那里面有新书发表会，有作家的演讲会，有画家的画展，有很多艺文的活动。虽然她已经退休了，但她仍然非常活跃，这都是从当年各式各样的制度里培养出来的。美国纽约一所大学给我一个新闻事业特殊贡献奖。我因为心脏病没有去美国领奖。我很纳闷为什么要给我这个奖。它在纽约，我也没在纽约，也没做过什么事，也没什么贡献。后来他告诉我为什么要给我这个奖，华人社会贡献最大的就是《世界日报》对华人社会的服务。在纽约，在旧金山，在洛杉矶，在温哥华都有《世界日报》。后来他们发现说，美国的世界日报报社有四个社长都是你的学生。他们为什么会做这么多有益于当地华人社会的工作，是受了你的教育的影响，所以这个荣誉要归给你。我自己也蛮意外的。所以我常常说，走过真的必有痕迹，你去耕耘，不要去想得到任何的报偿，到时候水到渠成它自然会来，你只要尽量努力去做。

我们学校的创办人张其昀先生，他做过很大的官，他85岁过世之前交代我们："在我的墓志铭上，你只要写三件事情。第一，中国大革命的创办人；第二，中华五千年史的作者；第三，全神教的倡导者。不要在我的墓志铭上写什么'教育部'部长，做过什么国民党改造委员会秘书长这些官衔。"我把张其昀先生比作美国的杰斐逊总统。杰斐逊总统是美国的第三任总统，是很伟大的一个总统。他提倡新闻自由，他死的时候说不要写我做过总统，写三件事就好了。第一，美国《独立宣言》的起草人；第二，美国《自由法案》的起草人；第三，美国弗吉尼亚大学的创办人。换句话说，像总统这样的光环，在他的心中没有什么地位，还不值得放进去。我觉得伟人不同的地方就是在思想上非常超脱。

我一生里对我启发的人还有蒋经国先生。研究生毕业因为经济原因，没法出国。应美国国务院的邀请，蒋经国先生派我去美国巡回3个月，跑了7个州，所有重要的媒体，包括ABC、美联社等都去过。那3个月对我一生启发非常大，奠定了我怎么去办新闻教育。传播学之父告诉我：教育最大的目的不是给学生谋一个职业，而是让学生安身立命，找到自己的方向。哥伦比亚大学的院长告诉我，新闻不是一个职业，甚至也不是一个事业，是终生理想奋斗的目标，这都给我很大的启发。经国先生有几句话对我的影响很大：没有问题青年，只有青年问题。时代考验青年，青年创造时代。青年人要读好书，中年人要做好事，老年人要做榜样。

左宗棠先生说过，做一个人要"发上等愿，结中等缘，享下等福；择高处立，就平处坐，向宽处行"。"就平处坐"，不要贪图虚荣，过一般的生活，不要贪婪；"择高处立"，站在高处看问题，不要为眼前的利益蒙蔽了眼睛；"向宽处行"，才会让自己的路越走越宽！

主持人：下面是提问环节，大家有什么问题可以请教郑贞铭老师。

听众：老师您好，我是来自美国圣路易斯华盛顿大学的学生。知识并不代表智慧，现在的人也在不断寻求智慧。随着经济的发展，现在的人也在用非主流的方式获取智慧，比如说，现在有很多门派，瑜伽、禅修、密宗、成功学、应用心理学、催眠技术等，在我们的教科书里难以寻找到踪迹，同时这些也被冠以唯心主义的"帽子"。我想问郑老师您对这样的学习方式有什么看法？

郑贞铭：简单来说，我们还是要向大师学习，每一个大师都有他的智慧让我们去学习，比如弘一法师。

用热情点燃观众——编导要善于发现工作中的乐趣

时　　间：2015 年 7 月 26 日

地　　点：上海交通大学闵行校区光彪楼 1 楼多功能厅

主讲人：赵庆阳

赵庆阳

　　赵庆阳，曾参与制作江苏卫视《老公看你的》《星跳水立方》等王牌节目，现任江苏卫视《一站到底》执行制片人、总导演。

主持人：赵庆阳老师是《一站到底》的执行制片人，曾经参与制作江苏卫视的《老公看你的》《星跳水立方》等王牌节目，其中《一站到底》节目获得全亚洲最佳益智类提名，让中国本土的答题节目第一次走出了国门。作为一个实践性非常强的老师，他今天会给大家带来怎样的演讲？有请赵老师。

赵庆阳：大家好，演讲开始之前，我想还是用《一站到底》的方式跟大家打个招呼。我想问个问题，甘肃省最东边有个省辖市，原来是一个自治县，后来变成了省辖市，请问这是哪座城市？答案是庆阳市，庆祝的庆，阳光的阳。我叫赵庆阳。

很多朋友都问我，编导这个职业是什么样的？编导其实做的事情非常之多，非常之杂，非常之细，你能想象的、不能想象的我们都会去做。举个例子，我看到今天多数的学员都很疲劳，这已经是我们活动的第 8 天，接近尾声了。没关系，请看着我，我需要大家配合一下，我会说 3、2、1，在 3、2、1 结束之后，大家给自己 5 秒钟到 10 秒钟的掌声，好不好？来，我们试一下。现场准备，3、2、1，掌声，感谢大家热情的掌声！同时，也感谢大家在会场当中没有什么诚意的掌声！这不重要，很开心有这个机会和大家互动。作为现场导演，我需要再和大家做一次默契的配合。

因为如果作为普通观众鼓掌，大家的状态就可以了，但是如果作为一个电视录制的观众，你们需要在全程录制中投入你的情绪和激情，给我们的嘉宾、主持人一种鼓励的感觉。我们学播音的同学会知道，"提打挺松"，苹果肌很重要，不是先鼓掌，而是先拍苹果肌，然后再鼓掌。所以我不希望大家这样鼓掌，这个很不真诚，在电视上面，会被咔掉。我们再一次，做现场录制的时候观众应该怎么鼓掌。记住两个苹果肌，再鼓掌。好，再一次，现场准备，3、2、1，鼓掌。我想这是大讲堂以来最真诚最热烈的一次掌声！

这就是一个编导在拿到话筒之后最真诚的模样。但其实作为一个编导，除了会暖场之外，还需要具备很多功能。在我的团队中，我们每个编导都必须具备"2+1"这样的素质。我不需要你是编导专业，当然编导专业其实也不错，但如果说会些其他技能也是很好的。那么，什么是"2+1"？"2+1"就是作为编导必备的两项技能，第一项技能是前期的策划，前期的工作是很重要的。第二项技能是后期，不管是拍摄，还是剪辑。一个是前期，另一个是后期，这是大家必须要掌握的。很多同学在学校里掌握得不是很牢固，或者说在学校里没有系统的培训，没有关系，至少在江苏广电，我会用很长的时间，系统化培训。最重要的是"2+1"中的那个"1"是要具备其他的功能。编导入岗之后，每个人都有每个人的技能，也就是说你的特殊之处是什么。假设你的文字功底很强，你就可以成为把文案写得很棒的人。湖南卫视有个很著名的文案，大家都知道，姓胡，他会把所有电视节目用文字优美化地呈现。所以如果你有很漂亮的文字，那我会优先录取你。还有，如果你会灯光，不是家里的灯光，按一个"on"和"off"，而是专有名词，如果你知道这些名词，想要学习灯光，我觉得也是可以的。

其实，在一线的电视部门，一个真正的编导不仅在专业上突出，还需要在平时的生活中寻找一个特殊技能。作为一个编导来说，并不是大家想象的那样，把编导专业全 A 通过，在电视台就一定有自己的一席之地，在我们这里是凭借自己手上的真功夫。如果大家真的感兴趣，是需要做一些准备的，就是你们来到一线之前，需要发现自己身上的特长。

我在做编导之前，是一个和现在完全不一样的人，甚至有点社交恐惧症，我站在人家面前讲话是非常害羞的状态。我是传统意义上的好学生，不讲究自己的穿着，每天去图书馆看书，每天写作业，我就是人家嘴里的"别人家的孩子"。我读书很好，是班长，是学生会主席。每天上课的时候，我站在讲台的旁边，帮老师点到。但是我这人很人性化，所以一般坐 15 个学生，我能点出 35 个学生的名字。在我大三下学期的时候，江苏卫视到我当时的学校招实习生。当时我并不是一个编导专业的学生，也没有经过媒体或是传媒相关的培训。我是文学院的一名文科生，当时很喜欢江苏卫视，所以我去报名当一个实习生。但是，中间经历一些小波折才录取的，他们没有我的联系方式。知道这个消息之后，我决定要做点什么。所以我翘了一天的课，准备了一份自己的简历，而且设计精良，包装精美，内容详尽。我当时的学校，和上海交通大学一样，离市中心有将近 35 公里左右。到了江苏广电大楼，一看觉得楼好高、好新，在这儿上班是怎样的体验？我很想进去。当时很傻，我不知道江苏卫视总监是最大的。我站在门口，看着保安，跟他说："你好，保安同志，我想找台长。"我就很坚定地看着他，后来我拿着自己的简历，就这样进去了。但门口是有门禁卡的，刷不进去。最后我在一楼花了将近 4 个小时才进到了江苏卫视。第一天我就破了保安系统，来到了大门，一看，"同志你好，这里最大的是谁啊？""总监。""哦，不是台长啊。"我就敲门，"老师好，我是某某学校的一个学生，是这样的，我想成为一个实习生，我需要一个机会，因为……所以……"我说了 5 分钟，没有断过。我们那个总监很尊重人，是个南京人，"请吧，门口几个节目，你想去哪边？"我说："老师，我看一下。"我就像现在这样看着大家，看着每一个编导的工作状态，这时我发现了一个编导，他坐得特别直，他们一排每一个人都非常认真地在工作，居然没有看我，我说："我要去这个团队。"我之前不知道，这个团队是从湖南台刚刚跳槽来的，刚来江苏卫视才 1 周左右。所以他们整个组只有 9 个编导，而别的组都有二三十人，所以他们每人一天需要做大概 3 人的事情。本身编导 1 天的工作就很满，现在要做 3 个编导的事情。所以在不知情的情况下，我就走了进去。当天下午 4：30 正式入组，通常有实习经历的同学应该会知道，去一个实习岗位，不管是去广播还是一些其他的频道，基本上先问老师，老师说你带着笔记本电脑过来，然后问问老师："老师今天有什么事情可以安排我做吗？""今天没有什么事情……"然后 5 点半，6 点就可以下班了。所以抱着这样的心情，我坐了下来，但并不是这样，第一天结束实习，回家的时候，我居然发现送奶工人跟我一起回了家，因为那是当天凌晨的 5 点多钟。但是这个时间对编导来说不算什么，很早，太阳还没有升起，天还没亮，这不算很晚。

第一天的实习结束之后，我想，电视行业是让人觉得倍儿酸爽的职业。是自己找来的，自己就要做下去。所以开始了第二天、第三天、第四天的实习。当时实习生很多，每个月将近会有 10 人来到这个组实习。当然每个月也会无情地刷掉人。所以在一年的实习期之内，有 50 多个人来到这里实习，最后只留下了 4 个人。电视行业通常是很苦，因为刚刚做电视，你可能要从最基础的事情做起。如果你是个聪明的人，你不需要老师分配事情给你，而是你要找到你需要做的事情。哪怕是很小的一件事情，你也会觉得很快乐。我第一天因为记住了每个老师的名字，所以很快乐。第二天，我发现乐嘉老师也是喜欢不加葱，加个鸡蛋吃面条的，因为这件事，很快乐。第三天，一个老师给了我一项很重要的工作，我觉得很快乐。所以在前期的实习，是需要自己去找寻快乐的。

当然，在这中间有很多困难。当时我进组的第一个节目叫《时刻准备着》，可能没有很多人知道这个节目。《时刻准备着》是彭宇和陈汉典在一起做的一个访谈节目。其中一个板块，叫《异想天开》，他们真的会每周做一个很异想天开的事情。同时，我作为这个组的编导、《异想天开》制片岗位的实习生，挑战也是蛮大的。我举个例子，就比如说晚上10点钟刚刚结束加班，但是加班结束之前我们讨论出一个案子，明天上午11点钟要拍摄，我需要做的工作是：现在开始在南京周边找到一头黄牛和一头奶牛。我说"好的"。当时我就接受了，就去找牛，当中发生很多故事，因为奶牛的牛脾气不是很客气，先收了300块钱，我做了鉴定之后，奶牛主人坐地起价，又涨到600块，由于经费有限，为了300块钱，我站在中间，周围有超过20个外来务工人员围着我一圈，而且中间还有一头牛，你知道这种感觉吗？路边有一头牛，面前有一群人，目的是节约300块钱。所以很多事情是无法想象的。但编导的岗位经历过之后，我觉得我什么事情都可以做了。

其实老天是公平的，他在扔下东西的时候，你用肩膀扛着，扛久了，你的双臂就有力了，接受他的馈赠。所以当时我作为金牌实习生，留了下来。当我最后准备择业的时候，我自己有想法。因为我本身是很倔强的人，我想我把这个工作做得非常好之后，我再pass掉它。所以我咬咬牙做了那么久。但是可能我的老大看出了我的想法。因为当时我还是有些机会，作为学生会主席，我有保研的名额。我还可以考选调生。还有一些看起来还真是比较不错的工作：有双休、有正常的下班，然后待遇还不错。我的制片人跟我说："在这里干了几个月了，快一年了，其实我觉得你还是挺聪明的，因为我觉得你竟然可以把这些事情做得很好，我相信你换一个工作换一个职业，依然可以做得还不错。所以你选择什么，都可以，但是我特别要提醒你两点。第一件事情就是，你别忘了，不是我选你进来的，是你选择了这里。你记不记得你第一天来到江苏广电楼下，你看到那个大楼的时候，你的传媒理想，你看到那个闪闪发光的标志，你是不是也想在这里做一点事情。如果你是，那是可以的。但是第二件事情我也要提醒你，不是每一份工作只要凭借自己的努力，就能获得一次每周第一的机会。但只要你努力，只要你拼尽全力的努力，那种荣耀感至少在这里可以实现。所以你想终其一生做其他职业还是一份传媒职业？"当时我被洗脑了，天呢，我差点要哭出来了，我说："是的！我就是要做这样的一份职业。"然后我在报考的时候，其他地方都没有填，我只报了江苏广电，我就是一个倔强的人。其实我觉得做一件事情，就要坚持，既然选择，我就不想给自己留后路。因为有后路的拼，不算是拼。没拼过的青春，也不值得一提。所以我拼。我这一届的毕业生人数比较多，当时报考江苏广播电台的人有36000人左右，但是实际招的人数不超过60人，其实比很多公务员的岗位更加难考。当年我也是裸考进去的，非常幸运可以成为江苏广播电视台的一员，所以很感谢有这样一个机会遇到这样一个制片人跟我说这样的话，让我留在了这里。至少我可以说我现在的生活很快乐，我不后悔我的选择，未来，我还需要用5年、10年的时间，甚至更长的时间去拼命努力。

如今传媒行业的主要关注点在于，网络怎样超越了电视、纸媒和其他的行业。但是，在我看来，新媒体不是网络，新媒体只是一种新的方式。在2015年，我们在讨论说广播怎么被电视打败后发现，广播不是被电视打败的，是被滴滴打车打败的，是被手机软件打败的。所以现在的电视是不是被网络打败？我觉得不是。现在的网络是否会成为最新最优势的媒体？可能会有更新的方式出现，这是一种大的趋势。传统媒体会在一定程度上聚集到一个角落，但是传统媒体会有它自己的位置和用处。其实，不管你投身于哪里，只要用自己的智慧跟你的伙伴一起努力，就可以把一份事业做得很好。

作为一个江苏广电的编导，需要经历不同节目的历练。跟不同节目，你的年收入不同，这一年的状态也是不相同的。举个例子，比如说，你要去做《非诚勿扰》，每天的工作就可能遇到各种男生，各种女生，"你是单身啊？之前怎么就失恋了呢？你的择偶标准是什么呢？来来来，我跟你聊一聊"。你会像《百合网》或者《世纪佳缘》的工作者一样去探讨别人的情感。后来你换成益智答题节目《一站到底》，你会和别人去聊你的婚姻吗？不会，你会和别人去聊其他的话题。换言之，我们在电视台工作，要清楚两件事情。第一件事情，工作很新鲜，每一年你都不知道下一年具体做什么。由于节目的更迭，你有不同的工作状态，编导的工作状态就是这样。第二件事情，收入这件事情，确实是不能确定的。我们有的时候跟农民相似，就是看天吃饭。吃了这一顿，不知道下一顿吃大餐还是小菜。假设我们的收视率以"1"为基础的话，如果是"1"，这个月的奖金工资正常发；低于1，给你点教训；高于1，拿奖金砸死你，让你更努力地工作。所以，在电视台，所有人都想做一个永动机，没有人想做一个从动辊。在电视台工作是要很拼的，同时也是很残酷的。所以如果大家去电视台实习，可以感受到不一样的状态，这很好。因为电视台与其他的工作职业相比，是有它的优势，在这里你可以每天见到不同的脸孔，可以接触不一样的事物，可以接触不一样的人。所以如果把电视台这样一个编导工作做好，我相信，不管是做其他什么事情，不管是与人打交道，还是文字工作，或是拍摄工作，基本上传媒行业你都吃透了。

下面再来说收视率和所谓的奖金挂钩的问题。《一站到底》这个节目，在我入台之后，我看着它开播到现在。《一站到底》从2012年3月20号开播，节目是不错的。因为当时中国行业没有一档益智节目，当时做《一站到底》的时候，我们计划就做8期。因为国外的版权商给我们的建议就是做8期。国外益智类节目最长的做了7期，所以我们就当8期来做。第一期收视率是0.8。如果收视率是一个衡量节目好坏的标准，作为一个单播节目，它的收视率在0.7左右，就已经能成为同时段的全国第一。我们当时开播首播的收视率是0.8，超过了预期。第二期开始收视率是0.9，在第四期的时候已经破1了。在开播一个月之后，我们的收视率已经甩掉第二名很多了，第二名当时应该是0.62左右。所以带着很多荣耀感，我们居然把8期的节目做了很久。久到外国人说，你们中国的传统文化真是博大精深。他们出7期节目后，题目就想不出来了，你们竟然想出了这么多题目，而且很多汉字他们也看不懂，他们用26个字母出题。

我在首播收视率是 0.8，一个月收视率上 1 的情况下，将节目改成了双播，也就是每周四、每周五晚上播这个节目，居然播了 2 年。我每一年都跟底下的编导说，"这是我们做的最后一年了，我们一定要拼尽全力，把《一站到底》做好，不要草草了事，咱们死的时候也要绚烂多彩"。这样的话，我居然说了 3 年，还没有结束，所以接下来我就没有再跟他们说了。从 2013 年的下半年开始，《一站到底》进入瓶颈期。2014 年的 3 月到 4 月，收视率降到了 0.5、0.4。在江苏广播这个平台，广告的收视率基本上和我这个节目是一样的。当时我们会做很多的数据调查，像很多网络公司和电视台一样，我们使用大数据分析，分析出看《一站到底》的人群是 35 岁至 50 岁的家庭主妇。《一站到底》经历了很多阶段。一开始的时候，他们说《一站到底》题目太简单。接下来，题目越来越难，他们说，参加节目的都不是一般人，太厉害了！是的，就那半年的时间，我们找了全中国答题实力最强的人，我们要塑神，推到我们的电视观众面前，告诉他们中国是有这样的人才的。在这个过程中造就了很多答题英雄，大家也被吓到了，说"哪敢报名啊，我是一个正常知识结构的人，所以我没有办法报名"。《一站到底》是一个从 2013 年开播至今一直存在的一个益智答题节目。在经历了寒冬期之后，我们也在想要不要把《一站到底》关掉。甚至我们的主力核心团队，从制片人到总编，带领自己的团队离开了《一站到底》节目组。所以当时在 2014 年的上半年，我们的团队进行了重建。当年和我共事的所有的老编导们撤离了。我原先在《一站到底》是主力责编，在构架完成的新版之后，我发现，我已经是这个组里资历最老的编导。接下来跟着我一起做事情的是刚刚入台一年或是两年的编导，甚至还有很多实习生，经常问我，"老师，现场出状况了，我应该怎么做？"就是带着这样一群人，我跟主持人李好坐下来说，我们这个节目，现在面临很多困难，手下的编导相对比较年轻，我们要不要放弃？因为一档节目在自己手上被下架，不是丢脸那么简单，更多的是过不去自己这关。但我们当时决定，还是要做。

因此，2014 年年中，我们开始调整。我们做过很多数据调查，就像刚才所述，如果我们依据数据调查，把题目的类型变成中老年妇女喜欢的题目，或者把《一站到底》的题目越做越难，那可能《一站到底》就没有了。所以当时我们很任性，我们抛弃了数据，我们决定要和其他的节目不一样，我们要做让自己满意，让自己感觉好的节目，反正死不死我们自己是开心的。所以当时做《一站到底》的时候，我们花了很多心思和心血。我们找了专业的插画师，来帮我们构架镜头。我们用插画的形式，把《一站到底》每一帧的画面进行了重释。我们在《英雄联盟》改版第一期的时候，舞台也发生了变化。那天，我站在现场，作为现场导演，指挥所有的部门来进行舞台的重建，包括灯光、音效、舞美设施，我们尽心尽力做每一件事情。我们这个组，李好是处女座，我是金牛座，都特别注重细节。举个例子，我们把现场观众的座位全安排好了，专门请了沙发厂过来做定制的真皮，为了大家坐在这里看《一站到底》的时候表情更好，大家的脸笑出来是漂亮的。而且坐的这个面积很讲究，如果你坐的面积太大，你会不舒服，要坐半个屁股，我们需要观众身体挺直，表情最好。所以来过《一站到底》录制的朋友会对我说："录过那么多期节目，发现在你们这边做观众是这种感觉。"我们会注重每一帧的细节和画面上能够呈现的部分，原先在制作后期的时候，平均一期节目需要花掉 2 天的时间，但是现在，我们有 7 个工作的配额，每一帧的画面的调整需要不眠不休 6 天左右。答题的快慢，灯光的变化，后期的讲话是需要精修的，中间的很多细节是需要重建的。那天在现场我们调试新的舞美的时候，舞美、灯光、音效在跟了我们连续 24 小时之后，开始来找我。先是我们的灯光师，说："庆阳，我发现你们这个组很拼，24 小时，你居然还没做完事情。你看，要不然教教你怎么做灯光，我回去补个觉，后面的工作能更好。"我说好的，然后那天我用了 3 个小时的时间把灯光整个布控全部弄会，我说："灯光老师你回去睡吧，有我在。"第二个来找我的是我们后面的技术工，放视频素材的，说："赵老师，30 多个小时了，其实我们后面的技术也不是特别难，你看如果方便的话……"我说："没关系，我来学一下，我学会了，你先走好不好？"他说："好。"很简单，1 个小时他就走了。后面第三个来找我的是管话筒的一个小兄弟，他说："话筒都没电 2 次了，你还有电啊，这已经是 45 小时了。"他说："你看要不然这样，我的音控台就 3 个键，开、关、停。我用透明胶布已经帮你贴好了。"我说："兄弟那你先走吧，留下几节电池给我。"他就像打仗的时候，留下最后的弹药，带着伤兵们走了。最后一个撑不住的是在 50 个小时之后看门的大爷，他说："小伙子，你们是江苏卫视电视台啊，怎么 50 多个小时你还在这儿呀！"我说："大爷，没关系，你把钥匙给我，你先撤。""好好好。"他也走了。所以，在那次舞台改造之后，所有人对赵庆阳有了拼命三郎的印象，因为我连续 57 个小时没有合眼，居然在那里屹立不倒。我发了条朋友圈，他们有的说，江苏卫视《一站到底》的赵庆阳，他在中国的南京过出了时差。就是这样的态度，我们编导组成员，用 57 个小时的时间，默默地把舞台做得很好。今天大家再看《一站到底》的时候，看后面的每一帧画面，也许只是简单地扫一眼，但是你们不知道后面我们为此付出了多少。《一站到底》在改版之后，有些朋友觉得说好看了一点儿，霸气了一点儿。我们做节目不只是想要做节目，而是让《一站到底》这个节目做得更大、更广，至少要让更多人知道。

我们的节目在改版之后，进入了平稳期，我学习到很多东西。就像刚才说的，我们的编导除了"2"，还需要"1"来补充，我们需要学习更多的知识。我开始学习广告的知识，一开始我不明白为什么一档节目做得非常好，但是依然没有广告商来承担广告。所以我要学习。后来我学习怎样把营销学的东西加入《一站到底》当中。节目中的中英文双字幕就是营销学的一个策略，要做中国第一个有中英文双字幕的尝试。我们的英文字幕是用加拿大的一个翻译团队来做的，从中国传到加拿大，根据视频素材他们翻译完之后再由中国的 4 个英文专业的研究生进行核对，最后放到节目中。而且中间故意加了很多吐槽点，这是《一站到底》在大家不知道的时候做出的努力。宣传力度也是节目组非常用心做的。我们会做一个 4 小时营销，当一个热点事件突然出现的时候，我们用 4 小时之内的速度进行一个传播。比如孙楠退赛，当时我 P 了一张图，像大家看过一个电影，就是一个美国大片，一半是一个男生的脸，另一半是另外一个男生的脸拼在一起，成为一张合体脸。我们把孙楠的脸和汪涵的脸拼在一起，效果非常好。然后我们写了一句词：题再楠，涵着泪也会答完。我们会有这样的海报，在事件出来的当天晚上，凌晨12点之前，及时推在微博上做营销，也是中国反应速度最快的团队。包括之前"世界那么大，我想去看看"事件出来的时候，有些朋友可以看到江苏卫视《一站到底》是在2个小时之内做出了反应，是中国电视节目中第一个做出反应的。我让李好写了这句话："世界这么大，我想去看看——李好"，在微博做了营销。所以，我们做的事情，不仅让大家觉得《一站到底》好看，而是想把《一站到底》的精神传递到更多的地方，进行更多的营销。

未来我们《一站到底》要出书，书名叫作《二十四章经》，是主要关于《一站到底》24个资深选手的一本书。在这个舞台，我接触的人太多了。在这3年半时间内，光是台上入选的参赛选手，已经将近4000人，他们来自各行各业，有着不同的生活。有的人参加完《一站到底》居然找到了老婆，这是我没有想到的。有的人通过《一站到底》找到心仪的职业，虽然大学只是一个很普通专科或是三本学校，但这个人很自信，他直接把自己在《一站到底》的那段视频剪了下来，传给他的 boss，boss 看完以后，对他台上的感觉和说的那些话刮目相看，最后被录取到500强企业。还有人通过《一站到底》，在职场上升得很快。有一个人我印象很深刻，他是一个军官，原本是要转业的，在部队里，他的个性并不是很引人注意，参加《一站到底》这个栏目，答题很好，被领导器重。他那份转业报告被领导撕掉了，说："对不起，我们不同意你转业，你这样的人才，我们不能放过，我们不能让你就这样在部队里默默无闻，不仅是升，还要破格升3级。"他最后留在了部队。很多人通过《一站到底》改变了人生，我今年准备做一期关于《一站到底》怎样改变人生的企划，《一站到底》的选手在台下的故事。这本书中，有很多选手和大家分享自己的生活，分享自己的故事，其中也包括主持人。《一站到底》的主持人是李好和他的老婆郭晓敏，他们两个因为《一站到底》正式在一起，结婚，有了自己的孩子，一起拿了金话筒。生完宝宝的时候，我去看过他，李好对我说，孩子叫作李敏好，敏而好学。我觉得这个名字取得很好。那个孩子的英文名字叫 Mars，在神话里是战神的意思，因为李好说，看到台上这么多选手在这里发光发热，这么多鲜活的脸孔在这里百感交集，他也希望自己的孩子以后能像他们一样，他可以不是答题最厉害的那个，但他可以是跳得最高、跑得最远的那个。他希望他的孩子可以有《一站到底》的精神，有《一站到底》战神的勇气，所以他的孩子叫 Mars。他在改版之后，拼尽全力只为把这个节目做得更好，他不只是做给观众看，他是要做给自己的孩子看，希望自己的孩子 Mars，看着他的父亲和这个年轻的团队，把这个节目做得这么好。所以，《一站到底》到今天还保持着它的鲜活性。接下来，《一站到底》也会用自己的热情点燃更多的观众。最后，插播一条广告，《一站到底》是在《江苏卫视》每周一晚间 9 点 20 分播放的一档益智答题节目，它的复播时间是在每周五晚上。

在我演讲的最后，我想和大家再做一次互动。因为很多人都想知道《一站到底》上面有这么多聪明的人，有这么多厉害的人，他们有什么共性呢？一个嘉宾说："凡是可以参加《一站到底》并且表现优异的人，他们都具备一些特别的技能。" 比如说大家现在把自己的右手举起来握拳，往前转，越快越好，你的右手往前转，左手往后转，有可以做到这件事情的同学举个手给我看，站出来示范一下好吗？所以很多事情做起来比看起来难。大家在电视上看到一期 15 分钟的节目，坐着看可能比站着看轻松简单很多，今天也非常感谢大家来到这里，在今天的这堂所谓的演讲之后，希望大家对编导还坚持自己的初心，希望大家对《一站到底》还有自己的热情，希望大家可以来到《一站到底》，来到江苏卫视，成为我的新同事！今天我的演讲到这里就结束了，谢谢！

听众：赵老师您好，我是重庆邮电大学的学生。近年来，国内很多大型综艺节目都是引进国外节目版权。请问国内为什么会出现这种争相去模仿国外版权的现象？金牌制作人反而对自己的原创节目没有多大的信心，他们出现这样倾向的原因是制度太严，制作人有想法但无法实施，还是相对于国外制片人，国内制作人在创新方面的确处于劣势？谢谢。

赵庆阳：我们都吃过蔬菜，吃过那种大棚蔬菜，也吃过那种农家蔬菜。这两者有区别吗？如果你是大棚的产品，长得很快，个儿很大，样子好看，味道可能好也可能一般。但如果是自产自销的农户产品，时间相对很久，出产的个数很少，但味道鲜美吗？鲜的话，非常鲜；苦的话，非常涩。其实国外节目的版权对我们中国市场也是一样的，在近三年，中国的电视观众是全世界最幸福、最幸运的观众，因为中国的电视人把国外三四十年沉淀的最优质的电视节目进行了本土化引进和本土化改造。在这个过程中，我们的观众可以看到国外五档或十档节目的中国版，这是在全世界任何地方都看不见的。当然也存在"有形的手，无形的手"——市场化调节等各种原因。主办方或是广告商，更希望给靠谱的项目注入资金。比如说你去买房子，如果有一个样板房你已经看到是这个样子的，和一个只有销售人员用自己的嘴跟你来叙述的方案，你会选择哪个？可能更多人会选择前者。这也就是为什么现在很多版权商会到中国来兜售自己的版权，有很多的广告商更加愿意去资助一些能看得见的节目，而不是那些看不见的想法。但是在一定程度上，电视行业的快速发展和版权引进，会给中国的电视人以教训。我们的观众也有一杆秤，他们的胃口被吊高了之后，已经看腻了所有的节目，这也是我们的苦恼，因为市面上能够看到的所有国家的节目版权已经全部引进到了中国，再没有漏网之鱼了，接下来电视行业需要用5年的时间来承担自己进步太快的这个事实。如果在电视行业，要拿下未来5年的市场，那一定不是版权节目了，更多的是自己本土化的一些节目。就像《一站到底》，如果我们还抱着原先的版权商制作宝典，做原先的《一站到底》，这节目已经死了。目前《一站到底》，它只是叫这个名字，它只是保留了形式，但是内容、规则和舞美已经完全不一样了。所以作为一个金牌的制作人，一个有意向的制作人，接下来的时间他们也需要进行沉淀，需要进行反思，要拿出更能说服观众，更能说服市场的节目，这也是我们现在所思考的问题。谢谢！

听众：一档节目的所有环节都是提前设计好的，有其存在的意义。请问《一站到底》"掉坑"这个形式的设计目的？"掉坑"这个形式对节目的最大作用体现在哪里？

赵庆阳： 一个节目有一个核心的记忆点，如果一个节目不能用一句话来概括，或者不能用一个形式来表示，它一定不是一个好的节目。《中国好声音》之所以成功，大家都知道，是因为转椅子。《一站到底》被大家记住，就是因为"掉坑"这一形式。如果没有"掉坑"，台上10个人站好了，你输了是吗，谢谢你的参与，他走下去，你会觉得爽吗？不会的。至于"掉坑"形式的设计目的，因为我们在《一站到底》要做的一种感觉就是速杀，留下或是输，掉落，我们之前借鉴很多其他的节目，有一档国外的益智节目，叫《一百零一种离开方式》，之前浙江卫视做了中国的本土化改造，叫《心跳阿根廷》。它的离开方式很特别，把你吊在10米高空或者在悬崖中，你回答正确放你走，回答错误就掉落了。它每一期的成本很大，也是用一种夺人眼球的方式，让你记住。《一站到底》"掉坑"的形式，我们也进行了改版。在新版，只是"嘭"掉落，我们根据第一版的制作宝典，会接他的近景镜头或是全景镜头，呈现出掉落过程和底下掉落的部分。后来发现，我们到底想要什么？有些观众说能看到一些走光镜头。广电总局也下令让我们把走光的镜头去掉。但是今年，我们改得不错，加入了新鲜的元素，在"掉坑"的同时，我们两边会喷冰气柱，而且我们不是让你掉下去这一瞬间让观众感觉很爽，还经常会用慢镜头掉下去再拉上来再掉下去，通过剪辑手法解决和更新所有的视觉刺激点，这是我对前两个问题的解答。

听众： 赵老师，我是四川师范大学新闻传播学网络新媒体专业的学生。我刚才在你的演讲当中注意到一个我之前不知道的数字，我很感兴趣。您提到，根据一些市场调查机构他们的数据：《一站到底》主要的观众是35~50岁这样的一个年龄群体，这让我很意外。因为我虽然自己没有过多关注《一站到底》，但也看过一两期，我认为这档节目的主要受众是30岁以下的年轻群体。但是也可能整个电视行业都存在观众老龄化，社会主流或者即将成为社会主流的这样一批人不再看电视了，而且也会出现大家去看像优酷或者爱奇艺的原创视频，或者说是制播分离后的一些节目。您怎么看这一问题？您作为一个电视人，如何面对没有新鲜的素材的情况？

赵庆阳：因为之前那版数据是《一站到底》在 2013 年、2014 年的统计出的，当时我们不得已进行改版是因为收视率下降到了一个瓶颈期。当时依然在电视上支持我们的主流观众是刚才那个人群。现在还没有更新数据，所以我还不能告诉你今年的《一站到底》主要的收视人群是什么。但是我之前也提到过，做电视节目，我个人不想去一味迎合观众。比如说《非诚勿扰》，《非诚勿扰》的制片人之前和我聊过，我说之前我们都不会去看相亲节目，或者看相亲节目大多是家里有单身男女的爸爸、妈妈，或者说是那些还没有男朋友、女朋友的人。他们以为是做给这些人看的，但做完之后发现，根本不是。一档好的节目不是为了做给它想要的人群，比如说一档益智节目，可能是高端精英，或者是有知识储备的人，或者是大学生。我们不是根据我们的假想去做节目，而是每时每刻都在想节目本体，而不是受众。我们把节目做到足够好的时候，当它是一个足够好的东西，它会吸引相对来说有需求的人。也就是说，我做一档节目，不会想中国是老龄化。因为不管未来过 20 年，50 年，还是 70 年，我坚信依然有人看电视，我们需要培养更新的观众，更新的电视机前守候《一站到底》的人。谢谢！

听众：赵老师，您好！我本身对编导行业比较感兴趣，但是一些师兄师姐告诉我，这个行业存在性别歧视，不太喜欢招聘女生。请问，女生在这个行业是否处于弱势，您对女生想当编导有什么建议或看法？谢谢！

赵庆阳：我给你提供一些数据。《一站到底》现在包括核心的人、主力人员、刚入台的编导和实习生，将近 40 人。女生有多少人呢？30 多人。男生有多少人呢？不超过 10 人。所以你刚才提出的所谓电视台招员工不用女生甚至歧视女生，至少不在我所在的单位。电视的上升期如果以 30 岁为分界，一个好的电视导演，5 年左右才可以正式出师，成为一个正式导演。也就是说，如果大学毕业 22 岁，当你成为主力导演的时候是 27 岁。27 岁到 35 岁是一个编导成为制片人或是成为助理核心导演的关键几年。如果你要来做编导，你是需要衡量自己的价值取向，你要成为一个年轻的妈妈，合格的太太，还是一个好编导？这对各行各业都是一样的。无论你是做编导，还是做其他岗位。谢谢！

听众：赵老师好，我是学广播电视的，而且我主要研究电视节目。我觉得江苏卫视有一个特点，它是做棚内节目，或者说演播室节目，比如说《一站到底》，它的形式较为单一。但是它做外景，比如说《我们相爱吧》，刚刚播出的《真心英雄》，市场的反馈一般般，但是它把室内的节目做到极致。那么我的问题是，江苏卫视是不是只能做棚内节目，它现在是不是有一个短板的感觉？谢谢！

赵庆阳：在 2012 年至 2014 年这两年，《一站到底》这个节目加速了我们棚内真人秀的发展。当时我们台里是比较看重真人秀的。我们当时做棚内真人秀也是有自己的考虑。当时对棚内真人秀的投入比较少，不管是《非诚勿扰》《老公看你的》《一站到底》，还是《芝麻开门》，这些节目一投入很少，二产出很高，所以在近年来我们的棚内真人秀一直是我们的强项。你问到了一个问题关于我们室外的节目。我们有自己的定位和方针，从 2015 年第三季度开始，我们面向全国，甚至全世界招贤纳士，把更好的团队引到江苏卫视做节目。我们接下来会有 7 个大型的项目，全部是类似于棚外节目的。但是我们有自己的坚持，当一个明星户外真人秀已经成为亮点节目的时候，跟随潮流并不是我们的首选，就像《一站到底》或者《非诚勿扰》，江苏卫视更想做的不是紧跟随，是求强创新！在其他电视卫视平台还没有播出的时候，有自己的地位和自己一套新的东西。所以我们会尝试在其他卫视没有相似类型的节目。但是成与败这种事情本身就是靠天的。湖南卫视、江苏卫视、浙江卫视，每一个卫视的好都是靠一个、两个、三个现象级的节目把它顶上去，那它的衰也会根据现象级节目的衰而衰。所以，除了《一站到底》之外，我们还能不能做一些户外的真人秀，这个我没有办法回答你，但是我只能告诉你，我们在做我们自己认为的创新，在坚持自己，谢谢！

听众：赵老师，您好！现在国内很多节目，从《星光大道》到《中国好声音》，很多都是靠一些煽情、悲情的故事来博人眼球的，是不是一定要用这种形式？在选择的时候，一定要有一个非常苦情的故事才能赢得噱头呢？我们有没有什么改进的方式呢？谢谢老师！

赵庆阳：这个问题很好。我们通常从戏曲学上说人物是有戏剧张力的，如果这个人在屏幕呈现的时候，不是大笑，不是悲情的哭泣，不是所谓的歇斯底里，不是所谓的有戏剧冲突的表现，他呈现一种痴呆状态你会看吗？就是面无表情，很认真在那边唱歌，唱完走了；答题答完走了，你会看吗？所以我们需要迎合观众的收视点，来做一个气场，让这些人进行表情和行为的释放。每家电视台、每个节目组有自己的表现和操作方式，其他的我不能跟你具体阐述，我只能跟你说《一站到底》。如果你报名成功，编导通知你有 3 轮的面试，面试成功之后，每个嘉宾进行 10 个小时的培训。我们要做的事情：通过跟你的聊天，梳理你的经历，梳理你可以说的部分，我们会给你建议，但是必须坚持的是不需要你根据编导写的案子来进行演绎。我们全程是用的近景画面，答题的时候，你是特写框，如果一个人是演绎，就会很假。所以《一站到底》进行电话培训、人物培训、在现场彩排的时候，我们强调的一点就是，尽量把你真善美的东西呈现出来，我们会抓一个特质出来。你如果是萌的，我们更多鼓励你撒娇。你爱笑，我会鼓励你说你的牙很漂亮，晒出来，像大板牙哥一样的。因为我们的鼓励，他就会在台上更加释放自己的特点。所以我们要做的三件事情是：第一，找到他的特质和特点，选择它。第二，鼓励他用自己最生活的状态去演绎。因为人都是一样的，他如果上台后收起来，就是所谓的没有表情，观众并不想看。所以我会鼓励他做平时生活中的自己。第三，我们会根据编导思维，把不同的性格、适合在一起的人拼贴到一场，让他们产生化学效应，两个人之间的性格如果没有化学效应的话，放在一起不会有戏剧张力。但是如果你可以很巧妙地利用或者是看到别人某方面的特点，把他们拼贴在合适的场，他们就会像化学反应一样，激荡出最正常的状态，但那并不是演，谢谢！

听众：老师你好！我的问题是关于价值观传递。像您刚才所说，中国观众现在很幸福，可以看到很多现象级节目的中国版，但节目有种现象存在，比如韩国的《无限挑战》，他们会结合韩国当时的政策或者社会现象等问题，通过综艺节目的外化形式，传递韩国人自己的想法，或者是想改变的东西。那么，当电视节目转化成中国版的时候，价值观传递给中国观众的时候，就会有点不足，包括像您刚才说的《一站到底》是有双语的字幕，还有现在《爸爸去哪儿3》的中国元素也越来越强，像《抗战老兵》，还有央视前段时间推出的《叮咯咙咚呛》，都在逐渐地强化中国元素、传递中国元素。您怎么看待这样一种新的价值观传递的方式？或者是怎样能做好，让中国观众和外国观众体会到中国的电视在尝试这样的发展？

赵庆阳：我可以很直接地回答，中国电视节目的价值导向的输出与国外确实有区别，因为我们有些束缚和政策的制约。但是我们一直在坚持做传递，哪怕是只能传递一点正能量，我们还是会通过节目的各种形式来呈现。我不觉得我们现在的节目不在传递，像《一站到底》这样一个益智节目，我们通过题目的构成向社会传递正确的价值导向。我们也会有微软的高管和普通的的哥之间的 PK，大人物和小人物，公务员和学生的 PK，通过两两之间的性别特征、身份特征、职业特征，来构建一个社会和谐和社会价值观。中国的电视节目可能无法像很多国外的节目一样来述说政事，政事我们只能从很小的口切进去，说正面的东西。另外，像全世界成功的节目，除了中国版《一站到底》之外，最后都有丰富的奖品，不管是《年薪百万》《谁能成为百万富翁》，还是我们后面的所有节目，只要是国外的益智答题节目，没有一个不是给万元大奖或者是世界大奖的。但是在我国的政策下，没有办法给大奖，没有办法给出能够刺激到每一个人的大奖。但是除了那些不能传播的导向之外，是否能做出其他更多更好的正面导向，《一站到底》正在做，也将持续做，谢谢！

听众：老师好！您刚才说到录制节目对椅子的改造我也是深有感触，之前有参加节目的录制，凳子久坐会很难受。我有个问题想问您，怎样照顾到选手的感受？因为要录制节目，您要留出很充足的时间让他们自己准备，而在现场他们可能等待的时间又很久，我之前也有做现场选手的导演，觉得对选手的心理感受照顾不到，不利于后面的节目录制。我想问怎样做能更好地照顾到他们的情绪？

赵庆阳：我分两个方面和你说，第一个方面是场前，第二个方面是场中。第一个方面，场前，为什么要坚持选手和编导一对一、超过 10 小时的培训，这不仅是为了告诉你，我是编导，你要按我说的做。你在这 10

小时内，如果不能成为他的很好的、走心的朋友，不能成为他做节目的一个引导者，让他跟随你的观点走，你们的价值导向没有达成共识，那么这10 小时的工作是白费的。所以在前期，我们会和选手建立很好的关系。至少在我的节目，我会坚持两点：第一点就是，我们塑造每一个人的真善美，第二点，不放大丑恶面，希望你们每个人来不仅是赢到奖，没有赢到奖的选手在这里也有收获，至少不让大家诉病。当然，他们性格不同，在现场会有不同的表现，但是之前，你对于选手的把控是需要做足功课的。第二个方面，我的团队非常坚持的一点就是保证他们上场的情绪。虽然我们是录播节目，但我们走直播流程，全程录制不会说停机。所以，你需要去迎合选手的情绪。具体的方式和方法我没有办法在很短的时间内跟你阐述，但是我们一直是在做这两点，保证选手在场上有最好的情绪，谢谢！

第二部分　高端论坛

第五届新媒体与社会发展全球论坛暨中美双边对话（一）

主 办 方：上海交通大学新媒体与社会发展研究中心

上海交通大学舆情研究实验室

上海市人民政府决策咨询研究基地谢耘耕工作室

全美中国研究联合会

美国杜克大学中国研究中心

时　间：2015 年 7 月 21 日上午

地　　点：上海交通大学

论坛主席：谢耘耕（上海交通大学人文艺术研究院副院长，上海交通大学新媒体与社会中心主任，教授）

论坛嘉宾：（按姓氏笔画排序）

刘幼琍（台湾政治大学广播电视学系教授）

赵月枝（加拿大西门菲莎大学传播学院教授）

哈筱盈（美国《新闻与大众传播》主编）

洪浚浩（美国布法罗纽约州立大学传播系教授、哈佛大学费正清研究中心研究员）

郝晓鸣（新加坡南洋理工大学黄金辉传播与信息学院教授，国际 SSCI 《亚洲传播学报》主编）

主题演讲：新媒体对信息社会的影响

社会通过信息传播相连接，传播方式的革命性改变必然引起社会结构的重组。新媒体推动信息社会的转型和发展，已然成为构造传媒新领域的结构性力量。第五届新媒体与社会发展全球论坛第一场"主题演讲"环节，来自美国、加拿大、台湾和新加坡的学者立足于社会科学发展前沿，分别从公众新闻投入感、新媒体环境中的乡村传播研究、新媒体管控以及公民话语权等不同视角就新媒体对信息社会的影响展开深入探讨。

新闻媒体与新闻内容的投入感

哈筱盈

当前，无论是美国还是中国的新闻传播界均面临同样一个问题，即移动社交媒体对新闻生产所造成的巨大影响。在移动互联网迅猛发展的背景下，我们更应以长远的眼光看待媒体的发展，关注媒体的长期效果研究。自 2009 年起平板电脑开始在美国出现，我们基于 2009～2012 年美国的调查数据对移动社交媒体兴起背景下新闻媒体与新闻内容的投入感进行研究。

新闻投入指受众对新闻的投入感，包括新闻媒介的投入感和新闻内容的投入感。关于新闻投入感，我将其分为四个层次：第一层，即最低层次，新闻媒体的使用时间。第二层，使用新闻媒体的数量，受众可能通过不同的媒体接收新闻。第三层，新闻分享。受众不单是通过各种新闻媒体接收新闻，还会进一步发布、分享新闻，成为新闻次要发布者、传播者。第四层，即最高层次，新闻参与，受众不单是接收、发布新闻，还参与其中，进一步影响新闻内容，例如，受众向记者或媒体提供新闻线索等，一些人发表的言论也可以成为新闻，这也是新闻参与的一种方式。研究新闻投入感需要综合考虑上述四个层次的变化。

就新闻投入感的影响因素而言，我们将新闻内容投入感和新闻媒体投入感分开来研究。首先，影响新闻内容投入感的因素有两个：第一个因素，对新闻媒体平台的认知。如果受众觉得新闻媒体做得不好，那么他不会通过此平台接收新闻，因此，对新闻媒体平台的认知是影响受众是否收看新闻的重要因素。第二个因素，对媒体的信任以及自身对政府支持与否。受众对媒体报道的信任度以及个人对政府的态度均会影响其新闻内容投入感，例如，如果媒体支持政府，而受众个人对政府持批评态度，那么他可能就会质疑新闻媒体报道的内容。另外，影响新闻媒体投入感的因素也有两个：第一个因素，社区参与度。第二个因素，媒体所处的环境。

关于媒体构景对受众的新闻态度的影响的长线研究，我们主要关注四个研究问题。第一个问题，2009～2012 年受众的新闻投入感发生了怎样的变化？这一点主要从两方面着手，一是新闻媒体使用时间，二是使用新闻媒体的数量。第二个问题，2009～2012 年人们对于政治新闻以及其他新闻话题的兴趣是否发生变化？第三个问题，移动社交媒体如何影响受众的新闻投入感。这个问题又包含两个小问题：一是社交媒体的使用是否减少了报纸的使用时间而增加了网络新闻的使用时间？这主要是考虑到由于移动社交媒体对内容的短小要求，通常都会在内容后附上网址链接，通过链接到网络新闻获取更详细的报道内容，所以，社交媒体和网络新闻有很大的关联性，社交媒体是提供网络新闻的重要平台。二是移动社交媒体的所有权以及移动社交媒体的使用是否会增加其他新闻媒体的使用时间？这主要是考虑到移动社交媒体方便受众获取新闻信息，并且可以将碎片化时间充分利用。第四个问题，哪些因素会影响新闻内容投入感的四个不同层次，即新闻媒体的使用时间、新闻媒体的数量、新闻分享、新闻参与？

在研究对象的选取方面，我们选取的是美国中西部的一个中等城市，它代表了美国中等城市的情况。很多时候，尤其是其他国家的学者在从事研究时都会格外重视美国的大城市，例如纽约、洛杉矶等。但其实，美国大部分居民是生活在中等城市，美国的政治选举结果更多的是受中等城市影响。我们的调查针对这个中等城市的两个不同群体：普通民众和大学生群体。针对普通民众，我们采取邮件调查的形式，从当地一家报纸媒体提供的数据库中随机抽取 1500 个样本进行调查，2009～2012 年四年的问卷回收率分别为 2009 年是 28.0%、2010 年是 24.2%、2011 年是 18.7%、2012 年是 21.1%。针对大学生群体，我们采用网络调查的形式，四年回收问卷数量分别为 2009 年是 359 份、2010 年是 479 份、2011 年是 445 份、2012 年是 394 份。选择经常使用手机和社交媒体的民众和大学生群体作为调查对象主要是考虑研究的有效性。

在实际研究中，我们将新闻投入感的影响因素分为受众对移动和社交媒体的使用、受众对媒体的信任度、受众对政府的态度、受众的社区参与度、受众对新闻媒体的看法以及人口因素等几个方面。调查结果显示：关于新闻媒体的使用时间，普通民众收看新闻的时间整体上呈缓慢下降趋势。而大学生群体每周收看新闻的时间呈先降后升趋势，在 2009 年是 21 小时，2011 年降到 15 小时，2012 年又开始增加。分析发现，2012 年是美国的大选年，很多大学生都是第一次参与投票，因此会较为关注当时的新闻，收看新闻的时间增加。

关于新闻媒体平台的使用数量，大学生群体作为新科技的最先尝试者和接受者，早在 2009 年便已开始使用多种媒介，这时大学生群体使用媒体的数量比普通民众多很多。但是，一年以后，普通民众就逐渐跟了上来，并且超过了大学生群体。调查结果显示，普通民众平均用 6.95 种媒体接收新闻信息。大学生群体相对来说比较稳定，自始至终都使用多种媒体收看新闻，但在 2011 年到 2012 年之间有所下跌，从平均 5.71 种下降到 5.30 种，出现这种情况可能和智能手机的发展有很大的关系。就移动媒体来说，以前大学生同时使用手机和平板电脑，随着手机功能的齐全，使用平板电脑的人逐渐减少，主要使用移动手机。

关于不同内容新闻的兴趣变化，研究发现，受访者对政治新闻的关注度呈下跌趋势，对于普通民众来说，下跌幅度不大，但大学生群体的下跌幅度较大，从 2009 年的 44.2% 下降到 2011 年的 25.6%。关于科技新闻报道，普通民众中使用移动媒体的受访者对科技新闻越来越感兴趣，但是大学生群体对科技新闻的兴趣不大。

关于新闻分享的情况，研究发现，新闻分享与前面列的一些因素关系不大，唯一的影响因素即社交媒体使用，社交媒体使用越多的受访者越倾向于分享，越有可能分享新闻。

关于受访者的新闻参与情况，研究发现，新闻媒体的吸引度越高、手机使用率越高，普通民众的新闻参与度越高。而对于大学生群体来说，社区参与度对其新闻参与度影响很大。

通过这项研究基本可以得出以下结论：随着媒介环境的变化，受众对新闻的投入度有所改变，但总体来说是呈很缓慢的改变。当前，受访者总体看新闻的时间呈下降趋势，未来，如果新闻媒体可以很好地利用网络和移动手机等新媒体，受众收看新闻的总体时间可能会有所增加。政治新闻的新闻投入度呈下降趋势，但其他类型的新闻投入度并未下跌，比如科技新闻等，说明公众对个人感兴趣的新闻信息持乐于接受的态度。研究发现，新闻媒体业绩评级对大学生群体新闻使用时间和新闻平台使用种类的影响较大，但对其新闻分享和新闻参与没有显著影响，而新闻媒体业绩评级对普通民众的新闻投入感则无显著影响。新闻参与度与对新闻媒体的满意程度以及社区参与度有很大关系。另外，研究还表明，男性受访者更有可能参与当地的新闻媒体报道。

最后强调一点，我们在从事社会调查研究时，关于调查对象的选择很重要，会影响整个研究的最终结果，建议大家在阅读调查报告时，对其调查对象给予重视。

新媒体加剧社会的不公平

赵月枝

2015 年夏天，我从加拿大回国，在我的老家浙江省缙云县河阳村进行了将近一个月的社会调查，结合本次调查研究，我谈谈新媒体对社会的影响。

提到新媒体，众所周知，"新"与"旧"是相对的，今天的"新"很可能就会变成明天的"旧"，而昨天的"旧"曾经也"新"过。在这次的社会调查研究中，我带的一个团队进行了将近 200 人次的访谈。在这一过程中，村民们津津乐道的并不是当今的新媒体，而是回忆他们当年看电影、听有线喇叭的情景。当年，大家点着篝火去迎接放电影队，在辛苦的劳作后还乐此不疲地走几十里山路去看电影。那时候的新媒体、社区文化，或者说人们对媒体的接受方式，可能比当今的手机等新媒体给社会带来的影响更大。所以，"新"和"旧"是相对的概念。

新媒体也好，旧媒体也罢，都是在特定的权利关系中产生的。例如我们今天所讲的新媒体——网络媒体，就是在 20 世纪 80 年代以来的资本主义全球化这样一个新自由主义全球化背景下产生的。资本力量在扩大，公共力量在缩小，公共领域也在缩小，实际上贫富差距是在不断加大。在这样的情况下，引入新媒体很可能不是抚平社会的不公和社会的不平等，而是放大了社会的不公和不平等。我举一个我在这次调研中亲历的实例加以说明。当前，国内正在发展有线电视的数字化平移，收看电视要收取有线电视费，许多农民因为负担不起这笔费用而用小锅盖来代替机顶盒，但这样一来，许多电视节目甚至连一些本地新闻都收看不到。更有甚者，因负担不起小锅盖的费用，干脆就不再看电视了。随着有线电视的数字化，我们的媒体制度更加商业化，媒体营利动机更强，此时就有一批人被"甩"到了数字化信息社会的大门之外。新媒体就是在这样的权利不公的语境下介入进来的，它进一步加深了社会的不平等。我们在研究新媒体时，尤其是在研究新媒体与社会的关系时要格外关注这些视角。

新媒体崛起的过程实际上是世界贫富不公加深的过程，也是族群族裔之间矛盾不断加深的过程，更是环境生态危机不断加深的过程。信息经济并不是一个干净的经济，它虽然离开了工业化的烟囱，但实际上新媒体本身带来的环境污染同样非常大。新媒体更新换代速度快，每天不知道有多少台电脑、多少部手机被废弃。新媒体的生产、组装大部分是在中国进行，组装完成后所留下的电子垃圾被就近解体，对环境的破坏非常严重。例如浙江的淘宝村，几乎所有人都可以通过开网店发财致富，但实际上网络媒体在带来财富的时候，也带来了环境的贫穷，这两者是相互的。

我们是传播学者，也是媒体学者，我们在谈到新媒体与社会发展时很可能就会把媒体放在前面，把社会发展放在后面。但是在我这次的调查研究中，对村民们而言，就新媒体与社会来说，社会才是第一位，媒体是次要的。他们讲的更多的是村庄里的传播，讲到干群关系，干部和村民之间的沟通交流。这不在乎是不是通过新媒体进行交流，而在乎村民和村干部之间的权力关系。虽然我们把新媒体当作出发点，实际上对村民们来说，社会才是他们最重要的切入点。例如我们针对"手机、电脑等新媒介给人们带来的影响"对一个村庄进行访谈时，有村民就认为新媒体不重要，最重要的是把村里的学校重建起来。另外一些村民认为，有了电脑等新媒体，孩子们就更容易沉迷于网络游戏。当然，这些都是非常草根的理解，但是我觉得我们现在缺少的不是理论，而是从基层、从草根阶级出发的一些观察和思考。

我之所以回到村庄研究新媒体是受一条新闻的影响。这条新闻是关于浙江省缙云县新界镇发生的一起几个青年通过网络相约自杀的案例，而其中一个青年正是我老家村庄的青年。这条新闻对我的触动非常大，新媒体能给个人带来思想解放，给社会带来发展，但是为什么在这样的语境下，几个青年会看不到希望，通过网络相约自杀？网络到底给人们、给社会带来了什么？虽然这只是个别现象，但是我认为在中国，尤其是在中国的农村，存在的问题还很多。无论是农村的空心化，还是文化价值的失落，这整个过程都与新媒体发展过程相同步，我们在研究新媒体与社会发展时不能忘记这一事实。

　　总之，我希望通过研究和观察，对新媒体与社会发展有一个比较全面的认知与思考。我们的研究要具备传播与社会的问题意识，实际上，这是整个社会公平、公正的问题。任何一个新兴媒体的出现都会带来解放，当前的移动互联网、手机等新媒体会对社会的解放，对社会的平等、公平正义带来哪些改变？这是需要我们严肃思考的问题。

传统媒体和新媒体之间的监管差异
——有关台湾 OTT 视频服务执照问题的争论

刘幼琍

OTT（Over The Top）最核心的部分就是说消费者不需要固定使用某一家公司的宽带，只要你在有宽带的环境之下，你就能够享受对方提供的服务，这种服务即 OTT。目前，OTT 主要分为两大类：一类是 Voice，另一类是 Video。例如，微信即属于 Voice。在中国内地，官方只认可 7 家电视台和广播电台拥有 OTT 执照。在国际上，像优酷、土豆这样的视频网站也被认为是 OTT。OTT 的发展速度非常快，有数据显示，无论在美国还是在英国，宽带用户中有 57% 的用户订制了 OTT 服务。今天我重点要讨论的就是 OTT 出现后对既有媒体带来的冲击，尤其是在法律法规方面带来的一系列问题。

关于 OTT，争论的议题很多。例如，OTT 是否需要申请执照？目前，OTT 在全世界只有在中国内地和新加坡需要申请执照，其他地方均不需要。OTT 内容归管是否需要同等对待以及其他一些配套法律法规问题。另外，网络中立性问题，即电信业者或者其他宽带业者不得因为消费者所使用的服务不是它所提供的而对消费者有差别待遇，或是对其收看的内容有差别待遇，定价必须透明，这就是网络中立问题。除此之外，还存在公平竞争问题、费率问题、税收问题等。

关于 OTT 是否需要申请执照这一议题，我先介绍一下美国的情况。美国在媒体管理方面，首先定性媒体的属性。美国的主管机关也在思考应该把 OTT 归入哪一种媒体类型进行管理。但需要明确的是，被管理从来都是好处和缺点并存，即你享受到的权益别人也可以享受，你受到的限制别人也会受到。这其中最核心的问题还是如何对不同媒体进行差别对待。那么，到底应该把 OTT 归入哪一类型进行管理？最后草案说明把 OTT 的线性部分纳入归管范围，所谓的线性部分即指按照节目表 24 小时播放的媒体，非线性媒体即指用户拿着遥控器，在任何方便的时间、任何地点任意选择播放的节目。中国内地就曾发布过正式文件规定，OTT 不准播放线性内容，只能播放非线性内容，这样才能跟既有的频道、媒体区分开来。目前，美国的 OTT 的线性部分是否最终被纳入归管范围，还只是处于主管机关询问各界意见的阶段。

当前，新闻传播界都在讲媒体融合。但是，当太多类媒体不断出现时，媒体主管机关应如何进行有效管理？每个国家和地区的情况都不一样，在欧盟主要是区分线性媒体和非线性媒体来管理。在新加坡有报纸媒体提供 IPTV 服务，但主管机关认为其用户少于 10 万户，所以给它低度管制。台湾地区有一个法律叫《通讯传播基本法》，这个基本法有两条规定是互相矛盾的。有一条是说主管机关不能因为科技上的不同而在管理上对媒体有差别对待，意思是说，不管媒体提供内容的方式有什么不同，主管机关在管理上都应该是一致的。但是，另外一条法规却说尽量鼓励新科技的发展，意思就是在管理上采取适当宽松政策。可见，不同的国家和地区有不同的管理模式，呈现出不同的媒介管理生态，一个生态里有不同的参与者，每个参与者都存在自己的利益，包括内容提供者、电视台、频道、平台、主管机关或者是广告商，你所扮演的角色不同，看问题的角度也不一样。如果你是内容业者，你的内容受到侵权，你当然希望 OTT 服务被管制；如果你是提供 OTT 服务的业者，你当然希望主管机关放宽对 OTT 服务的管理，甚至是不要管。作为主管机关，现阶段还是首先观察各个国家和地区的管理模式。

另外，要注意版权问题，因为版权问题涉及法律。目前，台湾很多 OTT 业者已逐渐放弃没有版权的内容，比如电视剧《武媚娘》在台湾的播放，中国电视公司、中天包括 OTT 业者都有购买版权，这预示了一个好的发展方向。但是，从台湾的角度来说，境外很多媒体、网站有侵犯台湾内容业者的版权，很多业者希望主管机关可以出面取缔这些侵权行为。但遭到一些网民的反对。所以，主管机关必须要经过正规的法律程序对此进行管理、约束，呼吁"立法院"或者是法院和主管机关相互配合，有效遏制侵权行为。

总而言之，新媒体的出现无论是从形式、科技、策略、法规等方面都对既有媒体和市场带来很大的冲击，但现阶段还是要鼓励新媒体的发展。

新媒体使社会进入民有、民治、民享时代

郝晓鸣

新媒体的出现对社会发展产生了巨大影响，从整个国家的政治文化思想进步方面来讲，媒体在社会改革进程中发挥着不可忽视的作用，是社会进步的重要推动力。

举一个几年前发生在新加坡的例子，从这个案例可以说明新媒体对于新加坡这样一个看似在政治上管制比较严格的国家产生的影响。几年前新加坡反对党曾派其领导人到学校对学生做宣传工作，迫于上层压力学校将其请走。当时的学生记者对此事进行了采访报道，但最终接到通知说不得在学校报纸上刊发。之后新加坡国立大学学生办的网上报纸将此事发布出来后被新闻网站 Online Citizen（网上公民）转载，引发新加坡公共网站的关注。此后学生们组织抗议活动，并利用 Facebook 等社交网站予以宣传，引起包括路透社等国际媒体的关注和报道，随后地方媒体、国家主流媒体纷纷予以跟进报道，本来遭到学校封锁的一则消息演变成为一则国际媒体报道的事件。现代社会管理面临的一大问题即过去我们认为只要封锁住主流媒体的报道就可以，但是当前新媒体的发展已经突破了这一界限，那些过去被主流媒体一统天下的制度在新媒体时代并不适用。

今天，传统媒体受到新媒体的巨大冲击，社交网站成为人们了解世界的重要渠道，互联网在一些国家甚至已经超越了主流媒体成为人们主要的信息来源。我们在最近的调查研究中就发现，青年人使用社交媒体的比例远远高于传统主流媒体。对公众而言，新媒体使得公民的主体地位得以上升，新媒体的移动性和便利性给普通民众提供了报道新闻的便利机会，由此出现了所谓的公民新闻。公民新闻，即民众把自己寻找的一些信息贴到

网站上成为社会关注的焦点，这些公民新闻有可能在短时间内在网站上予以传播，但如果它足够重要的话最终还将会回归到主流媒体上。在当今社会，很难通过新闻封锁的方式将某一信息彻底删除掉，这也是目前新加坡对于网络基本采取不管制态度的原因。从管制方面来讲，到现在为止，新加坡共删除 100 多个网站，这些网站全部都是色情网站，但这在全世界色情网站中占的比例大概也只有 1/1000。新加坡主管机关只是在表明立场：我们反对这些网站，不允许这些网站进入新加坡。但是管是管不住的。在中国，网民上网时经常会遇到一些帖子因为各种原因被删除的情况。但是，在新加坡，即便是总理对这个帖子不满意，他也只能派他的私人秘书向网站送一个通知，我要求你删除这个帖子，如果你不删除，我将起诉你。当然，要打赢官司必须要掌握重要的事实依据。所以，新加坡在网络管制上远远落后于中国，主要采取与其封锁不如放开，但通过法律手段对诽谤等非法行为予以制裁的管理方针。

作为新闻传播专业的学生，可能今天你在课堂上所学的内容和你工作后所要面对的媒介环境并不相符。对于新闻工作者而言，第一个转变，是由新闻的采集者向新闻编辑和管理者转变。过去我们认为新闻采编是新闻工作者的主要任务，但实际上，无论你派多少能干的记者，你能了解到的事情终归是社会的一小部分，所以，新闻管理者将能够发挥更大的作用。第二个转变，要学会做一个数据挖掘者。在大数据时代，网络数据给人们的生活带来极大的便利，新闻工作者要学会从冗杂的数据资料中挖掘有价值的线索。另外，作为信息的处理者，如何在大量信息中通过方位、时间等的确定来辨别信息的真伪，对于新闻工作者来说同样重要，这将是主流媒体的一个重要出路。还有一个问题，即要学会思考，我们要做事件发展的预测者而不是简单的报道者，这就对新闻工作者提出了更高的要求。

总体而言，由于社交媒体的出现，媒体又重新回归于公众。目前，我们正处于一个真正的"民有、民治、民享"的时代，虽然不同的国家实行的程度不一样，但是媒体真正成为人们在现实社会中能够去发现、掌控、使用、讲话和报道的媒介、载体，这就是新媒体对社会产生的巨大影响。

圆桌对话：新媒体与社会发展

新媒体对社会发展的影响不仅体现在改变人们日常行为方式等表层方面，更体现在引发社会各领域的结构重组等深层变革。第五届新媒体与社会发展全球论坛"圆桌对话"环节，学者们就新媒体对社会发展的深层影响、网络管控与公共领域建设等议题展开讨论，并结合自身学术研究经验，就社会科学研究方法的应用与注意事项为学子们答疑解惑。

一 新媒体对社会的深层影响

学生提问一：新媒体通过改变家庭内部的信息掌握情况，从而改变了家庭的话语格局，并且对家庭权力进行了再分配，造成年长者权力的不断衰落和年轻人权力的不断增长。请问新媒体所带来的这种改变对于传统社会发展会产生怎样的深层影响？

赵月枝：新媒体改变了各种权力关系，包括不同年龄阶段人们的权力关系，这个问题在传统社会里存在，在现代社会也同样存在。但是，我认为年长者的智慧不可能被彻底代替，并且年轻人也会有变老的时候，所以这个问题只能从一个动态的角度来看待，也就是说不同权力关系在持续地改变，不可能有一成不变的答案。另外，我们通常认为年长者是传统价值的基本维护者，但实际上也可能有不同情况，比如一些年长者也开始学习、接受新事物，所以还是应该具体问题具体分析。

学生提问二：前一段的微博自杀事件引起人们的关注，网络暴力体现出人们文化价值的缺失，请问老师如何看待这一问题？

赵月枝：我们研究的其实是社会中的媒体，而不是媒体对社会产生了什么样的影响。我们一直在讲媒体，不管是新的还是旧的，但实际上我们讲的应该是传播。如果我们把问题放在传播这样一个角度，而不是媒体的角度，那么我们为了达到传播效果，既可以使用旧媒体，也可以使用新媒体。比如说在村庄里，更多的可能是通过口头传播。所以，一方面要把媒体放在社会中考虑；另一方面，也要考虑什么样的媒体在什么样的特定条件下支撑了什么样的传播，即要把交流和传播放在更重要的地位。美国传播学界曾经有一个很重要的主题，就是研究受众看了电视暴力以后会不会有更多的暴力行为，后来就提出行为主义的研究方法。实际上受众看了很多电视暴力以后，会对社会的权力关系产生一种理解，比如一个年轻弱小的女性，看过了很多电视暴力以后，就会认为这个世界充满暴力，我们需要一个具有威权的人来给予我们和平和安全，这是一种意识形态的映射。网络暴力本身是否会带来模仿，我觉得并不是最重要的分析，那是行为理论思路，更重要的是考虑网络暴力里面谁在施暴、谁在受暴，从这里得到对社会权力关系的理解。这是关于网络暴力或者是电视暴力方面更深层面的分析。

学生提问三：面对新媒体对传统媒体的巨大冲击，传统媒体应该如何应对媒介环境带来的变化和挑战？

郝晓鸣：就传统媒体而言，最重要的是在信息处理、事实调查、观点提出以及对事件的全方位准确报道等方面发挥其新闻专业精神，做普通公民无法达到的专业报道。现在报纸消亡论盛行，但是我认为，报纸还会以一种变形的方式继续存在，比如现在各种报纸都建立有自己的网站和多媒体平台。总之，我认为传统媒体并不会消亡，而是会长期存在，其发展最重要的就是要扮演好一个专业新闻报道者的角色。

学生提问四：OTT 最初从电视接入的时候主要考虑内容和用户使用这两大方面，而现在 OTT 有很多加入视频网站这样的平台。请问未来 OTT 是会向电视这样的媒体端发展，还是会向互联网产品服务端发展？

刘幼琍：对于 OTT 的发展，不同国家的策略、接受度和政策都不一样。每一个生态领域都有自己的价值链以及各自的利益团体，不管是机关还是业者，他们彼此之间都会竞争，但是大家都有一个共同标准即消费者最大。例如尽管电信业和广电业在相互竞争，但是 3G、4G 等的标准决定了一切，因为没有标准就没有商机。总之，我可能没有办法在很短的时间内告诉你哪个是最合适的，关于 OTT 今后的发展路径，我们必须根据不同国家和地区的具体情境予以分析。

二 网络管控与公共领域建设

学生提问五：目前，我们学生从事研究如果涉及对外研究的话，一般都需要借助翻墙软件。请问中国的这堵"防火墙"存在的意义是什么？

郝晓鸣：首先我们要明白这堵墙的作用是什么，比如长城建成之后，到底是抵御外来的势力呢，还是防止自己的人民向外迁移呢？在过去很多人都在讨论这个问题。那么我们中国建防火墙是要锁住什么呢？如果锁的这个东西大家公认对社会没有什么好处，那么我也赞成建这个墙，所以到底需不需要这个墙不应该由我们来回答，而应该由中国人民来回答。其次，应不应该翻墙这个问题，我觉得要看个人的需要和兴趣。有的人对墙外的世界充满了好奇，认为国内的信息不足以满足他的需要而去翻墙，也有的人认为目前的状况足以满足我的需要，所以并不需要去翻墙。那么墙外的一些东西究竟会对我们青年产生什么样的影响呢？我认为这是我们应该思考的问题。

学生提问六：请问老师如何看待以下两种观点：第一，公众可以自由表达心声从而形成公共领域，最终促进民主社会的形成；第二，新媒体放大了社会矛盾，因为新媒体的主要使用者是低收入、低素质和低学历的人，他们无法形成公共领域，甚至有可能会威胁到社会的稳定。

哈筱盈：媒体有主流媒体和非主流媒体之分，虽然互联网现在积累了很多用户，但是很多人仍然认为它还是属于非主流媒体。如果你是在社会上没有权力或者想去颠倒权力的人，那么，当前的新媒体可能并不会给你太多的自由度。但是，如果你是想利用新媒体来做一些其他的事情，例如建立网站发布信息，那么，新媒体给你提供了一个很好的平台。

学生提问七：新媒体的到来为公众的发言权提供了保障，但随着相关法律法规的管控，公民的发言权是否还是会受到极大的制约？

哈筱盈：法律法制并不等同于控制，除了控制之外，也有创造和保护公民表达权的功能，这是一个基本概念问题。我们既要看法律法制本身所指的是什么内容，也要看是什么样的法律法制。

郝晓鸣：社会是在进步当中，今天你想要的这个发言权利以及发言之后受到的重视度和影响力都远远超出了我们的那个年代。社会发展基本上是一个逆流而上的结果，可能会遇到一点小曲折，但仍是在发展前进中。

三　社会科学研究方法与注意事项

学生提问八：在从事社会调查研究活动时，应注重哪些方面的问题？

赵月枝：社会调查研究过程中存在很多复杂的问题，比如我在今年暑假进行的乡村社会调查，我们是从事媒体调查研究，想要了解新媒体对受访者产生的影响。但在访谈的过程中，受访村民会把我们的调查问题撇在一边，开始讲他们各自的困难和问题。这就涉及调查者所谓的研究议程和被调查对象自己最关心的问题之间的矛盾。对我们来讲，当前是处于媒体化社会中，但是对受访村民来讲就是社会中的媒体，即对他们而言，我们现在讨论的新媒体并非其现在生活中的重要问题。在 1981 年，就有学者在 *Journalism and Communication* 上发表文章谈到，没有比做那些普通民众关心的研究更给人以研究动力。当前，我们面临的问题就在于研究者的研究议程和老百姓的研究议程如何形成互动。你的研究议程由谁来定，你的问题由谁来定，研究的主语是什么？这些都是社会调查研究应深入思考的问题。

学生提问九：在使用问卷调查方法进行社会调查时，如何确保数据与真实情况的一致性？如果调查问卷上反映的数据与真实情况存在一定的差距，应如何处理？

哈筱盈：有些研究是相对的真实，有些是真正的真实，在做问卷调查研究时，不要将数据看得太死，可以将量化研究与质化研究相结合，全面了解问题，掌握更全面的研究数据和资料。

洪浚浩：问卷调查研究中会出现很多问题，比如调查受众每天收看电视的时长，有两种调查研究方法，第一个是通过监测机构进行监测计算，第二个是研究者的记录。但是，即使知道受众打开电视和关闭电视的时间范围，也并不表示在这一时间段内，受众是一直在收看电视。因此，进行问卷调查，最重要的是首先要明确此项调查研究是要达到一个什么目的，只有首先明确了研究方向，数据的精确性才有价值。

学生提问十：传统民族志研究比较强调个人的独立性，赵月枝老师在对浙江村落进行民族志研究中，投入了较为深厚的个人情感。当前，很多学者进行的民族志研究也有这方面的趋势。请问赵老师，您对个人情感投入研究中这样一种趋势的看法。

赵月枝：在研究中，研究者与被研究者之间的关系很重要。个人情感本身不应该是一个问题，应该是进入这一研究场域的一个中介。在这一过程中，研究者把自己放到一个所谓的观察者的位置上，研究者对被研究者来参加讨论的动机要有一个非常客观的分析，对进入这一研究场域后所带来的权益关系的变化有一个客观、全面的分析。一方面，研究者要保持价值中立；另一方面，任何一个研究者参与到研究中，其自身的观察肯定会影响研究者和被研究者之间的关系。最重要的是，你要对各方的权益关系进行冷静客观的分析评判，并在你的研究中体现出来。从这方面来说，各个主体的情感其实是一个有利因素，而非不利因素。实际上，好的研究一定是一个好的故事。

郝晓明：报告文学有一个很大的特点就是合理想象，这是可以存在的。从某种意义来讲，读某一作者的文章时，读者也明白作者的小说一定有自己的个人情感。但是，作为科学研究，首先一个研究者要整理好自己的个人情感。我同意赵老师的观点，每个人都有个人情感。但是我认为，即便出发点是好的，作为一个学者，在写论文时最好不要带有某种倾向性。

第五届新媒体与社会发展全球论坛暨中美双边对话（二）

主 办 方：上海交通大学新媒体与社会发展研究中心

上海交通大学舆情研究实验室

上海市人民政府决策咨询研究基地谢耘耕工作室

全美中国研究联合会

美国杜克大学中国研究中心

时　　间：2015 年 7 月 21 日下午

地　　点：上海交通大学

论坛主席：谢耘耕（上海交通大学人文艺术研究院副院长，上海交通大学新媒体与社

会中心主任，教授）

论坛嘉宾：（按姓氏笔画排序）

刘延宁（中国高科技产业化研究会研究员，国资委中国民族贸易促进会执

行会长，高级工程师）

刘鹏（《新闻记者》杂志主编）

严三九（华东师范大学传播学院院长，博士生导师）

邵国松（上海交通大学媒体与设计学院教授，学科带头人）

张国涛（《现代传播》编辑部主任，中国传媒大学研究员）

徐立军（中央电视台市场研究总裁，央视－索福瑞媒介研究总经理，中国

广播电视协会电视受众研究委员会副会长）

强荧（上海社会科学院新闻研究所所长）

主题演讲：冲击碰撞下的传统媒体与新媒体

新媒体的出现在给传统媒体造成巨大冲击与挑战的同时，也为传统媒体的良性发展创造了机遇。第五届新媒体与社会发展全球论坛第二场"主题演讲"环节，来自新闻传播学界、业界的专家学者围绕"冲击碰撞下的传统媒体与新媒体"这一主题就媒介融合时代、传统媒体与新媒体的竞合发展展开深入探讨。

传统媒体与新媒体的融合相得益彰

徐立军

我今天想跟各位专家还有同学们一起交流一下关于媒体融合的话题。首先简单介绍一下 CTR，CTR 即中国央视市场研究。我们主要聚焦媒介经营管理，包括品牌和传播、消费者研究等领域。其实，媒体融合发展已经有些年头了，但是学界和业界把 2014 年命名为中国媒体融合和发展元年，因为2014年8月18日中央专门出台了一个关于促进传统媒体和新兴媒体融合发展的重要文件。现在，媒体融合已经成为中国传统媒体缓解自身生存、发展压力所必须要做的事情，同时也是由于中央高层的政治推力。关于媒体融合的原因，除了刚才说的那两点之外，也因为目前在传统媒体内部，这些年一直弥漫着一种低落的情绪，一种传统媒体即将被互联网替代、被互联网颠覆的哀叹。知道互联网很强大，但又不知道传统媒体应该怎样翻身、应该怎样解决目前所面临的发展难题。但是，我个人并不认为新媒体和传统媒体之间是一种替代与被替代、颠覆与被颠覆的关系，在我看来传统媒体和新兴媒体在媒体融合上是相向而行的。马云曾经说过，如果没有传统行业，网络电商也不会做好的。新兴媒体和传统媒体之间的关系也是如此。但是，特别需要社会各界一起参与到媒体融合这个大的洪流中去。这既是在帮助传统媒体发展，其实也是在帮助互联网发展，使它们能够更好地融合，进而也能将传统媒体从目前这个僵局当中解救出来。

今天特别想和大家交流关于媒体融合的几种观点。

第一种观点是"卖身论"。很多人都会认为传统媒体生产的内容无偿地拿到互联网，拿到新媒体去传播，这是养大了敌人、养大了对手，是一种所谓的"卖身论"。特别是在2015年春节期间，微信摇一摇事件。有一篇很著名的文章叫作《电视的卖身之旅》，写的是微信摇一摇的幕后野心，写得很触动人心。这篇文章有这样一种算法，央视和腾讯合作，腾讯掏出5600万元获得和央视春晚的微信独家合作权，央视春晚给腾讯带来了将近2000万的新增微信用户。按照成本来算的话，获取一个新用户的成本是15元，则央视给腾讯带来了3亿元收入。另外，还有1000万是新增绑定银行卡的微信支付用户，获取一个这样的用户的成本是160元，那么算下来央视给腾讯带来了将近20亿元的收入。结论就是腾讯花了5600万元买了与央视春晚的合作权，央视春晚却为腾讯带来了20多个亿的利益。紧接着在2015年3月，摇电视的功能也推出了，50多个电视台、100多个节目都接入了这种摇一摇的功能。3月底，微信团队宣布微信摇电视平台开始开放注册。所以，很多人，包括上面这篇文章的观点都是认为央视春晚在为腾讯打工。

在我看来，这样一种算法其实是有失偏颇的，或者说是暴露了这种稍稍扭曲的患得患失的心态。我认为央视春晚和腾讯微信不是敌人和对手，腾讯这个互联网巨头看中的是央视春晚这个生态级的节目，央视春晚也需要微信这样一个顶级的交互入口。其实，2014 年春晚也和新浪微博合作发起了一项红包飞的活动，当时的合作并没有引发所谓的"卖身论"这种争论。我个人认为，其实"春晚＋微信"造就了当下媒体融合的一个新典型。只有微信才能与生态级的春晚相匹配，也只有春晚才能造就这种融合经典。本来腾讯预估的最高流量是 1 个亿，结果主持人的传播引导瞬间带来了 7 个亿，每分钟 8.1 次的峰值，当时让腾讯大吃一惊。而摇红包给春晚带来的除了上面说的 5600 万元的直接收入之外，还有一些数据我们应该看到：这届春晚是央视春晚 5 年来最"年轻"的一届春晚，也是最"有钱"的一届春晚。年轻观众的构成比 2014 年春晚增长了 8.6%，高收入观众比例也提升了 42%。另外，本届春晚央视的 3 个微信公众号的粉丝数量都达到了百万级。

在此，我特别想重提经济学家在评论中国加入 WTO 的时候的说法，如果我们把握住机会，加入 WTO 就是利大于弊，不把握住机会，加入 WTO 就是弊大于利。其实，中国加入 WTO 的时候有很多的担忧，比如，中国汽车行业、中国农业可能会被 WTO 所摧毁。今天能够庆幸地看到，没有出现这样的情况。其实，更重要、更关键的是我们应该从春晚摇红包当中，从与腾讯微信的合作当中思考电视人到底能做些什么？我们可以拿一夜之间增长的百万级粉丝来做些什么？当然在这些质疑和争论的背后，我觉得也有着传统媒体人一直拥有的对于互联网入口的一种梦想。我们都知道，当下的互联网，百度有了搜索入口，腾讯有了社交入口，阿里巴巴有了电商入口，搜狗有了输入法入口，360 有了杀毒软件入口，那么，传统媒体到底有什么入口？传统媒体现在面临的是，我们目前不再成为中国老百姓资讯、娱乐、服务的一个入口，但是传统媒体还是想能够自己创造出一个入口。

我个人认为，中国的传统媒体通过两条道路可以成为中国老百姓互联网的入口。一个是智能电视，我想继 PC 和手机之后，第三个要被互联网征服的终端应该就是电视机。而且这个入口是电视媒体要从大屏到小屏向互联网化发展，而互联网企业也要从小屏到大屏做延伸。这也正是刚才我所说的，传统媒体和新兴媒体在相向而行。第二个是有线电视网络的互联网化。其实，电视媒体的融合发展意味着整个传播链条，即内容、平台、渠道、终端的每一个节点、每一个环节都需要做到互联网化。很多人都是通过有线电视网络这个入口来看电视的，所以，现在的有线电视网络已经实现了"最后一米"或是"最后一公里"的用户连接，而且是付费用户。有线电视网络拥有很多优势，在内容上、渠道上、平台上、终端上，包括在用户上都有很大的优势。未来的互联网化，家庭网关将向智能家庭、智能社区和智能城市方向发展。从这一角度来说，作为传统媒体人要想到，传统媒体和新兴媒体融合发展，传统媒体可以自己"造船出海"，拥有自己的入口。但我们也要认识到，互联网最大的入口也就百度、阿里巴巴、腾讯这三家，还有 360 和搜狗输入法这种小入口，不可能所有媒体都有入口，因此传统媒体也可以通过"买票上船"获得入口。目前，传统媒体作为内容提供商，就相当于是在同一条马路上的车，不可能每辆车都有自己的马路，但如果有人把路修好了，我们也可以在这样的路上跑，有自己的入口也是一件很好的事情。当然还有一些地方性媒体在尝试本地化发展，比如苏州电视台做的《无线苏州》、成都电视台做的线下电商平台等。

第二种观点叫作"颠覆论"。这是几个月前在论坛上的一个跨界对话，论坛上我们听到了"互联网颠覆一切""互联网颠覆传统媒体，对传统媒体造成毁灭性打击"等观点。虽然已经进入了不可争议的互联网时代，但中国的互联网渗透率 50%，还远远低于欧美国家将近 70%、80%的渗透率。我们未来的机会可能在于我们是否能判断新生成的 6 亿互联网民是什么人，新的 6 亿网民会在哪儿产生，还有我们如何抓住这个机会？同学们都很熟悉"电商"一词，但中国消费零售总额只有 10%是在电商平台，即在线上完成的，还有 90%是在线下完成的。我们常说，互联网的巨头很牛、流量很大，但是，电视媒体覆盖了全国 98.42% 的人口，仅仅中央电视台这十几个频道，每天观众的流量都有 6 个亿。当然，我们面临的问题是怎样把这 6 个亿数据化、数字化，以及传统媒体积累了几十年，怎样去挖掘它与社会间的情感运动和情感联系中应有的效应。所以说，传统媒体需要互联网化，互联网也需要传统媒体。我顺便想说下大数据，大数据是封闭的、隔绝的，就像一座孤岛，虽然这个岛很大。现在我们的 CTR 公司和索福瑞公司也在做大数据和小数据之间的连接，要用小数据来连接处于不同孤岛的大数据。

第三种观点，我想和大家交流的是所谓的"体制学定论"。很多传统媒体人，包括新媒体人都认为媒体融合发展不了，甚至认为媒体融合是一个伪命题，一个很重要的原因是因为体制。所谓的体制其实包括很多东西，比如，融资渠道、投资并购，这些限制确实让传统媒体相对于互联网的资本驱动、人才激励不具备竞争力。但我们要问的是，有这样的体制是不是就做不了任何事情？我觉得体制肯定不是让传统媒体衰弱的病根。大家可以从另外一个角度想，西方很多媒体并不存在体制的问题，可为什么它也是这样一个局面？我个人的判断是，大多数媒体在媒体融合的道路上并没有真正上路。为什么受众在媒体之间的迁移那么显著，但却没听说过哪个电视台、广播电台，甚至哪个节目大面积转产。设想一下，如果电视媒体能够将自身节目经费的 20% 或者 30% 拿出来投入互联网融合发展当中，电视媒体的决策者、执行者如果能够把自己的一半精力拿出来投入互联网融合发展中，可能我们就不会对传统媒体发展资源、人才投入等存在担忧。所以，在现有体制下我们仍然有很多事情可以做。这些往往决定了我们未来到底能得到多大的支持，能得到多大的投入和空间。可以看到很多媒体已经坐不住了，比如湖南卫视芒果 TV 这种策略和优势。目前，整个广电行业已经有很多新媒体尝试，当然，这些路径和尝试才刚刚开始。现在，我们对未来发展的成败做出判断还为时尚早，但我特别想在这个地方为传统媒体中正在发展新媒体的人点赞，我也希望并呼吁在座的每位同学都能够为传统媒体的新媒体建设出一把力。

基于互联网思维的电视媒体营销升级

严三九

大家下午好！今天我跟大家分享一下关于项目营销的内容。报告的题目是《基于互联网思维的电视媒体营销升级研究》，就是面对电视媒体的现代转型，我们应该怎样运用互联网思维来解决问题。

电视互联网思维指在现代移动互联网时代，在互联网技术发展的背景下，搭载大数据，对用户、市场、产品、企业价值的产业链以及生态、保护环境的统一性思考的一种思维方式，是一种统一性审视的思维方式。在电视媒体发展过程中，我们怎么去审视它未来的发展，特别是在营销方面，我们应该怎么去做？这是需要我们回答的问题。我的演讲从四个方面进行。第一，介绍一下互联网思维营销的特征。任何东西只有在掌握了方式、方法后才能够加以运用。第二，在营销创新方面对互联网思维进行提炼。第三，目前在对这个问题的认识上存在一些误区，需要把这些误区分析清楚，这一部分就分析一下媒介融合下电视媒体营销的思维误区。第四，也是最关键的一点，方法的应用，即如何运用互联网思维改造电视媒体营销，这也是将来各位同学走向媒体都会用到的一些处理办法。

第一个方面，我们来认识一下互联网思维营销的特征。

互联网思维营销的第一个特征是创意灵活、招式奇特。在互联网思维营销过程中，最重要的还是你的思想。营销是需要想象力的，打破传统的思维与定式是制定营销方案时的基本要求。举个例子，2014 年 8 月 25 日，万科与淘宝开发了一个创意路径，宣布淘宝网上的用户可以用一年中网购账单充抵全国将近 23 个万科楼盘的购房款，金额从 5 万元到 200 万元不等。这个点子在短期之内就吸引了近万名用户参加活动，万科的房子成功卖掉，实现了电商、淘宝的互利共赢。

第二个特征，成本低。传统营销活动在流通环节的成本很高，而在互联网思维里，好的营销方法就可以让你节省成本。比如，黄太吉。黄太吉在起步阶段只有一家面积为20平方米、13个座位的狭小店面，但是它通过互联网思维开展的高效营销活动迅速达到了煎饼果子日销售1万套的惊人业绩，它运用互联网思维进行高效营销，使用一些特别的招式来吸引眼球，给他们带来大量的订单。

第三个特征，增长快。如果能够在营销过程中有效运用互联网思维，除了可以大幅节省营销成本，还可以实现远远高于传统营销方式的增长，可以极大地提高企业销售额。这方面的例子我们可以看佐卡因，佐卡因在钻石销售方面依靠移动互联网营销CRM管理、"O2O"闭环，使得企业在2013年前两季度销售额比去年同期增长达2.3倍，并创下单月销售额破亿元的骄人纪录，在当年的"双11"期间创造了互联网最牛的2050万单笔交易，荣登国内互联网钻石第一品牌。

第四个特征，影响大、颠覆性强。这些方法的运用给我们很多行业带来变化，比如餐饮、珠宝、房地产、家电、服装、日用品等，这些方法带来的变化和影响甚至可以颠覆产业。比如，孕妇护肤品——亲润，它所采用的客户体验方式就是借助各种网络传播渠道。包括体验端、预产妇知识的辅导，它把线上和线下进行贯通，这一系列的改变使得过去形式单一的孕妇产业能够多方面满足产妇需要。

第五个特点，催生商业创新。商业形态的创新往往需要一个突破口或者切入点，互联网领域许多新兴商业、营利模式的创新有的起始于技术的革新，有的源自产品功能的迭代，有的是因为服务意识的改变，而近年来越来越多的企业是通过互联网平台上创新性的营销方式被网友熟知，进而逐步对其他环节产生影响，催生出全新的商业与营利模式。以郭敬明的《小时代》为例，虽说《小时代》在艺术方面受到多方面的诟病，但是不得不佩服它在营销方面巧妙运用了互联网思维，获得了极高的票房回报。

第二个方面，介绍一下营销创新领域中对"互联网思维"的提炼。我们可以把它概括为以下几个思维。第一，"聚沙成塔"思维，也就是说创造性地通过互联网这个平台把一个特定主题聚起来，这是至关重要的。第二，"数据掘金"思维。这是一个基础性思维，关键在于怎么对它进行化解、分析以及运用。对于当下大部分传统企业以及许多互联网企业来说，其自身所积累或者能够运用的数据量依然还没有达到大数据的体量和要求，但是重视数据的战略资源作用、提升数据分析能力已经成为大家的共识和追求的目标。第三，"渠道泛化"思维。现在各种思维界限都被打破，叫作互打，或者跨界。比如，目前我们所理解的渠道在数量上很多，所以一切皆传播，一切皆渠道。其中，关键在于要"激活"这些潜在的传播渠道，使它们在营销过程中能够主动、自行发挥作用，否则它们将永远处于静止状态，空有渠道的功能但不能发挥渠道的作用。第四，"融通闭环"思维。"融通闭环"思维追求的是一种无中心、立体化、无边缘的营销系统，线上与线下需要形成一种相互拱卫、支持的态势，这里面有两个关键词：一是"融"，另一是"环"。在这个思维里面，线上和线下需要相互拱卫、相互支持。在这个过程中，闭环是融通所指向的闭环。无论对传统企业还是互联网企业，未来的产业形态仅靠产业链上的单一形式都会造成企业战略发展的落后，因此我们需要用这样一种思维方式在未来的布局中找到自身的法宝。第五，就是"创意至上"思维。各领域的元素和资源都需要你创造性地进行整合发挥，打开思路，实现自己的目标。

第三个方面，分析一下在媒介融合背景下出现的电视媒体营销思维误区。

第一个误区是大多数人认为营销渠道限制了电视媒体营销活动的发展。当前的媒体人在电视媒体营销渠道的发展方面有很多的想法。但是在营销渠道方面，存在思想的固化问题。电视从整体上不如互联网新媒体企业丰富与灵活，很多电视台在新媒体的运用上仍然没有摆脱"传统强势媒体延伸"的陈旧思维，没有将互联网视为一个具有自身运营发展规律的生态，所以这就成为其营销活动开展的一个限制性因素。按照传统媒体的营销思路并不能实现在互联网平台方面的营销，但传统媒体人的思维、观念在这方面很难改变，这个时候就需要新的思路、新的人才和老同志交流沟通，会使效率提高。

第二个误区是人们认为必须采取颠覆式创新才能够赢得市场竞争。互联网企业的营销过程中出现了诸多颠覆式创新的案例，但是电视作为体量巨大的传统媒体，有着固有的形态与传播模式，颠覆式创新对电视媒体来说难以在短时间内成为现实，即使是在得到深入改革与形态升级的部分环节。从总体上来看，颠覆是肯定需要的，但实际上并不只是颠覆那么简单。这需要一个过程。

第三个误区，即认为电视媒体营销必须通过自身的渠道与资源来完成。我们知道，电视媒体传统的渠道资源依然是营销活动中不可或缺的重要组成部分，也是能够利用互联网思维得到改造与提升的，虽然在传播模式上处于一定的下风，但是在整个传媒生态中依然具有非常强势的地位与作用。有效地运用好自身的传统渠道，创造性地开展营销活动依然是电视媒体赢得传媒市场竞争的基础。因此很多人认为，自己现有的资源都用不完，为什么要跟别的资源进行结合？其实不然，结合是智慧的体现。当然这个的完成需要明确两点，既不能忽视或者贬低电视媒体传统营销渠道的重要作用，也不能片面地夸大电视媒体传统渠道的功能。

第四个误区，布局新媒体与营销的创新。互联网新媒体的发展直观上改变了人们对信息传播渠道的认识，布局新媒体、扩展立体化的传播渠道也便成为电视与时俱进的必由之路。经过多年积累，广电系统的新媒体已经形成了一定的规模，具备了在营销创新中发挥核心作用的条件，但是这些新媒体还没有在互联网领域打造出绝对的影响力，即使是在视频细分板块。

第四个方面，谈一下如何运用互联网思维进行电视媒体营销的改造。

首先是"聚沙成塔"思维在电视媒体营销过程中的应用。对于电视媒体来说，营销过程中很早就认识到"从观众到粉丝"受众角色转变的作用，也通过官网、SNS、微博等多元化的途径力求将更多的观众转化成为自身的粉丝，很多电视台、频道、节目的网络社区规模也具备很大的体量，为营销活动的顺利开展创造了很好的条件。比如，小米，他们吸引了很多的粉丝，采用这种营销方式给他们带来极大的效益。当然，针对当下电视媒体的粉丝所存在的问题，我们需要做到提升粉丝质量，还要使粉丝"动起来"，第三个就是要将粉丝社区向生态与平台的方向打造，将受众生活中的多元化需求导向电视媒体社区。

其次是"数据掘金"思维的应用。"数据掘金"思维的核心是数据挖掘，只要能够在一定的数据量中挖掘、分析出能够应用于营销过程中的结论，那就能够大幅提高电视媒体营销的科学性、有效性。在电视节目的整个过程里面，比如说《爸爸去哪儿》，整个节目都会通过数据来进行分析。明确知道什么时间点、什么地方收视率非常之高，当然这里面还有一些全局性的思考。

再次是"渠道泛化"思维在电视媒体营销中的应用。运用"渠道泛化"思维改造电视媒体营销不仅要立足当下电视媒体营销渠道与互联网新媒体相比处于一定弱势的前提，同时也要从"系统构建与生态维护"的高度去规划未来电视媒体营销渠道的发展；为了能够兼顾当下竞争的需要并体现出长期规划的发展性，电视媒体营销渠道的发展可以从以下两个方面展开：第一是营销渠道从单向度拓展向立体化扩散转化；第二是对营销过程中的不同元素进行渠道化发展及应用。

又次是"融通闭环"思维在电视媒体营销中的应用。营销活动在互联网时代已经逐步被区分为线上与线下两个部分，对于传统行业来说，互联网就成为划分两种模式的营销活动的这一条"线"，线上与线下的营销活动有着不同的逻辑与要求。随着技术与营销实践的进步，线上与线下的融通逐步成为现实，不同渠道与方式之间的补充也使营销活动的效能得到大幅提升，这也为电视媒体营销的改造提供了良好的借鉴。

最后是"创意至上"思维在电视媒体营销中的应用。无论技术、渠道、模式如何发展，创意仍然是营销活动的核心要素，依托绝妙的创意，即使采用最简单的方式、最有限的成本、最传统的渠道也能够取得超出人们预料的营销效果。反之如果没有高质量的创意，那便是对互联网平台下优势营销资源的浪费。互联网时代的电视媒体营销，根本来看依然是创意发挥作用的场地，"互联网思维"本身在一定程度上便是创造力的代名词。

传统媒体的变革与发展

强　荧

传统媒体，代表了一个时代的终止，它的黄金发展周期已经接近了尾声。最近，我们对上海报业集团、上海广播电视台进行了一次改革一周年的评估，评估以后我最真实的感受是，"风险见底了"。的确，资源的整合伴随着各种各样的风险：一方面，现在的新闻队伍都号称自己是新闻民工，职业很不稳定，例如2014年上海广播电视台流失了2470多个业务骨干，《文汇报》三年之内新进的20个人几乎全部辞职。另一方面，传统媒体的广告模式也面临着新媒体的冲击，新媒体尤其是网络对其大量的用户数据进行整合分析以后，有针对性地卖给了机构、政府和企业，从而吸引了大量的广告投放，所以我们现在的核心任务就是对数据的占有和自由输送。然而，传统媒体往往能够占有数据却不能自由输送数据，因此，在广告方面，传统媒体下滑得很快，而互联网上升得很快，例如，香港的三家报纸都是在短时间内宣布停刊的。

尽管传统媒体面临巨大的威胁和挑战，但我认为传统媒体是"不死"的，相反，传统媒体要善于逆反，要努力重新打造自己。美国在探索《纽约时报》新媒体发展道路时，号称要把纸质的《纽约时报》关闭，但是这么长时间过去了也没关闭。最近我对上海14家主流媒体的公信力、传播力和影响力进行了研究，结果显示，上海主流媒体传播力和影响力有限，但是公信力较高，比如上海电视台通过前几年的用户细分化服务战略和用户驱动传媒变革策略，其公信力维持较高水平，这也就是为什么尽管存在商业门户网站的一系列挑战，但是当重大事件发生以后，我们仍然倾向于通过看电视和读报纸来获取信息。此外，这次调查也发现，上海公众读报的年龄均值是 52 岁，而前几年我们去新加坡考察时，他们的读报年龄是 62 岁，这也意味着现在报纸的份额有所上升。同时，我们还发现青年读者比中老年读者对主流媒体的信任度和忠诚度更高，这也可以看出我们的主流媒体在不断地完善自己。但是，对于传统媒体的改造，单单地去行政化是不够的。传统媒体的广告份额在逐年降低，2015 年上半年，各个报纸广告额在去年份额的基础上又降低了三成……面对种种挑战和困境，媒体应该如何更好地发展呢？

首先，我认为媒体是时候作为第三方来看待一些问题了。我们都知道媒体本来应该是保持中立的第三方，但是现在很多时候却变成甲方、乙方的对立。比如对于农夫山泉的质量问题，《京华时报》连篇累牍，用 27 天发 70 多个版进行论战，我认为这是一种新闻暴力，是报纸罔顾报格、记者缺失人格的表现。所以，新闻应该坚持对新近发生的重要事实的报道，而不应该变成甲方与乙方的互相攻击和对战。除此之外，我认为整合发展新媒体也是一个必然的步骤。正如传统媒体一样，新媒体也面临着自己的困境和挑战。最近我们对《澎湃新闻》进行了调研，《澎湃新闻》相对来说是能够广泛接触受众的，所以我们对它采取相对宽容的政策，允许它打一些"擦边球"，因此对它的要求就是守住底线和亮出特色。总之，整合发展新媒体是传统媒体保持意识形态领导权的重要步骤，而保持意识形态领导权就要掌握话语权，就要坚持马克思主义新闻观，就要树立以人民利益为核心的理念。

下面我们来看看当今的国际环境和时代特征，从而更好地理解新媒体与社会的发展现状。从国际环境来看，现在美联社、合众社、路透社、法新社四大通讯社主导了世界 80% 的舆论。世界 11 台服务器，9 台在美国，1 台在日本，还有 1 台在欧洲，我们中国所用到的服务器都是美国的。此外，中国在美国、法国、德国、英国和俄罗斯这五大国当中的知晓率是 2.5%，也就是说 100 个人里面只有 2.5 个人知道。所以，我们一方面要认识自己的弱点进而弥补自己的不足，另一方面也要注重扩大国际影响力，学会在世界舞台这个独特的市场体系当中来讲中国故事。

从时代背景来看，我们现在正处于"三大时代"。第一，信息时代，即大数据时代。第二，模糊时代。什么叫模糊时代？简单来说，就是事件之间关系密切、相互影响，问题之间的边缘模糊、界限相连。2003 年，我在去南极途中，横渡太平洋 35 天，船上有 146 个科学家，这些科学家在各自的学科领域都是顶级的，但是他们对其学科范围以外的东西却知之甚少。后来我们去了南极，我在雪山上发现了火性陨石，国家极地办和中国极地研究所还将这块陨石命名为"强荧 GRV021604"。这之后，2005 年，中国政府又派我去北极代表中国政府在北极建立了第一个科考站——黄河站。我说这些经历就是想要告诉大家，现在的时代是一个模糊的时代，我们看问题要有一个模糊的概念。第三，突发事件已经成为常态的时代。以前我们一个月发生一两起突发事件，而现在每天发生重大事件已成为常态。

面对如此复杂多变的国际国内环境，我们采取了很多行之有效的政策来鼓励媒体的发展，比如以下两点：第一，用户驱动传媒变革。在新旧媒体相互竞争的环境下，用户的体验对于媒体的变革至关重要。比如谷歌眼镜原来很受欢迎，但是去年忽然之间销量下跌，有一个美国人说，戴了谷歌眼镜后眼睛老往上看，很不美观，而正是这一小小的用户体验细节对它产生了重要的负面影响。第二，鼓励借用平台。传统媒体的电子版并不是真正的新媒体，以前我们在互联网上主要是打造各种平台，其实打造平台的成本是很高的，所以我们现在要鼓励借用平台，比如阿里巴巴和腾讯的合作，腾讯和春晚的合作，等等。甚至，我们还可以借用一些碎片化的、小成本的资源和平台，比如《新闻晨报》的某个新闻记者他的粉丝群很好，那么我们完全可以依托这些粉丝资源制作APP 进而向其推送产品。

在新媒体发展的同时，我们不得不关注它所带来的一系列问题，比如虚假信息的泛滥、网络侵权的普遍等。我认为，网络登记需要实名，但网络发表可以化名、虚名，但你不要以为你发了东西别人就不知道了，现在的科技绝对能保证在半个小时之内查到你，而且我们知道网络侵权要承担一定的责任，利用信息网络诽谤他人，同一诽谤信息实际被点击、浏览次数达到 5000 次以上，或者被转发次数达到 500 次以上的，可构成诽谤罪。除了虚假信息、网络侵权之外，网络上的"标题党"也有很大的负面影响。"标题党"故意用较为夸张、耸动的文章标题以吸引网友点击观看，通常情况下它的标题和内容之间的关系不大，甚至毫无联系，因此它所提供的常常是浪费时间和感情的无用信息。

无论是传统媒体，还是新媒体，我们都要放低身段，善于向低处汲取营养，我相信只要有心就能创造，就能达到一种峰回路转的境地。

中西文明对比及紧迫性问题

刘延宁

大家下午好。我原来在国家信息中心工作，参与了三个国家工程：国家宏观经济管理信息系统、国家国有资产管理信息系统和国家科技项目管理信息系统。我是做逻辑设计的，下面我既不从传播学也不从新闻学，而是从系统软件开发角度，从系统工程、信息论、系统论、控制论、方法论来分析我们现在所处的软硬实力共举的阶段。全世界互联网一级服务器7个，二级120多个，中国没有一个，中国科学院只是一个 IP 地址的注册中心。20 世纪美国登月计划之后，互联网共有 8 万多家通信系统研发体系，当时他们说不能够让它再费钱了，就移交给了美国空军部底下的洛克希德公司，那里有个海量存储器，让他们进行管理。

我们发任何一个电子邮件，不是用半秒钟直接到对方那里，而是发过去后一下子就到了美国洛克希德公司海量存储器那里了。然后，进行敏感单词的下载，其他的一些机构文件之类就下载给美国中央情报局进行情报分析，这就是斯诺登每天分析不完的海量信息，到最后受不了逃掉了。当然，我们中国为了反间谍或是双面间谍，并没有接受它。只要你通过电子邮件发信息，你就没有任何秘密可保。还有一个就是我们随身带的手机，它是一个随身窃听器，它可以实时把语音短信进行定点窃听和窃视，所以默克尔中计也是没有办法。原因就是我们所有的通信设备没有自己的操作系统。我今天要讲的，就是 21 世纪社会发展制高点下新媒介东学西渐——传播界使中华文明成为全球人类主流文明的重要组成部分 + 切入点之一。第一，中西文明文化比较的三个领域；第二，紧迫性；第三，思考与思路；第四，寄予。

　　现在欧美发达国家把我们中国在经济领域里看作第二大经济规模，只是看成一个国家规模的经济暴发户而已。在中华文明和中华民族两大领域，并没有受到他们整体的尊重。我当时就反思，到底发生了什么。可以看到中西文明具有完全不同的特征。第一，西方文明文化的特征是解构、分类、分析，不断地切分，由此形成了结构比较完善、学科划分非常细致的三大体系——科学体系、知识体系、技术体系。中华文明古往今来几千年，我们的文化特征是海纳百川、综合、归纳、整体、辩证、平衡。由此形成了24节气、《孙子兵法》、《易经》、《道德经》、《黄帝内经》乃至中医。第二，中西文明文化对于不同文明之间的关系具有不同的评价。西方文明认为不同国家、不同民族、不同区域乃至不同历史阶段的不同文明之间，关系是互相冲突的。在十年前曾经有一本非常著名的书，叫作《文明的冲突》，简称为《冲突论》；而我们中华文明认为不同国家、不同民族、不同区域乃至不同历史阶段的不同文明之间是360度的、对同一个事物的不同阐述，有的有互补，有的即使不互补，也没有冲突，所以简称为"角度论"。所以现在国家的第一把手很善于在国际政治、国际军事、国际经济、国际文化乃至于国际会议上从不同的角度来看待问题，这是个大智慧。那么同样道理，专家学者、知识分子、各个国家的官员以及企业家在他们的领域各自有不同的最高境界。专家学者和知识分子他们的最高境界在于他的专业、学术、技术和专利等，要在国内外最前沿有一丁点儿突破，侧重于突破；古往今来各个国家的官员要在多元因素当中，达到"整体、辩证、平衡"，侧重于把握利益平衡点的"平衡"；而企业家的最高境界是按需求经营，善于将"需"变成"求"。那么这就形成了我们中西文明完全不同的游戏规则：西方文明的游戏规则是零和，没有和平，他实现的三种路径分别是制衡、军备竞赛、地缘政治；而我们中华文明的游戏规则古往今来都是要和而不同，达到共赢。

　　关于紧迫性问题。21世纪中国发展面临七个经济拐点：第一，从过去单一的制造业大国到与研发业大国并举，都是平级关系，而不是替代关系。现在很多的场合都说，新媒体非常活跃，传统媒体在不断萎缩，而且将来要被替代，其实这是一种方法论的错误，因为任何东西都是并存的。1997 年在信息泡沫产生的过程中，当时很多人提出"无纸化办公"，实际上也是方法论的错误。在欧美等发达国家中从不提倡"无纸化办公"，因为一旦有了战争、自然灾害乃至社会动乱，那么整个国家机器都会瘫痪。在欧美发达国家，纸质报刊还没有消亡只是往下降，但并举的同时马上产生了职业恐慌，还没有等到消亡自己就主动消亡了。第二，从中国制造到与中国创造并举——国家形象。第三，从过去单一的低附加价值到与高附加价值并举。不是说卫星上天就不要手电筒，但是这个手电筒要经过创意设计形成新的高附加价值。第四，从单一的工业强国到与非工业强国并举——国家软实力。这个软实力，包括外交、制度建设、法律建设、政策国是研究、信仰导向、舆论导向、科技文化导向乃至社会建设。第五，从单一的产品贸易与低端服务贸易，到与技术贸易、知识产权交易、文化艺术版权交易、高端服务业（包括媒介传媒服务业）并举。第六，是科学发展观、业绩观方面：从过去单一的 GDP 作为唯一的衡量指数，到与公众幸福指数并举。第七，我们为了完成上述任务目标，中国要在 21 世纪及时转变经济发展方式，把国家软硬实力并举作为 21 世纪中国时代任务。

关于舆论导向问题。为什么我们在手机新闻栏目上看到的绝大多数新闻都是负面信息？当然不包括党中央国务院紧急反腐反贪。中国上千所大学里的新闻学院、新闻学专业老师有很多都是从国外游学归来，学的是西方新闻学。西方新闻学所认为的新闻点，比如，政府干得好是应该的，就是没有新闻点，但是如果政府和干部出了问题，那就是新闻点。这也是一种霸权，也是一种不公平。我们有两个年龄层次的困惑，一部分老年人说，市场也赚钱，资本也赚钱，那市场经济是否就等于资本主义？我认为不等于，资本主义是用货币资本获得权利资源；市场经济是用交换来获得权利资源，而交换的不一定是货币资本，还可以是非货币资本，例如，制度、法律环境、信誉、能力、专业队伍、凝聚力、文化力、创新力，等等。年轻人困惑的是现代化是不是全部意义上的西方化，比如说我们国家的金融体系改革是不是全在模仿美国。其实我们总把西方国家看成一个模子出来的，实际上西方国家在政治体制、社会体制、文化体制、经济体制乃至宗教体制上都不是完全一样的，甚至是血缘上最亲的英国和美国的政治体制都是不一样的。比如说英国他们是爵士体系下的贵族议会，而美国既没有爵士贵族，也没有议会，他们是建立了相当于中国全国人大的参议院，相当于全国政协的众议院。从 1949 年 2 月一直到 10 月 1 日建国之前，中国共产党的八大民主党派以及无党派知识分子在讨论到底我们是要英国的议会制度还是美国两院制度，后来我们选定的是美国两院制度，所以我们叫两会，因为我们是人民共和国，所以改名为全国人大和全国政协。北欧五国，奥地利、比利时、荷兰等 20 多个国家的国家宪法里讲他不是资本分配，而是社会分配。所以中央党校的理论部称这些国家，是准社会主义国家和中左政府。因此，并不是所有的社会主义国家都是穷国，他们叫市场经济国家。在全球发展大潮中，中国做好自己的事情，用 1/7 的土地养活了全世界 1/5 的人口，这是对全球经济稳定的最大贡献。我们使用高端服务业把我们的制造业的供应链变成产业链，再利用"互联网 +"变成价值链，然后达到经济搭台国家唱戏等阶段目标。

人的一生是不断选择的一生，而善于进行人生选择，正是人类作为高级动物区别于低级动物的人类智慧之一。当然，与此同时，传承中华文明文化的优秀核心智慧也并不等于全面复古，也是需要进行及时选择的。很多人说中国在许多方面不如西方国家，我的回答是相对于西方发达国家 250 多年工业革命的时间，中国整个国家规模的工业化才 66 年，西方发达国家，就像一个 25 岁的青壮年，而我们中国就像一个还没有充分工业化的 5 岁不成熟的孩子，对于 5 岁孩子的不成熟，我们不应该打击他、攻击他、贬低他，而是我们要帮助他成长、成熟起来，这是所有的中国人民以及海外的华人华侨华裔们在 21 世纪的第一个人生责任和时代责任。我们正处于经济体制转型时期，从计划经济到市场经济和搞改革开放，这两个都叫作国家行为和社会工程。如果一个只有 580 多万人口的新加坡完成这两大国家行为和社会工程，可能只需要五到六年或者是十几年，而我们中国是一个十三亿六千万人口的大国，从国情来看我们要完成这两大国家行为和社会工程至少还要六七十年的时间。也就是说从 1978 年至少到 2038 年之后。现在我们正处于整个周期的中间阶段，也就是说我们正处于社会矛盾最激烈、最复杂的阶段。但并不是所有的周期都会继续乱下去，因为我们相当于 1850 年的美国，当时他们在东部沿海省份建设水泥厂、钢铁厂、造船厂，但是在西部，牛仔依旧杀人越货。这是因为第一是他们刚刚从英国独立出来，官员治国水平不是很高；第二是社会治安和民风还很乱；第三是没有普及教育。因此，现在的时代任务是三个：第一是前提，第二是措施，第三是目标。要继续以经济建设为核心，同时强化法律建设和制度建设，对我们的传媒业进行制度建设，做到制度建设有利于我们的社会建设，达到中国共产党可持续执政的合法性地位和合理性地位。当面对着严重的社会问题和社会现象时，党中央和国务院已经开展反腐反贪行动，进行了正确抉择，那我们也要正确决策自己的人生。第一，所谓生气是拿别人的错误来惩罚自己，别人让你生气而你生气了，使别人达到了目的，反过来，别人让你生气而你没生气，使别人没达到目的，他反而生气了。那些大智慧的人，并不是不知道这些，只是把他放下了，专门去做事情。第二，所谓怨恨、谩骂、消沉、颓废，是拿社会的不足来惩罚自己。第三，即使我们生气、消沉、颓废了 1 万次，也不能改变任何事情的任何结局。第四，生气、怨恨、消沉、颓废都是没有社会效益、经济效益、文化效益、政治效益的。古往今来，古今中外，历朝历代的聪明人和正人君子们，是不做无效益的事情的。第五，当代的正人君子和聪明人们首先去做那些可以改变事情结局的如业绩、社会公益等。我们可以学习在和平发展的过程中，逐渐去优化、强化我们的制度建设和法律建设，为我们老百姓的公平和话语权服务。

我们大家都知道闪光的不一定全是金子。同样的道理，目前，国际上新出现的一些文化现象，乃至新的生活方式，也并不全是有利于人类良性发展的。因为其中有一部分是西方发达国家几年前十几年前，乃至几十年前的文化垃圾。例如，很多人认为偷菜只是游戏，党中央和国务院管得着不让我们玩儿偷菜游戏，这不是小题大做吗？我来告诉大家发现什么问题了，偷菜是美国中央情报局花钱请中国最大的游戏集团——盛大集团开发。有两个目的：第一，你偷了几次，你就认为偷不是坏事情。第二，你在网上偷习惯，在现实社会也可能会偷。偷的倾向问题，是典型的意识形态没有厘清，导致在不知不觉中，误将无耻、无赖常态化，是严重的社会问题。

我们中华文明在21世纪融合的是什么？大家写一下六个字，三个词：整体，辩证，平衡。西方文明强调的是批判性思维，他们认为只有批判性思维，才能够创新和创造，我们中华文明强调的是建设性思维，建设性思维相比于批判性思维，它的最大核心事实在于它具有可操作性的解决方案。注意，那么批判性思维，是为了发现问题，而建设性思维是为了解决问题，所以两种思维必须并举。一定要注意两种思维并举的同时，侧重于解决问题。所以至少需要两三代中国人民的文化软实力的工程框架，发挥其突出影响力，从今天做起，善于在六个层次做事。

第一，善于将我们的宣传做成大传播，而不仅仅只是平面、立体传媒，它包括民间外交和民间统一战线，各种领域包括生活方式的统一战线。

第二，善于将大传播做成大文化。文化我刚才已经讲了，不仅仅是文化部、省文化厅、地方文化局的事情，是包括我们刚才讲的国家软实力的十几个领域。

第三，善于将大文化，做成中西哲学。为什么要经过这一过程，因为我讲了中西文明文化就具有完全不同的特征。所以一两年以来，在国际军事、国际经济、国际政治、国际文化、国际社会乃至国际会议上，只要中国一讲话，西方人就不断地在把结构分离分析，不断地切分，但是不是我们的意思？他认为他听懂我们了，而我们呢？听到国外的或者是美国方面的，我们就不断地去海纳百川，综合地归纳，我们认为我们听懂他们的了，也不是他们的意思。所以双方在许多场合都认为自己很委屈，实际上就是双方方法论、方法学不同而导致了一些传播上的误解和误区问题。

第四，将哲学模式做成我们的信仰——中华文明价值观的信仰。西方人认为中国没有信仰，因为他们西方是宗教信仰，都要进行洗礼，他们说你们中国人没有洗礼，所以你们没有信仰，但是大家要想一想，实际上我们中国缺乏文化信仰吗？

第五，将信仰做成生活方式。西方老百姓每个星期穿最漂亮的衣服，周末到教堂是一种生活方式。我们在 21 世纪给中国老百姓的生活方式不是要他们每个人都去教堂，而是要给他们一个空间平台和价值体系。

第六，将生活方式做成惯性潜意识，这时候不管是外国老百姓还是中国老百姓不再认为是大话、套话、假话、空话，因为成为惯性潜意识，习惯成自然。

共传时代的新闻生产和消费模式

刘 鹏

非常高兴有这样一次机会和来自全国各地的对传媒感兴趣的同学做交流。今天我想跟大家分享一些我个人的想法：新媒体环境下的新闻生产与消费模式的变革。

众所周知，新媒体的出现和流行，给我们带来了一个全新的信息消费环境。新媒体的特点有很多，但是我认为它最本质的变革是彻底打破了传统新闻传播的渠道霸权，意思就是我们大家都可以做发言人、传播者。中国人民大学的一位老师将这种现象概括为"新闻传播的共时代"——普通民众与职业新闻传播者共享新闻资源，共产新闻文本，共绘新闻图景。我非常认同这个概念。在这样的环境下，我们把新闻生产的变化概括为从组织化向社会化转型，实际上就是出现了一种范围传播的状态。前几年严三九老师说是泛渠道的，实际上是讲过去的传统媒体现在已经泛化了，出现了人人都是记者、人人都有麦克风、人人都是新闻发言人的现状。记者是采集、发布新闻的，有麦克风可以声明自己的意见，表达自己的观点。新闻发言人主张自己的利益诉求，前段时间在河北的秦皇岛，有一个贪官被抓起来，他的家属召开新闻发布会，他妻子说她老公非常冤枉，这在传统媒体时代是无法想象的。但是新媒体把这些都颠覆掉了。新闻消费的变化是从专业化走向社交化、个性化的转型，从根本上讲，新闻消费是一种从过去的专业精英把关，到目前的技术把关、关系把关的转型。大家都知道澎湃新闻做得很好，但是现在大家更多的是通过自己的微博、微信的朋友圈分享来看新闻。甚至有人说不社交无新闻。这句话并不是讲如果一条新闻不能传播到社交媒体上，那这条新闻就不能被人关注，其实这是新社交媒体时代的一个新景象。随着技术的发展，个性化的、定制化的新闻越来越方便、越来越广泛，比如说现在被很多人追捧的"今日头条"。但是在这样的一个以社交化为主导的新媒体信息环境中，我们发现负面性的因素，尤其是负面性的文化特征日益凸显。下面我将从几个具体的方面来说明这些问题。

第一，信息超载带来的信息疲劳、信息焦虑甚至信息迷失。我们的信息环境从 20 世纪 80 年代到今天经历了从稀缺到丰裕、从到过剩再到今天的超载时代。现在的微信公众号大概有 1000 万个，从这个数字中就可想而知每天的信息生产量有多么庞大。《中国青年报》曾经报道说有一个调查显示，每个中国人平均每天要摸 150 次手机，我们随时随地要看手机，怕被自己的朋友圈忽略，怕忽略掉重要的新闻和重要的朋友消息。信息是无限的，信息是海量的，但是人们的记忆力和大脑的运算功能都是有限的，因此就会出现这种基于有限对无限的迷茫、焦虑，无所适从的一种状态，出现了人们说的信息越多、机会越多，选择越难、智慧越少的情形。

第二，信息的易得制造了虚假的知识膨胀感，形成网络依赖。大家非常喜欢或是经常使用的浏览器是百度和谷歌，但是如果在没有电脑的时代，很多朋友是不是就不会写字？没有网络的时候很多朋友就没办法写文章？现在很多人即使写一张请假条、写一份入党申请书都要搜索百度。传播学者麦克卢汉曾经说媒介是人类身体的延伸，但是我们发现很多时候延伸的其实是媒介，人本身很多功能早就退化了。在当下这个信息易得、网络搜索非常方便的时代，我们会用搜索、用信息的储存来代替基本的知识学习，代替我们的亲身研究和体验，这样的现象越来越严重。

第三，信息流的传播模式使得注意力、思考力碎片化。每一种媒介形态都内在地规定了不同的阅读模式，比如说书籍就是一个线性的阅读模式，我们看一本《传播学概论》，必须要从导言看到最后一章，否则就很难对它完整的知识框架有一个全面的了解。但是相对来说，报纸杂志是一种散点式的阅读模式，它的文章和文章之间虽然有一定的逻辑关系，但是并没有非常紧密，它是一个整体，但并不要求每一篇文章你都要看过才能懂。而目前的网络、目前的新媒体主要采取一种基于信息流的浏览、信息呈现方式。所谓信息流，就是逆时间线呈现非结构性的信息。大家打开自己的朋友圈，最先发的信息在上面，可能是你的朋友晒自己的照片，接下来的一条信息可能是有人转发的一篇学术论文，再接下来有可能是朋友表达对今天热点新闻的一点畅想，这每一条信息之间毫无任何的关系，完全是按照一条时间线的反向延展流动的。在这样的一种传播模式中，它内在的规定也是一种碎片化的阅读，140 个字可以在非常短的时间里让人看完。上一则信息和下一则信息之间没有任何的逻辑关系，思维也是跳跃的，那么这样的一种信息传播模式就带来一个问题，它会导致人们的注意力不够集中，注意时间越来越短。有一个研究发现，2000 年的时候人们的注意力集中时间是 12 秒，到了 2012 年已经下降到 8 秒。不但注意力碎片化，思考力也在碎片化，在网上，特别是网络论坛上，流行着这样一种模式：听一半，理解四分之一，零思考，双倍反应。

第四，社交传播个性化定制构筑了一个相对封闭的传播格局，造成了信息偏执。互联网文化宏观上是开放、多元的，但是微观上其实是封闭、偏执的，特别是微信微博这种自媒体、社交媒体，它们更多的是一个个的个人或者说以自我为中心的相对封闭的圈子，通过计算机所特有的无线过滤功能将抑制信息排除掉。举例来说，很多年轻的朋友，在玩微信的时候会将自己的爸妈拉入联系人黑名单中，因为父母的信息对他们来说是抑制的，那么在这样的一个信息传播环境当中，自我循环的圈子文化就非常盛行。正像桑斯坦在《网络共和国》中说的："越来越多的人只听到他们自己的回音，沆瀣一气的人在讨论中往往产生过分的自信，对他人的极端藐视，有时甚至倾向暴力，这样的危机正在逐步浮现。"前几年韩寒和方舟子在微博上的大战就是一个典型。

第五，眼球效应使非理性信息更易传播。清华大学的沈阳老师曾经用数据挖掘技术分析了很多大 V 的微博，发现总体来说，大 V 在微博中说脏话的概率要远远高于普通人。为什么会出现这样一种情况？难道是大 V 们特别爱说脏话、文化素养特别低吗？我想不会是这样的，因为在信息的海洋中特别是在新媒体这样一个汪洋大海中，要让自己的信息跳出来抓住人们的眼球，那就一定要采取一种非正常的、非常态的表述方式，否则就没有人会注意你，就没有人 follow（跟随）你。所以在这样的信息环境中，标题党流行，审丑文化盛行。把这些问题总结起来，我觉得"今日头条"是当前新媒介的一个典型，它的优势和劣势都是典型。"今日头条"有两个口号：第一个口号叫"一个没有小编的搜索引擎"，它强调的是技术统计的逻辑，于是给我们呈现的是鸡零狗碎的、毫无相关性的、似是而非的新闻，有很多貌似是新闻，实际上则是段子、谣言、帖子。第二个口号是"你关心的才是头条"，实际上它突出的是自我欲望的放纵，用户永远生活在自我的世界里。比如说今年 7 月 15 日的几条热点新闻，电影《大圣归来》受到追捧，日本强行通过安保法案，还有优衣库的不雅视频在网络上猛烈传播以及股市下跌，如果只选一条看，请问你会看哪一条？我相信在这种选择中，人性中的基本面就会跳出来。那么在"今日头条"这种以技术推荐为主的软件上，很多事件就会被放大，就会被无限度地重复。所以"今日头条"现在日渐垃圾化，它的问题已经不是靠技术的改进可以解决的，因为新闻的消费者是一个个活生生的人，有人性的考量在其中。

那么我们真的需要定制化新闻吗？荷兰有一项调查，他们对新闻从业者做了一个深度访谈，新闻从业者认为定制化、个性化的新闻可能会让用户的视野受限，或过多关注不良信息，让用户被垃圾信息包围，就像"今日头条"的问题一样。他们对用户也有一项调查，这个调查恰好与我们料想的结果相反。调查发现用户也并不像我们想象的那样，非常需要定制新闻，他们根本不希望花时间对新闻进行定制，有 89% 的人倾向于直接接受新闻网站和新闻 APP 的内容，因为他们可能不会对所有的新闻内容感兴趣，遇到不想读的东西只要忽略掉就可以了，忽视不感兴趣的新闻比费劲更改个性化的设计要方便得多。也就是说，相对来讲用户是懒惰的。第二点就是相对来说用户的心态是平和的，只有当新闻激怒他们的时候，就是他们非常不想看的那类新闻总是在他们面前跳出时，他们才会选择定制化新闻。比如说有很多人不喜欢看体育新闻，他们希望能把这一栏删掉，但是另一方面很多用户表示，他们其实平时从来不看或者几乎不看经济新闻，但是几乎没有人要把经济新闻栏目删掉，因为他们知道经济新闻往往包含着非常重要的信息，可能今天不看没关系，明天不看没关系，某一天有重大的经济新闻出现的时候不看就很有关系。所以用户不喜欢进行新闻定制化的一个重要原因，就是他们不想漏掉重要的新闻，也不想通过定制化、个性化的方式让自己变得鼠目寸光。所以在用户和编辑这两个方面，都证明定制化新闻可能不是我们未来的方向。那么在这样的一个环境下，我们是不是要考虑重返传播的精英化？目前的传播生态确实是自媒体非常流行，社交媒体已经成为传播的主渠道，但是就像国外有一句俗语说的：人人都做饭，但是并没有危及厨师的职业。传播的共时代确实到来了，但是它根本没有颠覆精英传播的格局。国外有一项调查显示：大约17.9%的用户贡献了社交网络上82.4%的视频。国内也有类似研究，在微博上做了一个调查发现，大概只有10%的人在上面发原创的内容，还有15%左右的人是转发以及评论，剩下80%多的人什么都不说，只是默默地看，他们是沉默的大多数。也就是说在传播的共时代中，10%的人生产内容给90%的人看，这样的一个基本规律并没有被颠覆，并没有改变，专业传播、精英传播的价值仍然存在。当然，这里所指的精英不一定是专业的媒体机构，过去的精英代表就是我们的传统媒体，但是今天的精英很可能分布在数学学院、物理学院，很可能是物理学专业的人重新发现了精英传播的价值。

在这样的一个新闻生产和消费的格局下，精英化传播有什么样的价值？第一，从文化上讲，去伪存真、去粗取精、取优汰劣，这是它的文化价值所在。《纽约时报》的报头下面刊登着这样一句话："每天刊登所有值得刊登的新闻。"这句话看着普通，实际上它的意义非常大，意味着不在这份报纸上登的都不是新闻。此外，《纽约时报》还有一个非常重要的理念：报纸不应该弄脏人们早餐的餐巾。它的CEO曾经说过，传统媒体的优势也许就在于一个词：标准。实际上不一定是传统媒体，专业化的媒体、精英化的媒体都有这么一个取向和标准。这个标准只有经过新闻机构严格的流程才能保证，所以我非常喜欢俄罗斯作家索尔仁尼琴的一段话，他说人除了有知情权之外，也应该有不知情权，后者的价值要大得多，它意味着高尚的灵魂不必被废话和空谈充斥，过度的信息对于一个过着充实生活的人来说是一种不必要的负担。也就是说，信息非常多，但是并不一定所有的信息我们都需要知道。

在这样一个信息超载的时代，有限、有效、有价值的信息传播能够帮助我们的用户节约时间和精力，这同样是新媒体时代一项重大的价值。所以在这方面，精英传播同样有它不可替代的重要性，有它在新媒体时代的生命力。我用几个例子来说明精英传播存在的必要性。第一，雅虎"新闻摘要"是一个聚合式的新闻 APP，它是互联网时代的产物，但是它却是反互联网思维而行动的。它不接受定制，而且它的信息是有限的，它非常强调新闻专业人士对内容的把关，并且珍视、尊重 100 多年来人们形成的早晚读报的习惯，每天在推荐算法的基础上，人工挑选和编辑新闻内容，定时向用户分早上和傍晚两次发送新闻摘要，一共只有 16 条。他们的新闻不搞标题党，非常平实，突出新闻要点，而且他们的自信在于他们认为这些新闻是当前最重要的、用户必须知道的内容，这是一个运营非常好，也非常受用户欢迎的 APP。而《纽约时报》的 APP 应用 NYT NOW 和雅虎"新闻摘要"类似，它的运营理念是让人重新回到新闻的把关和呈现中。NYT NOW 有 3 个板块，第一个是要闻版块，每天发布 4 次新闻，每次推送 10 到 15 篇硬新闻，通过标题和新闻要点，读者即使不进入原文也可以大致了解报道的内容，这样的推送大概占《纽约时报》每天报纸总发稿量的 10% ~ 15%。第二，它还有一个版块专门转载《卫报》、《经济学人》、BBC 等世界顶级新闻媒体报道的内容。此外，像 Twitter 等社交网站上的一些软新闻，它也会报道，用来开阔读者的视野。通过这种兼容并包的方式让用户受益，从过去的封闭慢慢走向开放。第三，开设存档文章的设置功能，每天滚动更新的内容用户来不及马上看完，或是没有时间认真地阅读，用户可以把这些存档储藏起来，留着以后有时间慢慢看。第三个例子是《经济学人》，浓缩版的《经济学人》APP 就像浓缩的咖啡一样，它让用户在 5 分钟内了解到当下全球最精华、最重要的经济类新闻。星巴克的一杯浓缩咖啡就是非常小的一杯，但是喝了以后作用非常大。Browser 也是类似这种功能的网站，创始人伯纳斯－李也是从传统媒体跳槽做新媒体的。他每天大约浏览 1000 篇文章，然后将其中的 5 到 6 篇发布给自己的 7000 名用户。这个并不符合新媒体的规律，但是从人工智能的方面来讲，它确实可能在内容挑选方面达到不俗的效果。相对于人类而言，新闻挑选怎样才能走到人性的正面而不是反面是非常重要的，这些例子主要是从新闻选择方面来做的概括。除了选择之外，专业的核实与求证、客观平衡的报道情绪、对真相的不懈追踪、对深层信息的努力开掘等都是精英传播的一些必要的特点。最近这段时间，大家对新闻版权越来越重视，苹果、Twitter 等一些重要的新闻媒体的新媒体部门都开始招聘专业的精英编辑人才，这说明在新媒体时代精英传播和传播精英都会继续成为一种稀缺资源。所以祝愿各位中国传媒领袖大讲堂的学员今后能够成为传播的精英，能够做一份精英的传播工作。

互联网电视的现实困境与发展前景

张国涛

我是研究电视的，但是在中国传媒大学里我的研究范畴是艺术学，所以我主要做艺术学电视的内容生产。电视内容生产和新媒体的主题相距有点儿远，所以我选择了一个电视与新媒体相交叉的内容为研究对象，即互联网电视。探讨互联网电视是因为目前电视媒体存在互联网化的问题，而其实互联网也存在电视化的问题。互联网电视其实是互联网进军电视媒体的一个重要载体或者技术方式，今天我想讲的主要是互联网电视的困境。

互联网电视最主要的困境是政策的困境。互联网电视就是智能电视，智能电视在技术上叫 OTTTV（Over The Top TV）。2013 年被誉为互联网电视的元年，仅 2013 年 9 月份一个月的时间就推出了不下 10 款左右的电视，像小米、创维、康佳等都在进军这个领域。但到了 2014 年就开始陷入政策困境，2015 年又加强监管，继续补刀。所以说互联网电视的前景非常不明，这个行业刚刚起步，本来前景非常光明，但现在又陷入了一个非常灰暗的境地。

2014 年 7 月，国家广电总局要求互联网电视牌照商不得推出互联网电视机顶盒。大家都知道互联网电视有两种形态：一个是一体机，也就是说互联电视机里面本身就有机顶盒，直接可以上网；另一个就是机顶盒，老电视一般是通过机顶盒来上网。换句话说互联网电视，就是原来打开电视只能看电视台的节目，但是现在有了数字化的改造之后，可以时移电视、储存电视。互联网电视机目前能做到的程度，就是打开电视机播放的不是电视台的电视节目，而是能看到手机 APP 或电脑视频网站上的那种节目，这样我们就能随时随地想看什么就看什么，自主性和可选择性都很大，包括国外的电视节目《纸牌屋》《傲骨贤妻》等都能通过互联网电视看到，但是现在都已经被"管"掉了。2014 年 7 月主要就是管盒子，管理之后乐视股票一下就从 200 多元跌到 28 元、27 元。

2013 年之所以会有那样的产业爆发，是因为 2012 年初的时候出台了一份文件，也就是 2011 年 12 月 30 日颁布了 181 号文件。这份文件具有很重要的标志性意义，因为现在对于互联网电视管理的政策依据都是基于这份文件的，文件叫作《持有互联网电视牌照机构运营管理要求》，它正式将互联网电视机顶盒，即网络高清播放机终端产品，纳入互联网电视一体机的管理范围。文件规定了几个主体，一个是内容生产的主体：各大广播电视台包括社会制作机构都可以生产内容；另一个就是内容的集成：全国只有七家集成播控平台，并且全属于国有，分别是央视国际、上海百事通、杭州华数、南方传媒、湖南电视台、中广和央广。所有互联网电视的运营机构要想进军电视、要想做内容，都必须跟这七家牌照商合作。合作方式首先就是电视机生产商必须要买牌照商的编码，另外，生产的所有内容都必须要接入这七个集成播控平台并交纳一定的接入费，以此达到内容的可管可供。因为我们广电总局始终有强烈的意识形态特征，1990 年的时候电信的规模跟广电的规模是差不多的，但是这些年来电信已经发展到几万亿元的规模了，而广电现在还只是 3000 亿元、4000 亿元的规模。发展之所以这么缓慢，一个很重要的原因正是广电强烈的意识形态特征，广电强调安全播出、内容可控、传输可控，结果产业就没能发展起来。

2011 年之前，所有发展的互联网电视全部被叫停，生产的电视机全部被收回。因为自从大家知道三网融合、互联网电视的优势之后，所有的电视机品牌比如海信、海尔等都在生产能够上网的电视机，但生产出来都不让售卖。甚至有些电视机厂商在电视机里装一块内存 700G 的 U 盘，里边存一些电影、电视剧等，但是所播的这些电影、电视剧都是没有经过授权，没有版权的，这都是违规的，所以都被收回了。所以 2011 年之前互联网电视这个产业始终是零的状态，或者说是一个地下的状态。但 2011 年颁发的 181 号文件实际上确认了互联网电视产业可以发展，所以 2012

年乐视才找到机会做超级电视，接着 2013 年才有小米盒子，才有创维盒子，等等。因此 2011 年的 181 号文件首先确认了地下产业的转正，并且规定了主运营的主体、管控的主体、传输的主体以及监管的主体。

但是在发展的过程当中七大牌照商却只顾挣钱，因为它们自己发展不起来，只能通过出卖牌照、出租牌照、出租编码等获利，为获利而转让了监控主体或者内容播控主体的主体性，在这一点上广电总局非常不满。因为互联网电视一旦发展起来，大家打开电视就不再看电视台的节目，这就意味着电视台的广告没人买，说实话现在电视台的广告已经缩水得很厉害了，大广告商都转投互联网了，一方面投的是网站，另一方面投的就是互联网电视。所以，如果大家打开电视看的都是互联网电视而不是看直播电视，广告就没有价值了，而广电总局最担心的其实正是这个问题。

因为现在在体制内做电视，一个就是直播电视，另一个就是刚才提到的数字交互电视，即时移电视，这通过数字化改造就可以实现，还有一个就是通过跟电信和移动合作 IP 电视，通过电信公司或移动公司做一个可以同时点播的系统，这就是所谓的广电新媒体转型的新方式。互联网电视是互联网界和彩电界、彩电生产厂家借助电视媒体发展的一种方式，就是把生产彩电的和玩互联网的都视为一体，但这样就犯了国家广电总局的一个大忌，这就违规了。比如像乐视那样的互联网厂商自己做互联网的电视播控平台，再比如就是厂商和牌照商成立合作公司获得牌照，但是事实上牌照商并没有真正地对接平台，这就等于是国有公司把自己的牌照全转让了，只是名义上掌控着播控方的界面，而广电总局要求一打开电视看到的必须是七家国有牌照商的界面，而不能看到乐视的界面、小米的界面，但是现在并不是这样，如果我现在用的是乐视的超级电视，打开之后肯定是乐视的界面、乐视的广告、乐视的节目，等等。

其实互联网电视是一个先进的技术，但却没有办法得到进一步的发展。应该是在刚刚过去的 2015 年 6 月 11 日，为了持续加强对互联网电视的管理，广电总局起草了一个《互联网等信息网络传播视听节目管理办法（修订征求意见稿）》，这是在 2004 年的版本的基础上重新修订的一个版本。在这项文件里明确了几项内容。首先是明确了一个概念，叫作网络广播电视服务。比如以前电视就是电视，没有网络广播电视服务这个概念，以前做广播电视的公共服务，就叫广播电视公共服务，没有网络广播电视公共服务这个概念，所以现在已明确表明广电总局也要去做网络的广播电视服务，这是第一个内容。第二个是明确监管，当然就是指国家广电总局。第三个就是收紧许可证的源头管理范围，许可证就是刚才提到的牌照。第四个是制定了详细的违规处罚措施，在此之前的版本都不详细，导致没法执行处罚措施。

紧接着 2015 年 7 月份，为了保证 181 号文件的执行，广电总局要求各有线电视网络公司所采购或集成研发和安装的智能电视机顶盒等终端，需安装使用 TVOS1.0 软件，不得安装除 TVOS1.0 外的其他操作系统，这是国家广电总局自主开发的一套系统。意思就是所有其他的小米系统或乐视 TV 系统等都不行，只能用官方的系统。并且根据 181 号文件，广电总局还要求 OTT 电视集成播控平台取消集成平台直接提供到电视台节目施行后的回放功能，这个回放功能只能是广电网络自己做，互联网电视不能做。

7 月 10 日，USB 端口运用也要被查封了，原先只是机顶盒不行、一体机不行，现在拿 U 盘插上去装应用也不行了，还包括其他的聚合软件的使用等，所以说已经管得非常非常严了。7 月份的这次管控，应该说已经进一步细化到微小的漏洞的堵截。大家应该都知道前段时间小米的王川跟乐视的贾跃亭两个人在网络上互撕的事情吧，撕得很厉害，其实撕的就是互联网电视这块。现在互联网电视处在一个严密的管控之下，大有回归到传统电视不能上网、不能升级、不能互动，回到原来有线电视网络的那种状态之下的可能性。

有线电视网络现在通过 IP 电视在互动方面也做得不错，但是现在，等于也把互联网企业和彩电企业进军广电产业这个苗头给扼杀掉了。其实最大的受益方，我认为反倒是 OTT 的金融系竞争对手 IP 电视。

除了政策困境，互联网电视还面临其他的现实问题，比如说新技术的冲击、市场占有率偏低的问题、用户付费意愿的问题、IPTV 的新视点的问题、核心技术应用的欠缺问题。互联网电视其实是解决交互技术或者说它的操作系统的问题，因为我们的电视都没有操作系统，但是现在的电视开始有操作系统，操作系统的主要功能就是上网，比如说我们的电视现在有了能上网的操作系统。电视的技术包括操作系统的技术和显示技术。现在显示技术已经进入了一个新的阶段，比如现在海信推出的曲面电视，现在的智能电视相对比较落后的一种显示技术就是 LED，或者 OLED 的这种显示技术，显然智能电视不是走在最前方的。还有一种叫激光电视，激光电视主要是在户外大屏上经常使用，在室内的电视上，还用得比较少，但是现在已经僵硬化了。

关于市场占有率的问题，2014 年乐视的电视是全国卖得最多的电视，卖出 150 万台的乐视，再一个就是小米 30 万台，全年的电视消费量是 4500 万台。

关于付费意愿的问题，可供点播的内容陈旧，营销宣传的体验言过其实，有些应用并不实用，比如隔屏摄影，从电脑屏上直接投到电视机上，或从手机上划过去。

关于政策上有风险，比如突然不能上网了，这时的电视跟传统电视还有什么区别？不过，当你去买电视的时候，你买互联网电视还有一个好处：便宜，它比市面上的很多电视要便宜，因为智能电视要打一个价格战。

关于 IPTV 的新视点，因为 IPTV 在此之前，由于中央电视台有 CCTV - 3、CCTV - 5、CCTV - 6、CCTV - 8 几套节目，这几套节目是中央电视台的主力频道，这几套节目原先是加密频道，是不允许进入 IPTV 网络的，有线网只能进入有线网络，但是现在允许了，开始做试点了。IP 电视是什么呢？是有线网络的竞争对手，同时又是互联网电视的竞争对手，是电信业进入电视业的一个主要的方式，比如电信、移动、联通它们想进入这个行业，因为三网融合了嘛，但是，遭到网络抵制，因为抢了网络的饭碗，意味着以后我买了电信的家庭套餐服务，我就不用买广电网络的电视了。

关于广电的核心竞争力，主要是 APP 应用等都不可以用了。这里面就缺乏了一些竞争力，但是拿互联网电视现在来看，不能说因为广电总局的管制就销声匿迹了，现在还有大量的资本往里进，所以说前景我认为仍然是光明的，理解光明的一个重要的前提是要对当前政策的管理有一个明确的理解。政策的管理我始终认为是有规则的，一些问题的出现是整个电视领域已经解决过的问题，而到了互联网电视领域中，由于现在还是正在生长的阶段，还没有被管理。对一个行业来讲，都是先生长然后再管理，中国一般都是这样一个模式。现在到了应该管理的时候，焦点是争夺以什么为主，是以广电为主，以互联网为主，还是以彩电业为主等。

电视作为未来的家庭信息与娱乐平台的趋势其实并没有改变，互联网电视是不可或缺的。即使是用 IP 电视，即使是用广电网络，它也是具有上网功能的，这个趋势是挡不住的。

在内容制作方面，许多人说互联网电视最缺的就是内容，核心竞争力没有内容，现在的情况是随着制播分离的进一步推进，在一定程度上可以缓解双方内容的短板。短期的市场波动不可避免，但是长期是极好的。

关于互联网企业的热情。现在视频网站其实是不挣钱的，因为大家基本上都是把看广告作为内容的支付方式，其实是不向视频网站交一分钱的，所以网站营利仍然走传统媒体模式其实是挣不来钱的。优酷、搜狐、腾讯，都在赔钱。但是，贾跃亭敢花钱就证明，这个行业，未来还是有钱可挣的。可以通过几个渠道，一个是电脑，一个是手机屏幕，一个是 iPad 的屏幕，再一个是户外大屏，还有一个就是电视大屏，五屏合一，跨屏合作。

采编业这几年有点儿下滑，因为采编饱和，必须通过技术的革新来提升电视和用户之间的联动，这个联动就是互联网电视。其实从去年开始，电视机的生产就开始在下降，中国是电视机的生产大国，30 年来首次负增长，其实已经先于我们的经济着陆了，电视机不再增长，怎么办呢？只能让家里的人换电视机，把老电视机给淘汰掉，这意味着你必须得有新技术，这个新技术就是操作系统。大家都知道做电视和造电视是两个行业，这两个行业其实是有很多矛盾在一块的。

另外，还要看我们广电行业自己的防守能力。因为广电行业，尤其是广播，已经被唱衰了几十年了，应该如何转型呢？现在电视面临的 3 个 drop，一个是渠道的边缘化，另一个是内容生产的空心化，还有影响力的弱化。因为广告收入已经不再增长了，作为广电总局，守土有责，但是有时候是守不住的，尤其是 181 号文件，积极作用在发挥完了之后，大家越来越看到它的负面作用。

除了政策困境之外，视频网站在技术、资金、人才、内容等方面已经都不是问题了。首先，技术不是问题，因为互联网总是走在技术的前沿。人才与资金方面都是遥遥领先的。内容生产的制播分离化有助于视频网站的发展。

最后一点，也是最重要的一点，电视要做成全媒体。再一个就是内容这块儿，内容生产一方面为电视，另一方面为整个行业，为整个行业做内容提供者。

互动交流

一 新媒体环境下的信息传播特点

学生提问一：智能手机的功能可以让大众更加方便快捷地浏览新闻资讯，那么以后会不会出现大量报社倒闭与合并现象呢？例如，新闻记者可以直接将报道发布在手机新闻 APP 平台上，而不再是通过报纸。

严三九：报纸在将来肯定会进入博物馆，这是《解放日报》前社长讲的，也就是说报纸将来会是很精致的、有珍藏价值的东西，这是历史刚刚告诉我们的，但也不能完全保证。

学生提问二：现在的新媒体用户更多地选择私密性、隐私性高的应用软件，我们应该如何来评价这种转变？这种现象能不能理解为在公共主页上对信息分享的过度厌倦？

张国涛：新媒体特别是社交媒体，包括网络论坛、博客，在很大程度上是对传统的人际传播的一种放大，所以即便是在新媒体时代，很多规律仍然是在传统的人际传播模式下向新媒体、新媒介、新平台的延伸。在这一环境下，是不是存在对过度的信息共享的厌倦，这是一个问题的两个方面。一方面，非常渴求，另一方面，也有所焦虑，特别是在信息量越来越大，各个渠道的信息扑面而来的情况下，这种压力和焦虑就特别强烈。在这种情况下，反而会回到小的传播中来。另外，由于它是人际传播的扩大，理想的人际传播是一种不期而遇的偶然，但是在一个相对封闭的空间里，这种不期而遇、这种碰撞会越来越少，对我们文化的开放、对我们文化观念的多元都是有弊无利的。

学生提问三：在传媒业未来的发展中会不会形成一些趋势：一方面，面向大众、适应现在快节奏、信息碎片化的生活；另一方面，传统纸媒不会消亡，而是会向精英化阅读发展，不再面向普罗大众，而是面向高阶层人群？

刘鹏：现实生活中，这两方面的传播都有发展的趋势，一方面，信息的碎片化越来越明显。另一方面，一些重要的、深入的报道它只面向自己的一个小众化的读者群，这样的两极化的趋势会越来越明显。

强荧：现代媒体的碎片化已经成为一种趋势，一些变化也是根据人的需求而碎片化的，但是碎片化只是给你一个索引，要深入地去了解一定要去看传统纸媒的"解读"。同时现在的报纸也在逐渐地年轻化，这个是一个非常可喜的现象。

张国涛：这让我想起中国传统电视媒体实际上也面临这样一种情况。现实中面临三个问题：第一个是新的电视媒体没有市场，第二个是渠道问题，第三个就是电视广告这一核心资源问题，由于电视台是靠广告生存的，没有广告，它的核心价值就存在问题。那么，应该怎么解决这些问题？第一，电视台不仅要自己制作节目，同时也要善于管理传播渠道，就像东方卫视提出来的，既要做自己的内供应商，还要做社会化生产，有些电视节目是别人做不出来的，比如中央电视台的纪录片。第二，体制上存在的产业链问题，现在的电视台多是台网分离，出现了一种"台网合一"的呼声。也就是说，电视媒体既掌握全部渠道又发展网络这一块。但是网络整合方面也存在问题，国家会出台相关政策进行调整。

二　传统媒体应对策略

学生提问四：传统媒体营销与新媒体营销存在哪些区别？电视媒体应该如何进行营销才能达到良好的效果？

严三九：互联网营销在改革之后由传统的单向营销模式向多元化方向发展。对于传统媒体来说，它的方向就是要增加电视媒体的核心竞争力。也就是说，虽然我们已经到了新媒体时代，但电视经营的思路和战略眼光对我们仍然很有启发，面对营销还是要直逼汝心，要触动你的心灵，最高明的手段应该在这其中。

学生提问五：虽然传统媒体在当今社会处于弱势，但我认为传统媒体依然不会消亡，而且有它独特的发展方向和前瞻性。我们国家是否会推出相关政策来支持传统媒体应对新媒体的冲击，以促进传统媒体在激烈竞争中的发展？

强荧：传统媒体现在确实陷入了困境，但是它绝对不会消亡。其实，传统媒体发展，一方面有政策支持，另一方面还有两大法宝，也就是内容为王和加强队伍建设。

刘延宁：实际上这里存在传统传媒发展资金不足等问题。经济学方面存在一个政府、市场和社会的金三角。金三角的上面是政府，左下角是市场，右下角是社会。当政府职能失灵的时候，市场职能可以做成政府职能失灵的时候所不能做成的事情；而当市场职能失灵时，注意市场职能虽然是重要的切入点，但它不能解决所有问题，这时候政府就会以四两拨千斤的措施提供优惠政策。这些政策能够及时整合优势资源，满足老百姓群体的社会需求。那么，当政府职能和市场职能同时失灵时，就需要政府购买社会服务来及时整合政府、市场所不能完成的事情，优化资源促进社会进步。所以当我们的国有企业面临危机，当我们的传媒单位经营困难的时候，政府就及时提出了我们的经济概念，用市场经济和民营企业的利润再加上我们整个国有企业的优势资源来共同发展。我们现在正处于社会矛盾突出时期，但它不会永远如此，我们正在经历转型，在整个制度的建设中我们会逐渐解决传统传媒和新媒体并存并举过程中出现的问题。

学生提问六：面对新媒体的竞争，央视内部也会做出相关的调整，像对于某些新闻播报的垄断，例如对世界杯、奥运会、亚运会的直播权，请问应该如何看待这种垄断性经营问题呢？

张国涛：央视的内部结构中存在多种利益结构，中央电视台老老实实做节目，国家会把一些资源分配给它，包括体育节目、地理节目等，这些都是独家播出的。在我看来这种垄断其实是对中央电视台的一种补偿。同时，垄断也存在垄断的优点，这一点在国际竞争中更加明显。

刘延宁：我想讲一个问题，就是从三门干部来谈三门记者的问题，他的缺陷在于他对国情的认识只是从书本上学来的，对于社会上的社情，他只知道局部，也就是经常说的搞技术的不懂文化，搞文化的不懂经济，搞经济的不懂技术，他们只会从局部提出局部的诉求，不会立足于整个国家的价值层次。我们需要从宏观大的方面考虑这种垄断现象，深入了解其中的因果联系，在此基础上确立自己的正确认识。

第三届新闻传播学期刊主编与传媒学子面对面活动

主 办 方：上海交通大学新媒体与社会研究中心

上海交通大学舆情研究实验室

上海发展战略研究所谢耘耕工作室

时　　间：2015 年 7 月 22 日

地　　点：上海交通大学

论坛主席：谢耘耕（上海交通大学人文艺术研究院副院长，上海交通大学新媒体与社会研究中心主任，教授）

论坛嘉宾：（按姓氏笔画排序）

吕晓东（《编辑之友》副主编）

刘晓燕（《国际新闻界》副主编）

刘　鹏（《新闻记者》主编）

朱鸿军（《新闻与传播研究》副主编）

张国涛（《现代传播》编辑部主任）

郝晓鸣（《亚洲传播学报》主编）

哈筱盈（美国《新闻与大众传播》主编）

黄芝晓（《新闻大学》主编）

主办方致辞

论坛主席：谢耘耕（上海交通大学人文艺术研究院副院长，上海交通大学新媒体与社会研究中心主任，教授）

尊敬的各位主编、在座的同学们：

大家上午好，非常感谢大家来参加第三届"新闻传播学期刊主编与传媒学子面对面"活动。中国传媒领袖大讲堂一共举办了六届，我们一直在探索形式上的创新，目的是搭建一个传媒学子和各界传媒领袖互动交流的平台。

学子和学术期刊是分不开的，学术研究、学术成果的呈现和展示都需要通过学术期刊去传播。新闻传播学子是未来中国新闻传播学的主人，也是CSSCI①、SSCI② 来源期刊等高层次期刊未来的核心作者群，传媒学子的

———————————

① 中文社会科学引文索引（Chinese Social Sciences Citation Index，简称CSSCI），由南京大学中国社会科学研究评价中心开发研制而成，用来检索中文社会科学领域的论文收录和文献被引用情况。

② 社会科学引文索引（Social Sciences Citation Index，简称SSCI），由美国科学信息研究所创建，是目前世界上可以用来对不同国家和地区的社会科学论文的数量进行统计分析的大型检索工具。

成长关乎着我们整个新闻传播学科的未来，与此同时，新闻传播学期刊的发展也需要年轻的学子们予以支撑。基于此，我们希望可以邀请一些新闻传播期刊的主编来和我们传媒学子进行面对面的交流，通过交流让传媒学子能够深入了解新闻传播类学术期刊的风格、定位、办刊理念以及选稿要求，获得学术启迪；通过交流让期刊主编们更多地了解传媒学子们的追求，为学子们提供学习成长的机会，并希望借此促进传媒学术的进步，促进中国新闻传播学的发展，因为所有的希望都在未来。

2013 年和 2014 年，我们和多家国内、国际新闻传播期刊的主编沟通联系，举办了第一届、第二届"新闻传播学期刊主编和传媒学子面对面"活动，反响非常好。今年，我们在前两年成功举办活动的基础上，继续举办第三届"新闻传播学期刊主编与传媒学子面对面"活动。本次活动得到了多位新闻传播学期刊主编的支持和帮助，主编们的重视与支持也体现出他们对传媒学子的关怀、对我们新闻传播学科发展的关切，在此向参加本次活动的各位期刊主编表示感谢。

每一届"中国传媒领袖大讲堂"的内容都在不断丰富，形式在不断创新，传媒学子们除了能够在这里了解学科最前沿的资讯，和学界、业界权威对话，还有很多人获得了宝贵的进一步学习和实习的机会。在此，我预祝今天的活动圆满成功，希望期刊主编们和传媒学子们能够进行深入、良好的互动交流。再次感谢各位主编的光临，也感谢传媒学子们的参与！

主题演讲

学术研究的变与不变

演讲嘉宾： 黄芝晓（《新闻大学》主编）

《新闻大学》杂志原来一直办的是季刊，因为我们觉得国际上权威的、理论性的学术刊物应该是季刊。但是，在中国特殊的环境下，办季刊实在是无法应对，因为投来的稿件太多。我们从 2012 年开始将杂志创办成双月刊。我们的杂志刊登稿件不收费用，而且稿件一经刊登还会给作者稿费。正是因为我们能够做到独立，我们才能比较公正地、认真地办好这本杂志，成为学术界的重要权威。当然，《新闻大学》杂志办得好，也有赖于全国的新闻单位，特别是新闻院校的老师和同学们的支持。

《新闻大学》的栏目主要包括新闻理论、新闻业务、新闻史、广播电视、传播学经营管理和媒介与文化研究等。其中，有一个栏目是"研究生优秀论文写作"。《新闻大学》上刊登的研究生论文的比例还是比较高的。从 2001 年开始，《新闻大学》杂志每年都会举办研究生论文年会，年会上获奖的优秀学生论文可以刊登在《新闻大学》上。现在，不仅仅是年会上的获奖论文，同学们平时寄过来的论文，如果经过老师们评审认为是优秀论文的，我们同样也会刊登。不但刊登在这个专栏里，杂志的其他栏目也为同学们开通，有问题意识和创新意识的学生论文，也可以刊登在其他栏目里。我们之所以要刊登研究生的论文，主要是考虑学术研究需要后继有人，应该大力支持学生的学术训练。所以，我们为传媒学子提供了一个小小的平台。《新闻大学》大概每一期都会刊登 1 到 2 篇研究生论文，甚至更多。希望同学们今后踊跃投稿。

近几年，媒介融合进程加快，各行各业都与新媒体有关。因此，新闻传播的学科建设需要进行调整，不能简单地划分为新闻系、广播系、广电系、广告系。新闻理论离不开媒介融合理论，新闻史发展到今天同样不能忽视新媒体。2014 年，习近平总书记在中央全面深化改革领导小组第四次会议上讲到媒体改革的时候，讲了一句很重要的话："要以先进技术为支撑，内容建设为根本。"这是中央第一次把"先进技术"提到了前面。之前没有这样的说法，因为当时传播技术是处于缓慢前进中，基本处于一种稳定阶段。此外，习近平总书记还第一次提出了要深化融合，即内容、渠道、平台、经营、管理等方面深化融合。但现在大多数的学术研究还是都集中于内容研究，比较注重在内容建设。以先进技术为支撑，那么，新闻传播理论、学术研究是否要把技术考虑进来？这个问题值得大家思考。

在新媒体时代，从理论到实践，从内容到技术，我们从事学术研究都必须要考虑。我认为，目前新闻传播学的学术研究主要存在以下几个问题。

第一，现在的学术论文还停留在 20 年前的研究模式和水平上，传播学研究很少考虑传播的科学规律、语言问题等。

第二，论文的规范问题。我们杂志收到很多定量研究论文，但是很多文章中图表、数据、百分比占据的篇幅特别大，很多都是简单地堆积数据，这些数据分析出来之后，说明了什么问题？不知道，原因是什么？也不知道，最后得出什么结论也不知道。通篇都没有观点，连观点都没有的文章就更不要谈创新了。因此，我们提出不能简单地把理工科的量化研究完全移植到人文科学研究中。另外，关于写作规范问题，很多同学语言表达能力还需提高和加强训练。

第三，学术研究如何走向国际的问题。我们杂志想把国外的一些新闻传播学研究成果介绍到国内来。我们创办了一个栏目，专门发表一些专业性的文章。但是，现在看来力度不大，文章的后续不足，因为文章的翻译比较困难。现在很多同学的翻译水平也不错，希望同学们在看国外文选的时候，发现不错的研究，并且国内还没有介绍过的，可以推荐给我们，我们为大家提供这样一个平台。

第四，学术和实践的关系问题，学术是实践的理论升华，重大科技是从实践中提炼出来的，实践中有很多问题需要我们研究。比如新媒体，我们生活在这个环境里，有很多问题需要我们研究，而新闻传播学的论文却很少提到这些问题，世界在快速发展，相关的理论研究，特别是新闻传播研究必须跟进，而不是依然停留在传统的平台上。

第五，研究要区别变与不变。核心的新闻传播理论是不会变的。什么是好新闻？无论是在新媒体时代，还是在传统媒体时代，好新闻的核心评判标准基本都是一致的。而变的则是手段，即表现形式。比如，互动和单向传播理论是不同的，互动就必须联系到心理学研究，否则互动是无效的，甚至是负效应的。1937年诺贝尔奖获得者艾伯特讲过一句话：要见众人之所见，事无人之所事。我们研究学术也应该如此，见众人之所见，是指实践中存在的问题，大家都看到了，你也要看到。事无人之所事，就是指别人没想到的，你要把它提出来。这样写出的论文才容易被采纳。

学术研究应注重研究方法和多学科交叉

演讲嘉宾： 朱鸿军（《新闻与传播研究》副主编）

首先介绍一下《新闻与传播研究》的审稿流程。《新闻与传播研究》的来稿量很大，每个月大概是200多篇，其中对于一稿多投的现象最为忌讳。而研究生刚刚走上学术道路，一定要注意这个大忌，这也是整个行业的规则。在收到稿件后，我们首先会对来稿进行初审，从稿件的形式和内容两方面进行考察，符合刊物要求的论文再提交给编委会供大家讨论。编委会一致认可的文章基本上就能够确认下来发表。但随着不同学科向新闻传播领域的渗透，也会有一些稿件编委会意见不一。这时，我们会通过匿名审稿的方式来进行评定。匿名审稿主要由两位外审专家进行评阅，若意见统一，基本上确定这篇稿子可以收录。如果外审专家意见不同，就由我们期刊编辑部进行讨论、商议。另外，还存在一种情况，就是稿件作者在这一领域有一定的专业积累，并且坚持要发表，这时我们会尊重作者的意见，但是有一个前提条件，就是必须写一个责任声明。以上是我们审稿的基本流程。

《新闻与传播研究》如何来评判文章水平呢？目前，我们比较青睐的文章主要从两方面考察。首先从形式上来看，其次从内容上来看。从形式上来看，特别是刚刚从事学术研究的硕士以及博士，要尽量规范，遵循规范的学术训练。形式上的基本要素包括题目是否反映了学术研究议题，还有内容提要、关键词、文献综述、注释等，这些是学术研究最基本的架构问题。从内容上来看，建议大家在题目上能突出研究观点，把文章最主要的内容开诚布公地通过题目体现出来，并尽可能地进行再提炼。想在众多的稿子中脱颖而出，题目的精炼度特别重要。在内容提要部分，我们有一个评判标准，应该具备以下七个要素：第一，为什么要开展这个研究？这是一个由头。第二，提出的问题是什么？接下来是如何解决这个问题，在分析的过程中解决采用了哪些研究方法，这点十分重要。第三，论文的基本架构、研究意义是什么？第四，有哪些新的发现，可以填补一些空白或者是有哪些创新之处。内容提要中比较忌讳的问题主要有以下几个方面：（1）应该客观地以第三方的视角进行评价；（2）不要从正文中直接将一级标题或二级标题照搬过来；（3）关键词应该是核心概念的展示。（4）文献综述不要简单罗列，而是对相关资料进行提炼总结。另外，在文献综述的基础上指出文章的创新点何在。第五，正文部分，尤其是量化研究，必然会涉及相关数据的问题，此时要多花笔墨谈一谈研究方法，以及是如何获取数据，并且怎样确保数据的真实性。第六，结论部分应该包括两个方面的内容。一方面是你的发现是什么，另一方面是文章的不足有哪些。在此特别强调，同学们在这个部分应多提自己的不足之处，这不仅是学术态度问题，也是避免出现意外情况。例如，给匿名审稿专家以后，匿名审稿专家往往会对研究不足揪着不放，如果你主动把研究不足提炼出来，或许能打动匿名审稿专家。第七，在注释部分，要特别强调最好有一些经典的注释。

下面谈一下写好文章的方法。如何能够写出一篇好的文章？关键在于平常的积累，尤其在硕士生和博士生阶段，应该侧重于两个方面知识的积累：一是学习研究方法。其中主要包括量化研究和质化研究，这些方法一定要在接受知识最佳的时间段牢牢掌握。二是跨学科交流。平时大家接触最多的是新闻传播学的知识，但是其他学科的接触却少之又少，而现在优秀的文章往往是多门学科交织的相关研究，包括心理学、社会学、统计学，等等。一是因为这些学科自身积淀比较深，二是因为从其他角度看新闻传播的问题，不同学科的交叉会产生一些乘积效应。除此之外，从实践层面来看，同学们应该进行大量的练笔，我认为一些文章是练出来的、写出来的，还有一些文章是改出来的。所以建议大家要多写，然后投给优秀的期刊，编辑以及匿名审稿专家是能够帮助提升的。

谈到当下学术期刊发展方向问题，首先学术期刊应该是制度的现代化。虽然学术期刊可能目前在国内做得还可以，但是我们应该承认无论流程还是制度建设都属于手工作坊式，缺乏一些现代制度进行维持。学术期刊要真正能够在国际上有竞争力，并且真正能够保持平稳、健康、有质量地发展，制度的现代化应该加以建设。其次学术期刊应该数字化，我们正在建立数字投稿平台，这样有利于大家进行在线投稿。最后应该国际化，SSCI 它是客观标准，也是自然科学，相对比较统一，但是哲学社会科学用统一的标准来规范各个不同文化领域，这点值得商榷。所以我们应该学习 SSCI 期刊好的一面，更为重要的是应该建立中国自己的制度标准。

重视论文写作的问题意识和创新意识

演讲嘉宾：刘鹏（《新闻记者》主编）

《新闻记者》杂志于 1983 年创刊，至今已经有 30 多年的历史，现在是由上海驻外集团主管主办。学术期刊有四大功能：一个是版权登记，一个是质量评估，一个是传播功能，还有一个是存档功能。这是国际公认的四大功能，但是对《新闻记者》杂志来说，我着重强调第三个功能。我认为它的主要功能还是对相关学术研究成果的展示，特别是交流，在学界、业界搭建了交流和互动的平台，当然它也反映着新闻传播研究生态、研究水平的高低。是否有很多精英学者的发言，是否有很多精彩的观点，通过看学术期刊也能够了解基本的学术研究水平，这是对我们杂志的一个介绍。

回到今天我们交流的一个主题，什么是好的学术研究？第一个方面要有问题意识，问题意识也是学术研究的一个起点，就像医生看病，先有病然后再诊断，然后再开药方，否则，必然是在自说自话、无病呻吟。我经常接到有人打电话说，"我要写一篇文章评职称""我要毕业""我要论文答辩"。这些问题都是作者个人的问题，不是学术研究的问题，这不是问题意识。我们看所有优秀的学术成果，共同特征就是有明确的问题意识，特别是我们中国的学术期刊。对于我们《新闻记者》来说，那些立足于中国现实，深入研究，回答新闻传播领域的重要理论问题和现实问题的文章，更会受到欢迎，受到重视，也更容易受到传播。潘忠党教授曾经写过一篇文章，其中提到，所谓学问就是学习提问，就是学习怎么样去建立你的问题意识。他一直提倡多研究问题，研究那些当前中国面临的、现实中国所必须解决的真问题，尤其要研究那些研究者在思想精神独立基础上提出的具有理论指向的真问题。我觉得这话说得特别好。我翻阅我们的杂志，30多年来，在学术的规范性和理论性上，应该说是有很大进步的，但是在问题意识上，在解剖面对的真问题上，可能进步性就没有那么大。甚至有人说，存在"理论登台，思想退场"的现象。

那么，怎样提出好的问题？问题意识实际上是来源于对现实的不满，无论是现象层面还是理论层面的，对已有的现象、理论的不满，都是学术研究范围内的问题。所以，在提出问题时，一定要有大量的经验材料的积累，有大量相关理论的积累。还是引用潘忠党老师的一段话，他说我赞成很多学者的经验之谈，论文写作中最难的一步是确定研究问题，不但要看到问题，还要准确地表述所看到的问题。前者要求对看到的大量现象的观察，并且对这些观察进行不懈的思考；后者要求运用积累的理论。武汉大学夏建芳老师也给我们写过一篇文章，专门谈怎样提出一个好的研究问题。他提出了两个建议：第一是在经典问题中揣摩问题，这个确实非常重要。据我了解，很多卓有成就的专家学者，他们基本上都在学术的成长期阅读了10本左右的经典著作，之后进入学术的坦途。第二是从比较中提问题，一个是实然与应然的比较，就是现在的情况与应该的情况比较，一个是与别人的比较，包括横向比较，例如，中国情况和国外的情况，上海的情况和其他地方的情况，以及纵向比较，历时性的比较，过去和现在的比较，这是提出研究问题的有效方法。

那么，做大问题还是小问题？这个实际上已经有过很多讨论，而且已经达成了一个共识，就是说"大题小做"。"大题小做"是把宏观性的、普遍性的大问题当成我们的研究目标，同时具体的切入口一定是微观的小问题。在我们审稿的时候，很多文章的问题就是题目太大。比如说，我从稿库中看到的稿件，如《浅谈纸媒的微信经营之路》《"互联网＋"的情况下如何拓展城市广电媒体的经济增长》，这些都是在一篇论文的范围内把控选题。但大题目不好做，尽量不做大题目。但是怎样"大题小做"？我发现同学们已经掌握了这个要领。很多硕士论文的来稿主题是非常宏观的一个题目，《论传媒融合的……》，副标题非常具体，"以……为例的研究"，好像这样的话就能把大和小很好地结合起来。这是一个好办法。但是，大量的问题也就存在于具体的案例中，微观案例的选择是不是有典型性？你的研究是不是足够具体和深入？再看大的方面，对于宏观的背景是不是有准备、有把握？存不存在硬往上套的现象？这两年传媒融合特别热，很多硕士论文研究传媒融合，存在很大的问题就是具体的案例也不是特别有典型性，无非是对文本的一个观察，对传媒融合的大背景也没有很好地把握。举一个出现在我们杂志上的案例，云南大学有一个硕士的毕业论文题目叫《母亲的故事》，这个同学在论文中记录了他的母亲的部分经历。她的母亲是一个下岗女工，从参加工作到企业破产，到买断工龄，因为下岗去跟厂里抗争，下岗后去摆摊，再后来去当售货员等一系列的相关事件。这个论文发表以后就受到很多关注，很多老师看了以后非常感动，认为这是多年不见的优秀硕士论文。但有人批评说这是一篇记叙文，跟学术论文的差距太大了。郭建斌老师写了篇文章来解释，这是一个"大题小做"的典型，作者从一起案例入手，回应了当代社会转型的影响，通过追溯生命历程的轨迹，了解一个自我是如何随着国家社会环境的变化而变化的，这样就从大的方面把视野给开拓了。

避免伪问题。伪科学问题，就是本来就是假问题、旧问题、空问题、永远解决不了的问题、没有研究的边界的问题。陈利丹老师在一个学术会议上也批评现在有很多论文，选题本身没有任何学术意义，比如说媒体要和领导干部打好交道等，还有对某个外国媒体，比如《纽约时报》对中国的报道进行简单概括地量化分析、文本研究。他认为毫无意义，理论上没有贡献，应用上也没有人去参考。确实有大量的研究、大量的来稿我们觉得都属于伪问题之列。伪问题很大的特点，就是在追逐流行，流行的概念、流行的理论。这作为一种学术训练，一种小练习未尝不可，但是如果准备向外投稿，准备公开发表，这种学术成果是不行的。这两年特别多的关于哈贝马斯公共理论、关于风险社会的题目，在很大程度上说这些问题从提出条件上看就是伪问题。

第二个大的方面，需要有创新意识，前面讲的问题就是创新意识。创新意识是保证学术价值的一个基础，特别是写期刊论文，这和写专著、教科书、课题报告不一样。学术论文篇幅有限，一定要找到一个相对小的切入口，同时一定要有创新性。就像前面很多老师讲的，你没有一点创新的话，无论如何都不可能让编辑眼睛一亮，不能打动、说服其他编辑，让他们认认真真地拜读你的文章。做到创新确实非常难，一年当中真正有创新价值的成果也没有多少。相对的可以细化，比如说可以细化新的理论，有新的观点，用了新的方法，有新的视角等。某一个方面、局部有一点新的东西都会让编辑觉得眼前一亮，那么你的文章被选中的可能性就成倍地增加。但非常遗憾，现在整体来说低水平重复生产的现象特别多，缺乏原创，人云亦云的文章还是很多的。

学术要怎样创新？学术，我觉得观念上有三个方面非常重要。第一个就是要避免人云亦云，第二个要有开阔的学术视野，第三个是最基本也是最重要的，要有自己的独立精神，特别是要有批判意识，这是学术研究也是作为一个学者最基本的素养。从方法上来说，做好文献综述是学术创新的一个保障、一个基础。实际上，从我个人的观点来说，论文的格式一定要采用国际规范的方式，就像公式不可或缺一样。那么，怎样做学术综述？第一，文献综述不是一个篇目的罗列，而是核心观点的提炼，你是看懂了人家的文章，看到了人家的精华所在，不是挖到碗里就是菜。第二，引用的是相关领域的重要期刊、重要作者的文献，要注重文献的质量。第三，即使是站在前人的肩膀上，也要指出前人的不足，要超越前人。你通过文献综述看到前人的研究思路，看到前人研究的精彩所在，但还要在这个基础上有所提升，有更进一步的理论上的阐释，这样的文章才有价值。在这里我推荐一下洪浚浩老师 2015 年年初推出的一本书，叫《传播学新趋势》，实际上这是一个以国外研究为主，关于传播学各个细分领域的学术研究的综述性著作。一方面，能够开阔我们的视野，了解国外学者以及国内学者目前在从事的一些研究以及获得的成果；另一方面，我觉得很重要的一方面，就是可以从中学习到应该怎样写学术综述，阅读之后会有所启发。

第三个大的方面，写好论文的关键是要有一个传播意识。我们从事新闻传播研究，传播就是要传通，不但要传，而且要通。写论文也是这样，你写出来的文章要让更多的人来分享、来交流，来跟你互动，就一定要有传播意识。写论文、做研究，实际上是一种逻辑思维的训练，清晰的表达源于清晰的思考，文字的透辟源于思想的锋利。文章的好与坏，实际上反映了一个人的思维水平。那么，怎么样写论文？我认为是和想象中的读者的对话，你的读者会怎样跟着你思考，他会提出什么样的问题、质疑，你的论述在这个对话当中不断地前进，才能写出一篇比较好的文章。我一直有一个观点，不要说看论文很枯燥，好的论文就像一部侦探小说一样吸引人，要逻辑清晰，层次分明，环环相扣，这是一个精彩的学术研究在形式上的要求。

传播过程中怎样用规范的学术表达方式也很重要。学术化的表达方式，第一个方面，要和生活语言不同。要用学术化的语言阐述你的研究成果，这是从生活语言到学术语言。第二个方面，在我们国内学术界特别常见的一个问题就是，从宣传性语言到学术性语言，很多文章、很多语言不是学术的研究，而是宣传式的语言。比如说，有一篇文章是批评标题党现象的，其中写道："当今世界和平发展合作成为时代主流，但国际环境复杂多变，海外反动势力和西方反华势力分裂中国之心没有变，反而有纠结之势，标题党完全不顾事实甚至用移花接木、张冠李戴的卑劣手段捏造新闻，就有可能授人以柄，经境外某些媒体解读或者放大后，被国内外敌对势力用来恶意炒作，在世界范围内产生极其严重且恶劣的国际影响。"先不说上述一些观点是否完全正确，我们的学术研究需要的是论述，而不是直接把这些口号式的语言、口号式的结论呈现给读者，这是宣传和学术分析、学术研究的不同，这一点很重要。第三个方面，是学术语言不等同于生涩的语言，不等同于生涩的表达方式。有人批评现在的很多学术论文有的过分咬文嚼字，成为文字游戏，有的随意生造概念，使人不知所云。"不明觉厉"的文章不在少数，我们也看得很头疼。但要注意，有的文章很难读、很难懂、很难看，可能是我们自己的知识储备不够，很多概念、很多理论我们不了解。但是也有很多文章，作者没有明晰的思考，文章本身逻辑混乱，作者思维混乱，怎么可能有清晰的表达呢？

最后讲一下投稿时需要注意的事项。实际上是给同学们一些小的建议。第一个方面，要研究准备投稿的期刊，比如说你打算投给《新闻记者》、《新闻大学》或者是《新闻与传播研究》，那么你首先需要翻看这些杂志，看看他们刊文的范围、要求等。然后，根据相应的期刊要求，修改你的文章，包括格式。第二个方面，写一份措辞得当、表达清晰的投稿邮件，这里包括邮件的标题是否写上作者的简要信息，在正文中简要地介绍稿件的情况，特别是你的核心观点、创新点等，最好是附上文章的提要。一封投稿信措辞最好是不卑不亢，比如说有的人投稿时说"我很庆幸能向贵刊投稿"。其实，没有必要很庆幸，因为投稿是每个人的权利。也有人说，"这是某某学院的教授来稿"。我们也不在意教授等这些职称，关键是文章的学术价值。一定要注意不要写错别字。还有就是不要遗漏重要的信息，例如，作者个人信息、联系方式、手机、邮箱、通信地址、邮编等，特别重要的是你的论文的正文一定记得要发过来。最后还有一个问题，就是千万不要一稿多投，一个邮件我们一看是群发的，肯定会直接删除。也不要一邮多稿，例如，有的人会说，"我最近写了三篇文章，麻烦编辑你们看一看"。学术研究不是工厂生产螺丝钉，很难批量生产。谢谢大家！

学术论文投稿

——细节决定成败

演讲嘉宾：张国涛（《现代传播》编辑部主任）

首先介绍一下我们的刊物，《现代传播》是中国传媒大学的刊报。它有两个刊名，其实在 1995 年我们就已经更改为《现代传播》了，副标题是《中国传媒大学学报》。《现代传播》是新闻传播类的核心期刊，是北大核心 CSSCI。此外，在教育部的学报评选中，我们还入选了名刊工程建设期刊，全国只选了 30 家，我们是其中的第 17 家，还是国家社科基金资助期刊。

我们的刊物相对于《新闻大学》《新闻与传播研究》《新闻记者》等刊物而言，身份相对复杂一些。首先，我们是中国传媒大学的学报，前面几家都不是学报，我们之所以叫作学报是因为我们是处于一个很大的阵营当中。全国的高校学报分两种：一种是人文社科学报，另一种是科技学报。学报大多是综合性质的，哪怕学校再小，学报的发行量只有 200 份或只有 100 份，它也是一个综合性期刊。一般学报的第一个栏目都是党史研究、马克思主义研究、文学研究等。而我们的学报就不同，它走的是专业化路线。其实，中国传媒大学现在算是一个综合性院校，但是属于专业特色明显的院校。比如，我们的新闻传播和戏剧影视排名全国第一，我们就依托这两个优势学科创办了这个学报。也就是说，中国传媒大学中的一些边缘学科，比如文学、政治学等，这些学科的老师在我们这儿也发不了文章。我们的期刊不是面向我们学校所有学科的。其实，我们在学报中做的是专业类学报。这种优势在于我们把自己学校的优势学科的优秀研究成果拿出来集中刊发，有利于学报在短期内或者在某一个领域内做出自己的成绩。事实证明，教育部第二期名刊工程建设期刊基本上都是像我们这样的专业性学报。所以说，我们在这一系列当中算是比较有特色的期刊。在传播学这一领域当中，至少是在学报界，我们是有一定的地位的。这是我们和其他刊物不太一样的地方。

其次，我们又属于新闻传播研究学术类期刊。一般大家都把《现代传播》《新闻与传媒研究》《新闻大学》《国际新闻界》这四本期刊称为新闻传播学四大学术期刊。有时候还把《当代传播》加进去。这一点我们期刊和其他几本期刊一样，刊发大量的学术文章，包括新闻学、传播学、媒介管理学、新媒体、传媒教育，我们还会专门策划一些专题，根据我们的栏目内容进行学术性设置。

此外，我们还属于另外一个系列，就是第三个系列，跟刘鹏主编的《新闻记者》属于同一个系列，即业界办刊。中国传媒大学是一个行业性院校，归国家广电总局管理。之前刊发的文章也有来自电视台、电台、国家广电总局、各省市广电总局、各省市电视台电台里的一些研究部门、研发部门等，这也是一个很庞大的研究队伍，他们的成果更接近新闻一线。这一点也是历史形成的，因为我们跟广电系统之间的关系十分密切，我们不单关注传媒学界，还关注传媒实践、传媒业界，因此，我们的期刊也开辟了传媒观察、个案研究、纪录片等栏目，来反映传媒业界的情况。比如，三网融合问题、媒体融合问题、"互联网＋"问题、媒体联网问题、体系问题、互联网发展问题、4G发展问题、将来5G的发展问题、互联网生态方面的问题、城市电视台的发展、"电视之死"等，这些都是传媒动态问题，都反映了问题意识。我认为，问题意识和学术意识两者是并行的。总之，我们的刊物应该分成三个系列：一个是高校学报系列，一个是传播学术期刊系列，再一个就是传媒业界期刊系列。所以，我们的刊物就形成了错位竞争、跨界生存。在高校学报当中，我们的定位可以是传播，跟你们综合性学报不一样。在学术期刊中，我们的期刊又包含大量业界的研究内容，我们更接地气。而在业界期刊中，我们又有学术研究。因此，我们的期刊形成了一种交叉优势，可以满足大家多方面的阅读需求。

为了保证内容上的丰富多样，我们的期刊在体量上就比较大。我们在

2010 年改版为单月刊，在人手没有做任何增加的情况下改版为单月刊，由一年 6 期改为 12 期。每期的页码由原来的 144 页增加到 168 页，而且我们排版量是比较密的，使用的是那种小 5、小 4，一般使用 5 号字。每期的版面字符 35 万，实际字数我们按 30 万字算的化，一年我们刊登的稿件字数就达 360 万字。篇目每期是 40 篇，篇目长短结合，我们最长的 2 万字一篇，最短的 3000 字一篇。从作者队伍看，老、中、青都有，我们的作者队伍，包括名家、大家，教授、博导，也有中青年的副教授、教授以及博士。硕士生的文章在我们刊物上也有刊发，但是数量不是很多，相信各个刊物都是这样。当然，我们期刊没有像黄芝晓老师主编的《新闻大学》那样拿出一个专栏专门刊发学子论文，因为现在高校扩招，论文刊发的需求量增大，而且这几年从国内、国外高校留下来的年轻教师非常多，压力非常大，我们从篇目长短上、从版面上给青年老师尤其博士还是留了一些空间。所以，我们的刊物从兼容性来讲还是比较大的，选题只要求和传播相关。原来我们主要是刊发广电研究，但是现在也扩展到整个大传媒。尤其这些年，北京广播学院扩展为中国传媒大学，虽然现在广电研究还是居多，但是互联网、新媒体研究增多。这是我们刊物的一个情况。

我作为《现代传播》编辑部主任一个很重要的任务，就是分发稿件。但是有时候分出去的稿件或者分稿件的时候会让人感觉很郁闷。第一，我们期刊现在还没有采用在线匿名评审的系统，这个系统我们是有的，但是始终没有启用。因为稿件量大，如果全部采用匿名评审，审稿时间太长，难以出刊。所以，现在采用的是邮箱来稿，栏目编辑主审与专家匿名评审结合，也就是说编辑部和编辑能够确认自己想要采用的稿件，就不用再麻烦专家评审了。确实现在审稿的时间成本比较大，因为我们同时面对 3 期正在运行的刊物。现在我们今年的第 8、9、10 期正在运行，第 7 期正在印刷。而且我们编辑部现在减员减得厉害，各家各户都有事，正常上班的就我们一个半人，所以如果采取匿名评审的话时间成本很大。相对来讲，我们审稿编辑的自主性就相对比较大，或者说裁量权比较大一些。我们编辑部的邮箱每天收到可能至少有 30 封到 50 封投稿邮件，一个月下来可能就是 1000 封邮件。我就要面对 1000 篇文章，每次分稿之前我都头大。在这种情况下，你如何能够让编辑部主任第一眼就认定你的稿子是非常重要的？最近我遇到好几起这样的事情，第一个就是用什么邮箱投稿的问题。很多同学还用 QQ 邮箱投稿，这是我最讨厌的一种方式。为什么？因为 QQ 都不是真名，你那一串数字我什么都记不住，我把你的稿件下载下来之后，如果你的稿件上没有写你的联系方式的话，我再去邮箱找，一般我会根据你名字的拼音、缩写、简写去搜，我发现根本搜不到。最近有两篇文章想采用却联系不到作者。我希望大家注册邮箱的时候最好用自己名字的拼音，这对你以后进行学术论文投稿是非常有用的。我使用的是 163 邮箱，个人认为这是最好的，因为它的容量大，还比较安全，邮箱名称最好跟自己的名字相关。第二，你的邮件标题写了吗？标题一般情况下不用写，在上传附件的时候，邮件直接就把你的附件名称作为标题了。那么，你的附件一定要用你文章的标题作为文章的命名。但实际情况是，下载下来之后的很多文件，有的是写"某某的文章"，这还好一点，还有一种情况是"新建文件夹""新建文档"，还有的是"20150702""第三版""第五版"等，和投稿文章及题目对应不上，这是非常让编辑头疼的事情。第三，在投稿邮件正文当中你需要写什么？有的作者什么都不写，空白，还有的就写"编辑，有一篇稿件请审阅"，下面写了时间，没有任何姓名。我建议，要把作者的姓名、论文题目、身份，尤其是你这个研究涉及的项目信息，比如说国家社科项目、教育部重大项目等都写上去，这样编辑会多看一眼。我们有一个专门为了繁荣社会科学而设的栏目，专门刊发国家社科重大项目的研究文章。另外要写清楚年月日、姓名、电话。关于电话这个问题，还需要在文章当中写清楚，因为离开这封邮件之后，这个文章和你的邮件之间就对应不起来了，这个时候就需要在文件上面反映的信息。最后说明一点，一封邮件发给多个编辑部以及一个邮件发了多篇稿子的问题，这种来搞我们不会审阅，也希望大家在投稿中多注意。

学术论文写作不要走入误区

演讲嘉宾：刘晓燕（《国际新闻界》副主编）

感谢谢耘耕教授给我们提供学习、交流的机会，我先就我们的杂志向各位同学做一个简要的介绍。我分两个内容来谈：一个内容就是我们的匿名审稿工作，如果时间允许的话，再谈一些具体的审稿分析。

跟前面几个老师介绍的刊物相同，我们也是学术期刊。之前谈《国际新闻界》我们主要是从办刊方面来谈，这次我主要介绍一下匿名审稿制度。《国际新闻界》于 1961 年 4 月创刊，在 1979 年成为一个公开发行的刊物，是一个小刊，后来变成一个 16 开刊物。1995 年，由程曼丽教授担任主编，开始走向正轨。那时候我正好在中国人民大学读研究生，也参与了编辑工作，当时是一个小 16 开。2002 年程曼丽教授调到北京大学后，由陈力丹教授接任期刊总编，对期刊进行了几次改革、改版。从 2006 年开始，《国际新闻界》由双月刊改成了单月刊。所发表的稿件除了正文，其他部分全部是中英文均有。2010 年，我们开始实行网上投稿。最初，由于资金不足，我们就在中国人民大学信息学院的协助下建立了一个很简陋的平台。2010 年，国家社科基金资助期刊，在国内新闻传播史上我们是第一家申请，也是第一家申请到资助的期刊。

我们的期刊实现了三个第一：第一个实现在线投稿修改与查询功能，第一个实现在线刷码匿名评审，第一个采用参考文献中英对应。1999 年，我们开始实行匿名审稿。2013 年，由于国家资助，我们建立了后来使用的投稿系统平台，访问总数已达到 330 万多。同学们如果有兴趣，可以同步免费下载我们的期刊电子文本。我们的审稿专家、编辑都可以从这个平台的入口进入。来稿处理全部在我们的电脑系统平台上完成，包括专家复审、审稿复审，经过主编助理、小编、执行主编助理审核。一些有争议的稿件，我们还要开会商议。我们的稿件光匿名评审就有三个环节，审核时间会比较长。关于校外来稿和校内来稿，我们都是一样对待的，主要看稿件质量。例如，这是我们中国人民大学新闻学院的一位老师投的稿子，这篇稿子经过我们主编处理，审稿的时候也是匿名审核。后来，因为稿件存在一定争议，经过几个环节的审核后，还是存在争议，这种情况下稿子就又回到主编那儿，主编处理过稿子后确定还是按退稿处理。这是对一些存在争议的稿件的处理。这些结果在第二天系统平台上会很明确地显示出来。一篇稿件，一审由两个专家匿名评审，如果有一个人审核通过，一个人未通过，这个时候我们要看具体的情况，如果能够进入下一个审核环节，或处于下一个审核环节的时候，认为稿件质量还可以，就让作者继续修改，修改之后还可以再给他机会。像一些一开始可能推荐发表，但后来发现有问题的稿件，我们就会交给主编处理。我们使用新平台以后发现了一些问题，包括把关不严问题，还有匿名审稿缺少志愿者的问题，另外，还存在审稿时间长的问题。

做学术和做学术期刊的三种困惑

演讲嘉宾：吕晓东（《编辑之友》副主编）

《编辑之友》杂志创刊于 1981 年，是关于编辑学和出版学学科建设的期刊。《编辑之友》创刊时，当时的国家新闻出版署的领导非常高兴，因为这是编辑工作的第一本期刊。《编创之友》在 1985 年改名为《编辑之友》，我们刊物也一直以编辑工作最早的刊物自居，在《编辑之友》创刊以后，有关编辑学、出版学的研究和刊物才逐渐繁盛起来。

近几年，编辑学、出版学呈现萎缩态势，而新闻传播学在不断地壮大，所以我们的期刊也扩大了范围，以大传媒这一视角来办期刊。2008 年，《编辑之友》开设了传媒栏目，很快成为我们杂志所有栏目中来稿最多、稿件质量最高的栏目。在人大复印资料的新闻传播类全文转载量排名中，2013 年《编辑之友》排名第一，是并列第一，2014 年同样是排名第一，而且是单独第一。之所以有这样的排名，据我们分析，主要是因为传媒栏目的稿件转载量很大，我们非常感谢新闻传播学科的老师和同学们对我们杂志的关注和支持。

关于如何快速检索论文和发表论文，如何在核心期刊发表论文以及如何整理文献等信息，相信大家已经有所了解。我今天和大家交流的主题主要是做学术和做学术期刊的三种困惑。我在多年的编辑工作中发现，同学们主要寻找的不是技巧，而是一个诉求，那就是如何摆脱做学术研究的烦恼，如何摆脱学术考核的压力，如何去掉学生和老师身上的这几座大山。这既是学子们的困惑，也是我们学术期刊的困惑。我今天就想和大家探讨一下我们共同的困惑。

就学术期刊而言，高校以及研究机构的从业人员都是我们的衣食父母，我们期待每一个研究者都有新的、有价值的学术成果，我们也愿意为大家提供这样的平台。然而，随着研究队伍的壮大，学术竞争环境的演进，对学术和学术期刊的质疑越来越多。学术期刊是一个载体，是一个平台，其质量的高低其实是依靠学者们的研究成果。我们与专家、学者的愿望相同、目标一致，甚至责任也一样，在这里我梳理了三种困惑和各位专家、各位同学进行探讨。

第一种困惑是做学术的无奈和做学术的担心。我看过这样一篇文章，我记不清楚作者是一位研究生还是一位高校老师，他在文章中记录了写论文的苦恼，说道，"我们不情愿地发现，学术所有的意义仅仅在于它可以成为我们晋升的阶梯"。在文中他发出了这样的疑问，"当学术成为一种生存手段，像其他一样充满竞争，那它还有多大的价值？"他甚至说，"以学术为业，奋斗是一种灵魂的折磨"。在发完感慨之后，他又说，"我又掉头打开论文去敲击那些对这个学科可能没有丝毫实际价值的文字"。其实我相信他的感受是真实的，而且我也相信这是一个认真想做学术人的无奈和不快，让我感慨的是，学术研究者如此困惑犹疑甚至痛苦地去做学术，那我们的学术价值该在哪里安放？这是一个现实问题，也是一个现实困惑，这是学术的无奈也是学术期刊的担心。

学术贵在创新，这是大家都明白的，刚才很多老师也讲了学术创新的价值。复旦大学黄旦教授做过一个生动的比喻，他说，"你从这个门进来看到一种景象，如果从另一个门进来看到同样的景象，那就没有必要从另一个门进来"。黄旦老师的比喻很形象地抨击了那些绕着圈子来证明一个并没有新意的结论的论文。其实，不仅高校老师要求论文写作要创新，期刊同样看重创新，创新是出版物重要的而且是终极目的和意义所在。我想引用《人民文学》主编李金哲先生曾经说过的一段话做总结，他说，"《红楼梦》为什么了不起？就是因为曹雪芹传达了对社会独特的观点，他通过《红楼梦》大声地对世人喊，你们错了，世界不是你们希望看到的那样，人生也不是你们认知的那一种，好孩子难道都应该读书上进做官吗？说真话，如果我们家里都有一个贾宝玉，家长们都很发愁的，但是如果没有曹雪芹这种独特形象的塑造，独特观点的表达，那人们的精神文化恐怕就会僵硬，就会单调，就会少了很多的情趣"。李金哲先生说，"凡是不愿意让精神和思想僵硬的人，那就是天然的理论家"。通过这句话，我也希望更多的学术论文作者的思想能够把持鲜活。昨天我们讨论了传统期刊、传统编辑、传统媒体的存亡问题，我想学术期刊也存在同样的问题，但是我想说的是，学术期刊可以不存在，但是学术永远不会消亡，即使学术评价体制没有变化，我们的学术仍然可以有价值，这是毋庸置疑的。

第二种困惑是关于我们应该关注权威期刊还是非权威期刊。我们所说的权威期刊通常指政府部门或者主管部门或者全国行业机构办的期刊，有较高的学术水准，在同行中影响较大的期刊。实际上，在实践中权威的定义各有各的不同，每个学校也有自己认定的权威刊物。即使是学校自己认定的权威期刊，其实每个人都有自己的看法。华东师范大学有一个很著名的教授叫许继林，他认为，凡是有真正创新的、有突破性的文章一开始是很难被那些公认的所谓的权威刊物接纳的。徐继林教授说权威刊物都是"所谓的"，而凡是有创新、有突破的文章，一开始总是带有某种争议性，一旦有争议，就很难进入权威刊物，即真正的学术创新最先发表之地不在权威刊物。许教授的论证是有道理的，但是带给我们一个疑惑，当下我们应该关注权威刊物还是非权威刊物？

这里还有一些数据供大家参考，目前我国期刊近一万种，武汉大学的一位期刊专家裘金萍老师在一次演讲中讲道："有人以化学学科为例进行测算，一个人按照正常的阅读速度阅读完一年内出版的本学科的全部期刊，大约需要77年的时间。"但是我认为，化学学科并不是一个大众学科，如果是像文学、汉语言这样的大众学科，要阅读完全部期刊就不止77年了。这说明一个问题，就是要关注所有学术业内的期刊要很长的时间，在你有限的生命里是读不完的。也许我们会说大数据时代我们通过搜索某一主题可以很快获得所需信息，但是即使通过搜索关键词也往往会搜索出上百、上千、上万条信息，这同样说明电子时代要阅读所有的内容是不可能的。我们以中国知网为例，如果输入关键词"学术期刊"，就可以搜出 26 万条结果。面对这样的结果，我们肯定会选择性地阅读，这个时候我们是关注权威刊物还是非权威刊物就是值得深思的问题。

第三种困惑是在学术压力环境下我们更关注学术态度还是更关注学术事实？2012 年，"360 期刊网"上有这样一组数据，虽然数据有点旧，但是我复查了一下没有更新的数据，所以我们以这个数据为例。它是这样说的，全国目前在读博士生数量已经超过 13 万，以学制三年每年发表一篇文章来算，一年需要发表 13 万篇。全国期刊近万种，核心期刊有 1800 种。这里它指的是北大核心期刊，如果按照南大的 C 刊来算，核心期刊只有五六百种。加上在校硕士生也需要发表文章，而且硕士生的数量远远超过博士生，那么即使全国所有核心期刊都用来发表硕士生和博士生的论文，仍然是远远不够的，何况还有学者、从业者要发表论文。在这样的背景下，硕士生和博士生发表论文太难了，他们的压力可想而知。

这些数据引发了我的感慨，我们的学术期刊应该是有足够的优势，有很多的稿件的，并且是优质稿件可供挑选的，然而，我们的学术编辑仍然在抱怨。另外，我也能够感受到研究者们的压力，但是我们也应该想到怎么样对待这种现象。心理学中讲，所有人的心中都有个情绪小孩，也许我们的研究者和我们的学术编辑都应该管理好自己的情绪。情绪性的观点可能是真心话但不一定是理性的分析，是理性的分析也不一定是理性的结论。所以说这样的学术现象既是真问题、真心话，但也是情绪信号。易中天先生曾经把中国逻辑归结为三点，其中有一点是"问泰斗不要问事实"。这个归纳是不是也适用于我们的学术？以上三点是我在工作中的思考，也是我心中的困惑。这些尚无答案的困惑，值得我们每一个人深思。

如何在国际刊物上发表文章

演讲嘉宾： 哈筱盈（美国《新闻与大众传播》主编）

《新闻与大众传播》（*Journalism & Mass Communication Quarterly*）是一个老牌刊物，创刊于1924年。因为是老牌刊物，所以一些人会对它有一些误解，认为它只是刊登新闻学的文章。其实不然，我们的期刊关于新闻学、传播学的文章都有。个别期刊和我们期刊的名字很像，大家在投稿时注意不要弄错了。欢迎大家访问我们期刊官方网站，我们在网站上会介绍和分享有关新闻传播领域最新的文章和质量好的研究成果，而且都是免费的。网站除了介绍我们的刊物外，还会提前发表我们刊物刊登的文章。因为印刷版很慢，为了提高效率，编辑审好的稿件会率先发表在网站上。

今天我想跟大家谈一个老师、同学，包括我自己都十分关注的问题——去哪里发表文章。我们是应该选择在国家核心期刊上发表文章，还是选择在地方期刊上发表文章，这是很重要的选择。如果你有一篇很好的文章，不要一稿多投，一定要找一个对口的期刊投递出去。首先是看国内期刊，其实国内期刊也是很不错的，特别是年轻老师和学生，应该一开始先在国内期刊上发表文章，因为国内的需求比较大。

其次，如果你特别希望把你的文章发表在国际刊物上，你希望在国际上有所发展，特别是准备出国的同学，我建议你们可以考虑一下将自己的文章发表在用英文出版的国内刊物上。比如浙江大学办的 *China Media Journal* 和香港中文大学办的 *Chinese Journal Communication*，这两本期刊都是英文的。我觉得选择这两本英文杂志投稿也是非常不错的选择。其实，很多外国人看中国人的研究大多是去看用英文发表在中国国内期刊上的文章，因为这是最好的原始材料。外国人如果要研究中国的刊物，肯定是先从这些杂志着手。

关于国际性的刊物，有三种刊物大家可以考虑。第一种是由大型的学术协会主办的刊物。我们新闻传播协会创办的刊物只有一家，这种刊物的权威性在哪里呢？因为协会在全世界有 3000 多个委员，以美国为主，这种刊物有固定的读者，虽然其他的刊物也有很多读者，但很少有固定的，所以说，协会创办的刊物具有较高的权威性。第二种是专题、专业刊物，这些刊物的面向很窄，聚焦于某一个专业领域，不是这方面的研究就不要再投了。但是，我们的《新闻与大众传播》刊物面向很广泛，我们面向 20 个不同的专业、部门。很多时候，包括我自己，在投稿时都是先专注于小的学报，然后再去大的刊物扩大自己的影响力。第三种是国际性刊物，它的投稿特别强调观点的国际性，这种国际性刊物，比如虽然是美国出版的，但特别欢迎其他国家的作者来投稿，不单单局限于美国作者。

现在大的学术期刊有两种：一种是读者付费订阅的杂志，另一种是作者付费但是读者可以在网上免费下载的杂志。这两种杂志的区别很大，大家在选择的时候要注意，因为会有不同的后果。首先是钱的方面，作者要付费的期刊，作者付费即可发表文章，读者可以免费阅读文章，文章质量堪忧。但是，如果是出版社或者学会发表你的文章，其实是代表学会认可你的文章，虽然不收费，但是你的文章要经过重重把关。当然学会和出版社是要赚钱的，所以读者要付费才能阅读，图书馆要付费才能收录。现在学术界很多人为了升职、找工作去发表文章，由于不收费的期刊拒绝率很高，不收费的文章通常来说发表难度也非常高，所以很多杂志以此赚钱，只要付费就发表。还有一些新的出版社由于没有固定的读者，所以要付费推销自己。这类杂志的影响力比较低，大家要注意区分。

国际性期刊有一个好处是它是长期出版的期刊，而且国际性杂志的评审要求是比较高的，有价值的文章才能被发表。现在传播学的期刊很多，在全世界传播学的 SSCI 期刊是 76 份，算是最权威的刊物。从事跨国媒体研究，特别是对中国和中国媒体进行研究的文章在国际刊物上选登的机会较大。我们的期刊《新闻与大众传播》也非常欢迎此类来稿。在座的同学有对中国媒体有兴趣的，我非常欢迎大家和我联系，稿酬也很多。我们的期刊选登文章有两大要求：一个是原创性，另一个是重要性。如果你的文章有原创性和重要性就有机会被刊登。什么是原创性？就是不是别人已经写过的，别人做过的题目你再做就没有意义了，例如大家都做新媒体的使用或者移动媒体的使用，太多人做这项研究，你必须要做出一些有拓展性的研究才可以。我们的稿件要求理论上和方法上都要创新。

我们的审稿制度基本是三个人上网评审，一些非常窄的主题通常不会被考虑，因为我们的读者是非常广泛的，而且是来自不同领域的。另外，和媒体没有关系的稿件我们也不会采用。还有一些新瓶装旧酒、换汤不换药的文章我们也不会采用。你所投的文章必须要达到一个基本水平，如果要内容分析的文章，肯定要比较两个以上编码员的可信度才可以。如果全部描述性的文章我们通常不收，除非是完全没人做过的研究，只有你有资料，对学界今后的研究有很大影响的我们才会用。

我们的杂志一方面要看你们对文献的掌握。之所以要求你们要小题大做，是因为要全面掌握一个题目是很不容易的，一定要对这一选题有很深入的了解才可以，所以要多读文献。只有多读文献你才能知道什么是新的，什么是重要的。另一方面，你们投稿的文章要有理论支撑，要有理论根据，还有概念化。我们会评定你的文章是否内容很具体，具有一致性，写作很整齐，组织也好，研究方法恰当。最后是关于语言方面，因为英文都不是大家的母语，但是国际刊物需要英文发表，所以怎么去处理英文的问题是很重要的。当然如果你的英文水平很高，各方面都很好最好了。如果你的英语还有一些问题，那么可以和你的老师合作，或者找一个英文专业的编辑帮你修改。

不以 SSCI 影响因子论成败

演讲嘉宾：郝晓鸣（《亚洲传播学报》主编）

《亚洲传播学刊》是英文刊物中有关亚洲传播研究最好的刊物，创刊于 1990 年，创刊历史相对较短。2004 年实行经营与出版分离，期刊的编辑队伍只需要负责编稿，整个印刷出版推销都由商业机构来操作。2005 年，《亚洲传播学刊》从一年两期改为一年四期。2008 年，《亚洲传播学刊》被列入 SSCI。2011 年，《亚洲传播学刊》又从一年四期改为一年六期。改期一方面反映了来稿数量增大，另一方面也反映了我们亚洲传播领域的扩大。

《亚洲传播学刊》的办刊宗旨主要是希望用英文的杂志为亚洲的传播研究提供一个国际的平台，以亚洲的观点研究世界共同面对的问题。之所以《亚洲传播学刊》被认为是有关亚洲传播研究方面最好的期刊，是因为期刊作者和读者都是对亚洲传播的问题最有兴趣、最有专长、最了解的人。我们希望通过《亚洲传播学刊》这份期刊，能够将亚洲的传播研究推到世界的平台。虽然我们期刊的作者都是或者有亚洲背景或者对亚洲传播非常感兴趣的人，但是，我们并不希望我们的读者也仅限于亚洲的传播研究者。我们希望把《亚洲传播学刊》和亚洲的传播研究介绍给全世界，让亚洲传播学者在世界拥有一定的影响力。

《亚洲传播学刊》采用的是双盲审的审稿制度，而且是多重审查。同时，《亚洲传播学刊》用稿从来不问作者的出身，无论你是教授、博导还是硕士生、本科生，都会一视同仁。《亚洲传播学刊》来稿的采用率是很低的，一年大概有 300 篇稿件投进来，每期大概采用六七篇左右，概率只有百分之十几。有人用采用率评判一个学报质量的高低，这是不合理的。我们采用率低是因为很多稿件不符合我们期刊的要求，这些不符合要求的稿件不会送去审查，通常在副主编处就会被拒。

《亚洲传播学刊》大量的稿件都是通稿，都是外面投来的稿件。我们也出一些专刊，专刊同样采用匿名评审制度，同时邀请非本期刊的专家来担任专刊的编辑。我们期刊也会发表一些研究杂记，即学术性不强，但十分具有现实意义的、信息性的研究文章。此外，期刊每期还会发表一到两篇书评，内容不一定是关于亚洲传播研究的。目前，我们还邀请了一些有谋略、有知识的专家来帮我们做一些文献分析和综述的文章。

2008 年，《亚洲传播学刊》被列入 SSCI，提高了期刊的知名度，来稿数量明显增多。但是，我们期刊的影响因子只在 0.3~0.4 之间，在传播学中的影响力并不是很高。事实上，整个传播学的影响因子和其他的学科相比都非常低，这并不是说我们传播学的学问做得不好，这是有很多原因造成的。其中一个重要的原因就是传播学作为一门综合性学科，研究内容十分广泛，在此类刊物上发表的文章专业性并不是很强。现在在传播学中比较容易发表或者影响因子比较高的通常是一种新兴的学科，比如新科技、健康传播等。这是因为做同样学科的人相对比较集中，刊物比较少，所以文章被引用的机会很多。

但是，我们并不能以影响因子来评判一份期刊的成败。SSCI 一共有76 本传播学的刊物，但是进入 SSCI 的刊物并不意味着就是传播学领域最好的刊物。究其原因，首先，进入 SSCI 需要一个评判的标准和过程，就是期刊主办方提出申请然后由审核者来进行审核。但是，除非是历史悠久的顶尖杂志，否则审核者通常不会亲自来审核，只关注你送审的杂志发行了多久，会不会在发行一两年后断刊。也就是说，进入 SSCI 的审核过程并非是学术标准，SSCI 也不能作为判断一份刊物是否具有实力的唯一标准。

其次，用文章的引用率来判断论文是不是有影响或者质量高，这也是非常错误的。就引用率来讲，引用越多，关注越多是肯定的。当你提到一个新的问题、一个人们关注的问题，你的文章通常会被引用很多次，但是关注度高并不意味着文章质量高。例如，我们学院的一位教授，他的文章是我们全大学工科引用率最高的，有时候他的一篇文章甚至会被 3000 个人引用，原因就在于他是做新科技的理论研究，每当他提出一个新的理论时，基本上研究新科技理念的人都要去引用，所以，他的引用率非常高。这可以说明这位教授非常聪明，但是并不能说明他是这个学科里最了不起的人物。所以，我们不要把影响因子看得过重，因为一个刊物进不进SSCI，不是完全按学术标准来判断，也不要忘记做大数据资料库的人基本是商业家。以影响因子论成败，这对我们学术自由、学术扩展、我们学术兴趣的发展都是不利的。

同其他的国际学刊相比较，我们《亚洲传播学刊》不拿引用率作为比较因素，我们认为我们所发表的文章应该是有关亚洲传播研究的传播者需要的文章，假如你有兴趣的话，这是一个重要的平台。我们的引用率永远不会高于那些在欧美占主导地位的刊物，我们也不期待变成这样的刊物，我们仍然把亚洲的传播研究作为我们主要的目标。

另外，我建议同学们如果要投稿国际性的刊物，那么在论文写作时一定要具有国际化视野。例如，利用某一个国家现象做一个描述性的分析的文章我们是绝对不会刊登的，一定要看你的文章对整体的亚洲或者国际上研究有什么意义。简单来说，我们不希望你的文章只回答了一个问题What，我们需要你回答的是为什么即 Why 的问题。西方传播学者研究的很多问题关注的是理论，之所以什么事情要有一个理论，是因为我们在这个世界上很难找到永恒不变的守则，但是我们希望有一个理论能解释这一现象，当发生同样的现象时，这个理论是适用的，直到有一天这个理论不足以解释这个现象的时候，我们才会找一个新的理论代替它。所以，我们的刊物强调理论，但我们希望这个理论不只是适用于某一个地区，而是能够放之四海而皆准的，如果做不到放之四海而皆准，那么这个理论最起码要能解释很多现象，这就是我们要寻找的文章。

总之，国际学术研究和国内学术研究是在两条轨道上跑。可以说，在国内的学术研究轨道上很难跟国际的学术研究跑到一起。一些海外学者以及我的学生反映，跑国内学术研究这条轨道比较容易上轨，但是国内学者要想跑到国际学术研究的轨道上来，则需要付出更多的努力。当然，国际刊物也有套数，国际上有些文章也是八股文，我们的刊物存在的问题之一就是过度强调所谓的理论而不注重社会影响力。所以就这点来讲，国内的刊物有其优势，对社会、对行业的影响要比我们这些英文杂志大。也就是说，我们国外的学者除了研究理论之外，还需要做一些公共知识分子的工作，能够解释给社会听，影响国家或公众。当然，作为学生来说对这个世界的了解、对整个传播学的领域的了解还处在一个学习的过程当中，还没有达到一定的深度和广度。但这并不是说我们学生不能在国际上发表文章，只是说你要有一个积累的过程。如果在座的传媒学子们有这个志向的话，可以向这方面努力。但前提是你要看国际学术期刊，不是简单地翻译论文，而是认真地阅读，作为一个研究范本认真学习，这样才能了解它们的研究方法、研究模式，你写的论文才可能比较接近这些国际期刊的要求。

互动交流

一 学术研究与论文写作

学生提问一：各位老师好，我是来自吉林大学的学生。我想问一下如何进行一项有效的问卷调查？我看到一篇文章，他们做的研究是基于873份电话调查，这873份电话调查是否是有效的，是否能够通过它来说明所要研究的问题？请问各位老师如何有效地对研究对象进行调查？谢谢。

哈筱盈：这个刚好是我的研究内容。一方面，样本的代表性就是如何进行科学的抽样调查。另一方面，我们也不可能追求完美，很多时候可能是无法掌握全样本进行研究的，用不全的样本研究可以做一个初步的了解，之后再进行更深入、更大范围的调查研究。

黄芝晓：同学们做论文的时候用到抽样调查，抽样调查的布点要科学。我们曾经做过一个关于大学生的调查，在上海我们就抽了具有典型性的大学，同时，我们也要看调查对象人群结构分布情况，否则就不具备代表性。另一个就是强调布局的方法，调查问卷的设计是否能够反映要调查的问题。基于调查问卷设计和调查范围及调查对象的选取，我们才能确认调查是否有效果。

朱鸿军：我补充一下，除了调查问卷设计、调查对象的选取，整个调查过程也要讲清楚。正像几位老师所说，目前也可以从不完美当中寻找一些有思想、有观点的内容，可以通过案例分析结合问卷调查的方式发现一些有价值的结果。

学生提问二：各位老师好，我是中国科技大学的学生。我想请问郝晓鸣老师，您刚才说国内学术研究和国外学术研究在论文方面是不同的规则。我们现在进行学习、研究，也倾向于学习国外学术研究的一些方法，去适应他们的规则。那是不是国内学术研究的规则就要摒弃呢？您认为国内学术研究和国外学术研究的规则的优劣在哪里？我们中国学生在走向国际化和保留国内学术研究的风格上怎样去把握平衡呢？

　　郝晓鸣：两种规则对什么是科学研究都有不同的理解，利用的方法和追求的目标可能都不太一样。作为学生不是不可以学，一些学者也会按照西方的方式去思考问题。但是很多时候你会看到，很多文章形似神不似，看起来有文献分析也有数据分析，但是缺少灵魂性的内容。我建议大家学的时候不要简单地看方法，不要认为只是一个简单的方法的模仿，其实更重要的是学术研究的灵魂所在，它的精神所在。我们审阅文章，其中很重要的就是要有一个很好的理论框架。

　　学生提问三：老师您好，我来自四川大学。我想请问一下郝晓鸣老师，刚刚您在演讲中提到，一个期刊不仅对行业内有影响，对我们普通受众也有影响。但是像我们普通受众接触这种学术性期刊的机会可能很少，那么，它对普通大众的影响到底体现在哪里呢？谢谢。

　　郝晓鸣：我们不期待大众来看我们的学术文章，但是我们希望我们的文章能对社会发展、社会问题的解决提出有影响力的论点，最后被主流媒体报道，或者是一些研究专家受到媒体采访，以此传播给大众，当然现在也可以通过一些网站向公众传播。

　　学生提问四：各位老师好，我想请问刘晓燕老师，刚刚您提到，作为新闻工作者，对一些现象、一些话题会有一些预判性。其实，我觉得，我们在写论文的时候针对一种现象确实会产生一些预判。但是您这么一说后，我不知道该如何去写论文了。

　　刘晓燕：这个问题很好，可能是我没说清楚，实际上是不能一概而论，应该像切苹果一样，切口很小，但是要去深挖，越深越好。

　　学生提问五：各位老师好，我是来自山西大学的学生，我有一个问题想请问刘鹏老师，您刚才说写论文的时候要大题小做，现在我们很多人写论文的时候都是研究微信、微博等新媒体，您能不能具体指导我们怎样大题小做呢？

　　刘鹏：你这个问题是一个很大的题目，新媒体实际上是一个非常大的题目，会有很多话题涉及新媒体，特别是一些传统理论的适用性，在新媒体环境下会有所改变。实际上，传统理论在新媒体环境下会产生新的研究维度，从而产生很多新的话题。另外，新的技术方式、新的介入形态也是很好的研究点，从这个方面研究也会引出很多问题。关于小题大做和大题小做都是相对来说的，其实它是一个宏观和微观的问题，即具体案例和宏观问题之间的关系，具体案例是否能很好地反映宏观问题。也就是说，要看到树叶，也要看到树木。

学生提问六：我是吉林大学的学生，学术研究的目的是发现问题、发现不足并解决问题，现在我们在大量采用量化研究方法，但是量化研究终将会涉及数据的处理和应用。我想请问在论文的写作中对数据的处理应该占多大的比重？

吕晓东：首先有一个误导，好像现在期刊比较偏向于量化研究，实际上从来没有说特别喜欢量化研究。从我们的角度来说，只要文章精彩，研究比较严谨，我们就可以采用。至于你刚才说的，如果涉及量化研究这一方面，我们就特别强调这个数据你是如何得来的，需要花较大篇幅来说明你获取数据的方式以及数据的有效性。

学生提问七：各位老师好，有老师说要审慎地引用外国的概念，您举了两个例子，一个是公共领域，另一个是风险社会。如果现在我想描述一个现象，而国内没有特别适合的描述的话，我们能不能把外国的理念加以中国化后再应用？

刘鹏：谢谢你的这个问题，我批评的是一种模式化的现象，不是说严禁这样做。比如说公共领域这个概念，确实是这两年用得特别多，在用的时候不追究它的来源，也不考虑它和中国的问题在什么地方结合，直接把它当成一个现成的结论来套，实际上我批评的是这样一个问题，并不是说不能借用西方的一些理论。其实，很多创新研究都是西方理论和中国现实相结合产生的。

学生提问八：各位老师好，刚才哈老师提到本科是要培养作为一名记者的基础，那么这个基础的概念是什么呢？或者说本科生在学习一些知识的同时，需要去培养哪些能力？

哈筱盈：新闻是针对大众，它不需要很高深的调查，基本上访问几个人，做一些背景的介绍就可以了。但是学术调查一定要很深入，做记者你要知道怎样去收集资料，如何去访问别人。所以，我认为记者是一个很好的训练。但是，不要忘记你如果读研究生的话是从事学术研究的，做新闻时效性很重要，而学术研究则要进行深入研究。

二　学术期刊投稿答疑

学生提问九：各位老师好，我是来自南京航空航天大学的学生。现在很多学校都会把是否发表过论文作为学生申请学校的一项很重要的标准，在国内很多学生会付费去发文章，不知道各位老师对这种现象怎么看？

刘鹏：的确是，很多同学抱怨新闻传播的圈子太乱，有需求就有市场。也有人抱怨说，编辑部一看我是本科生、硕士生就不看我的文章了，一看我是硕士生发论文就要收钱。但是从同学个人来说，有没有必要自己掏几千块钱把一些不像样、不成熟的文章贴在一些杂志上呢？我不主张大家写得太多，也认为有的同学可能会写出非常好的作品。我觉得目前的情况下，学术杂志确实存在一些问题，但是只要你是好文章，好的研究成果总能找到发表的地方。国内也有很多不收费的期刊在兢兢业业地追求为学者们、学子们搭建学术交流的平台，不要因为一些期刊存在问题，就丧失了研究的信心，丧失了学术兴趣。

刘晓燕：根据我们的经验，一般是不主张掏钱发表文章的。与其这样，还不如沉下心来进行学术研究。正像刘老师所说，只要稿子不错，发表是没有问题的。

学生提问十：老师您好，我想问一个关于论文引用的问题。有老师说衡量一个论文质量的好坏的标准是看作者所引用的文章是否来自高层次研究。这样的话是否会出现有的研究观点不错，但作者可能只是普通的研究者，可能这篇研究就不会被引用呢？

黄芝晓：首先我们对于作者的身份是没有限制的，实际上，如果你有实力，我们非常欢迎，如果还不够这个水平，我们也会继续关注。关于引文，我们特别强调的是，有些这个领域的经典文章是要阅读并涉及的，并不是看作者是本科生、硕士、讲师还是其他身份，而是看这篇文章在这个领域是不是大家公认的经典文章。我们看的是文章的质量，一些本科生的文章我会鼓励，只要是确实讲出了问题，我们对于老师的文章的要求更加严格，对于研究生的文章会相对宽松一点，毕竟学术要后继有人。不会因为作者是研究生、本科生就不给引用的。

学生提问十一：各位老师好，我是来自重庆大学的学生，想问郝老师和哈老师，如果想去国外读传播学博士，但是没有英文文章发表，想问这种情况怎样和国外导师交流？

哈筱盈：如果我是导师的话，我会让学生写一篇介绍自己的文章，这个很重要，看学生如何表达自己对学术的兴趣，还有知道学生的研究方向以及研究计划，当然，成绩也要够。

郝晓鸣：你在国内发表的文章我们也会看，如果有一定的价值，也会作为一个评估标准。但是我们更重要的是看你的研究计划，你的研究部署是不是跟导师接合。也就是说不是完全按发表的英文文章数量来衡量的。有文章发表当然是有利的，最重要的是你的文章的质量和深度，你对这个学科的了解程度，你的思路是不是清楚，以及你今后的研究计划。

2015 中国传媒品牌高峰论坛

主 办 方：上海交通大学传媒经济管理中心

    《传媒》杂志社

时 间：2015 年 7 月 25 日

地 点：上海交通大学

论坛主席：谢耘耕（上海交通大学人文艺术研究院副院长、上海交通大学新媒体与社

    会研究中心主任、教授）

    杨驰原（《传媒》杂志社主编）

论坛嘉宾：胡 昊（上海交通大学党委宣传部部长）

    刘拥军（中国新闻出版研究院副院长）

    杨驰原（《传媒》杂志社主编）

    黄 磊（阿里巴巴媒体投资运营总监、第一财经新媒体公司总经理）

    黄志强（澎湃新闻绿色报道组主编）

    洪浚浩（美国布法罗纽约州立大学传播系教授、哈佛大学费正清研究中心

    研究员）

主题演讲："互联网＋"时代媒体品牌的再造与发展

　　"互联网＋"时代，品牌塑造在传播竞争、传播价值等方面具有独特内涵。在传媒业激烈的竞争中，媒体品牌概念应运而生，体现了行业的发展与进步。"主题演讲"聚焦新媒体环境中国内外媒体品牌构建经验与策略，从内容生产、渠道运营、品牌影响力等方面共同探讨"互联网＋"时代媒体品牌的再造与发展。

从渠道运营到内容运营

黄 磊

　　什么是新媒体？有人认为，新媒体是一种新的形态，网站、APP 应用、微信公众号、微博等都可以称之为新媒体。技术人员说，新媒体的特点在于可以实现与受众的及时沟通，其内容的组织方式是结构化的，由算法决定；销售人员说，广告客户需要的就是新媒体的形态。我认为，不需要把新媒体想成一种新的产品形态或者新的生产方式，我们可以尝试思考新媒体的"新"是不是相对原有媒体来说是一种不同的新。在新的传播环境中，传统的集权式地自上而下的决策机制不再适用，这种新型的决策机制或许就是新媒体。当前，媒体不断进行大体量的新产品尝试，不断通过市场检验，去否定，去迭代，这也可以称之为新媒体。所以，新媒体本质上是一种机制或是一种流程。

什么是品牌？现在，几乎所有的现代企业都设立有品牌部，为抽象的企业组织设定具象特质和印象。而媒体品牌即我们对一家媒体的高度抽象概括。品牌自身的生产机制、传播渠道决定了品牌形象和定位。非媒体品牌产品其实都是在通过媒体塑造其品牌形象，借助媒体品牌特征和定位打造自身品牌形象。

"运营"一词很抽象，各行各业都有运营，它包括了很多工种，例如市场、会计、人事等各种各样的角色。在新媒体中也有各种各样的角色，例如前关。我们可以把运营转换为英文单词"play"来理解，即玩转、播放、启动、参与。而要为媒体树立品牌价值，无论其是传统形态还是新形态，这一过程即为运营。

传统媒体的"三步走"传播模式包括：第一步生产内容，尤其注重垂直内容生产；第二步通过多种渠道发布内容，即发行；第三步围绕内容覆盖的特定人群进行广告经营。在这个流程中，渠道运营尤其重要。可以说，没有严格意义上的内容的好坏之分，关键在于在渠道运营上是否基于合适的目标受众群体进行传播。渠道运营很重要，通过渠道运营可以检验发布的内容是否符合受众群体的需求，同时渠道运营对获取广告赞助也有很大的影响。渠道运营的销售意义即在于必须让广告投放主看到广告覆盖的渠道。

但在当前新媒体传播过程中，渠道运营极易被忽略，媒体的关注点更多地集中于受众和广告，而对渠道缺乏思考。在渠道运营问题上，最可怕的莫过于市场对新媒体传播效果的评价标准，例如访问量、安装量、点击量、评论转发量等，这与媒体的广告投放息息相关。一味关注于流量、点击率，而真正有多少人看、评论并不重要。目前，已有专门的外包服务商明码标价协助提升点击量、评论转发量，这个产业很健全。渠道运营存在顽疾，从纸质媒体到网站再到 APP 应用，媒体形态在改变，但却始终无法摒弃这一顽疾或者说是固有路径依赖，渠道运营中存在一些问题需要传媒业慎重对待。

今天，我们的渠道基础设施非常健全，有大量的社交通道、沟通通道，用户可以利用这些基础设施、平台主动获取他所需要的信息。在这种情况下，媒体如何开展内容运营成为其保持自身优势、在激烈的传媒市场竞争中占据一席之地的关键。

什么是内容运营？传统媒体时代，媒体忽视了内容生产的后续传播以及对可能收到的传播效果的预判。但在新媒体传播语境下，从开始做内容策划起就包含了对传播路径的预设或是有意识设计，这一过程即内容运营。以可能存在第二个地球的新闻为例，从 NASA① 当天（即北京时间的傍晚）开始做预告，发布消息称可能发现了另一个地球，到在社交媒体上探讨第二个地球存在的可能性，吸引受众对此事件的关注，再到要进行现场直播，最终掀起人们对"到底适不适合人类居住""1400 光年的距离到底有没有可能"等话题的热烈讨论，一条新闻即延伸出一个话题群，在这个过程中很多企业都会借助这一热点新闻传播企业理念，进行产品营销。传播主体不再将内容的二次获得和后续传播交给市场，而是在进行内容生产的初期，在标题、配图、发布时间和目标受众群体等方面就已经做好了策划。

新媒体时代，最好的产品经理人是掌握媒体传播规律和基本传播规范的传播人才，如何将传播规律和规范应用于产品内容的生产推广，进行有效传播是内容运营的关键。媒体从业者应具备自己的专业判断，透过独特的视角开展内容运营。

---

① 美国国家航空航天局，简称 NASA，是美国联邦政府的一个行政性科研机构，负责制定、实施美国的民用太空计划与开展航空科学暨太空科学的研究。

"澎湃新闻"上线一周年的探索与发展

黄志强

2013 年，整个报业陷入了空前的恐慌。对于《东方早报》来说，经过十年的发展，《东方早报》无论是在新闻采编制作水平还是在社会美誉度方面均达到了历史最佳时期。但整个报业式微，《东方早报》同样面临新媒体的冲击与挑战。在这种形势下，传统媒体还有没有升值的空间？应如何转型发展？我们做了一个大胆尝试——整体转型。

我们再造了一个生产线。"澎湃新闻"的报道内容 24 小时更新，在设计生产线时，必须充分考虑到如何让这个团队的生产流程既能够凸显网络传播优势，又适合报纸传播，并且不加重生产负担，最大化释放团队能量。最终决定把《东方早报》的大部分采编人员转移到"澎湃新闻"平台的运营上，其报道风格、报道速度和团队人员结构都根据网络传播速度和需求进行相应调整。我们一开始就制定了严格的生产流程，比如一个突发事件发生后，15 分钟内应报道哪些内容，半小时后应报道哪些内容，2 小时后应报道哪些内容，四五个小时后应报道哪些内容。这一生产流程在"澎湃新闻"上线初期就显现出明显的优势。2014 年举国关注反腐，如果按照传统媒体的报道模式，当天的新闻最快要在第二天才能看到落马者的相关信息。但是"澎湃新闻"就可以在 5 分钟之内释放一些最新信息，半小时后把当事人的相关信息整理出来，2 小时后记者会对当事人周围的人员进行采访，半天后我们会制定出完整的调查计划。"澎湃新闻"和《东方早报》各有一个编辑团队，《东方早报》的编辑团队保持原来的新闻生产发布节奏，在每天下午五六点收到"澎湃新闻"的报道后，对其进行筛选、重新加工，刊登在第二天的《东方早报》上，如此对生产线进行重新调整。目前，"澎湃新闻"的员工将近 400 人，而《东方早报》的员工不到 100 人，整个报纸的负担和成本大大降低，互联网的采编力量成为支撑媒体发展的灵魂。

"澎湃新闻"从微信公众号到正式上线一直在探索与受众交流的恰当方式。传统媒体时代，对读者反馈的重视程度较低。新媒体时代，随着受众主体性的提升，媒体越来越重视受众的意见、想法，必须直面读者提出的疑问，这是一个动态过程。我们创建了"问吧"栏目，便于受众提问，还直接把新闻当事人请来解答受众的疑问。这些互动形式实际上改变了传统新闻生产逻辑。

在运营方面，"澎湃新闻"之前设立一个部门，专门从事官方微博、微信公众号的运营。我们把这些平台作为内容营销的渠道，但这并不是一个简单的"推送—接收"过程，而是需要有高质量的内容作为支撑。我们成立了一个团队，研究如何让读者以最适合、最轻松、最便捷的方式了解到我们推送的内容。现在，"澎湃新闻"设立了营销部门，挖掘市场增值空间，跟经营部门一起加强产品运营，促进"澎湃新闻"多元化发展。

最后，介绍一下"澎湃新闻"在表达方式上的尝试和转变。传统纸媒报道有一个评价标准，即看一篇报道占据的版面数量。但新媒体与此不同，在拟定报道格式的时候，我们要求记者写稿要追求简短，再重要的事情也得精练。简短是新媒体时代，尤其是新闻客户端平台发布报道最基本的准则。我们还尝试其他的表达方式，比如在做中日甲午战争回顾报道时，通过 3D 技术和其他先进的可视化呈现方式将读者"带入"新闻。我们希望读者在阅读"澎湃新闻"的报道时能通过视觉、听觉等多种方式进入新闻，用户通过提问、回答甚至内容生产参与进来，这是我们不断完善生产线所期望达到的目标。

在今后的发展中，如何加强对年轻受众群体的吸引力和黏性是"澎湃新闻"要改进和加强的地方。年轻一代是未来的主力，新闻如何激励一代人，使其对国家或自身有更深刻的认识，这是新闻的终极价值。另外，如何设计有趣的新闻产品，追求愉悦的阅读体验是我们不断思考的问题。未来的产品设计已经不是传统编辑所能主导的，需要更多充满活力、想象力丰富的有生力量为我们的团队注入新鲜血液。在新闻评价体系方面，传统新闻报道往往以点击率的高低作为新闻好坏的评价标准，过于片面。什么样的新闻是读者所真正需要的，什么样的报道是好新闻，评价标准必须科学有效。技术驱动新闻产品的升级换代，如何设计出满足用户需求的新闻产品，并将其传递给更多的受众需要先进技术的支持，这方面同样需要更多思考和努力。

美国媒体品牌构建的影响因素

洪浚浩

在传媒业激烈的竞争中，媒体品牌概念应运而生，体现了行业的发展与进步。美国是世界上知名媒体最多的国家之一，在报纸方面，《纽约时报》《华盛顿邮报》《华尔街日报》《今日美国》《洛杉矶时报》等媒体享誉世界；在电视方面，美国广播公司（ABC）、全国广播公司（NBC）、哥伦比亚广播公司（CBS）、美国有线电视新闻网（CNN）等几大广播电视网在全球有较高的知名度和较大的影响力；在杂志方面，世界上主要的严肃性杂志大多数均来自于美国，例如《时代周刊》《新闻周刊》《美国新闻》等。媒体品牌效应的形成与发展有利于媒体知名度、美誉度、影响力的提高与扩大。美国媒体品牌构建的影响因素主要有以下几个方面。

第一，媒体在发展过程中应注重在内容生产和运营方式上形成自身特色，即要注重媒体定位。例如，在激烈的市场格局竞争中，美国三大广播电视公司——美国广播公司（ABC）、全国广播公司（NBC）、哥伦比亚广播公司（CBS）的媒体定位各有侧重，节目制作各有特色，发展成为美国主流媒体。而美国有线电视新闻网（CNN）则注重时事新闻报道，并在这一领域形成独特报道风格和竞争优势。媒体品牌构建应在了解市场内需的前提下寻找突破口，准确定位。

第二，媒体营销应注重锁定特定的对象，明确目标受众群体。美国社会是一个多元化社会，既有保守派、自由派，也有极端保守派、极端自由派以及中立派、无政府主义派、新潮派等。不同媒体的定位各有侧重，所服务的目标受众群体也各有偏向，只有精准锁定特定用户，为其提供满足需求的信息服务才能建立各自媒体特色，形成媒体品牌。

第三，媒体品牌效应的形成取决于媒体的社会影响力。社会影响力是一个复杂的概念，包括多层含义，其中，媒体公信力是构成媒体社会影响力最重要的一个方面，即我们通常所说的媒体信任度。媒体公信力、影响力及其品牌效应的构建是一个良性循环过程，公信力越高，影响力越大，品牌效应越好；同样，品牌效应越好，影响力越大，公信力随之提升。构成媒体社会影响力的第二个方面是媒体竞争力。美国媒体发展的体制、机制与中国不同，媒体行业是一个自由竞争市场，主流媒体地位和影响力的确立是媒体在激烈的市场竞争中发展形成的。媒体竞争力主要体现在跟新闻业务相关的具体层面：首先，对重大新闻事件报道时机的把握以及对重大新闻报道的驾驭能力；其次，独家新闻的挖掘和报道数量，在独家新闻报道方面，《纽约时报》和《华盛顿邮报》表现得尤为突出，显示出媒体较强的竞争力；最后，对新闻事件的深度解读和评论能力，这是媒体竞争力的重要体现方面，当前，美国各大新闻媒体都有一批有广泛舆论影响力的资深新闻评论员，国内媒体在这方面的重视程度还有待提高。构成媒体社会影响力的第三个方面即媒体从业者资本，包括名主持人、名专栏记者等，尤其是有影响力的新闻节目主持人，这是新闻媒体的立台资本。例如，美国著名电视节目主持人、具有世界级影响力的芭芭拉·沃尔特斯；曾对邓小平、江泽民等领导人进行过专访的麦克·华莱士等。名牌记者、主持人的高知名度和影响力有助于媒体品牌的构建，与此同时，媒体品牌效应的扩大又进一步提高了名主持人、名记者的个人影响力。除此之外，媒体的国际化程度也是构成媒体社会影响力的重要方面，标志着媒体的发展程度和影响覆盖面的广度。

第四，影响美国媒体品牌构建的因素即媒体承载的历史。一般情况下，媒体历史越长，品牌效应越大。但也并非绝对，在美国传媒业，新的媒体公司并购老牌媒体也是常见的现象。新的媒体公司借助老牌媒体在较长发展进程中形成的品牌效应进一步发展，将媒体品牌发展壮大。例如默多克构建的新闻集团就是按照这种思路一步步发展起来的。美国媒体品牌的构建给中国媒体品牌化建设以启示。

圆桌对话一：媒体的社会责任与品牌影响力构建

主 办 方：上海交通大学传媒经济管理中心

《传媒》杂志社

时　　间：2015 年 7 月 25 日

地　　点：上海交通大学

论坛主席：谢耘耕（上海交通大学人文艺术研究院副院长、上海交通大学新媒体与社
会研究中心主任、教授）

杨驰原（《传媒》杂志社主编）

论坛嘉宾：黄　磊（阿里巴巴媒体投资运营总监、第一财经新媒体公司总经理）

张铁忠（CCTV‐2《交换空间》制片人）

吴阿娟（《今晚报》传媒发展研究所副所长）

陈其庆（江苏卫视副总监兼总编室主任）

王　靖（《青年文摘》杂志社副社长）

赵　冰（北京卫视宣传总监助理）

任赛丰（《扬子晚报》战略研究部主任）

品牌是媒体在激烈的传媒生态竞争中获胜的关键要素，媒体社会责任与媒体品牌构建息息相关。2015 中国传媒品牌高峰论坛第一场圆桌对话围绕"媒体的社会责任与品牌影响力构建"的主题，从以下四个方面展开讨论：第一，新媒体环境中传统媒体的发展困惑；第二，社会责任的一元与多元探讨；第三，品牌与媒体影响力；第四，社会责任与媒体品牌构建之间的平衡。

一　新媒体环境中传统媒体的发展困惑

黄磊：本次圆桌对话的主题是"媒体的社会责任与品牌影响力构

建",首先有请参加本次圆桌对话的嘉宾,他们是:CCTV-2《交换空间》制片人张铁忠;《今晚报》传媒发展研究所副所长吴阿娟;江苏卫视副总监兼总编室主任陈其庆;《青年文摘》杂志社副社长王靖;北京卫视宣传总监助理赵冰;《扬子晚报》战略研究部主任任赛丰。移动互联网时代的到来使得公众的主体性地位得到极大提升,用户的自主选择能力不断增强,如何吸引受众选择媒体单向输出的内容成为媒体运营与发展的关键。在新的传播环境中,各家媒体是否遇到发展困惑,是如何来应对的?

赵冰:新媒体时代,传统的传播模式、传者和受者之间的关系被改变。我们一方面要改变传统媒体以往高高在上的"高冷"面貌,尽最大努力去维护用户,满足用户的需求,但与此同时,与媒体社会责任、职业准则相关的东西是必须要坚守的,绝对不能改变。信息化社会瞬息万变,但是各家媒体坚守的价值观在本质上是一样的。

吴阿娟:与网络媒体高点击率相比,作为传统媒体,我们的受众数量有限,如何更好地适应新媒体时代发展,我们也在不断思考和探索。媒体的社会责任其实包括了很多方面,比如媒体的时代责任、历史责任、媒体推动社会发展的责任等,无论是传统媒体还是网络媒体都应该共同构建和维护媒体的社会责任。有句话讲得好,"种树者培其根,育人者养其心"。养心的过程可能很漫长,面临重重困难,但是媒体作为社会的瞭望者,该坚持的原则还是要坚持,该守望的信条还是要守望。比如当前建立社会诚信体系,这并非易事,但如果所有媒体都能积极行动起来,一定会收到良好的效果。

黄磊:在选题方面,媒体会随着传播环境和传受关系的改变而做出哪些调整或者遵循哪些原则?比如苹果CEO库克出柜这件事在网络上炒得沸沸扬扬,如果在座的各位嘉宾拥有选题权的话,你们会如何处理这个选题?

陈其庆:老少皆宜是我们选题的一个基本原则,除此之外在选题方面还制定了很多详细的方针、要求,包括遵守道德底线、法律底线等。博眼球的新闻可为但是不能没有底线,江苏卫视做节目一直强调"好品质好收视"，关于这个选题，我觉得传统媒体一般是不会做太多报道。

张铁忠： 扮演的角色不同，处理问题的方式和态度也不一样。作为一个媒体人，我可能不会去做这个选题，但是作为一个普通老百姓，我可能会抱着宽容的态度，把它当成一种娱乐。

二　社会责任的一元与多元探讨

黄磊： 就各位嘉宾的理解，社会责任对于媒体来说是一元的还是多元的？是动态的还是静态的？

吴阿娟： 我们表现社会责任的方式可能不一样，但核心是一致的，都在努力传递社会正能量，只不过不同的媒体以不同的形式来达到这一目的。当前，传播环境在变，受众需求在变，阅读体验在变，但是媒体追求的核心理念是不会变的。

赵冰： 在座的各位可能都听过这样一句话，"铁肩担正义，妙手著文章"。习近平总书记好像也说过，"金杯银杯，不如群众的口碑"。实际上，不管内容、形式怎样改变，最终还是由社会大众决定，观众手中的手机、鼠标就是他们的投票器。我们会慢慢发现，所有美好的事物都是社会所共同关注的，而所有丑恶的事物则最终一定会被社会淘汰。在这一过程中，可能会有所波动，但最终还是价值的回归——向善、向美。

黄磊： 这是一个必然趋势，我很认同赵冰老师的观点。社会环境在改变，但是大的发展方向不会改变。可能有一个早晚快慢的问题，但是媒体引导向上、向善、向美的趋势并不会改变。

张铁忠： 关于"媒体的社会责任"这一话题，其实在我们媒体人心中就是一个底线问题。一定要把握住媒体的底线，其他的一些外在的形式我们都可以接受，作为传统媒体，我们也乐于用新的方式来传播正能量。

王靖： 不同属性的媒体有不同的媒体表现形式。传统纸质媒体有其固有属性，它可能会是一种表现形式，而微信公众号、官方微博等社交媒体的运营可能就需要通过一个标题去吸引用户眼球，提高阅读量。就像可口可乐公司，它之所以要研发雪碧、芬达等其他饮料产品就是要间歇性地调整顾客的味道。有些终端消费者，他不光喜欢喝可口可乐，还会间歇性地喝一下雪碧和芬达。这一道理同样适用于我们传统媒体运营。

黄磊：在信息飞速发展的时代，如何看待和应对媒体想要塑造的社会责任指向与当前广泛传播的非责任指向的新闻报道之间的冲突与矛盾？

陈其庆：这里我要提到"社会价值观"这一概念，媒体在社会责任和品牌构建时应重视社会价值观，如何把正向信息做得更好、更易于传播值得思考。

赵冰：其实这二者并不矛盾。比如人们可能会阅读一些花边新闻，但也会关心一些更具有正能量的新闻。现在，一些具有社会话题性或炒作性的新闻层出不穷，受关注程度也较高，但并不代表其他的内容没有人去接触和感知。北京卫视做的一档节目叫《生命缘》，目前已经播出了三季，节目组会去北京几家重点医院，记录发生在医生和患者之间的感人故事。之前我一直认为我们这个节目是一个比较传统的节目，但我在和腾讯的负责人接触后发现，他们对这个节目很感兴趣。我们前两天做了两期节目，一个是关于五胞胎的节目，另一个是关于"钢针女孩"的节目，这两期节目播出后，在不到 24 小时的时间内腾讯视频的点击量已经突破 2000 万。2000 万对于《奔跑吧，兄弟》或者《爸爸去哪儿》等节目来说可能并不算多，但是对于我们来说，这个数字的意义非凡，它证明了我们的网友对于这类节目有一定的接受度，比较喜欢看。在看腾讯视频的受众数据分析时我同样很震惊，我一直以为电视台这类节目的受众是一些年纪较大的观众，但腾讯视频的数据显示，点击收看该档节目的网民年龄集中在十几到三十几岁。今年，《生命缘》还策划制作了很多期宣扬正能量、有社会价值的选题，比如记录姚贝娜眼角膜捐献的过程、春晚"福娃"邓鸣贺得白血病去世等。像这些选题，可能沾一些娱乐新闻的边儿，但更多的是在传递社会正能量与核心价值观，宣扬生命的伟大。之后我们还做了一档节目叫《平安缘》，记录的是警察的故事。这两档节目，一个记录的是生，一个记录的是死，无论是谁看了都会有所感触。社会上可能有荒谬的事物，但也少不了美好的事物。在优衣库事件以后百度搜索主页上有一张图，左边是冥王星，右边是优衣库的大门，上面写了一句话，大概意思是美好的总是多过荒谬的。冥王星的点击率要远远大于优衣库事件的点击率，同样说明美好的事物远远多过荒谬的事物。

张铁忠：媒体社会责任感的标准和尺度一直存在，而且占的分量很重。现在，媒体或者社会主要都是以收视率或收益作为衡量标准，如何在这之间寻求平衡，既符合总体社会价值观，又符合媒体方面的具体要求，这应该是当前媒体发展所面临的共同问题。不同的媒体有不同的分工和所肩负的责任，现在媒体的生存压力非常大，我们能做的就是顺势而为，将节目做好，为观众奉上有品位的节目。

三 品牌与媒体影响力

黄磊：我想跟各位探讨一下什么是品牌。从某种意义上来说，品牌和影响力之间是否存在一定的冲突？当我们想要创造一个品牌的时候，其影响力可能是有限的。但是一个具有广泛影响力的机构或企业，它可能并不是严格意义上的品牌。

吴阿娟：一般我们都会说品牌影响力，很少把这两个词分割开来。品牌和影响力一定是互相关联的。我们在树立一个品牌的时候，就是在扩展它的影响力。反过来，影响力决定了品牌的价值，如果没有影响力做基础的话，肯定无法达到一定的品牌价值。

王靖：品牌和影响力基本上是不可分割的。有时候你在追求广泛的影响力的时候可能会觉得品牌有点小，比如去过北京的人可能会对簋街与天安门广场都有高度的评价。关于传统媒体，比如《青年文摘》杂志既创建了 APP 客户端又办有手机报，如何通过多种渠道获得更多的大学生群体的青睐与认可，满足读者需求，扩大媒体的品牌影响力？这些需要媒体深度思考。

赵冰："互联网＋"时代，每个人都可以通过微博、微信等发出自己的声音，每个人都是自己的品牌。微信公众号的登录界面上有这样一句话，"再小的品牌都有自己的声音"。影响力可能有大小，但是每个人都应好好地经营自己的品牌，发出自己的声音。个人如此，媒体亦是如此。

张铁忠： 在我看来，媒体品牌的构建一定是相对于观众而言的，即制作满足观众需求的节目，构建媒体自身的品牌形象。

陈其庆： 不管是企业还是媒体，品牌影响力主要还是看其产品。并不是说有了产品就有了影响力，而是要靠其产品形成品牌，并进一步形成有影响力的品牌集群。我们每个人都是一个品牌，每天在微博、微信上发布、转载的内容就是我们的产品。当大数据挖掘技术强大到可以让我们的子孙后代看到我们在微博、微信上生产的产品时，你的影响力是正向的还是负向的？让我们一起向传递正能量出发。

四 社会责任与媒体品牌构建之间的平衡

黄磊： 每家媒体在社会责任感和品牌影响力二者的平衡上都会遇到各种各样的问题，尤其是在一些细节方面。我自己也面对这样的难题，我做的是财经类节目报道，需要覆盖大范围的商业人群，例如今年 7 月初，整个股市处于动荡之中，作为财经媒体如何选择报道方向很是关键。在这一时期，媒体需要稳定市场情绪，避免更大的金融市场危机出现，但实际上我们看到更多的是在报道一些比较惨烈的现状。我个人对这一问题也比较困惑，请各位嘉宾结合自身实践，谈谈自己所在的媒体在面对社会责任与媒体品牌构建时如何处理和平衡？

赵冰： 北京卫视一直比较坚持自己所担负的社会责任，努力塑造自己的品牌。我们之前推出了几档节目，其中一个叫作《暖暖的新家》，是家庭装修类节目，旨在帮助一些生活困难的居民解决房屋装修方面的难题。其中，有一期节目讲述的是居住在北京四合院里的一家七口，他们的房子只有 35 平方米，父母、儿子、儿媳、孙子都挤在一张床上睡觉。我们节目组请了设计师对他们家进行改造，使每个人都拥有了自己独立的生活空间。收房的那一天，这家人看到节目组为他们新布置的房子时都激动得哭了。当时我的感觉就是做这个节目再苦再累也值了。另一个节目叫作《幸福的味道》，关注老百姓每天吃的食物，告诉观众应该怎么来吃，吃哪些东西有营养。对于北京卫视而言，正是通过这样一个个贴近百姓的节目，把我们的品牌和社会责任感传递出去，把我们做节目的初心传递出去。只要我们能够坚守这个初心，我们媒体的品牌也一定能够深入人心。

王靖：我在杂志社负责文摘的稿件和发行工作。从 2014 年开始，《青年文摘》跟北京的一些基金会合作，基金会购买我们的杂志，送给四川、甘肃等偏远地区的小学、初中。因为扶贫基金会的资金有限，每个班级只能领到 2 本《青年文摘》。我很少听说我们杂志的终端读者喜欢看杂志上的广告，但这些偏远地方一个小学五年级的学生就跟我说，希望我们文摘上能多登一些汽车类的广告，因为山里很少能看到车，他觉得能在书上看到那些车型特别好。这使我感触很深。原来也有一些企业家想做善事，想给偏远山区的孩子捐些电脑，我当时就给他说那边不一定有电，有电也不一定有网，还不如捐一些实际的东西，比如说书籍，只要有光，就可以看。后来基金会看我们的杂志这么受孩子们的欢迎，就从一个班 2 本变成了一个班可以领 4 本。其实我们杂志社给基金会的价格也已经是成本价，而且我们还担负了运费，当时我就在想，只要我还在《青年文摘》工作，只要我还在这个岗位上，这样的善事多多益善。那些孩子可能会像你们一样上大学，也可能会上完初中后就不读了，但我希望《青年文摘》能给他们一些影响，让他们知道什么是善，什么是真，什么是美，《青年文摘》的宗旨就是影响青年、影响未来。不论是什么属性的媒体一定要善于跟终端的受众互动，了解他们的需求与想法。曾经有一位老领导跟我说，《青年文摘》一定不要做成说教式的，不要告诉年轻人什么是对的，什么是错的，这会引起大家的反感。我非常感谢这次机会，也感谢各位大学生以及山区的孩子们对《青年文摘》的喜爱，我们会坚守自己的品牌信念——影响青年、影响未来。

陈其庆：江苏卫视这些年也塑造了很多品牌节目，比如我刚刚参与制作的一个节目，叫《真心英雄》，这个节目的初衷就是希望传递将平凡事物做到极致的人就是英雄这样一种理念，我们也想借这档节目向社会上的平凡英雄们致敬。

　　吴阿娟： 社会责任感和品牌影响力更多的是一致性的体现，媒体在承担社会责任的同时，也在扩大其影响力。《今晚报》作为天津本地一张综合类报纸，地域属性较强，我们连续 6 年制作了一个叫作"身边"的系列报道，关注的都是凡人琐事，但感动人心，在天津本土引起了极大的反响，收到了良好的社会效果。我们既担当起媒体的社会责任，宣扬社会正能量，同时媒体的品牌影响力也呈几何级数放大。向上、向善、向美的真实报道一定会对媒体的品牌影响力的构建形成助力。

圆桌对话二："互联网＋"时代的媒体品牌再造

主 办 方：上海交通大学传媒经济管理中心

　　　　　《传媒》杂志社

时　　间：2015 年 7 月 25 日

地　　点：上海交通大学

论坛主席：谢耘耕（上海交通大学人文艺术研究院副院长、上海交通大学新媒体与社

　　　　　会研究中心主任、教授）

　　　　　杨驰原（《传媒》杂志社主编）

论坛嘉宾：冯　杰（《上海故事会》文化传媒有限公司董事长兼总经理）

　　　　　周　讯（《光明日报》总编室主任）

　　　　　沈元飞（安徽卫视主任记者）

　　　　　杨　爽（《格言》杂志社副社长）

　　　　　赵庆阳（江苏卫视《一站到底》执行制片人）

　　　　　王　涛（爱奇艺（PPS 总编辑））

　　新媒体蓬勃发展给传统媒体带来了极大的冲击与影响，随着"互联网＋"时代的到来，传统媒体如何转型升级，与新媒体共融共生成为当前新闻业界和学界关注的焦点。2015 中国传媒品牌高峰论坛第二场圆桌对话围绕"'互联网＋'时代的媒体品牌再造"主题，从以下两个方面展开讨论：一是当前传统媒体的转型升级；二是"互联网＋"时代新媒体与传统媒体的共融共生。

一　当前传统媒体的转型升级

　　冯杰：接下来的圆桌对话的主题是"'互联网＋'时代的媒体品牌再

造"，五位对话嘉宾分别是《光明日报》总编室主任周迅，安徽卫视主任记者沙元飞，《格言》杂志社副社长杨爽，江苏卫视《一站到底》执行制片人赵庆阳以及爱奇艺（PPS 总编辑）王涛。

随着互联网的发展，新的媒体形态层出不穷，给传统媒体带来了极大的冲击与影响。在"十三五"规划中，传统出版企业内部发展的逻辑断裂了，面临哈姆雷特式的烦恼——可能会继续存活下去，也可能马上就因遭遇危机而被关停。在这个问题上我想请教各位嘉宾，传统出版已经很难解决自身的问题。跨媒体、跨行业的融合，包括媒体和金融的融合。我想问下各位嘉宾，你们在自己的工作过程中，对这个问题有什么看法？在当前的时代背景下，传统媒体如何突出重围，转型升级？在实践中，传统媒体跨媒体、跨行业融合发展有哪些成功经验可以跟我们分享？

赵庆阳：《一站到底》的创作团队很年轻，以"90 后"为主，节目自 2012 年首播起，在收视率等方面取得了不错的成绩。但是随着新媒体的冲击以及同行之间竞争的日趋激烈，在 2014 年《一站到底》遇到了发展"瓶颈"期。在新的创作团队重组后，我们用了一年的时间进行了很多尝试，最终利用互联网策略实现了节目改版。第一个就是"小兔快跑"策略。传统电视节目改版是项目型的，要做样片，我们则不同，我们做了一个系列的策划，包括"英雄联盟"、"学生时代"以及"世界名校"的策划，其中，"世界名校"那一期的收视率达到 1.12，是节目改版之前的 3 倍，实现了互联网思维与传统电视节目相结合谋求发展。第二个我们用到了"炮打苍蝇"策略，主要坚持三个原则：首先，坚决不用外包团队的题目，所有题目全都是自创的，节目发展三年多的时间里我们已经累积了 74000 多道题目，并且坚持做到题目不重复；其次，《一站到底》每期都会邀请很多嘉宾，我们坚持选择新鲜面孔的嘉宾，而不是去追逐在其他节目中大放异彩的嘉宾；最后，我们致力于将《一站到底》打造成为中国第一个中英文双字幕的电视节目。我们尝试借助很多新媒体营销手段来运作节目，包括在 2014 年年末我们推出了手机@《一站到底》手机板块的 PC 游戏，希望打开电视节目手游界市场。总的来说，作为传统电视节目，《一站到底》与新媒体之间的关系一直是相互促进，共同成长。

杨爽：2014 年我参加传媒品牌高峰论坛时，有同学提问说他很纳闷，像《格言》这类杂志一般都是初、高中生看的，为什么还能在全国大学生最喜爱的的媒体评选中获奖？当时我还挺尴尬，后来想想，应该是杂志中含有能够打动大学生的观点和文章。目前，我们杂志社已进行改版，把目标受众群体年龄阶段往上提，将大学生群体作为杂志主要的目标受众群体，而原有的初、高中生看得比较多的版本现在改为月末版。通过这种方式把不同的受众群体区别开。这就涉及今年论坛的主题——"互联网＋"时代的媒体品牌再造。对传统杂志来说，向新媒体转型难度很大，并不是一笔小投入就能取得良好效果的，大部分杂志社目前仍处于观望状态。在这种情况下，我认为把好杂志的内容关最为重要，注重拓展受众群体，满足不同层次目标受众的需求，以此提高杂志的整体发行量。其次是平台的建立，在搭建好平台的基础上我们也在探索多方业务拓展，例如留学、课外辅导等一系列连锁产业。就《格言》目前的发展来看，有两个方面是杂志转型升级需要重点注意的：第一，目标受众群体的上下延伸；第二，产业链的拓展，不仅仅是做杂志，也要依托杂志建立的品牌向其他产业拓展。

沙元飞：安徽卫视于 2015 年 7 月 1 日开始改版，真正实行了频道制。关于传统媒体的转型升级，我认为传统媒体和互联网相结合并非易事，在这一过程中，首先要保持传统媒体的自身优势。其次对于传统媒体存在的不足之处要注重借鉴、吸收新媒体发展经验予以改进。这样二者才能实现真正的融合发展。如果急于求成，往往是旧的问题还没有解决，新的矛盾又出现了。

周迅：《光明日报》成立于 1949 年，一路走到今天，我们也和其他纸质媒体一样受到了互联网大潮的冲击。但是不能抱怨，因为这是时代的进步。针对这种情况，中央领导也指出，要在融合中求发展。新媒体是否会完全取代纸质媒体，纸质媒体会不会在这场浪潮中被彻底粉碎？对此我表示怀疑。一个事物能否存在不是取决于人们的个人意愿，而是取决于事物的本质。长期以来，纸质媒体都有其独特的定位，显示出新媒体不可替代的优势：第一，纸质媒体具有稳定性，而网络媒体，例如腾讯、新浪、搜狐等并没有特定的服务对象。第二，纸质媒体具有完整性，一叠叠的报纸都是事先编排好的，把它原封不动地搬到互联网上肯定是行不通的。网络媒体在时间上呈滚动播出，在空间上受到界面的限制，其核心竞争力难以凸显。第三，纸质媒体具有连续性，纸质媒体有其特定的服务对象，几十年如一，培养了一批忠实的读者群，在受众情感和价值上具有连续性。第四，纸质媒体具有独特性，其在文字出版方面所具有的优势并非网络媒体所能取代的。文字是文化的精髓，语言的崩溃意味着文明的崩溃。在各类媒体中，纸质媒体文字的占用率最大，这背后蕴含着厚重的情感价值。纸质媒体所具备的这些特点和优势是网络媒体所无法比拟的，当然，目前纸质媒体的读者不断锐减，这是不可否认的客观事实。有的人只看到事物的表面，有的人却在思考其背后深层的意义、核心价值。我们要看清楚时代的发展趋势，具备互联网思维，知道读者群在哪儿，用户追求怎样的阅读体验，是否能够与用户有效互动，一方面要坚信纸媒不会消失，另一方面也要顺应时代发展趋势转型升级。

学生提问一：《爸爸去哪儿》第一季在各个视频网站播出，一定程度上提高了《爸爸去哪儿》的知名度，但第二季开始只能通过芒果 TV 收看，视频网站的这种做法是否是在培养竞争对手？

王涛：作为视频网站，我们希望为大家提供更多更好的视频资源，希望好的节目可以被更多的受众看到，各家视频网站也都在为创作独具特色的视频内容而努力。我们并不希望更多的资源集中在几家企业手中，能够方便、快捷地为更多的用户提供满足其需求的高品质节目才是我们的目的。

学生提问二：现在国内很多媒体制作的真人秀节目都是引进国外版权或模式，近段时间出现了很多像《花样姐姐》《花样爷爷》等的旅游类真人秀节目。关于国内电视节目的创新问题，请问嘉宾们有什么看法？

沙元飞：像《爸爸去哪儿》《中国好声音》等节目引发了高关注度和

高收视率，并带动了此类型节目的兴起和火爆，我们把这些节目称为现象级节目，在这一段时间内此类型节目关注度高，很多媒体争相模仿，同题材、同类型节目一时兴起。但过了这一时期，由于受众的审美疲劳以及其他一些原因，该类型节目的关注度就会逐渐下降。

王涛：好的节目会沉淀下来，形成一种类型、形式，不好的节目会逐渐被淘汰。例如东方卫视播出的《极限挑战》相对来说是一种比较新颖的节目形式，很多人都在看，在经历过市场检验后也会形成一种良好的积累。现在收视率较高的很多节目类型可能是从韩国或其他国家购买的版权，但是很快我们会创作出具有自己特色的节目类型。

二　"互联网＋"时代新媒体与传统媒体的共融共生

冯杰：在互联网的冲击下，传统媒体能够继续生存、发展也都有各自的策略。互联网，特别是现代传播信息技术的迅猛发展，改变了读者的阅读习惯、阅读方式和阅读兴趣，传统媒体发展的土壤、环境变化了，怎样去适应这一改变？以前我们提出的是"＋互联网"，即把互联网作为一种发展手段。现在我们提出的是"互联网＋"。在这一问题上，想听听各位嘉宾的看法。我本人的倾向是"文化＋"，文化产品和其他产品不一样，"互联网＋"时代应大力提倡"文化＋"，以文化为中心。

沙元飞：我同意主持人的观点，但不能够简单地说是"文化＋"即"互联网＋"。纸质媒体跟其他媒体相比有其存在的价值，实际上互联网不仅对媒体进行了冲击，对其他行业也有很大的冲击，比如网上购物等。互联网在发展，但是还没有走向成熟，走向成熟的过程包括多个方面，其中就有遇到挫折等。传统媒体和互联网融合时，在行业之间肯定是会存在相互排斥现象，想要真正融合确实不容易。我们谈互联网与传统媒体融合发展，不要把谁放在特殊的位置，也不要把谁放得特别低，传统媒体同样有自身的特点和发展优势，可以创造价值。

冯杰：信息技术再怎么发展都必须与信息本身相结合才能产生社会效益和经济效益。新媒体对传统媒体的影响不是要革传统媒体的命，而是要转变传统的表现形式和思维。现在有一句口号，"左手拥抱资本市场，右手拥抱互联网市场，向着全媒体前进"。

周迅：是"互联网＋"还是"＋互联网"？就传媒业发展而言，更深入的还是"互联网＋"。这应该是一个化学变化过程，而非物理变化过程。有的媒体原封不动地把纸质版内容照搬到互联网上去，这不是"互联网＋"，而是将传统纸媒的思想用在互联网上，并没有考虑到用户体验及互动。其实，不只是传媒业，各行各业都存在这一问题，要综合而不是简单地相加。

杨爽：报刊亭跟城市建设存在一定的矛盾，网络平台成为报刊一个重要的销售渠道，比如《格言》杂志就注重借助新媒体平台宣传产品。现在网络这么发达，为什么实体店还存在？可能数量有所减少，但还是存在。就像传统胶卷式照相机逐渐退出市场，但一些照相馆又出现冲胶片服务，说明人的需求是多样的，不同的受众需求导致了市场的划分。在坚守阵地的同时，传统媒体应找准机会向新媒体靠拢，二者互相借鉴，互相融合，共同发展，这是媒体未来发展的趋势。

冯杰：现在普遍认为传统媒体受到新媒体的极大冲击，其实，从本质上来看，新媒体和传统媒体实际上是共融共生关系，请问爱奇艺的王涛老师如何看待这一问题？

王涛：爱奇艺跟刚才各位嘉宾说的传统媒体转型发展不太一样，它本身就是一个互联网企业。爱奇艺的愿景即让人们平等、便捷地获得更多、更好的视频。怎样才能做到更多、更好？其他网站有的资源，我们都要有，其他网站没有的资源，我们也要有，比如我们制作的《盗墓笔记》《奇葩说》等。从视频网站本身来看，流量越多、用户关注度越高、话题越多的网站就越叫好。但是，并不是说你提供的内容越多、提供的资源别的媒体没有，就是做得最好，企业还应注重自身的社会责任。爱奇艺节目制作的标准是追求"多"和"好"，但实际上，我们还有更多的标准，即传播社会正能量，与整个社会的进步与发展统一步调。"互联网＋"时代，品牌的打造与用户需求密不可分，跟媒体的社会责任更是密不可分。

在新媒体与传统媒体融合发展的过程中，我认为内容最为重要。传统媒体应该多体验新媒体带来的乐趣，与此同时，新媒体也应该多探索传统媒体所具备的优势和特点。不论是新媒体带来的良好的传播体验还是传统媒体节目制作过程的严谨以及制作内容的精良，都是可以相互借鉴的。新媒体和传统媒体各自所具有的传播优势需要静下心来慢慢体会，互相学习。

学生提问三：《故事会》是我从小到大一直在看的一本杂志。在我父辈年代，《故事会》是一本殿堂级杂志，但现在其影响力已经大不如前，读者数量也有所减少，甚至还有人把它定位为"厕所读物"。请问在"互联网＋"时代《故事会》如何进行品牌定位？

冯杰：现代信息传播技术的飞速发展，改变了读者的阅读习惯和阅读兴趣，在这种情况下传统媒体应如何调整、适应？《故事会》创刊于1963年，在新时代，《故事会》的发展面临两大突出问题：第一，如何给传统的出版品牌注入新的活力。我们不应该把《故事会》的品牌价值固化为一本杂志，《故事会》应该是中国大众阅读品牌。第二，如何向读者提供符合他们阅读兴趣的内容。这方面需要借助更多、更先进的技术手段和资本，上海的文化发展远远落后于全国的平均水平，落后者赶超先进者必须要掌握不对称的优势，这个不对称的优势即资本加技术。借助资本的力量，可以参与社会资源的再配置，进而成功转型。这需要附着杂志以更多的内容，更多的表现形式，让读者的阅读体验更加美妙，更加完善。

新媒体与社会：变革与发展——第四届"新媒体与社会发展"全国研究生学术论坛综述

秦　静　李天霓

　　媒介对世界的颠覆，源于对人的改变。新媒体的诞生不仅是一场信息技术革命，更是人类思维方式、传播方式以及人际交往方式的变革。移动互联网时代的到来加速媒体社会化和社会媒体化进程，探究新媒体环境中社会、政治、经济、文化等方方面面变化发展的真实图景，反思新媒体发展过程中存在的问题是当前学界关注的重点。上海交通大学新媒体与社会研究中心、舆情研究实验室、上海市人民政府决策咨询研究基地谢耘耕工作室于 2015 年 7 月 19 日和 22 日举办 2015 第四届"新媒体与社会发展"全国研究生学术论坛，围绕新媒体与社会发展这一全球性话题展开深入探讨。依据入选论文的主题，论坛分别以"数字技术与社交媒体发展""新媒体营销研究""新媒体与公共舆论""新媒体与文化""传统媒体革新与嬗变"5 个分论坛展开讨论。

数字技术与社交媒体发展

新媒体不仅改变了原有媒介生态，也使公众的媒介使用习惯发生变化。对数字技术与社交媒体发展的研究，主要集中在新兴数字技术对传媒发展的影响以及以微信、微博为代表的移动社交媒体对用户人际交往行为、媒介使用习惯等方面的影响。

四川大学马超结合媒介系统依赖理论对大学生手机依赖的影响因素及其作用机制进行实证研究，发现个人的自尊感和抑郁程度对手机依赖没有显著影响，而安全感对手机依赖具有显著的负向影响，人际关系与手机依赖之间并不存在显著关联。通过对一系列心理学变量的检验发现，个体自尊感、抑郁程度和人际关系在个人安全感上均扮演了重要角色。

安徽大学郭云涛以微信红包活动为例，通过深度访谈和虚拟民族志方法，从红包游戏到熟人社交、"数字"红包到社交新态、符号互动到关系维系三个角度探究微信红包传播对用户人际交往的影响。郭云涛认为，微信红包活动拓展了传统的人际交往范围，传统社会等级、关系和仪式在某种程度上被重新建构。

基于社交媒体的自我表露行为成为研究热点。华南师范大学胡家尧以移动社交工具"陌陌"为例，对 212 个陌陌用户在个人主页上展示的信息进行内容分析，发现陌陌用户愿意展现自己的真实图片，在图片中使用特技，透露包括个人签名、职业、个人基本信息、经常去的地方等基本资料。另外，年龄、性别等变量对用户基于地理位置服务社交媒体的自我呈现行为均有一定影响。东北师范大学原琳以大学生群体为研究对象，指出在微博人际传播的自我表露过程中，表露的动机与内容具有相关性。情绪情感类、日常生活类、恶搞娱乐类微博内容与分享与自我满足、记录留存动机呈正相关，兴趣爱好类微博内容与维护人际关系动机呈正相关，新闻事件类微博内容与获取信息资源和帮助动机呈正相关。

广西大学周旭东结合拉康欲望理论，以网民个体欲望为出发点，对网络环境和现实环境之间关系进行深入分析，指出真实界的欲望作为一种本能在任何情况之下都寻找着可以释放的瞬间，然而符号界却实现了对于欲望的无差别压抑。网络时空的全新体验，让人以为可以实现欲望的合理性承载。全新的环境需要全新的身份认同，认同之中主体性需要重构。但网民主体性重构的人内传播路径却朝不同的方向发展，这就有了在遭遇网络时空之后的新的交往图示的分类。

数字技术的发展推动社会不断进步，引领传媒业发展变革。河北大学张雅文的研究认为，随着人工智能设备系统以及大数据技术的广泛应用，未来新媒体领域将广泛呈现人机合作业态，媒体发展迎来人工智能时代。北京体育大学程亚利关注大数据技术对体育传媒业的影响，提出体育传媒从业者可以利用大数据技术对体育赛事结果进行合理分析预测，建立大数据系统，结合受众的反馈意见以及阅读兴趣和习惯，为其推送符合用户需求的个性化信息和服务。

新媒体营销研究

新媒体多渠道、交互式传播改变了传统营销模式，基于微信、微博等社交媒体的营销活动越来越注重用户关系的建构。关于微信朋友圈广告传播，安徽大学陈坤和广西艺术学院蒋静静分别从不同研究视角对其进行分析。陈坤基于关系视角，采用问卷调查法和深度访谈法对微信广告传播效果进行研究，认为微信中单纯建立在关系营销基础上的广告信息在一定程度上造成用户的排斥心理，而关系依赖型广告尤其是微商代购信息对虚拟空间的人际关系也会产生负面影响。以高效互动为特征的微信应用塑造了人与人之间的关系社交网络，而这种衍生于传统文化的社交语境对广告信息传播具有限制性，微信的粗放利用也会损害基于强关系的朋友圈的情感互动。微信作为新媒体在营销方面的潜力发挥要坚持"适度营销原则"。蒋静静以模因理论作为支撑，分析微商在微信朋友圈发布的广告语的特点与类型。在广告语言使用上，微商在朋友圈发布的广告更倾向于使用强调质优、介绍产品、号召动员、增加好感这类词语。研究认为，微信朋友圈广告语以营销产品服务为主要内容，以传者为中心，这与当前广告以受众为中心的发展趋势相悖。微信朋友圈广告生产除了需要注重受众感受外，还应加强广告的创意性和情感渲染。

安徽大学涂盛雪聚焦基于微信、QQ等媒介平台的熟人圈代购的行为特征以及基于"信任"关系建立的营利模式，探讨社会化网络中线上代购对熟人圈人际关系的影响，认为代购本身所具有的商业内涵和微信、QQ等由熟人关系链构建而成的社交平台的功能存在一定的冲突性。

针对移动互联网时代传统电视综艺节目开展的微博营销，东北师范大学牛梦妍基于网络整合营销4I原则视角，对浙江卫视《奔跑吧兄弟》官方微博营销策略进行分析，指出节目官方微博在微博营销中能够较好地运用趣味原则和个性原则，但对于利益原则和互动原则，特别是在与粉丝和明星的互动形式上还有待改进。在今后的发展中，应加强有奖互动力度，丰富微博互动形式，注重借助明星效应提高节目官方微博的关注度。

关于移动互联网时代粉丝行为模式及其影响力研究，广西大学郭鸽认为，互联网为粉丝和明星互动提供了便捷平台，大数据分析技术使得粉丝的行为有迹可循。互联网颠覆了传统的造星模式，粉丝参与到造星、宣传、推广等多个环节，移动互联时代的造星模式类似于粉丝营销，整个过程中粉丝发挥着主导作用。对移动互联网时代粉丝O2O行为模式的分析，有助于娱乐产业进行更精准的活动营销和广告投放。

上海大学杨瑶研究认为，"互联网＋"时代，大数据、云计算等信息技术的蓬勃发展将加快"中国制造"向"中国创造"的产业升级转型，为广告业注入新的活力。在与"互联网＋"的对接中，数字广告份额将不断加大，程序化购买广告日益受到重视，"技术化"与"艺术化"并存的广告营销备受期待，广告业将从"资源依附"向"全生态链"发展，广告精准营销3.0时代即将到来。但与此同时，也不可避免地面临广告安全性和可视性不足、整体跨屏技术有待提升等问题。

新媒体与公共舆论

新媒体时代，互联网成为汇集民意的渠道，开创舆论监督新的实践形式，网络舆论事件促进公共决策进程。上海社会科学院唐巧盈对2003～2013年524起网络舆论事件进行梳理分析发现，网络舆论事件呈上升趋势，且在短期内保持高基数状态，特别是在2008年之后，网络监督成为舆论监督的主力军；网络舆论事件的类型多集中在与政治、民生相关方面；事件高发地集中于华东和中南地区；所涉群体呈现两极化状态；事件传播态势呈现"受传复合化""渠道集成化""内容立体化""效果显性化"等趋势，网民通过虚拟空间进行信息发布与传播，并在现实社会中参与行动，造就了一个个"媒介奇观"。

作为新媒体时代的重要延伸，自媒体颠覆传统的信息传播模式，公众通过公共平台既可以成为信息评论者又可以成为信息发布者。华中师范大学武汉传媒学院张少君以台湾"胖达人"食品安全事件为例，通过对危机事件中自媒体和传统媒体在竞合过程中表现出的优势、劣势进行比较分析，指出作为补偿性媒体出现的自媒体在新的媒介环境中，通过自身所具有的匿名化、低门槛、弱依附等特点，拥有和传统媒体进行博弈的能力。但随着事情的发展，在传统媒体开始聚焦事件之后，媒介权力又再次向传统媒体回归。正是在这种媒介权力的博弈中自媒体通过其自身所具有的优势和局限完成了与传统媒体一起对"胖达人事件"的追踪报道。非合作博弈是未来自媒体和传统媒体的竞合模式。

四川省社会科学院陈实基于风险的社会放大框架理论，从社会化媒体的信号放大、社会放大的结构性方面以及社会放大的信息机制三个向度对庆安枪击案事件的风险传播进行检验，认为在事件发展过程中出现了风险的强烈放大和另一种事实的弱化，并伴有对公权力的污名化、对管理制度的反思等"涟漪"效应生成。对此类事件进行有效的舆论引导，需对社会化媒体进行一定的风险传播指导，包括公众在参与风险传播中，避免剥夺他人的共同现实认同感；专家学者应服务于一定的社会风险建构，避免在过往经验上强加结论；官方机构、传统新闻媒体应尽快提供明确、清晰、正式的叙事框架等，以规避风险，稳定网络社会秩序。

针对微博大 V 论战的传播行为及特征，南京师范大学朱燕丹研究认为，微博大 V 论战存在公共领域的诉求与自由主义的抗争，是一场再中心化过程中的"祛魅"运动。发生于非显性关注大 V 之间的微博论战存在媒介作用，具有"显舆论"的非理性表达、协商式民主公开论辩的失范、极化状态的网络狂欢等特征，对称性传播对"沉默的螺旋"的消解作用、"精英戾气"与利益买卖的恶性循环和文化消费中的娱乐化倾向助长了名人效应下"大 V"的暴力表演。

西安交通大学乔婷、卢文博认为，自媒体时代，微博段子手的社会影响力凸显。研究以 2015 年在国内外社交媒体平台引发高关注度的"橘子哥"事件为例，指出微博段子手通过议程设置、舆论引导、话题互动，契合微博用户心理，直接影响公众行为，被认为是自媒体时代微博上的"无冕之王"，对微博段子手言行的监管应结合其自身特点加强舆论引导。

新媒体与文化

新媒体的迅猛发展推动社会文化的变迁，在各种新技术的推动下，社会文化呈现多样化发展态势。湖北大学徐皞亮研究指出，新媒体时代，智能移动设备为用户随时随地分享信息提供了便利，"饭前拍照"行为满足现代人对饮食信息交流互动的需要，网络"晒吃"行为乃至"晒"文化体现的是社会转型时期个体在价值理念失调状态下的一种心理缓冲与尝试，是个人文化价值理念与社会价值观冲突协调的体现。"饭前拍照"行为在给个体带来自我实现、分享交互等正面效应的同时，也存在虚荣心失控、背离社交文化本质等隐忧，应避免在一味寻求关注度和"眼球效应"中迷失自我，影响正确价值判断。南京师范大学汪雅倩认为，微信"晒自拍"行为受用户自我释放、自我认同心理，微信强关系特性以及社交情境等多种因素影响，是受众使用与满足的延伸以及主我、客我之间相互作用的结果。

新媒体的诞生使得文化记忆有了新的承载器，新媒体成为人类精神的延伸，这种超人类记忆可以帮助人类更好地完成文化记忆、传承。中国传媒大学吕方舟以我国申冬奥会宣传片为例，结合宣传片中的文化记忆元素，分析网络宣传片的文化记忆构建。研究认为，作为新的文化记忆载体，网络宣传片借助人类的视觉感官系统，利用视觉传播技巧，阐释出新媒体环境下的文化记忆样式，即去地域化的世界文化记忆。

四川师范大学任晓琴以 BiliBili 网站上的鬼畜视频《我的洗发液》为例，指出新媒体传播环境中，鬼畜视频因其低廉的收看成本、便捷的制作获取方式、因弹幕存在的即时共享性以及与大众消费文化心理相契合等特点迅速由小众走向大众视野。鬼畜视频以娱人娱己为主要目标，为公众娱乐解压和情感宣泄提供了渠道，其走红是狂欢传统在网络视频传播中的体现，但也应警惕鬼畜视频潜藏的消费主义泛滥、娱乐色彩浓重、误导青少年价值观等弊端。

娱乐消费的本质是符号消费，四川师范大学周虹运用神话理论的符号学阐释，通过第一系统的分析和第二系统以数据的质变和与他事物相关性预测分析新媒体视阈下音乐类选秀节目"声音神话"效应的建构与消费。研究指出，新媒体在"声音神话"的制造中处于完全主动的地位，是"声音神话"的主要制造者和获益者，新媒体受众是制造"声音神话"的有力推动者和消费神话的主体。新媒体时代，"声音神话"单调繁荣的建构与消费的背后，一方面暴露出受众主体性的被忽略，另一方面揭示出当今大众媒体社会责任的缺失。如何实现娱乐节目的突破，走向真正的繁荣，有待进一步思考。

受西方消费文化的影响以及新的媒介环境下，我国网民消费者民族中心主义倾向的呈现更趋复杂化。四川大学李璐通过问卷调查，从传播学角度分析中国网民消费者民族中心主义的影响因素。研究认为，上网时间较长的网民其消费者民族中心主义倾向显著低于上网时间较短的网民；网民爱国主义倾向与国家认同程度均与其消费者民族主义倾向呈正相关；受教育水平较低的受调查网民比受教育水平较高者表现出更高的消费者民族主义倾向；来源国效应在研究中得到验证；女性消费者民族中心主义倾向略小于男性；而年龄与消费者民族中心主义间的相关性较弱。

传统媒体革新与嬗变

传统媒体如何顺应新媒体时代需求发展、革新一直是传媒业关注的焦点。在传统党报的实践探索中，中国青年政治学院杨旋以《人民日报》官方微博"你好，明天"系列评论微博为例，探究新媒体时代传统党报评论话语的转型，指出《人民日报》评论话语的转型通过内容和形式两条线索展开：在内容上，主要表现在评论微博的题材内容、评论对象和高频热词三方面，体现出公民本位特征；在形式上，其评论话语一改传统纸媒评论严肃、呆板、教条的官方话语形象，以图文结合的"晚安贴"形式予以呈现，并以"社会事实＋价值阐释"为评论模型，实现微博时代"浅阅读"和"微内容"平台上的"深思考"与"宏引导"。天津师范大学李娜以

《天津日报》为例，指出当前传统党报官方微博运营存在原创内容少、内容缺乏新意和特色、微博新闻缺乏深度、追踪报道欠缺等问题，无法形成相应的微博集群。传统党报的网络化转型并非一蹴而就。安准确定位，适应新时期受众需求，找出传统媒体与新兴媒体融合发展之道才是关键。

在传统电视媒体转型方面，苏州大学张晗以湖南卫视芒果 TV 的转型实践为例，分析媒介融合背景下传统电视媒体发展路径。研究认为，芒果 TV 独播策略以及"内容自制"策略助力新媒体战略平台，催生传媒生态新变局；芒果 TV 互联网电视通过跨界经营、差异化内容定制、智能化终端系统建设，打造全产业链；芒果 TV 通过开展湖南 IPTV 和移动增值业务等多项业务，促进融合发展。大数据时代，传统电视媒体转型应进一步加强节目内容精准传播，提供内容创新能力，注重人才培养。

在传统出版集团转型方面，重庆大学霍凤从传媒产业经济视角出发，对读者集团和知音集团的发展之路进行比较研究，新媒体时代，传统出版集团在集团化发展过程中应注重打造核心业务单元，完善上下游产业链布局，以降低生产过程中的交易成本；在打造多元化产业过程中，应同时注重非相关多元化业务类型发展，形成内生性收入，提高出版集团抵抗外部经济风险的能力；在业务转型中，应充分发挥自身资源优势，向发展潜力大、前景好的业务模式转型。

数字阅读时代，电子阅读与数字出版业发展态势不容小觑。河南大学姚旭从平台运营、阅读应用和网络文学三个方面对海外阅读市场发展进行分析，指出独特的运营模式、高新技术支持及巨头企业间激烈竞争共同推动海外电子阅读市场蓬勃发展。国内数字出版业应更加注重用户的个性化需求，积极与社交网站等终端平台合作，提供优质内容服务，满足用户的"小众需求"。

（秦静系华东师范大学传播学院博士研究生，李天霓系上海交通大学新媒体与社会发展研究中心硕士生）

附录 "中国传媒领袖大讲堂"学员寄语

一 李静：中国传媒大学

熠熠七月，在这绿草如茵、生机盎然的交大校园，我们相聚传媒领袖大讲堂，共享传媒知识盛宴。在这里，流转的是学识，传承的是精神。师者前辈为我们点灯引路，同辈学友给我们压力与动力。名师之讲发人深省，同辈之思深受启发。见贤思齐，方能成就更好的自己。

盛夏光年，身于交大，思至千里。梦想纵使万里遥，今朝迈步初始尝。追梦路上多风雨，无畏艰险斗志昂。壮怀激烈青春志，雏鹰展翅任翱翔。他朝梦想结硕果，如歌青春绽芬芳。

二 陈实：四川省社会科学院

兼容并包，有容乃大。中国传媒领袖大讲堂不断接受、不断滋养众多来自五湖四海的求知者。在这里，传媒领袖为青年学子传道、授业、解惑，鼓励学子要立志，要感恩，要乐观，要求知，要行善。在这里，我们明白，新闻人要善于思考和质疑，敢于挑战外界阻力，现实的磨砺会让我们更加有韧性。在这里，我们的理想被尊敬，每一次鼓掌都是发自内心的崇敬和感谢。时代考验青年，青年创造时代。我们在这里遇见了最美的自己，在未来的道路上哪怕荆棘满地，也一定会勇往直前，活得精彩！

三 余美玉：山西大学

上交聚四方，七月到闵行。

领袖论坛，学术殿堂。

创意百花齐放，思想信马由缰。

昼夜短，求索忙；

相逢短，情谊长。

听不倦的演讲，看不够的文章。

收获良多，不在文字千百行；

思绪满满，尽在灵秀"闵大荒"。

待来年，秋高气爽。

再相聚，申城浦江。

四 向令：四川大学

奔波，汗水在烈日下熠熠生辉

九百六十万平方公里，五湖四海

三百六十学子齐聚希望的田野

三尺讲台，清泉自先辈智慧中倾泻

挥斥方遒，思想在碰撞中迸出火焰

九天十夜，承载青春涌动的满腔热血

无数次，将梦折进书签典藏

多少个日夜，在传媒道路上披荆斩棘

如今，羞涩的无奈已被铿锵的步伐击破

田野里，成熟的麦穗正随风摇曳

五 李彬：西北政法大学

华夏首城，海沿正中。

江谦入海，春申故封。

濒东海北界长江，接苏浙南临湾杭。

交通万邦，聚宇内大方之家。

大学明德，汇禹甸尚学之士。

幸得良机，如享饕餮。

闻木铎巨擘之辞，启偏隅井蛙一智。

愚自幼长居西安，未闻新说；

今机缘始来华亭，顿开茅塞。

传播之谓，非限新闻。

广纳万综，方显其真。

纵横捭阖，处实务之巨子；

规矩方圆，研学理之泰斗。

环视同侪，自惭形秽。

始知粗陋，兢兢以备。

仲夏正暑，月值兰秋。

玉兰谢而正果熟，百言聚闻吴语侬。

聆百家之谆谆，渐明愚之昏昏。

见名士之谦恭，始悟学之需深。

学足一旬，智启终生。

良多获益，未尽书文。

且闻新媒，足以盛兴百行；

尚知规矩，方能行文万章。

获新知，尽日课。

巨擘之言在耳，同侪之勤萦侧。

学游春申，幸得领袖之教；

同聚讲堂，欣享大智之源。

迷津点拨，智识洞现。

得传播学之珍馐，

享新闻界之盛宴。

十日为学，幸观井外之天；

终身受益，砥砺学而后践。

图书在版编目（CIP）数据

传媒领袖大讲堂. 第 6 辑 / 谢耘耕，徐浩然，周东佼
主编. -- 北京：社会科学文献出版社，2016.6
ISBN 978 - 7 - 5097 - 9104 - 2

Ⅰ. ①传… Ⅱ. ①谢… ②徐… ③周… Ⅲ. ①传播媒
介 - 研究 - 中国 Ⅳ. ①G219.2

中国版本图书馆 CIP 数据核字（2016）第 096229 号

传媒领袖大讲堂(第六辑)

主　　编／谢耘耕　徐浩然　周东佼

出 版 人／谢寿光
项目统筹／王　绯
责任编辑／李兰生

出　　版／社会科学文献出版社·社会政法分社 （010）59367156
　　　　　　地址：北京市北三环中路甲 29 号院华龙大厦　邮编：100029
　　　　　　网址：www. ssap. com. cn
发　　行／市场营销中心（010）59367081　59367018
印　　装／北京季蜂印刷有限公司

规　　格／开　本：787mm × 1092mm　1/16
　　　　　　印　张：26.5　字　数：380 千字
版　　次／2016 年 6 月第 1 版　2016 年 6 月第 1 次印刷
书　　号／ISBN 978 - 7 - 5097 - 9104 - 2
定　　价／98.00 元